Key Legal Tactics for
Investment & Business Operation

投资做生意

不可不知的

法律攻略一本通

合伙、合资、承包、挂靠、联营与合同实务指南

A Practical Guide on Partnership, JV, Consortium, Affiliate & Contract Management

钱金森／著

法律出版社 LAW PRESS·CHINA

图书在版编目(CIP)数据

投资做生意不可不知的法律攻略一本通：合伙、合资、承包、挂靠、联营与合同实务指南 / 钱金森著. -- 北京：法律出版社，2019
ISBN 978-7-5197-3348-3

Ⅰ. ①投… Ⅱ. ①钱… Ⅲ. ①企业法-中国-指南 Ⅳ. ①D922.291.91-62

中国版本图书馆 CIP 数据核字(2019)第 057811 号

投资做生意不可不知的法律攻略一本通
——合伙、合资、承包、挂靠、联营与合同实务指南
TOUZI ZUOSHENGYI BUKE BUZHI DE FALÜ GONG LÜE YIBENTONG
—HEHUO、HEZI、CHENGBAO、GUAKAO、LIANYING YU HETONG SHIWU ZHINAN

钱金森 著

策划编辑 张 戬
责任编辑 陶玉霞
装帧设计 贾丹丹

出版 法律出版社
总发行 中国法律图书有限公司
经销 新华书店
印刷 中煤(北京)印务有限公司
责任校对 郭艳萍
责任印制 吕亚莉

编辑统筹 法规出版分社
开本 710 毫米×1000 毫米 1/16
印张 29.75
字数 360 千
版本 2019 年 6 月第 1 版
印次 2019 年 6 月第 1 次印刷

法律出版社/北京市丰台区莲花池西里 7 号(100073)
网址/www.lawpress.com.cn
投稿邮箱/info@lawpress.com.cn
举报维权邮箱/jbwq@lawpress.com.cn
销售热线/010-63939792/9779
咨询电话/010-63939796

中国法律图书有限公司/北京市丰台区莲花池西里 7 号(100073)
全国各地中法图分、子公司销售电话：
统一销售客服/400-660-6393
第一法律书店/010-63939781/9782
西安分公司/029-85330678
重庆分公司/023-67453036
上海分公司/021-62071010/1636
深圳分公司/0755-83072995

书号:ISBN 978-7-5197-3348-3
定价:88.00 元

序　　言

随着国家经济的发展和国民富裕程度的提高，大家手中的闲钱越来越多，存在银行利息不高，投入股市波动又很大，很多人就有了投资创业的安排，或者单干，或者与亲戚朋友一起投资某个店面或项目，其中不乏一鸣惊人的行业佼佼者。

“一个篱笆三个桩，一个好汉三个帮”，投资做生意离不开合作，或者内部有合伙人、股东、创投机构的支撑，或者借助外力与实力雄厚、资质齐全的企业联营，甚至采取挂靠、承包等方式经营。可以说，内部与外部的良好合作，是生意向好、做大做强的基础。

但是，面对做生意产生的利润及权力控制的诱惑，加之经营管理思路存在差异，合伙人、股东及外部合作伙伴，一千个人眼中有一千个哈姆雷特，在经营管理与涉及切身利益的事项上难免发生争议。极端情况下，可能会想如何把碍事的股东或合伙人剔除出局。

这样，如何与合作伙伴事先制定清晰公平的游戏规则，最大限度降低非商业因素导致的内耗和风险，做到亲兄弟明算账，实现事业共赢，是做生意必须考虑的重要方面。虽然经济效益不错，但因合伙人或者股东关系没有处理好，合作伙伴之间产生民事诉讼甚至动用刑事手段拿下对方的案例并不罕见，如雷士照明创始人吴长江与真功夫创始人蔡达标，皆因股东间争议转为挪用资金、职务侵占刑事案件而锒铛入狱，而合伙人或者股东被所投资企业拖入讼累甚至背负无限连带债务的司法案例也不鲜见。

所以,如何选择好合作伙伴,在了解法律规定的默认规则和风险基础上,通过协议、合同、章程等文件定义和分配各自的角色,并建立相应的转换、退出和风险分担机制,对于商业的长远成功至关重要。而一开始就把潜在的风险与争议解决方法纳入合作机制,则能降低后续处理成本,使生意按照预期轨道正常运转。

例如,所投资的企业仅以某个合伙人的名义登记为个体工商户,在该企业亏损负债时,不参与实际经营的隐名合伙人是否要承担连带清偿责任?如何控制该风险?若约定隐名合伙人有保底收益,是否会得到法院的支持与认可?

又如,发起人在吸收更多合伙人或者股东的同时,如何保持自己的控制权?作为小股东,哪些机制可以避免自己的权利被大股东假侵害?在企业资质的借用与挂靠中,挂靠协议是否受法律认可与保护?出借资质的被挂靠人有哪些风险?借用资质的挂靠人有何风险?以联合体方式参与投标,如何控制风险?与已经有海外永久居留权或者外国护照的合伙人合营合作,需要有何特殊考量与风险防控措施?作为供应商如何确保货款回收?在融资借贷中有何措施可以降低自身的风险?

实际上,投资做生意可能遇到的内外争议与风险,大部分能从法律默认规定及合同约定角度找到答案与防范措施。但倘若没有风险意识,待损失或争议发生时才寻求救济,或者因为缺乏证据不被法院支持,或者因约定模糊而带来判决的不确定性及旷日持久的讼争,轻则上当受骗遭受经济损失,重则倾家荡产,甚至陷入牢狱之灾。

随着国家法律法规体系的不断健全,投资做生意也要具备法律意识。这里的法律意识,不仅指守法意识,更指用法意识,小目标是避免因法律问题受骗,大目标是提高议价能力和投资回报,利用法律实现自己的商业利益。这时,法律已不单纯是保守和被动的争议解决规则，而成为业务增值的工具。例如，作为出资较少、不参与经营的小股东，若在合资协议和公司章程中提前约定股权、售权及在业绩不达标时对大股东的出售选择权，则将有助于实现预期收益；又如，法律对股权与债权的保护程度与保护方式有所不同，在投资中如何区分及混搭运用，基于法律属性不同而加以设计，包括对担保机制的合理运用，也有助于管控投资风险。

有读者会问，自己虽然有防控风险和学法用法的意识，但法律法规及司法解释浩瀚如海，作为非法律专业人士并没有时间和精力从头学习法律条文与法律教科书，怎样才能在短时间内了解相关的法律风险与实务要点呢？本书正是为解决这一难题，在作者十八年法律实务工作经验基础上，专门就合伙、合资、承包、挂靠、联营与日常业务合同中的易发风险，以问答方式给出提示与攻略，并提供合同、文件的示范条款，辅以案例解释和具体法条，以期帮助读者熟悉相关法律风险防范的实务要点。倘若本书对读者防范风险提高收益有所帮助，并整体减少社会讼累，则于作者而言，幸莫大焉；而读者若认可本书并推荐亲朋好友购阅，则作者将更感荣莫大焉！

目　　录

第一编　合伙做生意相关法律风险与实务攻略

第一编　合伙做生意相关法律风险与实务攻略

合伙做生意多见于同学、老乡、朋友、亲戚共同投资经营小本生意，如超市、餐饮，以及短平快的小型项目、工程分包、季节性商业等。而基于合伙的管理灵活性及税务优惠，很多专业的创投机构、私募基金也会选择合伙中的有限合伙组织形式。

合伙做生意的形式也并不拘泥于共同出资成立合伙企业，即使没有登记为合伙企业，几个自然人共同经营，也会构成个人合伙。合伙中常见的法律争议与风险，多产生于合伙人身份确认、利益分配、管理权、入伙退伙及合伙对外债务的连带责任等。例如，对自己加入合伙之前的合伙债务，是否也要和原来的合伙人一样承担连带责任；若大多数合伙人对某个合伙人不满意，是否可以将该合伙人强制除名；吸收新的合伙人是否一定要获得全部合伙人同意等。

需要澄清的是，日常俗语中所说的合伙做生意，不仅指没有独立法人资格的合伙，也涵盖共同出资设立具有独立法人资格的有限公司。在法律意义上，几个人出资设立有限公司后，出资人的身份即成为有限公司的股东，与法律概念上的合伙人有本质区别。为避免混淆并便于理解，本编仅讨论狭义上的合伙，即个人合伙与合伙企业，对几个人合伙出资设立有限公司的，在本书第二编论述。

第一章

合伙概述与合伙人的责任类别

按照我国现行有效法律的规定，合伙包括个人合伙与合伙企业两类，前者没有在工商机关登记为企业，后者在工商机关登记为合伙企业，二者均属于非法人组织形式。

也就是说，合伙本身并不具备独立法人资格，其责任与利益并不是由合伙组织自身独立承担，而是最终归属于合伙人，由合伙人承担，具体安排因采取个人合伙、合伙企业（包括普通合伙、有限合伙以及特殊的普通合伙）而有所区分。

对于具备独立法人资格的主体而言，其财产和责任均独立于其出资者。例如有限公司，其行为产生的民事责任由有限公司自身以其财产承担，通常不会累及其出资人或股东，在其自身财产不足以清偿债务时，可进入破产清算，债权人通常并不能追究其出资股东的责任。债务是否必然牵连到出资人，是独立法人与非法人的重要本质区别之一。

1.1 合伙是不是国家法律认可的经济组织形式？

合伙是最古老的经济组织与合作形式之一，古巴比伦时代的汉谟拉比法典已有关于合伙的记载与规范。随着现代经济社会的发展,经济组织形式包括了个体工商户、个人独资企业、有限公司、股份有限公司、农民专业合作社等多种形态,有限公司更是占主流。

但古老的合伙亦有其优势,包括管理的灵活性与人合属性,与有限公司相比更可避免投资人双重税负,这些决定了合伙在现代经济社会中仍处于重要地位。例如,建筑工程分包领域经常会出现几个包工头合伙出资承包部分工程,形成个人合伙;而大多数律师事务所会采用普通合伙或者特殊的普通合伙的组织形式,有名的美国投资机构黑石基金则采取了有限合伙这一组织形式,我国很多创投基金也采取有限合伙而不是有限公司的组织形式。

我国除了在《民法通则》中对个人合伙有专门章节规定外,也颁布了《合伙企业法》,分别对非企业形态的个人合伙与企业形态的合伙企业中合伙人的权利、义务、责任及合伙的设立、运营与退出等进行规范。2017 年 10 月 1 日起施行的《民法总则》,也明确规定合伙企业属于非法人组织。可以说,合伙是国家法律认可的经济组织形式,受国家法律的规范与保护,合伙人更要了解与自身利益相关的合伙法律知识。

1.2 合伙与有限公司相比,有何税务优势?

由于个人合伙及合伙企业均不具备法人资格,故不在《企业所得税法》所规定的企业所得税纳税主体之列,也就是说,个人合伙及合伙企业无须缴纳企业所得税。但是,并不是说合伙经营就不产生所得税,合伙经营的利润所得,最终还是落实到合伙人作为纳税人直接申报缴纳个人所得税,即先分后税,相对于有限公司而言,少了一道税负即企业所得税。

而在有限公司组织形式下，有限公司具有独立法人资格，就经营所得的利润，有限公司首先作为纳税人申报缴纳企业所得税，在税后利润分配给自然人股东时，自然人股东还需要缴纳个人所得税，相比合伙及合伙企业而言，就经营利润实际有两次税负，故有限公司的自然人股东实际获得的分红收益相对要低于合伙中的合伙人。

举例而言，假设某合伙企业 A 与有限公司 B 在 2017 年度税前利润都是人民币 100 万元，合伙企业 A 的合伙人为自然人甲和乙，甲的合伙出资份额比例为 40%，乙的合伙出资份额比例为 60%，甲、乙在有限公司 B 中的股权比例也同样是 40% 和 60%。这样，在合伙企业 A 中，甲分得利润 40 万元，乙分得利润 60 万元，按照合伙企业先分后税的原则，即使不考虑可税前扣除的费用因素，依照《个人所得税法》缴纳个人所得税后，甲实际到手金额为 274,750.00 元，乙实际到手金额为 404,750.00 元。相较之下，就相同的税前利润 100 万元，因有限公司 B 需要先缴纳 25% 的企业所得税，这样税后可分配利润为 75 万元，之后股东还要再缴纳 20% 的股息所得税，这样甲实际到手金额为 24 万元，乙实际到手金额为 36 万元，均低于从合伙企业的实得分红。若再考虑《公司法》第一百六十六条规定的有限公司法定资本公积制度，即有限公司在分配当年税后利润时应当提取利润的 10% 列入公司法定公积金，则股东到手金额会更低。当然，在公司法定公积金累计额达到公司注册资本的 50% 以上时，可以不再提取。

合伙企业税负较低这一税务优势，是很多基金、创投机构及股权激励平台选择有限合伙组织形式的重要原因之一。

相关法条：

1.《**中华人民共和国企业所得税法**》(2007年通过,2018年修正)[①]

第一条 在中华人民共和国境内,企业和其他取得收入的组织(以下统称企业)为企业所得税的纳税人,依照本法的规定缴纳企业所得税。

个人独资企业、合伙企业不适用本法。

2.《**中华人民共和国合伙企业法**》(1997年通过,2006年修订)

第六条 合伙企业的生产经营所得和其他所得,按照国家有关税收规定,由合伙人分别缴纳所得税。

3.《**财政部、国家税务总局关于合伙企业合伙人所得税问题的通知**》(财税〔2008〕159号)

一、本通知所称合伙企业是指依照中国法律、行政法规成立的合伙企业。

二、合伙企业以每一个合伙人为纳税义务人。合伙企业合伙人是自然人的,缴纳个人所得税;合伙人是法人和其他组织的,缴纳企业所得税。

三、合伙企业生产经营所得和其他所得采取"先分后税"的原则。具体应纳税所得额的计算按照《关于个人独资企业和合伙企业投资者征收个人所得税的规定》(财税〔2000〕91号)及《财政部 国家税务总局关于调整个体工商户个人独资企业和合伙企业个人所得税税前扣除标准有关问题的通知》(财税〔2008〕65号)的有关规定执行。

前款所称生产经营所得和其他所得,包括合伙企业分配给

---

① 本书对列出的法律,仅列出其通过、修订及最近一次修正的时间(年);对其他法律文件,仅列出文号。

所有合伙人的所得和企业当年留存的所得(利润)。

1.3　合伙与有限公司相比,有何风险或劣势?

毋庸讳言,合伙虽然有税负较轻的优势,但大部分企业仍选择有限公司组织形式,在于合伙有下列局限或者劣势,使很多投资人在综合权衡之后,最终选择税负较高但其他方面价值更高的有限公司组织形式。

(1)普通合伙人及其配偶的无限连带责任风险

由于合伙不具备法人资格,没有独立承担民事责任的资格与能力,故法律规定普通合伙人对合伙债务及责任承担无限连带责任,这意味着普通合伙人的所有个人财产都面临着合伙债务带来的责任风险。合伙人不仅要对入伙之后发生的合伙债务承担连带责任,对入伙之前的合伙债务同样承担连带责任;即使退伙时退伙人已分担合伙债务的,对其参加合伙期间的全部债务仍负连带责任。

而且,按照现有法律规定,除了普通合伙人自身要面对该合伙债务风险外,其配偶也有很大风险作为共同债务人承担该债务,因为该合伙债务并不当然属于司法解释所规定的应当从夫妻共同债务中排除的债务类别,故除非债权人认可该合伙债务属于普通合伙人的个人债务,配偶还是要作为共同债务人承担责任。在发生追债争议时,债权人为确保自己债权受到足额清偿,从意愿上通常不会认可此类合伙债务纯属合伙人个人债务而豁免其配偶,相反会尽一切努力让合伙人的配偶也承担责任。

在此,有必要澄清一下 2018 年 1 月 18 日起施行的《最高人民法院关于审理涉及夫妻债务纠纷案件适用法律有关问题的解释》(具体参见下面相关法律规定之6)。该司法解释出台的背景是:很多女性虽然并不认可或者知晓男方在婚姻关系存续期间的借款,但在离婚后却仍因男方的债务被债权人追索并被法院判决和男方共同承担债务偿还责任。该司法解释实质是对被无辜负债导致的不公正进行纠偏,强调共债共签。很多人据此简单地认为,只要夫妻没有共同签字,就不会被认定为夫妻共同债务。作者认为,该理解过于偏颇和乐观,因为该司法解释第三条开了另外一个口子,即"债权人能够证明该债务用于夫妻共同生活、共同生产经营或者基于夫妻双方共同意思表示的除外"。按照通常的逻辑,若夫妻一方投资于合伙的分红归入夫妻共同财产,那么由此合伙行为产生的债务,也应当归入共同债务。若夫妻一方仅在享受分红时主张共同财产权益,在产生债务时却主张事不关己并拒绝承担责任,显然不符合法理和正常逻辑。所以,投资合伙时,普通合伙人还是要做好配偶也对合伙债务承担连带责任的准备。

有限公司对股东的保护则远远高于合伙。除一人有限公司之外,有限公司股东通常仅以其认缴的出资额为限对有限公司的债务承担责任。若有限公司自身财产不足以清偿有限公司债务,可进入破产程序,通常并不会累及股东及其配偶。

所以,合伙形式更适合于债务责任风险较小的行业或者投资,即使投资失败,损失的仅是本金而不会产生更大的债务责任,例如书店、服装店、私募基金等。而对发生亏损时不仅会损失本金还会产生其他较大债务责任的投资,例如有大额固定资产投资、市场不确定性较大又需要银行贷款的项目,则选择有限公司方式更为稳妥和合适。

相关法条:

1.**《中华人民共和国民法通则》**(1986年通过,2009年修正)

第三十四条 个人合伙的经营活动,由合伙人共同决定,合伙人有执行和监督的权利。

合伙人可以推举负责人。合伙负责人和其他人员的经营活动,由全体合伙人承担民事责任。

第三十五条 合伙的债务,由合伙人按照出资比例或者协议的约定,以各自的财产承担清偿责任。

合伙人对合伙的债务承担连带责任,法律另有规定的除外。偿还合伙债务超过自己应当承担数额的合伙人,有权向其他合伙人追偿。

2.**《最高人民法院关于贯彻执行〈中华人民共和国民法通则〉若干问题的意见(试行)》**(法〔办〕发〔1988〕6号)

47. 全体合伙人对合伙经营的亏损额,对外应当负连带责任;对内则应按照协议约定的债务承担比例或者出资比例分担;协议未规定债务承担比例或者出资比例的,可以按照约定的或者实际的盈余分配比例承担。但是对造成合伙经营亏损有过错的合伙人,应当根据其过错程度相应的多承担责任。

53. 合伙经营期间发生亏损,合伙人退出合伙时未按约定分担或者未合理分担合伙债务的,退伙人对原合伙的债务,应当承担清偿责任;退伙人已分担合伙债务的,对其参加合伙期间的全部债务仍负连带责任。

57. 民法通则第三十五条第一款中关于"以各自的财产承担清偿责任",是指合伙人以个人财产出资的,以合伙人的个人财产承担;合伙人以其家庭共有财产出资的,以其家庭共有财产承担;合伙人以个人财产出资,合伙的盈余分配所得用于其家庭成员生活的,应先以合伙人的个人财产承担,不足部分以合伙人的家庭共有财产承担。

3.**《中华人民共和国婚姻法》**(1980年通过,2001年修正)

第十九条第三款 夫妻对婚姻关系存续期间所得的财产约定归各自所有的,夫或妻一方对外所负的债务,第三人知道该约定的，以夫或妻一方所有的财产清偿。

4.**《最高人民法院关于适用〈中华人民共和国婚姻法〉若干问题的解释（二）》**（法释〔2003〕19号）

第二十四条　债权人就婚姻关系存续期间夫妻一方以个人名义所负债务主张权利的，应当按夫妻共同债务处理。但夫妻一方能够证明债权人与债务人明确约定为个人债务，或者能够证明属于婚姻法第十九条第三款规定情形的除外。

5.**《最高人民法院关于适用〈中华人民共和国婚姻法〉若干问题的解释（二）的补充规定》**（法释〔2017〕6号）

在《最高人民法院关于适用〈中华人民共和国婚姻法〉若干问题的解释（二）》第二十四条的基础上增加两款，分别作为该条第二款和第三款：

夫妻一方与第三人串通，虚构债务，第三人主张权利的，人民法院不予支持。

夫妻一方在从事赌博、吸毒等违法犯罪活动中所负债务，第三人主张权利的，人民法院不予支持。

6.**《最高人民法院关于审理涉及夫妻债务纠纷案件适用法律有关问题的解释》**（法释〔2018〕2号）

第一条　夫妻双方共同签字或者夫妻一方事后追认等共同意思表示所负的债务，应当认定为夫妻共同债务。

第二条　夫妻一方在婚姻关系存续期间以个人名义为家庭日常生活需要所负的债务，债权人以属于夫妻共同债务为由主张权利的，人民法院应予支持。

第三条　夫妻一方在婚姻关系存续期间以个人名义超出家庭日常生活需要所负的债务，债权人以属于夫妻共同债务为由主张权利的，人民法院不予支持，但债权人能够证明该债务用于夫妻共同生活、共同生产经营或者基于夫妻双方共同意思表示的除外。

（2）发展的天花板与瓶颈

无论个人合伙还是合伙企业，合伙企业中无论是普通合伙企业还是有限合伙企业，即使在营业收入、利润、业务方向等方面符合 IPO 上市的门槛规定，但因现有法律框架下的国内 IPO 上市仅面向具有法人资格的企业，而合伙企业并无法直接改制成为法人企业或者有限公司，若意图以合伙企业的业务进行 IPO，只能重新注册有限公司承接原合伙企业的业务，从头重新开始计算业务财务各方面的指标。

这样，若一开始就有 IPO 上市的打算，合伙企业显然不是一个好的选择，选择有限公司组织形式更为合适。有限公司股改转换为股份有限公司，本质还是同一法人实体，不影响 IPO 上市各业务财务指标的连续计算。

（3）合伙的人合属性更强，在入伙、财产分割、继承等方面限制更多

由于合伙人之间就合伙债务相互承担无限连带责任，一损俱损，合伙人之间有很强的人身信任与依赖关系，故在入伙、合伙财产的转让、分割以及合伙人身份继承方面，与有限公司股东相比，有更多限制。

例如，除非合伙协议另有约定，新吸收合伙人，必须经全体合伙人一致同意，合伙中只要一个合伙人不同意，就无法吸收新的合伙人。而有限公司以增资扩股方式吸收新的股东，通常只需要 2/3 以上表决权股东同意即可。

又如，合伙人去世后，其继承人并不能当然继承合伙人身份，通常只能继承该合伙人所享有的财产权利，除非合伙协议事先约定或者经全体合伙人一致同意继承合伙人身份，即合伙人资格以不能继承为原则，以能够继承为例外。而在有限公司中，继承人通常可以继承股东资格，除非公司章程另有约定不能继承，即以能够继承为原则，以不能继承为例外。

这样，若希望所投资的事业有跨越代际的传承与延续，还是选择有限公司更为妥当；若是短平快的项目，选择合伙组织形式亦无妨。

相关法条：

1.**《最高人民法院关于贯彻执行〈中华人民共和国民法通则〉若干问题的意见（试行）》**（法〔办〕发〔1988〕6号）

51.在合伙经营过程中增加合伙人，书面协议有约定的，按照协议处理；书面协议未约定的，须经全体合伙人同意，未经全体合伙人同意的，应当认定入伙无效。

2.**《中华人民共和国合伙企业法》**（1997年通过，2006年修订）

第五十条　合伙人死亡或者被依法宣告死亡的，对该合伙人在合伙企业中的财产份额享有合法继承权的继承人，按照合伙协议的约定或者经全体合伙人一致同意，从继承开始之日起，取得该合伙企业的合伙人资格。

有下列情形之一的，合伙企业应当向合伙人的继承人退还被继承合伙人的财产份额：

（一）继承人不愿意成为合伙人；

（二）法律规定或者合伙协议约定合伙人必须具有相关资格，而该继承人未取得该资格；

（三）合伙协议约定不能成为合伙人的其他情形。

合伙人的继承人为无民事行为能力人或者限制民事行为能力人的，经全体合伙人一致同意，可以依法成为有限合伙人，普通合伙企业依法转为有限合伙企业。全体合伙人未能一致同意的，合伙企业应当将被继承合伙人的财产份额退还该继承人。

3.**《中华人民共和国公司法》**（1993年通过，2018年修正）

第七十五条　自然人股东死亡后，其合法继承人可以继承股东资格；但是，公司章程另有规定的除外。

(4)国家法律对合伙财产的刑法保护力度不如有限公司

本着罪刑法定原则，按照现行《刑法》，若有限公司员工或者股东利用职务的便利侵占有限公司财产，且金额达到6万元，则受损害的股东或者有限公司可以报案，有权要求按照职务侵占罪追究行为人的刑事责任。

但是，若合伙人或者合伙企业员工利用职务便利侵占合伙财产，在司法实践中，按照现行有效司法解释，通常的认识是，合伙企业因为没有法人资格，不在《刑法》所规定的具有法人资格的"公司、企业、事业单位"之列，其工作人员不属于《刑法》第二百七十一条职务侵占罪的主体，不满足职务侵占罪的构成要件，故即使有职务侵占行为，也难以追究其职务侵占罪，而只能通过民事诉讼维护权利并追究行为人的民事责任，法律对合伙的保护力度明显弱于有限公司。

相关法条：

《最高人民法院关于审理单位犯罪案件具体应用法律有关问题的解释》(法释〔1999〕14号)

第一条　刑法第三十条规定的"公司、企业、事业单位"，既包括国有、集体所有的公司、企业、事业单位，也包括依法设立的合资经营、合作经营企业和具有法人资格的独资、私营等公司、企业、事业单位。

1.4　不同类别的合伙及合伙人的责任有何区别？

如前所述，我国现行法律框架下，合伙区分为个人合伙与合伙企业两种形态。对其中合伙人的不同责任区分，以列表方式归纳说明如下。

合伙类别		合伙人类别	对合伙债务的责任
个人合伙		全体合伙人	对合伙债务承担连带责任，无论出资多少以及是否负责日常经营。偿还合伙债务超过自己应当承担数额的合伙人，例如承担责任超出按照出资比例或者合伙协议约定自己应承担部分的，有权向其他合伙人追偿
合伙企业	普通合伙企业	全体合伙人	合伙企业对其债务，应先以其全部财产进行清偿。合伙企业不能清偿到期债务的，合伙人承担无限连带责任。合伙人由于承担无限连带责任，清偿数额超过其按约定或者法定亏损分担比例的，有权向其他合伙人追偿
	有限合伙企业	普通合伙人	对合伙企业债务承担无限连带责任
		有限合伙人	以其认缴的出资额为限对合伙企业债务承担责任
	特殊的普通合伙企业	全体合伙人	一个合伙人或者数个合伙人在执业活动中因故意或者重大过失造成合伙企业债务的，应当承担无限责任或者无限连带责任，其他合伙人以其在合伙企业中的财产份额为限承担责任。 合伙人在执业活动中非因故意或者重大过失造成的合伙企业债务以及合伙企业的其他债务，由全体合伙人承担无限连带责任。合伙人执业活动中因故意或者重大过失造成的合伙企业债务，以合伙企业财产对外承担责任后，该合伙人应当按照合伙协议的约定对给合伙企业造成的损失承担赔偿责任

续表

合伙类别	合伙人类别	对合伙债务的责任
合伙型联营	联营合伙人	联营体是合伙经营组织的,可先以联营体的财产清偿联营债务。联营体的财产不足以抵债的,由联营各方按照联营合同约定的债务承担比例,以各自所有或经营管理的财产承担民事责任;合同未约定债务承担比例,联营各方又协商不成的,按照出资比例或盈余分配比例确认联营各方应承担的责任。合伙型联营各方应当依照有关法律、法规的规定或者合同的约定对联营债务负连带清偿责任

从上表可见,若采用个人合伙方式,即使登记为个体工商户,合伙人之间仍然承担连带责任。若意图仅投资但不参与经营决策,亦不希望对合伙债务承担连带责任,则应选择有限合伙中的有限合伙人身份,这也是众多私募机构所采取的组织形态。而特殊的普通合伙适用范围有限,主要为律师事务所、会计师事务所等专业机构,其他投资经营即使希望采用该合伙形式,通常也难以被准许登记。

相关法条:

《最高人民法院关于民事执行中变更、追加当事人若干问题的规定》(法释〔2016〕21号)

第十四条　作为被执行人的合伙企业,不能清偿生效法律文书确定的债务,申请执行人申请变更、追加普通合伙人为被执行人的,人民法院应予支持。

作为被执行人的有限合伙企业,财产不足以清偿生效法律文书确定的债务,申请执行人申请变更、追加未按期足额缴纳出资的有限合伙人为被执行人,在未足额缴纳出资的范围内承担责任的,人民法院应予支持。

1.5 典型案例：合伙人对合伙债务承担无限连带责任

在下面的玻璃购销案中，买方合伙人之一郭×民认为自己不应对玻璃供应商刘×敏承担付款责任，理由是对两次买卖不知情，且已将对合伙的应付款支付给了另一合伙人刘×，而法院认为该理由属于合伙人内部经营管理与利益分配关系，不能对抗合伙外的债权人，一审和二审法院均判决两个合伙人郭×民与刘×共同对供应商刘×敏承担连带付款责任。

同时，该判决还阐明，如二被告偿还的合伙债务超出各自应当承担的数额，有权向对方追偿。该案例是合伙人承担无限连带责任法律原则的典型应用。

审理法院：黑龙江省哈尔滨市中级人民法院

民事判决书编号：(2014)哈开商终字第7号

案情简介：

原告刘×敏系哈尔滨市松北区兰天玻璃商店经营者，二被告郭×民与刘×原系合伙关系，共同经营玻璃商店。2012年9月21日、9月24日，原告出售给二被告合伙经营的玻璃商店两批玻璃，两笔价款均为4791元，刘×为原告出具了出库单两份。双方对付款时间未作约定。二被告对上述两笔货款至今未付。故原告诉至法院，请求判令二被告给付所欠玻璃款9582元，并按照银行同类贷款利率赔偿原告自2012年9月24日起至货款实际付清之日期间的利息。

一审裁判要旨：

一审审法院认为，合伙人对合伙的债务承担连带责任。原告出售玻璃给二被告合伙经营的玻璃商店，二被告应当支付原告价款并互负连带责任，原告主张二被告给付玻璃款 9582 元并互负连带责任的诉讼请求符合法律规定，法院予以支持。郭×民辩称的对两次买卖不知情及已将对合伙的应付款给付刘×，均属于合伙人内部经营管理与利益分配关系，不能对抗合伙外的债权人。刘×提出案外债务也应由二被告连带承担，属于合伙内部关系，与原告诉讼请求无关，故对该抗辩理由，法院不予采纳。如二被告偿还的合伙债务超出各自应当承担的数额，有权向对方追偿。一审判决被告郭×民、刘×给付原告刘×敏玻璃款 9582 元，并承担连带责任。

二审过程：

一审判决后，郭×民不服提出上诉称：2012 年 3 月至 2012 年 11 月末，郭×民与刘×合伙经营玻璃店。在此期间，刘×在郭×民不知情的情况下，单独在刘×敏处赊购玻璃，这属于刘×的个人行为。2012 年 10 月 15 日，郭×民主动给付刘×69,080元，让其结算刘×敏的玻璃款及对外应付款项。因此应由刘×支付刘×敏的玻璃款。故请求二审法院撤销原判，判令刘×承担刘×敏玻璃款 9582 元，郭×民不承担连带责任。

刘×答辩称：刘×与郭×民是合伙关系，共同经营玻璃店，刘×与刘×敏不认识，只负责管理生产，对外的事宜均由郭×民负责，所欠玻璃款也应由郭×民负担，故请求二审法院维持原判。

刘×敏答辩称，郭×民与刘×系合伙关系，所欠玻璃款理应偿还，请求维持原判。

二审裁判要旨：

二审法院认为，个人合伙是指两个以上公民按照协议，各自提供资金、实物、技术等，合伙经营、共同劳动，经营共同事业的经营体。从一审审理过程以及郭×民的上诉状中均可以认定郭×民与刘×系合伙关系，郭×民二审庭审中对合伙关系予以否认，称只是因为有亲属关系才出钱给刘×，自己并未参与经营，二人系借贷关系的抗辩理由，因无证据支持，二审法院不予认定。

合伙的债务，由合伙人按照出资比例或者协议的约定，以各自的财产承担清偿责任，合伙人对合伙的债务承担连带清偿责任。郭×民与刘×合伙期间，多次购买刘×敏的玻璃，均是采取刘×等人签收、郭×民付款的方式结算。现郭×民称刘×在郭×民不知情的情况下，单独在刘×敏处赊购玻璃，这属于刘×的个人行为，此欠款应由刘×个人偿还的上诉理由与事实不符，二审法院不予支持。

个人合伙连带责任不以合伙人内部有不同的约定而转移。郭×民称主动给付刘×69,080元，让其结算刘×敏的玻璃款及对外应付款项，因此应由刘×支付刘×敏的玻璃款的上诉请求证据不足，且属于合伙人内部约定，不能免除其连带清偿责任。故郭×民的上诉理由不能成立，二审法院不予支持，并判决驳回上诉，维持原判。

第二章

个人合伙相关法律风险与实务攻略

个人合伙是民间常见的共同投资经营模式，例如几个亲戚、朋友合伙经营餐厅、合伙投资造船、合伙承包开采矿山、合伙承揽工程等，有的是共同出资共同管理，有的是部分合伙人只出资但并不参与日常管理。就合伙关系的确立而言，有的合伙人虽然签订了清晰的合伙协议，但登记时却仅以其中一个合伙人名义登记为个体工商户；而有的合伙人则仅出资，并不参与任何管理，其他第三人也不知有这个合伙人，其作为隐名合伙人参与合伙。

个人合伙的形式和涉及的业务灵活多样，且多在朋友、亲戚、同学等熟人之间操作，通常碍于情面，在合伙开始时并没有签署清晰的合伙协议，在发生重大争议后，虽然撕破脸面走上法庭，却难以达到预期效果。究其原因，在于事先没有意识到个人合伙的常见风险和纠纷，也没有事先加以约定或者采取防范措施。

2.1　既无书面协议也未做工商登记的合伙，是否受法律认可与保护？

实践中，多数个人合伙经营的业务规模不大，或者时间跨度不长，仅由合伙人之间口头约定，并且实际经营，既没有签署合伙协议，也没有登记为合伙企业。有读者担心，国家法律会认可和保护这样的合伙吗？

按照现行法律规定，此类没有登记、没有签署合伙协议的个人合伙仍然受国家法律认可和保护，且法律对合伙人之间没有约定的一些事项作出了默认规定，以处理缺乏书面协议的合伙纠纷。所以，若实际有合伙事实存在，即使没有签署合伙协议，在争议无法通过协商处理时，也可诉诸法律解决。

当然，在起诉到法院处理时，若没有书面合伙协议，合伙人应当提供实际出资款项的支付凭证、实物交接记录、实际经营文件、证人证言等证据，证明存在合伙的基本事实，特别是共同出资、共同经营以及共担盈亏这三个基本要素。共同出资中的出资包括资金、实物、技术和劳务等形态，并不限于资金。通过证人证言证明的，必须是两个以上无利害关系人，证明存在口头合伙协议。

相关法条：

1.**《中华人民共和国民法通则》**(1986年通过,2009年修正)

第三十条　个人合伙是指两个以上公民按照协议，各自提供资金、实物、技术等，合伙经营、共同劳动。

第三十一条　合伙人应当对出资数额、盈余分配、债务承担、入伙、退伙、合伙终止等事项，订立书面协议。

2.**《最高人民法院关于贯彻执行〈中华人民共和国民法通则〉若干问题的意见（试行）》**（法〔办〕发〔1988〕6号）

46.公民按照协议提供资金或者实物，并约定参与合伙盈余分配，但不参与合伙经营、劳动的，或者提供技术性劳务而不提供资金、实物，但约定参与盈余分配的，视为合伙人。

47.当事人之间没有书面合伙协议，又未经工商行政管理部门核准登记，但具备合伙的其他条件，又有两个以上利害关系人证明有口头合伙协议的，人民法院可以认定为合伙关系。

2.2　登记的是个体工商户而不是合伙，合伙有效吗？

在现实生活中，有的生意实际上是数人投资合伙经营，但为登记方便，仅以其中一人特别是主持营业的合伙人的名义进行工商登记，登记为个体工商户而不是合伙。在生意兴隆、合伙人之间就管理或者盈余分配发生争议时，登记为个体工商户的合伙人会主张其他人的出资都是借款而已，并愿意返还借款甚至利息而独自经营；而在生意陷入亏损债务累累时，有的合伙人会主张，自己只是借款给该个体工商户，并不是其合伙人，故不应当对其生意债务承担连带责任，且登记的个体工商户应当返还借款。

这样，在个人合伙登记为个体工商户时，无论对登记为个体工商户的合伙人而言，还是对其他合伙人而言，都存在随经营结果不同而否认合伙人身份的风险。

实务中，为防控此类风险，合伙人之间应当订立清晰的书面合伙协议，对各合伙人的出资、经营管理、盈亏负担、入伙退伙等事项作出书面约定。需要说明的是，在有明确合伙协议的情况下,合伙协议的约定足以对抗和推翻个体工商户登记,对合伙人权利义务的认定以合伙协议为准。清晰的书面合伙协议,无论对登记为个体工商户的合伙人还是其他合伙人而言,都是一颗定心丸。

合伙协议的约定之所以能够对抗和推翻个体工商户登记,是因为形式登记与实质证据发生冲突时,法院通常会以实质证据推翻形式登记,特别是合伙争议作为民事争议,判定合伙关系是否存在、合伙协议是否有效时,并不以登记为准。名义上登记为个体工商户,实质是合伙经营的安排,并不违反法律、行政法规的效力性强制性规定,故合伙协议和合伙关系并不因为登记为个体工商户而成为无效合同。

如此处理的依据,在于《合同法》及相关司法解释的规定,具体请见下面的法律规定摘要。

相关法条:

1.《**中华人民共和国合同法**》(1999年通过)

第五十二条 有下列情形之一的,合同无效:

(一)一方以欺诈、胁迫的手段订立合同,损害国家利益;

(二)恶意串通,损害国家、集体或者第三人利益;

(三)以合法形式掩盖非法目的;

(四)损害社会公共利益;

(五)违反法律、行政法规的强制性规定。

2.《**最高人民法院关于适用〈中华人民共和国合同法〉若干问题的解释(一)**》(法释〔1999〕19号)

第四条 合同法实施以后,人民法院确认合同无效,应当以全国人大及其常委会制定的法律和国务院制定的行政法规为依据,不得以地方性法规、行政规章为依据。

3.**《最高人民法院关于适用〈中华人民共和国合同法〉若干问题的解释(二)》**(法释〔2009〕5号)

第十四条　合同法第五十二条第(五)项规定的“强制性规定”，是指效力性强制性规定。

2.3　虽出资分红但不参与经营也不承担合伙债务，是否受法律认可？

在实践中，有的出资者虽然对个人合伙有实际出资，但并不参与合伙的日常经营管理，且约定只是参与盈余分配但并不承担出资之外的合伙债务，该个人合伙的交易对方包括客户、供应商等都不知道此人是合伙人，称为隐名合伙人。合伙的债权人在了解到存在该隐名合伙人后，是否有权要求该隐名合伙人和其他合伙人一样承担连带清偿责任？或者其他合伙人在承担清偿责任后，是否有权向该隐名合伙人追偿？

该风险和问题的实质是，若合伙协议约定隐名合伙人只参与盈余分配，但不承担出资以外的合伙债务，该约定是否有效，对外能否对抗债权人，对内能否对抗其他合伙人。

隐名合伙的存在有其合理性，即显名合伙人负责经营管理并承担无限连带责任，而隐名合伙人不参与经营管理故其责任仅以出资为限，这样显名合伙人的经营管理能力与隐名合伙人的资金形成优势互补。同时，由显名合伙人承担无限连带责任，可以弥补和平衡隐名合伙人不参加合伙业务经营管理的权利不平衡，形成对显名合伙人的合理制约。

虽然大多数大陆法系国家的立法认可隐名合伙，我国民法理论中也有隐名合伙的论述，很多学者与司法实务工作者也呼吁在立法中认可及鼓励隐名合伙，但我国现行有效的立法及司法解释并未承认个人合伙中的隐名合伙,而仅在有限合伙企业中承认有限合伙人。其中,《民法通则》及《最高人民法院关于贯彻执行〈中华人民共和国民法通则〉若干问题的意见(试行)》均规定合伙的基本特征为合伙人必须参加经营,且规定“全体合伙人对合伙经营的亏损额,对外应当负连带责任”及“只提供技术性劳务,不提供资金、实物的合伙人,对于合伙经营的亏损额,对外也应当承担连带责任”,故实质上我国现行法律并不承认个人合伙中的隐名合伙人,而仅承认有限合伙企业中的有限合伙人,具体请见本书有关有限合伙的第3.24小节论述。

在司法实践中,即使有合伙人主张是隐名合伙,但是法院并不会按照前述隐名合伙理论予以认可或保护。对于主张隐名合伙的,若全体合伙人均知情认可,则认定存在个人合伙,要求隐名合伙人与显名合伙人同样对合伙债务承担无限连带责任;若有合伙人不知情或者不认可的,则否认隐名合伙人的身份,认定隐名合伙人与收款的显名合伙人之间存在保底的民间借贷关系,否认隐名合伙人参加合伙利润分配的主张。

所以,即使合伙协议清晰约定了隐名合伙人身份,但因隐名合伙缺乏现行法律依据,隐名合伙人将面临就合伙债务承担无限连带责任或合伙人身份被否定的风险。

这样,若读者投资时意图仅以出资为限对合伙债务承担有限责任,不参与经营管理但要参与利润分配,为得到充分的法律保护,应避免以隐名合伙人的方式参加个人合伙,而应当签署明确的有限合伙协议,实际出资且作为有限合伙人按照《合伙企业法》在工商机关进行有限合伙企业的登记,详见第3.24小节。

相关法条：

《最高人民法院关于贯彻执行〈中华人民共和国民法通则〉若干问题的意见（试行）》（法〔办〕发〔1988〕6号）

46. 公民按照协议提供资金或者实物，并约定参与合伙盈余分配，但不参与合伙经营、劳动的，或者提供技术性劳务而不提供资金、实物，但约定参与盈余分配的，视为合伙人。

2.4 仅以劳务出资参与合伙，是否受保护？应如何避免争议？

在个人合伙中，有的合伙人会以其特定专长的技术性劳务作为出资，而不提供现金或者实物出资，例如合伙开办面包店，烘焙师以其烘焙技术性劳务出资参与分红，但同时又领取工资。在此情况下，若没有清晰的书面约定，在合伙营利较多且有其他烘焙师可以取代时，以现金出资的合伙人可能想否定烘焙师的合伙人资格，即仅支付工资而不再分红；而在合伙产生亏损与债务时，可能烘焙师会主张自己仅是领取工资的员工而否认自己的合伙人身份，以避免承担合伙债务。

实务中为避免后续发生此类争议，对存在技术性劳务出资的合伙，无论劳务出资者本人还是其他合伙人，都要有意识在合伙协议中就此作出明确约定，清晰区分劳务出资的分红与工资。可以使用下面的示范条款，在合伙人出资条款中予以界定：

合伙人出资：各合伙人一致确认，合伙人乙以其糕点烘焙技术性劳务作为合伙出资，确保厨房糕点烘焙的质量和产量满足日常客流需要，该烘焙技术性劳务出资占合伙总出资的30%，合伙人乙按此30%出资比例分享合伙经营盈余并分担亏损与债务。明确起见，合伙人乙同时有权每月从合伙经营中领取工资人民币6000元，该工资不影响合伙人乙按照30%的出资比例分享合伙经营盈余并承担亏损与债务。

相关法条：

《最高人民法院关于贯彻执行〈中华人民共和国民法通则〉若干问题的意见（试行）》（法〔办〕发〔1988〕6号）

48. 只提供技术性劳务，不提供资金、实物的合伙人，对于合伙经营的亏损额，对外也应当承担连带责任；对内则应当按照协议约定的债务承担比例或者技术性劳务折抵的出资比例承担；协议未规定债务承担比例或者出资比例的，可以按照约定的或者合伙人实际的盈余分配比例承担；没有盈余分配比例的，按照其余合伙人平均投资比例承担。

2.5 合伙人对入伙之前的合伙债务是否承担责任？

若读者要投资加入某个正在经营的合伙生意，首先应问一下，之前的合伙债务有多少？我要对之前的债务承担责任吗？根据《民法通则》相关规定，合伙人对合伙债务承担连带责任是个人合伙的基本特征，所以，即使合伙债务产生于某个合伙人入伙之前，该合伙人仍然应当对该债务承担连带责任。

而且，基于该法律规定，即使新入伙合伙人在合伙协议中约定对入伙之前的债务不承担责任，该约定也只能在合伙人之间内部有效，而不能对外对抗债权人。当然，新入伙合伙人在承担责任后，有权按照合伙协议的约定向其他合伙人追偿，以落实对入伙之前债务不承担责任的内部约定。

也需要再次提醒，如之前第1.3小节第1）点所述，因合伙债务产生的连带责任，不仅累及合伙人自身，通常也会连累其配偶。也就是说,当你决定加入个人合伙成为合伙人时,意味着你对其他合伙人的信任程度,足以让你本人和配偶愿意为其他合伙人的合伙经营行为承担民事责任。

相关法条:

《**中华人民共和国民法通则**》(1986 年通过,2009 年修正)

第三十五条　合伙的债务,由合伙人按照出资比例或者协议的约定,以各自的财产承担清偿责任。

合伙人对合伙的债务承担连带责任,法律另有规定的除外。偿还合伙债务超过自己应当承担数额的合伙人,有权向其他合伙人追偿。

2.6　经 2/3 以上合伙人同意的新人入伙是否有效?

若读者已是某个合伙生意的合伙人,其他多数合伙人都赞成吸收某个新人入伙,只有一个合伙人不同意,能阻挡该新人入伙吗?

个人合伙有较强的人身属性,由于单个合伙人行为所产生的债务由全体合伙人承担连带责任,合伙人之间的信任关系甚至比合伙人的出资金额多少更为重要,所以,若合伙协议没有特殊约定,按照法律默认规定,任一合伙人均对吸收新的合伙人有否决权,即使 2/3 或者更多合伙人同意新吸收某一合伙人,只要其中一个合伙人反对,该新入伙即无效。换言之,合伙人之间的信赖关系是如此紧密,若任何一个合伙人对新入伙候选人产生疑问而表示反对,即使支持该候选人入伙的票数达到 60% 甚至 90% ,也不能以少数服从多数这一通常意义上的民主规则来决策入伙成立。这个入伙否决权,对合伙内部关系而言，堪与联合国安理会五个常任理事国的一票否决权媲美。

当然，若合伙协议已经明确约定新入伙条件，则应按照该约定的入伙条款处理，不再适用一票否决制的默认法律规定。例如，若合伙协议约定经2/3以上合伙人表决同意则新入伙生效，则符合该条件的新入伙，将得到法律的保护。

相关法条：

《最高人民法院关于贯彻执行〈中华人民共和国民法通则〉若干问题的意见（试行）》（法〔办〕发〔1988〕6号）

51.在合伙经营过程中增加合伙人，书面协议有约定的，按照协议处理；书面协议未约定的，须经全体合伙人同意，未经全体合伙人同意的，应当认定入伙无效。

2.7 合伙协议未约定退伙，是否可随时退伙？如何分割合伙财产？

在个人合伙经营过程中，因管理理念、经营风格、对市场前景的看法不同等原因，几个合伙人之间产生矛盾甚至有合伙人要求退伙并不罕见。若合伙协议未约定退伙条件，则法律允许合伙人随时退伙，但应当根据各方的过错程度确定对其他合伙人应当承担的责任。

相反，若合伙协议对退伙条件和程序已进行了约定，例如约定只有在合伙产生亏损且经过半数合伙人同意的情况下退伙方生效，则该约定受法律保护，合伙人的退伙应当满足该条件方生效。同样，合伙协议也可约定强制退伙即合伙人除名条款，规定满足一定条件的情况下经过特定程序，强制某个合伙人退出合伙。例如，合伙协议可约定，合伙人个人债务金额超出人民币100万元且被法院列入失信被执行人名单的，经半数以上合伙人表决通过，可强制其退伙。

关于合伙财产的退伙分割，法律亦首先尊重合伙人之间的意思自治即合伙协议约定，若合伙协议约定了退伙时的财产处理，则从其约定。在合伙协议未作约定的情况下，则从法律规定，对合伙财产、债权债务进行清算和分割，以实物入伙的原则上退还入伙原物或者折价处理，并按约定比例或者实际出资比例清退财产。

相关法条：

《最高人民法院关于贯彻执行〈中华人民共和国民法通则〉若干问题的意见（试行）》（法〔办〕发〔1988〕6号）

52.合伙人退伙，书面协议有约定的，按书面协议处理；书面协议未约定的，原则上应予准许。但因其退伙给其他合伙人造成损失的，应当考虑退伙的原因、理由以及双方当事人的过错等情况，确定其应当承担的赔偿责任。

54.合伙人退伙时分割的合伙财产，应当包括合伙时投入的财产和合伙期间积累的财产，以及合伙期间的债权和债务。入伙的原物退伙时原则上应予退还；一次清退有困难的，可以分批分期清退；退还原物确有困难的，可以折价处理。

2.8　退伙人已承担份额债务，对其他合伙债务是否还承担责任？

按照法律规定，因为个人合伙没有法人资格，为更好地保护债权人利益，即使退伙的合伙人在退伙时已经分担合伙债务，在退伙后仍然要继续对合伙债务承担连带责任。此处所说的合伙债务限于该退伙人参加合伙经营期间的债务，不包括在其退伙之后新发生的合伙债务。退伙只能对退伙之后的合伙债务摆脱干系，而退伙之前的合伙债务，退伙人还是要承担的。

当然，若退伙人承担的合伙债务超出其应当承担的数额，有权向其他合伙人追偿。

相关法条：

《最高人民法院关于贯彻执行〈中华人民共和国民法通则〉若干问题的意见（试行）》（法〔办〕发〔1988〕6号）

53. 合伙经营期间发生亏损，合伙人退出合伙时未按约定分担或者未合理分担合伙债务的，退伙人对原合伙的债务，应当承担清偿责任；退伙人已分担合伙债务的，对其参加合伙期间的全部债务仍负连带责任。

2.9　不参与合伙经营的保底收益，是否受法律保护？

有的合伙协议会约定保底收益，例如某个合伙人甲仅投资10万元，但是甲不参与合伙经营管理也不承担合伙亏损及债务，而是每年按照投资金额的一定比例分享固定红利，例如投资10万元每年分取的固定红利为10万元的20%即2万元，且到期退还本金10万元。

在合伙负债时，债权人会主张甲作为合伙人承担连带责任；在合伙亏损时，有的合伙人会主张甲作为合伙人应当共担亏损而无权分红。那么，甲是否应被认定为有效合伙人呢？保底收益的约定是否受法律的认可与保护？

根据《民法通则》规定，个人合伙的根本特征为合伙人之间共同出资、共同经营、共担风险。若某个合伙人仅有出资，但并不参加经营且不承担合伙亏损与债务的风险，相反却收取与合伙经营情况无关的固定收益，则甲与其他合伙人的关系并不是合伙，是名为合伙实为借贷，应当按照民间借贷法律关系处理，其他合伙人应当按约定向甲支付本息。因为甲并不是有效合伙人，故甲也无须承担合伙的债务。

需要说明的是，即使认定为名为合伙实为借贷，也不是约定的任何分红或者利息比例都受法律保护。按照相关司法解释规定，只有年息在24%以下的才受法律保护。

相关法条：

《最高人民法院关于审理民间借贷案件适用法律若干问题的规定》（法释〔2015〕18号）

第二十六条　借贷双方约定的利率未超过年利率24%，出借人请求借款人按照约定的利率支付利息的，人民法院应予支持。

借贷双方约定的利率超过年利率36%，超过部分的利息约定无效。借款人请求出借人返还已支付的超过年利率36%部分的利息的，人民法院应予支持。

2.10　参与合伙经营的保底收益，是否受法律保护？如何追求保底收益？

在第2.9小节案例中，若甲实际参与合伙经营，该保底收益约定是否受法律认可和保护呢？

在此，首先要确认甲的身份，即甲是合伙人还是债权人。因为甲实际投资也参与合伙经营，具备合伙人身份，并不属于名为合伙实为借贷中的债权人。

从外部关系来看，对于合伙的外部债权人而言，全体合伙人对合伙债务承担连带责任，所以，既然甲是合伙人，无论其在合伙内部是否约定保底收益，于外部而言并不影响合伙债权人要求甲作为合伙人就合伙债务承担连带责任。

从内部关系来看，民法尊重合伙人间的意思自治；同时，《民法通则》规定个人合伙的根本特征为合伙人之间共同出资、共同经营、共担风险。这样，若否定保底收益条款的效力，则违背了意思自治原则；而若认可保底收益条款的效力，则背离了个人合伙共担风险的根本特征。虽然作者倾向于保护意思自治，尊重合伙内部的保底收益约定，但在司法实践中，不排除会出现不同的司法认定，存在不确定性。

从实务角度来看，为避免由此不确定性带来的风险，若甲意图作为合伙人参与经营并拿到一定的保底收益，则最好采取民间借贷加合伙出资的组合方式处理，即对于意图保底收益的部分，以其他人名义而非甲自己的名义出借给合伙组织，其余部分则以甲的名义出资到合伙中。

之所以不要用甲自己的名义出借款项给合伙组织，是因为对外部而言全体合伙人对合伙债务承担连带责任，内部则由合伙人按照出资比例或者协议的约定，以各自的财产承担清偿责任，而偿还合伙债务超过自己应当承担部分的合伙人，有权向其他合伙人追偿。若以甲的名义出借款项给合伙，甲作为合伙债权人的同时，又是合伙人之一，在合伙组织未能清偿所欠甲个人借款时，实质上是由甲一人承担了该笔合伙组织对外所欠的债务。甲在承担合伙债务超过了自己应当承担的部分后，虽然有权向其他合伙人追偿，但这时合伙人之间内部责任区分是按份之债而不是连带之债，故甲无法主张其他合伙人承担连带责任。这时，若被追偿的某个合伙人乙并无实际清偿能力，即使另一合伙人丙的清偿能力足以覆盖整个债务，但因为丙不为乙承担连带责任，甲也不能要求丙承担乙的债务，只能眼睁睁的损失对乙的债权。

但是，若以其他人名义借款给合伙，则既可以通过民间借贷的固定利息达到保底收益目的，又能通过合伙人之间的连带责任增强债权的安全，即就该款项全体合伙人都承担连带责任，不会出现前面所述的按份之债风险。需要再次说明，如第2.9小节所述，通过民间借贷约定的保底收益即年利息率约定不应超过24%，超过24%的部分并不受法律保护。

2.11　合伙人是否当然不能从事与合伙相竞争的业务？

竞业禁止或者不竞争义务，指在一定期间内，义务人不得自营或者为其他人从事与所在组织相同、相类似或者相竞争的业务，目的在于避免义务人将业务机会转移到其他主体，也可督促义务人全力以赴为其所在组织工作。若义务人违反该义务，其所在组织可以行使归入权，将义务人所获得的收益收归其所在的组织，并要求义务人承担损害赔偿责任。

竞业禁止义务来自法律规定或者合同约定，前者如《合伙企业法》第三十二条规定的普通合伙人的竞业禁止义务以及《公司法》第一百四十八条规定的董事、高级管理人员的竞业禁止义务，后者如用人单位与掌握公司核心商业机密的关键岗位员工签署的《保密与竞业禁止协议书》。

就个人合伙而言，法律并没有规定个人合伙中的合伙人负有竞业禁止义务。也就是说，除非合伙协议约定合伙人有竞业禁止义务，则不能因某一合伙人从事与合伙组织相竞争的行为而要求其承担责任。

这样，若全体合伙人均认为有必要限制或禁止合伙人从事与合伙相竞争的行为，则应当在合伙协议中作出明确约定。示范条款如下：

竞业禁止与不竞争义务：全体合伙人承诺，在作为本合伙组织的合伙人期间及退出本合伙之日起×年内，不得自营或者为其他人从事与本合伙相同、相类似或者相竞争的业务，具体业务描述为××。若合伙人违反此义务，除应当将其由此所获得的收益全部收归全体合伙人享有外，还应当向其他合伙人支付违约金，违约金的标准为××。

相关法条：

1.**《中华人民共和国合伙企业法》**（1997年通过，2006年修订）

第三十二条　合伙人不得自营或者同他人合作经营与本合伙企业相竞争的业务。

除合伙协议另有约定或者经全体合伙人一致同意外，合伙人不得同本合伙企业进行交易。

合伙人不得从事损害本合伙企业利益的活动。

第九十九条　合伙人违反本法规定或者合伙协议的约定，从事与本合伙企业相竞争的业务或者与本合伙企业进行交易的，该收益归合伙企业所有；给合伙企业或者其他合伙人造成损失的，依法承担赔偿责任。

2.**《中华人民共和国公司法》**（1993年通过，2018年修正）

第一百四十八条　董事、高级管理人员不得有下列行为：

（五）未经股东会或者股东大会同意，利用职务便利为自己或者他人谋取属于公司的商业机会，自营或者为他人经营与所任职公司同类的业务；

董事、高级管理人员违反前款规定所得的收入应当归公司所有。

2.12　个人合伙中的合伙人资格能否继承？

天有不测风云，若个人合伙中的某一合伙人去世，其继承人有权继承其对应的合伙财产权利是毫无疑问的。但是，其继承人能否继承其合伙人资格呢？也就是说，其继承人能否当然成为该个人合伙的合伙人？

答案是否定的。按照个人合伙的精神，个人合伙不仅是资合，更是人合，合伙人之间有极强的人身信任关系，根源于一个合伙人的行为将导致其他合伙人承担连带责任。这样，若某一合伙人去世，并不代表着其他合伙人对该去世合伙人的继承人有人身信任关系，何况通常讲来继承人众多，仅法定继承中的第一顺位继承人就包括配偶、子女、父母，让这么多继承人成为合伙人也不现实。

但是，若某合伙人对自己的身后事早有安排，通过合伙协议就指定某一特定继承人继承其合伙人资格获得了其他合伙人的认可，则本质是全部合伙人就合伙人变更达成协议，该合伙人资格继承将得到法律的保护。

需要澄清的是，此处所讲的情形限于个人合伙。在合伙企业情形下，《合伙企业法》对合伙人资格及合伙份额的继承作了明确规定，具体请见本书第3.23小节。

2.13　合伙人是外籍身份或持有海外绿卡，与其合伙有何特殊考量？

随着个人财力提升以及海外移民的增多，可能有的合伙人已经取得外国护照或者海外永久居留权。合伙人具有海外身份是积极的一面，但也可能会带来潜在风险。例如，甲、乙是某合伙的普通合伙人，甲取得了外国护照且已经举家外迁，而乙是中国公民，在合伙业务失败产生巨额债务的同时，从法律上讲甲和乙都应承担无限连带责任。但在实践中，因为甲具有外国身份，又举家外迁，中国的判决通常很难在国外得到承认和执行，这样，真正可执行的责任人只有合伙人乙。

有读者可能要问，既然按照《民法通则》、相关司法解释及本书第1.4小节的论述，乙清偿的债务超出其应当承担的份额后，可以向甲追偿，怎么还会有风险？通常说来，如果合伙协议没有就争议解决作出约定，则由法院管辖，包括合伙人间的债务追偿。这样，即使经过诉讼，法院支持了乙的追偿请求，判决甲应向乙清偿其应承担的债务份额，但因国内判决很难在国外得到承认和执行，故乙即使在国内法院追偿胜诉，也很难通过在海外的执行真正实现权利。

那如何防控此类风险呢？相较于法院判决在其他国家与地区承认与执行的局限性，世界上150多个国家包括中国已经加入《承认和执行外国仲裁裁决公约》，与法院判决相比，仲裁裁决得到他国法院承认与执行的保障要更高。基于此点考虑，若读者的合伙人已经取得外国身份，包括护照及永久居留权，则建议在合伙协议中使用仲裁争议解决条款，并且选择声誉较高的国际性仲裁机构。这样，在通过仲裁程序行使追偿权后，可以持胜诉的仲裁裁决到对方所在的国家或地区申请承认与执行。示范条款如下：

本合伙协议受中华人民共和国实体法律（排除冲突法规则）约束。因本合伙协议引起的或与本合伙协议有关的任何争议，均应提交中国国际经济贸易仲裁委员会，按照申请仲裁时该会现行有效的仲裁规则进行仲裁。仲裁裁决是终局的，对双方均有约束力。仲裁管辖不影响任何一方有权向相关法院申请财产保全措施，此类申请不应被视作对仲裁管辖的放弃或改变，也不影响中国国际经济贸易仲裁委员会对因本合伙协议引起的或与本合伙协议有关的任何争议的管辖权。

如果此前合伙协议中并没有上面的条款，且追偿事项已在法院审理中，可以考虑申请法院采取边控措施，阻止有海外身份的合伙人出境，向其施加压力，详见本书第 4.16 小节相关法律规定部分。

2.14　典型案例：保底收益条款与合伙的认定

下面的案例经过三级法院审理，非常具有代表性。该案中，刘×香、赵×岗作为青山区环境治理厂的实际经营者，与韩×平、李×杰签署的是投资协议而非借款协议，且韩×平、李×杰有实际资金投入行为。虽然刘×香、赵×岗主张是隐名合伙关系而拒绝退款，但因为约定了保底分成，且刘×香、赵×岗对韩×平、李×杰提供了以保障资金安全为目的的担保，故不符合共担风险的个人合伙特征，一审、二审和再审法院均否定了刘×香、赵×岗所主张的合伙关系，认定该投资属于民间借贷，最终判决刘×香、赵×岗偿还的是借款，而非合伙退伙。该案例是名为合伙实为借贷如何处理的典型应用。

倘若本案中投资协议不存在保底分成条款，且刘×香、赵×岗能证明出资人韩×平、李×杰实际参与了青山区环境治理厂的经营，则四人之间的关系将被认定为合伙关系而非民间借贷关系，案件的处理结果也将会大有不同。

审理法院（再审法院）：内蒙古自治区高级人民法院

民事判决书编号：（2013）内民提一字第 142 号

案情简介:

李×杰、韩×平于2009年11月1日与赵×刚、刘×香签订了一份投资协议,约定李×杰、韩×平有50万元投资到赵×刚开办的包鑫球团厂作为流动资金,该资金由李×杰、韩×平指定专人即刘×香进行担保并专款专用,用于购买铁粉等原材料;双方的合作期限为6个月,即从2009年11月1日至2010年4月30日;每周结算一次,给李×杰、韩×平分成款10,000元,并打入李×杰、韩×平账户。同日,韩×平又单独与赵×刚、刘×香签订了一份提成协议,约定因韩×平为赵×刚的包鑫球团厂的生产经营提供了包括资金周转等多方支持,所以赵×刚开办的包鑫球团厂为韩×平每吨提成5元,每周结算一次,与李×杰同时分配,金额为6250元。同日,赵×刚、刘×香、环境治理厂向李×杰、韩×平出具了担保证明,载明用赵×刚(包鑫球团厂)的所有厂房、资产设备和刘×香的资产共同担保,并加盖了包鑫球团厂、环境治理厂的公章,且有赵×刚、刘×香的签名。又查明,包鑫球团厂系赵×刚个人经营的铁粉加工、销售的企业,执照有效期自2009年4月21日至2013年4月21日,申领的是个体工商户营业执照。环境治理厂系集体企业,由刘×香担任法定代表人,1999年5月5日申领的企业法人营业执照,因未年检,现已被吊销营业执照。再查明,刘×香分五次给韩×平打在卡上分成款50,000元,即每周10,000元,共五周。刘×香分四次给韩×平打在卡上提成款25,000元,即每周6250元,共四周。刘×香于2010年2月9日给李×杰退还了30,000元本金,赵×刚于2010年4月24日给韩×平退还了19,000元本金,共计退还本金49,000元。

李×杰、韩×平诉请判令与赵×刚解除《投资协议》,并返还投资款50万元及分成款266,000元,由刘×香和环境治理厂承担连带赔偿责任。

一审裁判要旨:

一审法院认为,立案时李×杰、韩×平提供了投资协议,而且在诉状中也要求与赵×刚解除《投资协议》,所以确定案由为合伙纠纷。但是在审理过程中却发现,双方没有在协议里面约定共同投资、共同经营、共同盈利、共担风险的条款,而且李×杰、韩×平没有参与企业经营,赵×刚提供的申请召开会议报告并不能证明韩×平参与企业的生产经营,赵×刚、刘×香向李×杰、韩×平分两次退还了49000元本金,而不是股金,不符合合伙纠纷的要件。因此该案名为合伙,实为借贷,确定案由为民间借贷关系更为合适,判决赵×刚、刘×香返还李×杰、韩×平借款本金451,000元,环境治理厂承担偿还上述借款本金及利息的连带保证责任。

二审过程:

一审宣判后,刘×香、赵×刚不服,向包头市中级人民法院上诉称,本案是合伙纠纷而非民间借贷纠纷,一审判决将案由变更没有法律依据。一审判决程序违法,适用法律错误,请求撤销一审判决,改判或发回重审。李×杰、韩×平口头答辩称,一审判决是正确的,请求维持原判。

二审裁判要旨:

二审法院认为,当事人对自己提出的主张有责任提供证据。二审中赵×刚、刘×香就其上诉主张未提供充分的证据予以证实。其上诉请求不能成立,上诉主张不予支持,判决驳回上诉,维持原判。

再审过程:

刘×香、赵×刚不服,向内蒙古自治区高级人民法院申请再审,称本案是合伙纠纷,只是李×杰、韩×平不承担风险只享受提取利益的不平等的条款,该条款不影响合伙投资协议的效力。

李×杰答辩称，当初我与赵×刚、刘×香并不认识，韩×平是我的朋友也是刘×香的战友，是韩×平找到我，我当时认为会有风险，韩×平告诉我说没有问题，不会有风险，还是刘×香厂子担保。后来他们先写了担保协议，就是因为有这份担保，我才把钱借给他们。他们给我返过部分钱后就不返了，我就是借钱给他们，不属于合伙经营。

韩×平答辩称，前后都是我经手操作的。刘×香和我是战友，他来找我说他做生意让我入一股，但我当时没钱，也不太明白这方面的生意，过了段时间又来找我让我帮他引资。李×杰的钱是我介绍引进的第二批款。他答应每50万元每星期给提成1万元，后来我找到刘×香和赵×刚要求给我引资的提成，他们同意每吨给我提成5元。

再审裁判要旨：

内蒙古自治区高级人民法院再审认为，刘×香、赵×刚主张本案双方当事人的法律关系是合伙而非民间借贷，但其提供的投资协议中只约定了投资数额、每周分成、专人（刘×香）担保，以及合作期限。对于合伙必要的共同投资、共同经营、共担风险、共享收益等内容均没有进行约定。而且，双方还签订了担保协议，以赵×刚的厂房和机器以及刘×香的资产作为李×杰投入资金的担保，该担保行为也不符合合伙共担风险的性质。因此，该投资协议性质为民间借贷协议，其所约定的每周分成实际上是高额利息，判决维持原审判决。

2.15 示范文本：个人合伙协议样本

综合前面各小节的中的合伙协议示范条款，若某合伙以某一合伙人名义登记为个体工商户，有合伙人以技术性劳务出资，且事先约对入伙与退伙条件，并限制合伙人从事与合伙相竞争的业务，可参考使用下面的个人合伙协议样本。

个人合伙协议

本个人合伙协议由下列合伙人于20××年××月××日在江苏省常州市××区签署。

张三，护照号：××，住址：××，电子邮箱：××，手机号：××。

李四，身份证号：××，住址：××，电子邮箱：××，手机号：××。

王五，身份证号：××，住址：××，电子邮箱：××，手机号：××。

上述三合伙人就合伙投资经营××咖啡馆，根据《民法通则》相关规定，经过友好协商，达成如下个人合伙协议，共同遵守执行。

一、合伙项目

位于江苏省常州市××区××路××号的面积为××平方米的咖啡馆，咖啡馆登记字号为××咖啡馆，经营范围为××。该咖啡馆实际由张三、李四、王五三合伙人共同投资经营，为方便办理登记手续，三合伙人一致同意以合伙人张三的名义登记为个体工商户。

二、合伙期限

自本协议签署之日起×年；若到期前三合伙人一致同意延续经营期限，则三方将签署续期协议，否则×年到期应进行清算并解散合伙。

三、合伙出资金额、出资方式与合伙份额

1. 本合伙项目总出资额为人民币壹佰万元，其中张三以现金出资人民币四十万元，李四以甜点烘焙及咖啡研磨技术性劳务作为出资记作人民币二十四万元，王五作为该咖啡馆经营场所的房产所有权人（房地产权属证号：××），以该经营场所三年的使用权作为出资记作人民币三十六万元。

由此，三合伙人在本合伙中的合伙份额比例分别为：张三占40%，李四占24%，王五占36%。三方按此合伙份额比例分享合伙盈利、分担合伙亏损及债务并分配合伙解散时的剩余财产。

2. 张三前期已经开立下列银行账户，三合伙人确认以此银行账户作为本合伙项目资金管理账户。张三应当在××日期前将其出资款四十万元缴纳至该银行账户。

户名：张三

开户行：××银行××支行营业部

账号：××

3. 王五应当于本协议签署之日起十日内将位于常州市天宁区××路××号的面积为××平方米的经营场所清空，交由合伙组织进行装修。

4. 李四应当于本协议签署之日起十日内辞去其现在××咖啡馆的工作，全职从事本合伙项目工作。

5. 任一合伙人逾期30日仍未完成本条第2～4款规定的出资义务的，视为根本违约，违约合伙人应当向其他合伙人分别支付违约金5万元，本合伙项目取消，本合伙协议自动终止。

四、合伙财产、资金管理、盈余分配与债务承担

1. 三合伙人共同参与咖啡馆合伙经营活动，共同决定合伙经营重大事务。其中：

（1）单日单项不超过人民币1000元的支出，任一合伙人签

署同意即有效；

(2)单日单项超过人民币1000元不足人民币2000元的支出，以及当日累计支出超过1500元后至3000元的支出，须经两名合伙人签署同意；

(3)单日单项超过人民币2000元的支出，以及当日累计支出超过3000元的支出，须经三名合伙人签署同意；

(4)咖啡馆对外签署合同，亦按照上述(1)～(3)的金额范围决定签署授权；

(5)合伙咖啡馆收入与支出日清月结；日清时由两名合伙人签字确认，月结时由三名合伙人签字确认。

2. 合伙期间，各合伙人的出资及累积收益为共有财产，合伙人不得请求分割，但按照本条第3款进行的盈余分配除外。

3. 合伙经营收入减去经营成本、日常开支、工资、奖金、需缴纳的税费等的收入为净利润，即合伙盈余。经核算后有盈余的，且在账面现金不少于人民币50万元的情况下，应当按季度进行盈余分配，每季度的分配实施不晚于该季度结束后的第一个月内。各合伙人自行承担并申报缴纳个人所得税。

4. 合伙经营过程中产生的债务，先由合伙财产偿还，合伙财产不足清偿时，由各合伙人按照第三条第1款规定的份额比例承担。

五、工资

在盈余分配之外，各合伙人均有权从合伙账目中每月支取人民币4000元作为基本工资，该工资不同于盈余分配，在合伙存续期间无论合伙盈亏均有权支取，也不抵减应分得的盈余金额。特别，李四领取该基本工资，并不否定李四以其技术性劳务出资的事实，李四仍有权按照24%的份额比例参与盈余分配。

六、入伙、自愿退伙与强制退伙

1. 吸收新的合伙人加入本合伙，必须经全体合伙人一致书面同意，并签署新的合伙协议，否则无效。

2. 在合伙经营期限内，合伙人有权自愿退伙，退伙自书面退伙通知到达其他全部合伙人之日起的第七日生效，但退伙人应按其原出资财产金额的30%向其他合伙人支付补偿金。其中，若李四自愿退伙，应当按照其以劳务技术出资金额24万元的30%向其他合伙人支付补偿金，即人民币72,000元；王五退伙，应当向其他合伙人支付的补偿金为人民币10.8万元（36万元×30%＝10.8万元），且不影响其用作出资的咖啡馆经营场所继续由合伙组织使用，合伙组织应当向向王五支付月租金即36万元÷36个月＝10000元/月，可与王五应当支付的补偿金10.8万元相抵，多退少补。

3. 合伙人有下列情形之一的，经其他合伙人一致同意，可以决议将其除名，强制退伙：

（1）违反本协议第七条规定的竞业禁止义务；

（2）故意或重大过失给合伙项目造成经济损失超过3万元的。

强制退伙的，退伙人的财产处理同本条第2款自愿退伙。

4. 新入伙的合伙人对其入伙之前的合伙债务承担连带责任，退伙的合伙人对其退伙生效之前的合伙债务承担连带责任。

七、竞业禁止与自我交易禁止

1. 在合伙存续期间及退伙（包括自愿退伙与强制退伙）后6个月内，合伙人不得参与经营与本合伙项目相似或有竞争的业务；

2. 除非经经全体合伙人一致同意，合伙人不得同本合伙进行交易。

合伙人违反本禁止条款的，每次违反除应当向合伙组织支付违约金人民币2万元外，其所获得的收益还应当收归合伙组织所有。

八、其他

1. 本协议一式四份，合伙人各执一份，一份由合伙咖啡馆财务人员存档，具有相同法律效力。

2. 本合伙协议受中华人民共和国实体法律（排除冲突法规则）约束。因本合伙协议引起的或与本合伙协议有关的任何争议，均应提交中国国际经济贸易仲裁委员会，按照申请仲裁时该会现行有效的仲裁规则进行仲裁。仲裁裁决是终局的，对双方均有约束力。仲裁管辖不影响任何一方有权向相关法院申请财产保全措施，此类申请不应被视作对仲裁管辖的放弃或改变，也不影响中国国际经济贸易仲裁委员会对因本合伙协议引起的或与本合伙协议有关的任何争议的管辖权。

第三章

投资合伙企业相关法律风险与实务攻略

合伙企业作为企业组织形式之一，与有限公司、股份有限公司同样经工商机关登记而成立，其与个人合伙的区别在于，个人合伙无须进行登记，且个人合伙的合伙人就合伙债务相互承担连带责任，而合伙企业中普通合伙人对合伙企业的债务承担无限连带责任，有限合伙人享受以出资额为限的有限责任保护。

国家对个人合伙的规范散见于《民法通则》《民法总则》及相关司法解释，而对合伙企业则于 1997 年颁布了专门的《合伙企业法》(2006 年修订)，进行了详细的规范；个人合伙适合于自然人间合伙经营小本经营、短平快的项目，合伙企业则更适合于投资金额较高、持续时间更长、日常管理更为规范的业务形态，甚至专业的创投机构及很多公司对员工的股权激励也选择使用合伙企业中的有限合伙形式。

之所以选择合伙企业组织形式，通常因为相较于有限公司，合伙企业更能节税(详见本书第 1.2 小节)。同时，合伙企业中的有限合伙组织形式，可满足投资人与经营者平衡经营风险与管理责任的需求，由投资较少但有经营管理权的普通合伙人承担无限连带责任，投资较多但没有经营管理权的有限合伙人仅以认缴的出资金额为限，承担有限责任。

按照《合伙企业法》,合伙企业分为普通合伙企业、有限合伙企业、特殊的普通合伙企业三类,不同的合伙人身份在该三类合伙企业中的权利义务及风险各不相同,主要体现在对内的合伙人之间的权利义务关系,以及对外的合伙企业债务对合伙人权利义务的影响。

3.1 未取得营业执照而以合伙企业名义从事经营,是否受法律保护?

按照《合伙企业法》规定,合伙企业应当进行登记,且以营业执照签发日期为合伙企业成立日期。若合伙人签署了合伙协议,但在合伙协议中并未明确规定成立合伙企业,实际上也未取得合伙企业营业执照而以个人合伙名义进行经营,则仍旧属于个人合伙范畴,由此产生的债权债务,不受《合伙企业法》的规范,按照个人合伙处理。

但是,若合伙协议明确写明成立合伙企业进行合伙经营,则应当在取得合伙企业营业执照后,以合伙企业的名义进行经营,这样才受法律保护。例如,三个合伙人甲、乙、丙签署合伙协议成立有限合伙企业,约定丙为有限合伙人,甲与乙作为普通合伙人,若在取得有限合伙企业营业执照前就以合伙企业名义进行经营,因丙并未在工商机关登记为有限合伙人,丙将无法得到有限责任保护,而且工商机关还有权对该无照经营行为进行处罚。

相关法条:

《**中华人民共和国合伙企业法**》(1997 年通过,2006 年修订)

第十一条 合伙企业的营业执照签发日期,为合伙企业成立日期。

合伙企业领取营业执照前，合伙人不得以合伙企业名义从事合伙业务。

第九十五条第一款　违反本法规定，未领取营业执照，而以合伙企业或者合伙企业分支机构名义从事合伙业务的，由企业登记机关责令停止，处以五千元以上五万元以下的罚款。

3.2　设立合伙企业，应选择普通合伙还是有限合伙？

在基于节税因素确定选择合伙企业这一组织形式后，面临的下一步是选择普通合伙还是有限合伙，只有在了解两者的区别后，才能作出适合自己业务形态的选择。

特征	普通合伙企业	有限合伙企业
合伙人身份类别	所有合伙人均是普通合伙人	由普通合伙人和有限合伙人组成
合伙人对合伙企业债务的责任	均对合伙企业债务承担无限连带责任	普通合伙人对合伙企业债务承担无限连带责任，有限合伙人以其认缴的出资额为限承担有限责任
合伙人身份限制	国有独资公司、国有企业、上市公司以及公益性的事业单位、社会团体不得成为普通合伙人	国有独资公司、国有企业、上市公司以及公益性的事业单位、社会团体也可以参与有限合伙，成为有限合伙人

续表

特征	普通合伙企业	有限合伙企业
合伙事务执行权、管理权	合伙人对执行合伙事务享有同等的权利，亦可按照合伙协议的约定或者经全体合伙人决定，委托一个或者数个合伙人对外代表合伙企业，执行合伙事务，其他合伙人不再执行合伙事务	有限合伙人不执行合伙事务，不得对外代表有限合伙企业，普通合伙人执行合伙事务

这样，若意图参与合伙企业的日常运营与管理，则应当选择普通合伙企业成为普通合伙人。而若仅是单纯的财务投资人，意图分红和节税，且希望享有优先于普通合伙人的分红权，无意在认缴出资份额之外承担连带责任，则更适合设立有限合伙企业，以有限合伙人的身份投资，并约定优先分红安排。法律不允许普通合伙企业的普通合伙人约定将全部利润优先分配给部分合伙人，但认可有限合伙企业的此类约定。

还需澄清的是，虽然有限合伙人并不执行合伙企业事务，但是，这并不妨碍有限合伙人对合伙企业事务进行合理与适当的监督及干预，包括参与决定普通合伙人的入伙与退伙、提出经营管理建议等，此类对合伙事务的参与，并不会导致有限合伙人被认定为普通合伙人而就合伙企业债务承担无限连带责任，具体请见如下法律规定。所以，有限合伙人不要过分担心会失去对所投资合伙企业的监督。

相关法条：

《中华人民共和国合伙企业法》（1997 年通过，2006 年修订）

第六十八条　有限合伙人不执行合伙事务，不得对外代表有限合伙企业。

有限合伙人的下列行为，不视为执行合伙事务：

（一）参与决定普通合伙人入伙、退伙；

（二）对企业的经营管理提出建议；

（三）参与选择承办有限合伙企业审计业务的会计师事务所；

（四）获取经审计的有限合伙企业财务会计报告；

（五）对涉及自身利益的情况，查阅有限合伙企业财务会计账簿等财务资料；

（六）在有限合伙企业中的利益受到侵害时，向有责任的合伙人主张权利或者提起诉讼；

（七）执行事务合伙人怠于行使权利时，督促其行使权利或者为了本企业的利益以自己的名义提起诉讼；

（八）依法为本企业提供担保。

3.3 法律对普通合伙人有何身份资格要求？

由于普通合伙人需要对合伙企业债务承担无限连带责任，且应有能力对外代表合伙企业从事业务，故法律对普通合伙人设有资格要求，自然人合伙人需具备完全的民事行为能力（即年满18周岁且心智健全），企业合伙人应当处于正常营业状态，若自然人合伙人丧失民事行为能力（例如，成为无法辨识控制自己行为的精神病人）或者丧失偿债能力，或者企业合伙人处于破产或者吊销状态，则导致当然退伙。

同时，考虑到普通合伙人对合伙企业债务承担无限连带责任，有的企业、单位因为其特殊的国有资产及公益属性并不适合承担此类风险，故法律不允许其成为普通合伙人，此类企业、单位主要包括国有独资公司、国有企业、上市公司以及公益性的事业单位、社会团体。

相关法条：

《中华人民共和国合伙企业法》(1997 年通过,2006 年修订)

第三条 国有独资公司、国有企业、上市公司以及公益性的事业单位、社会团体不得成为普通合伙人。

第四十八条 合伙人有下列情形之一的,当然退伙:

(一)作为合伙人的自然人死亡或者被依法宣告死亡;

(二)个人丧失偿债能力;

(三)作为合伙人的法人或者其他组织依法被吊销营业执照、责令关闭、撤销,或者被宣告破产;

(四)法律规定或者合伙协议约定合伙人必须具有相关资格而丧失该资格;

(五)合伙人在合伙企业中的全部财产份额被人民法院强制执行。

合伙人被依法认定为无民事行为能力人或者限制民事行为能力人的,经其他合伙人一致同意,可以依法转为有限合伙人,普通合伙企业依法转为有限合伙企业。其他合伙人未能一致同意的,该无民事行为能力或者限制民事行为能力的合伙人退伙。

退伙事由实际发生之日为退伙生效日。

3.4 合伙人以非货币财产出资,是否必须评估作价?

在有限公司中,因为股东对有限公司的债务仅以其认缴的出资额为限承担责任,股东出资是否真实对于保护公司债权人的权利至关重要,故《公司法》强制规定对作为出资的非货币财产应当评估作价,核实财产,且不得高估或者低估作价。

合伙企业则不同，基于合伙人的人合属性以及合伙人对合伙企业债务承担无限连带责任的特征，合伙人有足够动力互相进行内部监督，而合伙企业的债权人除可要求以合伙企业财产清偿债务外，亦有权要求合伙人对合伙企业债务承担连带清偿责任，故《合伙企业法》并不强制要求对非货币财产出资必须评估作价，全体合伙人协商确定其价值亦可。

相关法条：

1.《**中华人民共和国公司法**》（1993 年通过，2018 年修正）

第二十七条　股东可以用货币出资，也可以用实物、知识产权、土地使用权等可以用货币估价并可以依法转让的非货币财产作价出资；但是，法律、行政法规规定不得作为出资的财产除外。

对作为出资的非货币财产应当评估作价，核实财产，不得高估或者低估作价。法律、行政法规对评估作价有规定的，从其规定。

2.《**中华人民共和国合伙企业法**》（1997 年通过，2006 年修订）

第十六条　合伙人可以用货币、实物、知识产权、土地使用权或者其他财产权利出资，也可以用劳务出资。

合伙人以实物、知识产权、土地使用权或者其他财产权利出资，需要评估作价的，可以由全体合伙人协商确定，也可以由全体合伙人委托法定评估机构评估。

合伙人以劳务出资的，其评估办法由全体合伙人协商确定，并在合伙协议中载明。

3.5　以非货币财产出资，必须要办理财产转移手续吗？

既然合伙人对合伙企业债务承担无限连带责任，用作出资的非货币财产即使仍然在该出资合伙人名下，债权人仍有权通过合伙人的无限连带责任进行追索，那么该非货币财产还一定要办理财产转移手续吗？例如，合伙协议约定合伙人张三以其拥有的某号牌的奥迪汽车作为出资，且该车辆也已实际放在合伙企业使用，还需要将该车辆过户登记到合伙企业名下吗？

答案是需要。从合伙企业角度看，合伙企业虽然不具备独立法人资格，但是其仍独立记账，合伙人出资的财产应当归入合伙企业财产，财产具有相对独立性，故需要将合伙人出资的财产过户至合伙企业名下；而若不过户，面临的风险是，若该合伙人有其他个人债务，因为该车辆在其名下，很有可能被强制执行而损害合伙企业及其他合伙人的权利。从该实物出资合伙人的角度看，若没有过户，即使实物已经交付使用，亦可能面临其他合伙人对其是否完成出资乃至是否有权参与分红的质疑，故完成财产转移手续也有利于确认其出资到位。

这样，用作出资的非货币财产，对于有备案、登记、过户手续的财产，应当办理相应手续。例如，以车辆所有权出资的，应当过户登记至合伙企业名下；对于以商标一定期限内的使用权为出资的，应当签署商标使用许可合同并在商标局进行备案；对于以土地、房屋使用权为出资的，也应当签署土地使用权转让合同或者租赁合同，并在房地产管理部门备案。对于没有备案、登记、过户手续的实物出资财产，如设备、物料等，则应做好实物交接的书面记录，由出资合伙人与合伙企业做好归档留存。

相关法条:

《中华人民共和国合伙企业法》(1997 年通过,2006 年修订)

第十七条 合伙人应当按照合伙协议约定的出资方式、数额和缴付期限,履行出资义务。

以非货币财产出资的,依照法律、行政法规的规定,需要办理财产权转移手续的,应当依法办理。

3.6 合伙人个人负债,法院可否执行合伙企业财产?

合伙企业虽然不具备独立法人资格,但在财产上与合伙人具有相对的独立性。合伙企业的财产,包括合伙人的出资、以合伙企业名义取得的收益和依法取得的其他财产。而且,在合伙企业清算前,合伙人通常不得请求分割合伙企业的财产。

在有限公司中,股东对外负有债务,债权人无权请求法院直接执行有限公司的财产,而只能提取股东的分红收益或者变卖其股权以清偿债务。与有限公司类似,合伙人负有与合伙企业无关的债务,债权人也无权请求法院直接执行合伙企业的财产,而只能提取该合伙人从合伙企业中分取的收益,或者强制执行该合伙人在合伙企业中的财产份额用于清偿。对于强制转让该合伙人财产份额的,其他合伙人有优先购买权;其他合伙人未购买,又不同意将该财产份额转让给他人的,则应为该合伙人办理退伙结算,或者办理削减该合伙人相应财产份额的结算,会实质产生减资的后果。此点不同于有限公司的股权转让,有限公司股东向股东以外的人转让股权时,不同意转让的股东应当购买该转让的股权,不同意又不购买的,则视为同意转让,故不会出现因其他股东不同意转让而退股减资的后果。

例如，某合伙企业的合伙人甲持有合伙企业30%的财产份额，甲对乙负有50万元的个人债务，该合伙企业拥有300万元的银行存款及车辆，在甲无力清偿所欠乙的债务时，只能从合伙企业提取甲对应财产份额的合伙收益，或者变卖甲持有的30%的财产份额，变卖不成的则以甲退伙减资所得收益清偿乙的债务，但不能直接执行合伙企业名下的银行存款、车辆等财产。

若甲对乙所负的债务系执行合伙业务而产生，则合伙企业与甲及其他合伙人应承担无限连带责任，此情形下，因合伙企业同时是债务人，则可直接执行合伙企业名下的银行存款及车辆等财产。

相关法条：

《**中华人民共和国合伙企业法**》(1997年通过，2006年修订)

第二十条　合伙人的出资、以合伙企业名义取得的收益和依法取得的其他财产，均为合伙企业的财产。

第四十二条　合伙人的自有财产不足清偿其与合伙企业无关的债务的，该合伙人可以以其从合伙企业中分取的收益用于清偿；债权人也可以依法请求人民法院强制执行该合伙人在合伙企业中的财产份额用于清偿。

人民法院强制执行合伙人的财产份额时，应当通知全体合伙人，其他合伙人有优先购买权；其他合伙人未购买，又不同意将该财产份额转让给他人的，依照本法第五十一条的规定为该合伙人办理退伙结算，或者办理削减该合伙人相应财产份额的结算。

3.7 合伙人个人负债，债权人可否对合伙企业行使抵销权或代位权？

抵销权，是指当事人互负到期债务，而债务的标的物种类、品质相同的，例如都是金钱债务，则任何一方可以将自己的债务与对方的债务抵销。当事人主张抵销的，应当通知对方，通知到达对方时抵销即生效，而无须经过事先约定或者对方事后同意。抵销权作为《合同法》规定的债务消灭方式，是合同双方清结债权债务的有效工具之一。

但是，在合伙企业中，若合伙人负有与合伙企业无关的债务，其债权人可否直接对合伙企业行使抵销权？例如，乙是合伙企业 A 的合伙人，因为与 A 经营无关的个人原因而拖欠甲 3 万元，而甲因为从 A 购买货物而拖欠 A 货款 5 万元，甲是否有权就 3 万元行使抵销权而仅支付 2 万元给 A 即可消灭 5 万元的货款债务呢？基于合伙企业财产的相对独立性，虽然合伙企业不具有独立法人资格，但合伙企业作为相对独立的主体仍有别于其合伙人，为维护合伙企业及其他合伙人的权益，甲无权以其对乙享有的 3 万元债权来抵销甲拖欠 A 的货款债务。

同理，基于合伙企业的人合属性，在前述案例中，甲也无权行使乙在合伙企业 A 中的各项权利如合伙人会议的表决权、分红权等。当然，如前面第 3.6 小节所述，甲虽然不能代位行使乙在 A 中的权利，但还是有权通过法院强制执行程序，提取乙从 A 分取的收益，或者强制执行乙在 A 中的财产份额用于清偿。

看到这里，作为其他合伙人会踏实很多，毕竟即使有的合伙人因个人原因债务缠身，他的债权人并不能直接插足经营合伙企业或者处分合伙企业名下的财产，还是有一定的隔离与保护。

相关法条：

《中华人民共和国合伙企业法》(1997 年通过，2006 年修订)

第四十一条 合伙人发生与合伙企业无关的债务，相关债权人不得以其债权抵销其对合伙企业的债务；也不得代位行使合伙人在合伙企业中的权利。

3.8 合伙人是否有权自主转让其合伙财产份额？如何减少行权障碍？

前面第 3.6 小节中提到，对于因合伙人拖欠债务被法院强制转让财产份额的，其他合伙人有优先购买权；其他合伙人未购买，又不同意将该财产份额转让给他人的，则应为该合伙人办理退伙结算，或者办理削减该合伙人相应财产份额的结算。那么，在不是被法院强制转让的情况下，若某一合伙人意图转让其在合伙企业的财产份额，是否有完全的自主权呢？需要区分几种情形：

(1)若该转让发生在合伙人之间，即转让人与受让人原本均是合伙企业的合伙人，不会导致新增合伙人，则不受限制，只需将该转让通知到其他合伙人即可。

(2)若受让人并非既有合伙人，且合伙协议并未事先约定如何处理，无论是全部转让或者部分转让，因为该转让会导致新增合伙人，基于合伙企业的人合属性，依照《合伙企业法》的默认规定，除非合伙协议另有约定，该转让必须获得其他合伙人的一致同意，也就是说，任何合伙人对该转让都有一票否决权。

(3)若受让人虽然不是既有合伙人,但合伙协议已事先约定如何处理,则依照合伙协议的约定处理。此处又区分两种情况:

①若合伙协议仅约定了对外转让财产份额的门槛条件,但并未约定其他合伙人是否有优先购买权,则按照法律默认规定,即使可以对外转让,其他合伙人仍有优先购买权。

②若合伙协议不仅约定了对外转让财产份额的门槛条件,还约定其他合伙人在该情形下并无优先购买权,则按照约定处理,即转让人和受让人只需满足转让的门槛条件即可,其他合伙人并无优先购买权。

合伙协议中涉及合伙企业财产份额转让的条款设计,需要平衡可能的合伙人自主转让需求及基于人合属性对某种程度内部封闭性的要求。若各合伙人都有强烈的自主转让需求,希望将转让条件门槛设定的低一些,则可采用下面的示范条款;反之,若各合伙人自主转让的需求较低,希望最大限度地维持合伙企业的内部封闭性,则对此不作约定即可,因为法律默认规定已经赋予合伙人一票否决权。示范条款如下:

合伙企业财产份额转让:在受让人适格且反对转让的合伙人数量未超过全体合伙人人数〔过半数〕的情况下,各合伙人均有权自主决定向合伙人以外的人转让其在合伙企业中的全部或者部分财产份额,而无须经其他合伙人一致同意,且其他合伙人均不享有优先购买权。

受让人适格应同时满足下列条件:

(一)受让人在××年内没有因故意犯罪受过刑事处罚;

(二)受让人个人净资产不低于××元;

(三)〔其他条件××〕。

若受让人不满足前述适格条件,则须经其他合伙人一致同意方可进行转让。

相关法条：

《中华人民共和国合伙企业法》(1997 年通过,2006 年修订)

第二十二条　除合伙协议另有约定外,合伙人向合伙人以外的人转让其在合伙企业中的全部或者部分财产份额时,须经其他合伙人一致同意。

合伙人之间转让在合伙企业中的全部或者部分财产份额时,应当通知其他合伙人。

第二十三条　合伙人向合伙人以外的人转让其在合伙企业中的财产份额的,在同等条件下,其他合伙人有优先购买权;但是,合伙协议另有约定的除外。

3.9　合伙人可否以其合伙财产份额出质用作融资担保?

财产权利通常可用作融资的担保,例如商标权、汇票、应收账款、股权、基金份额、仓单等都可出质用作质押,以担保债务履行,促进资金融通,在债务人不履行到期债务或者发生当事人约定实现质权的情形,债权人有权就该出质的权利优先受偿。那么,作为财产权利的一种,合伙人在合伙企业的财产份额可否出质用作担保呢?

原则上合伙人有权以其在合伙企业的财产份额出质,但该出质行为必须经其他合伙人一致同意方为有效,主要还是基于其人合属性。若未经其他合伙人一致同意的,则该出质行为无效,也就意味着债权人就该合伙企业财产份额并无优先受偿权,而由出质的合伙人对债权人承担赔偿责任。在出质的合伙人债务庞大无法全部清偿的情况下,出质有效与无效的区别在于:若其财产份额出质经其他合伙人一致同意而有效的,则只有质权人有权就此出质的合伙财产份额享有优先受偿权，其他债权人只有在质权人受偿后仍有剩余的，方可参与受偿；若出质无效，虽然法律规定出质人承担赔偿责任，但该赔偿已经属于普通债权，无法获得优先受偿权的保障，差别巨大。

所以，以合伙企业财产份额出质作为担保的，债权人还是务必要获得其他合伙人一致同意的书面文件，以确保出质的有效性。

还需要指出的是，基于禁止流质的法律原理，债权人在债务履行期届满前，不得与出质人约定，债务人不履行到期债务时质押财产即转归债权人所有。就合伙企业财产份额出质而言，若在债务到期前就约定出质的财产份额转归债权人所有，则该约定不受法律保护。而基于合伙企业人合属性，即使在债务到期后约定以合伙企业财产份额抵债的，也应获得其他合伙人的一致同意方为有效；为避免其他合伙人反悔，建议债权人在取得出质同意的同时，取得其他合伙人就以财产份额抵债安排的事先同意。该同意书示范文本如下：

作为××合伙企业的合伙人，我们同意合伙人张三以其在本合伙企业的财产份额人民币××元（占本合伙企业全部出资的×%）出质给债权人李四，担保债权人李四对债务人王五享有的债权××元，债务到期日为×年×月×日。若王五到期不履行债务，债权人李四有权就该出质的财产份额优先受偿；我们亦不可撤销的事先确认和承诺，在王五到期不履行债务的情况下，若张三与李四就该出质财产份额转让给李四抵债达成一致，我们予以同意并将协助办理相关手续，并放弃优先购买权。

相关法条：

1.**《中华人民共和国合伙企业法》**（1997 年通过，2006 年修订）

第二十五条　合伙人以其在合伙企业中的财产份额出质

的，须经其他合伙人一致同意；未经其他合伙人一致同意，其行为无效，由此给善意第三人造成损失的，由行为人依法承担赔偿责任。

2.《**中华人民共和国物权法**》（2007 年通过）

第二百零八条 为担保债务的履行，债务人或者第三人将其动产出质给债权人占有的，债务人不履行到期债务或者发生当事人约定的实现质权的情形，债权人有权就该动产优先受偿。

前款规定的债务人或者第三人为出质人，债权人为质权人，交付的动产为质押财产。

第二百一十一条 质权人在债务履行期届满前，不得与出质人约定债务人不履行到期债务时质押财产归债权人所有。

第二百二十九条 权利质权除适用本节规定外，适用本章第一节动产质权的规定。

3.《**最高人民法院关于适用〈中华人民共和国担保法〉若干问题的解释**》（法释〔2000〕44 号）

第七条 主合同有效而担保合同无效，债权人无过错的，担保人与债务人对主合同债权人的经济损失，承担连带赔偿责任；债权人、担保人有过错的，担保人承担民事责任的部分，不应超过债务人不能清偿部分的二分之一。

3.10 合伙协议是设立合伙企业的必备文件吗？如何修改或者补充？

众所周知，有限公司的章程是设立有限公司的必备文件，且股东的权利义务、公司的组织、管理均受公司章程的约束，法定代表人、董事及其他高级管理人员也应遵照公司章程行事，可以说，有限公司的公司章程就是公司内部的宪法。

由于合伙企业不具备独立法人资格，法律并未将章程作为设立合伙企业的必备文件，而是将合伙协议作为设立合伙企业的必备文件。合伙协议经全体合伙人签名、盖章后生效，合伙人按照合伙协议享有权利，履行义务。合伙协议是合伙企业的最高文件，对于合伙协议有约定的事项，应当按照合伙协议的约定处理，而只有对合伙协议未约定或者约定不明确的事项，方由合伙人协商决定；协商不成的，再依照《合伙企业法》和其他有关法律、行政法规的规定处理。

合伙协议通常的约定事项包括：(1)合伙企业的名称和主要经营场所的地点；(2)合伙目的和合伙经营范围；(3)合伙人的姓名或者名称、住所；(4)合伙人的出资方式、数额和缴付期限；(5)利润分配、亏损分担方式；(6)合伙事务的执行；(7)入伙与退伙；(8)争议解决办法；(9)合伙企业的解散与清算；(10)违约责任。

由于合伙协议涉及每个合伙人的具体权利义务，对合伙协议的修改或者补充，通常应当由全体合伙人一致同意。但是，若全体合伙人从提高管理效率角度已经预见到某些修改或补充可能难以获得全体合伙人的同意，而事先在合伙协议中约定某些事项的修改或者补充只需经过特定数目合伙人同意即生效的，法律也予以认可和保护。

这样，出资较多、持有合伙企业财产份额较多的合伙人，可在合伙协议中事先约定合伙协议的补充与修改机制如下，以提高出资额的权重，避免单纯以人数进行决策。

合伙协议的修改与补充：本合伙协议的修改与补充，若修改或者补充内容仅涉及合伙企业管理机制而不影响合伙人利润分配比例的，经持有合伙企业全部财产份额2/3以上的合伙人同意并签署即为有效。

若持有合伙企业财产份额较少的合伙人，希望对合伙协议进行任何修改都应经过自己同意，则可无须在合伙协议中对此进行约定，这样从法律默认规定，结果即是对合伙协议的任何修改或者补充，须经全体合伙人一致同意。

相关法条：

《中华人民共和国合伙企业法》（1997 年通过，2006 年修订）

第十九条　合伙协议经全体合伙人签名、盖章后生效。合伙人按照合伙协议享有权利，履行义务。

修改或者补充合伙协议，应当经全体合伙人一致同意；但是，合伙协议另有约定的除外。

合伙协议未约定或者约定不明确的事项，由合伙人协商决定；协商不成的，依照本法和其他有关法律、行政法规的规定处理。

3.11　合伙企业是否有法定代表人？

按照《民法总则》规定，法定代表人是指依照法律或者法人章程的规定，代表法人从事民事活动的负责人。法定代表人对外以法人名义从事的民事活动，其法律后果由法人承受。由于合伙企业没有独立法人资格，故合伙企业并不适用法定代表人的概念，那由谁对外代表合伙企业执行合伙事务呢？

根据合伙企业的人合特征，基于全部普通合伙人均对合伙债务承担无限连带责任的属性，除非合伙协议另有约定或者全体合伙人有不同决定，则按照《合伙企业法》的默认法律规定，合伙人对执行合伙事务享有同等的权利，即任一合伙人均有权对外代表合伙企业执行合伙事务。例如，某合伙企业有三个合伙人甲、乙、丙，即使出资份额和持有的合伙企业财产份额比例不同，甲持有70%，乙持有10%，丙持有30%，在合伙协议没有约定的情况下，三人均有权对外代表合伙企业执行合伙事务，并不因为持有合伙企业财产份额的比例多寡而有所区别。甲、乙、丙任何一位合伙人以合伙企业名义对外签署的合同，都对合伙企业具有约束力。

但是，如果合伙协议或者全体合伙人对执行事务合伙人已有明确约定，则其他合伙人不应再以合伙企业名义执行合伙事务。在前述举例中，若合伙协议约定甲为执行事务合伙人，或者合伙协议虽未约定，但后续三个合伙人另行决定甲方为执行事务合伙人，则乙和丙不应再对外代表合伙企业执行合伙事务。当然，合伙人之间也可约定分别执行合伙事务，例如约定甲负责采购与生产，乙负责销售，丙负责内部后勤与行政管理等。

相关法条：

《中华人民共和国合伙企业法》（1997年通过，2006年修订）

第二十六条　合伙人对执行合伙事务享有同等的权利。

按照合伙协议的约定或者经全体合伙人决定，可以委托一个或者数个合伙人对外代表合伙企业，执行合伙事务。

作为合伙人的法人、其他组织执行合伙事务的，由其委派的代表执行。

第二十七条　依照本法第二十六条第二款规定委托一个或者数个合伙人执行合伙事务的，其他合伙人不再执行合伙事务。

不执行合伙事务的合伙人有权监督执行事务合伙人执行合伙事务的情况。

3.12　执行合伙事务的内部约定，可否对抗善意第三人？

前述第3.11小节举例中，在合伙协议约定合伙人分别执行不同事务的情况下，若有的合伙人越权，例如原本负责销售的乙以合伙企业名义与第三人签署了采购合同，该采购合同是否对合伙企业产生约束力呢？

在此情况下，需要区分该第三人是善意还是恶意。若该第三人明知三个合伙人的分工不同，明知乙负责销售而不是负责采购，主观目的是绕开甲以高于市场价格的售价将原材料出售给合伙企业，则合伙企业可以内部事务分工的约定对抗该第三人，不认可该由乙以合伙企业名义签署的采购合同。

反之，若该第三人只知道乙是合伙企业的合伙人，但并不了解合伙人之间就执行合伙事务的分工安排，也没有绕开执行事务合伙人的恶意，则即使该采购合同价格高于市场价，仍对合伙企业具有约束力。

需要强调的是，对于该第三人是善意还是恶意，举证责任在合伙企业而不是该第三人。除非合伙企业有证据证明该第三人是恶意，则应推定该第三人属于善意，以支持和维系日常交易的安全与稳定。善意属于当然推定，举证证明恶意通常很难！

相关法条：

《中华人民共和国合伙企业法》（1997年通过，2006年修订）

第三十七条　合伙企业对合伙人执行合伙事务以及对外代表合伙企业权利的限制，不得对抗善意第三人。

3.13 只有合伙人签字而未加盖印章的交易合同，是否具有约束力？

在中国传统文化中，更加重视印章的代表性，大部分市场主体认为在合同上盖有对方的印章更为安全。那么，在合伙企业的交易中，若只有合伙人签字而没有加盖合伙企业印章，该合同是否具有约束力呢？

如前所述，除非合伙协议有特殊约定，每个合伙人均可对外代表合伙企业执行业务，即使合伙协议就执行合伙事务合伙人有特殊的内部约定，通常也不能对抗善意第三人。所以，即使交易合同上并没有加盖合伙企业印章，只要确定签署人的合伙人身份属实且合同是以合伙企业名义签署，就对合伙企业产生约束力，除非合伙企业证明该交易对方属于恶意。

相反，对于仅加盖印章而没有签字的合同，可能更要提高警惕。其原因在于，印章的真实性通常难以考证，大家通常不会为了单一合同签署而到工商机关或者公安机关去比对备案印章以核实印章的真实性。若一方否认印章的真实性，且与备案印章比对后确实不同的，则提供该印章文本的一方需要举证证明印文的来源。由于签字通常难以模仿或者编造，若合同上同时有签字和印章，则会判断签字人对所加盖的印章负责，可以避免对印章的真实性与来源无法举证证明的情况。

所以，在实务中签署合同时，合同双方应同时签字并加盖印章，以印章来证明签署属于职务行为，通过签字来确定印章来源。

3.14　合伙人间就具体合伙事务发生争议，如何决断和处理？

在合伙企业日常经营中，合伙人之间就具体事务如何处理产生分歧比较常见，也是正常与合理的。此时，合伙人之间以何种机制恰当处理好职责分工、集思广益和决策与执行效率的关系，对于合伙企业的健康与长远发展至关重要。除了合伙人之间的理念和目标导引发挥作用外，内部的异议与处理机制也起到兜底及决断作用。

按照《合伙企业法》规定，区分为如下两种情况：

(1)不执行事务的合伙人对执行事务合伙人的监督

若全体合伙人通过合伙协议或者决定的方式，改变合伙人对执行合伙事务具有同等权利的默认法律安排，而是将合伙事务执行权委托给一个或者几个执行合伙人，那么，不执行合伙事务的合伙人就无权再介入和干涉日常合伙事务的处理，仅有权进行监督，但不能代替执行事务合伙人作出决定或者对日常事务处理提出异议。而执行事务合伙人也应当定期向其他合伙人报告事务执行情况以及合伙企业的经营和财务状况，其执行合伙事务所产生的收益归合伙企业，所产生的费用和亏损由合伙企业承担。不执行事务的合伙人为了解合伙企业的经营状况和财务状况，也有权查阅合伙企业会计账簿等财务资料。

例如，若合伙企业有三个合伙人，合伙协议约定甲负责采购，乙负责销售，丙不执行合伙事务，则丙只能通过听取报告、查阅会计账簿、行使表决权等方式进行监督，而不应代替或者干涉甲或者乙就日常合伙事务的决定。

(2)几个执行事务合伙人之间的监督与异议

对于存在几个执行事务合伙人的,虽然各有职责分工,若有人对他人负责的事务处理有不同意见,则有权提出异议,而且该异议产生暂停该项事务执行的效力。若两个执行事务合伙人之间的异议未能协商一致解决,成为争议,则应当按照争议处理流程,提交合伙人会议按照表决结果处理。具体适用怎样的表决机制,请见如下第3.15小节。

在上述举例中,作为执行事务合伙人,甲有权对乙负责的销售事务提出异议,而乙也有权对甲负责的采购事务提出异议。若甲乙之间的异议与争议无法经由协商解决,则应当提交由甲乙丙三人组成的合伙人会议,通过表决机制处理。

相关法条:

《中华人民共和国合伙企业法》(1997年通过,2006年修订)

第二十九条　合伙人分别执行合伙事务的,执行事务合伙人可以对其他合伙人执行的事务提出异议。提出异议时,应当暂停该项事务的执行。如果发生争议,依照本法第三十条规定作出决定。

受委托执行合伙事务的合伙人不按照合伙协议或者全体合伙人的决定执行事务的,其他合伙人可以决定撤销该委托。

3.15　合伙人会议表决以人数还是出资多寡为准?

合伙协议是合伙企业的根本法,约定合伙人之间的权利义务及经营规则,全体合伙人均应当遵守和执行。但是,合伙协议毕竟无法预见和覆盖合伙企业经营中可能遇到的一切情形,且实际经营中也会因为现实情况的变化而需要对过时的规则进行调整,并对合伙人之间的业务争议通过决议方式进行决断。这样,作为合伙企业经营管理机制的重要组成部分,合伙人会议决议机制需要引起合伙人的重视。

合伙人会议作出的决议,应当满足合伙协议或者法律规定的表决机制方为有效。若合伙协议没有对合伙人会议的表决机制进行约定,则《合伙企业法》默认的表决机制为一人一票,经全体合伙人过半数通过方为有效,而不考虑合伙人出资的多寡。例如,在合伙协议未约定表决机制的情况下,甲、乙、丙三个合伙人中,即使甲出资占90%,乙、丙二人各出资5%,在合伙人会议上,甲并不占控制权。这点与有限公司有很大不同,在有限公司组织形式下,若公司章程并未对股东会会议表决机制进行规定,则《公司法》默认的表决机制是按照出资比例行使表决权,而非一人一票。

这样,对于出资较多的合伙人而言,有必要在合伙协议中就表决机制事先加以约定,以避免适用一人一票的默认机制。考虑到合伙企业人合与资合的双重属性,可以区分特别事项与一般事项,对合伙企业影响较大的特别事项,可以规定较高的表决门槛;对一般事项,则可规定较低的表决门槛,由占实缴出资比例过半数的合伙人通过即有效。示范条款如下:

合伙人会议作出涉及下列事项的决议,必须经占合伙企业实缴出资比例2/3以上的合伙人通过,且反对该决议的合伙人人数不多于全体合伙人半数时方为有效:

(一)改变合伙企业的名称;

(二)改变合伙企业的经营范围、主要经营场所的地点;

(三)处分合伙企业的不动产;

(四)转让或者处分合伙企业的知识产权和其他财产权利;

(五)以合伙企业名义为他人提供担保;

(六)聘任合伙人以外的人担任合伙企业的经营管理人员;

(七)修改或者补充合伙协议。

合伙人会议作出除前款规定的其他事项的决议,必须经占合伙企业实缴出资比例1/2以上的合伙人通过方为有效。

一人一票能够使出资较少的合伙人也有同样的表决权,若全体合伙人均接受按一人一票进行表决而不考虑实缴出资额因素时,则可以在合伙协议中对表决机制不作规定,从而适用《合伙企业法》默认的一人一票表决机制。

相关法条:

1.《**中华人民共和国合伙企业法**》(1997年通过,2006年修订)

第三十条　合伙人对合伙企业有关事项作出决议,按照合伙协议约定的表决办法办理。合伙协议未约定或者约定不明确的,实行合伙人一人一票并经全体合伙人过半数通过的表决办法。

本法对合伙企业的表决办法另有规定的,从其规定。

2.《**中华人民共和国公司法**》(1993年通过,2018年修正)

第四十二条　股东会会议由股东按照出资比例行使表决权;但是,公司章程另有规定的除外。

3.16　同时投资业务相近的几个实体,合伙人是否有竞业禁止问题?

竞业禁止义务的内涵与外延请见之前第2.11小节的论述。如该第2.11小节所述,在个人合伙中,法律并没有规定合伙人负有竞业禁止义务。也就是说,除非合伙协议明确约定合伙人有竞业禁止义务,个人合伙中的合伙人有权从事与合伙组织相竞争的行为而不受限制。

但在合伙企业中则恰恰相反，法律明确规定合伙人不得自营或者同他人合作经营与本合伙企业相竞争的业务，即合伙人的竞业禁止义务是法定的和当然的，而无须在合伙协议中事先加以约定。而且，《合伙企业法》也没规定合伙人之间可以另作约定，意味着合伙人的该法定竞业禁止义务，无法通过合伙协议约定予以改变或者取消。

这样，若读者拟投资于同行业几个经营实体，则还是不要选择合伙企业模式，因为该竞业禁止义务会束缚你的手脚，甚至会被其他合伙人主张违反竞业禁止义务而要求赔偿。有限公司的股东并没有此法定的竞业禁止义务，除非合资协议及公司章程特别约定股东承担竞业禁止义务。

需要说明的例外情况是，若仅以有限合伙人身份投资于合伙企业，则不在该法定竞业禁止义务适用范围内，详见本章第3.27小节。

相关法条：

《**中华人民共和国合伙企业法**》(1997年通过，2006年修订)

第三十二条　合伙人不得自营或者同他人合作经营与本合伙企业相竞争的业务。

除合伙协议另有约定或者经全体合伙人一致同意外，合伙人不得同本合伙企业进行交易。

合伙人不得从事损害本合伙企业利益的活动。

3.17　合伙人与自己投资的合伙企业交易有何限制？

合伙人与自己投资的合伙企业之间产生交易并不鲜见。例如，合伙人将自有房产出租给合伙企业用作仓库或者办公场所，或者在合伙企业资金周转紧张时，将自有资金以一定的利息出借给合伙企业使用。但是，合伙人与合伙企业之间的交易，会影响其他合伙人的权益，例如租赁房屋的租金高低、出借资金的利率如何确定等。那么，法律是否允许合伙人与自己投资的合伙企业交易呢？

为了平衡合伙人之间的利益，也避免双方代理产生的利益冲突，合伙人原则上不得同所投资的合伙企业交易。但是，若合伙协议另有约定，或者全体合伙人都同意的，则不在此限，即允许交易。

这样，考虑不能完全避免合伙人与合伙企业之间的交易，推荐在合伙协议中对合伙人与合伙企业可能的交易情形约定规范机制。示范条款如下，也可约定其他机制，例如须经全体合伙人 2/3 以上批准等：

合伙人与本合伙企业进行交易的，合伙人不得同时在该交易中代表合伙企业，合伙企业应当由其他合伙人代表，且该交易应当经过其他合伙人半数以上同意，方为有效。

若合伙协议并没有对此予以约定，则从法律默认规定，此类交易必须经过全体合伙人一致同意方为有效，即任何一个合伙人都对合伙人与合伙企业的交易享有一票否决权，而无论其出资多寡。

相关法条：

同第 3.16 小节。

3.18 占 2/3 以上多数合伙人可否强制某个合伙人退伙？

如前所述，人合属性是合伙企业的根本特征之一，合伙人之间若丧失信任，则将导致合伙事业丧失人合基础。在实践中，通过一段时间的合伙运营，合伙人之间相互深化了解和认识，不排除会出现大部分合伙人看不惯某个合伙人而希望其退伙的情况。那么，法律是否准许强制退伙呢？

由于强制退伙涉及每个合伙人的权益，作为合伙企业对内部成员最重的处分，必须慎重，《合伙企业法》从实体和程序两方面作了限制。对合伙人的强制退伙，必须同时满足实体和程序两方面的要件，方为有效。

在实体方面，《合伙企业法》规定了四种情形，包括：(1)未履行出资义务；(2)因故意或者重大过失给合伙企业造成损失；(3)执行合伙事务时有不正当行为；(4)发生合伙协议约定的事由。其中，前三种的情形并没有明确的量化规定，为避免在执行中产生争议，合伙协议可以通过约定予以细化。例如，第(2)项可以细化为，因故意或者重大过失给合伙企业造成的损失达到其本人所持有的合伙企业财产份额2/3的。

即使在实体方面满足上述四种情形之一，也并不意味着一定会产生强制退伙的后果，强制退伙还必须要经过其他合伙人一致同意作出强制退伙决议方为有效。也就是说，若有10个合伙人，对其中一个合伙人的强制除名决议，即使有8个合伙人同意，那也是无效的，必须要9个合伙人同意方为有效。在合伙企业组织内部，若能够确保至少有一个坚定的合伙人盟友，则无论其他合伙人再不满意，也能够避免被强制除名退伙这一不光彩的结果。至少有一个坚定的盟友真的很重要！

再回顾本小节题目的问题，答案就非常清晰了，即使经全体合伙人2/3以上多数同意，也并不能对合伙人强制除名退伙。

也有读者会问，虽然法律规定的强制除名退伙条件非常严格，但若合伙协议中约定更宽松的条件，是否会得到法律认可？例如，可否通过合伙协议降低实体方面的四种情形门槛，同时把除名决议表决程序方面的门槛降低为其他合伙人 2/3 以上多数同意即可？

《合伙企业法》对强制除名退伙的实体情形确实留有发挥空间，即情形（四）发生合伙协议约定的事由。若合伙协议约定，合伙人因经济犯罪被追究刑事责任且被人民法院作出生效有罪判决的，其他合伙人可对其强制除名退伙，显然在其他约定事由范畴之内。

但是，合伙协议无权改变《合伙企业法》关于强制除名退伙的程序性强制规定，即必须要经过其他合伙人一致同意方可作出强制退伙决议这一门槛，此点无法通过合伙协议条款取消或者降低。例如，某合伙企业有 6 个合伙人，即使合伙协议条款约定经合伙人 2/3 以上多数同意即可强制退伙，若有 4 个合伙人依据该条款作出决议将合伙人甲强制退伙，该决议也属无效决议。究其原因，是该合伙协议条款违反了《合伙企业法》中强制退伙必须一致同意的强制性法律规定，属于无效条款，故依据该无效条款所作的除名决议也归于无效。

若自己被合伙企业强制除名退伙而有异议，可以起诉到法院请求确认除名决议的效力。为维护合伙关系的稳定性，避免该问题的处理久拖不决而使合伙关系处于长期不稳定的状态，法律规定被除名的合伙人起诉的期限为 30 天，自接到除名通知之日起计算。若超过 30 天仍未起诉的，则该通过起诉提出异议的权利灭失。该 30 天起诉期限，在法律上属于除斥期间的概念，无法中断和延长，时间届满权利即失效或者灭失。若被除名的合伙人在 30 天内仅通过发函或者其他方式抗议该除名决议，但并未采取起诉动作，该 30 天并不因为其有过异议的动作而予以延长，该权利仍然 30 天期满即灭失。

法律规定对强制除名退伙规定了如此严格的条件，也是在提醒合伙人，选择合伙人与吸收新人入伙必须慎之又慎，若一时眼拙选错了合伙人，强制其退伙并不容易，果真是请神容易送神难。

相关法条：

《中华人民共和国合伙企业法》（1997年通过，2006年修订）

第四十九条　合伙人有下列情形之一的，经其他合伙人一致同意，可以决议将其除名：

（一）未履行出资义务；

（二）因故意或者重大过失给合伙企业造成损失；

（三）执行合伙事务时有不正当行为；

（四）发生合伙协议约定的事由。

对合伙人的除名决议应当书面通知被除名人。被除名人接到除名通知之日，除名生效，被除名人退伙。

被除名人对除名决议有异议的，可以自接到除名通知之日起三十日内，向人民法院起诉。

3.19　聘任的经理并不是合伙人，其对合伙企业承担什么责任？

在实践中，合伙企业除了由执行合伙人亲自处理合伙业务外，也会从外面聘任经营管理人员，对内管理内部事务，对外在授权范围内代表合伙企业。这时，被聘任的经营管理人员，作为合伙企业员工而非合伙人，其处理合伙企业业务的行为也属于职务行为，产生的责任由合伙企业承担。

例如，某合伙企业聘请张三为采购经理，虽然张三不是合伙人，但张三代表合伙企业所签署的原材料采购合同仍然对该合伙企业具有约束力。即使张三签署的采购合同性价比不是最高的，但合伙企业不能以张三不是合伙人为由而否定其职务行为。

问题来了，假若张三作为采购经理，代表合伙企业对外签署产品销售合同，该合同是否约束合伙企业呢？这里张三属于超越授权范围履行职务，若合同相对方善意的相信张三有此授权，则该销售合同仍然约束合伙企业。若张三该超出授权的销售行为给合伙企业造成了损失，合伙企业有权要求张三承担赔偿责任。

另一个问题是，假若张三作为采购经理，对外采购原材料，因为与直接主管合伙人的矛盾，在明知所采购的原材料价高质次的情况下，还是故意采购，该采购合同是否还约束合伙企业呢？该合同对合伙企业来说仍具有约束力，但是，若合伙企业能够证明张三因是故意或者重大过失或违反常识而给合伙企业造成损失，则有权要求张三承担赔偿责任。受人之托，忠人之事，即使打工，不尽职也会被索赔。看到这里，合伙企业的一众老板也就是合伙人们是不是心里踏实了一些呢？

相关法条：

1.《**中华人民共和国合同法**》(1999 年通过)

第四十九条　行为人没有代理权、超越代理权或者代理权终止后以被代理人名义订立合同，相对人有理由相信行为人有代理权的，该代理行为有效。

2.《**中华人民共和国合伙企业法**》(1997 年通过,2006 年修订)

第三十五条　被聘任的合伙企业的经营管理人员应当在合伙企业授权范围内履行职务。

被聘任的合伙企业的经营管理人员，超越合伙企业授权范围履行职务，或者在履行职务过程中因故意或者重大过失给合伙企业造成损失的，依法承担赔偿责任。

3.20 由部分合伙人承担全部亏损的保底条款,是否有效?

在实践中,会出现合伙人之间资源、能力不均的情况,或者有的合伙企业是因为某个发起人大包大揽对其他合伙人声称该生意肯定有利可图而设立的。在这样的情况下,那些愿意跟随的合伙人会提出,既然你作为发起人保证一定有利可图,那么请在合伙协议中写清楚,若合伙产生亏损,由你一人承担,其他合伙人的投资本金保底,确保其他合伙人不会产生损失。即使发起此事的合伙人同意并且写入合伙协议,该保底条款约定是否有效呢?

这里的效力,包括对外与对内两个方面。如前面第3.2小节所述,合伙企业的普通合伙人对合伙的债务承担无限连带责任,而合伙亏损与否,并不改变合伙人之间连带责任的属性。换言之,即使在合伙企业有盈利时,就某单笔债务被债权人起诉,合伙人仍然还是要承担无限连带责任。也就是说,合伙协议约定由部分合伙人承担全部亏损,并不能对抗合伙企业的债权人,对外是无效的。

那问题是,虽然这样的约定对外无效,但若这是合伙人之间内部的真实意思,而且是其他合伙人投资的前提,若没有这样的保底,其他合伙人就不会投资,这样的约定,在合伙人内部之间是否有效?

根据《合伙企业法》,合伙协议约定由部分合伙人承担全部亏损的条款无效。究其立法本意,还是基于合伙企业人合加资合的属性,要求合伙人在投资之前充分接受无限连带责任且投资不能保底的风险,如果不能接受这样的风险,那就不适合选择投资合伙企业。而若投资合伙企业,法律就推定合伙人接受了承担无限连带责任且不能保底的风险。

这样,在合伙企业投资中,即使发起人承诺保底,由其承担合伙企业的全部亏损,该承诺写入了合伙协议,读者也不能信以为真,因为这样的承诺并不受法律保护。投资时的测算,还是要以没有投资本金保底为前提。

基于同等原因,如果合伙协议约定将全部利润分配给部分合伙人,也不受法律保护。

可能有的读者会问,那怎样约定利润分配与亏损分担才有效呢?由于法律禁止的仅是将全部利润分配给部分合伙人或者由部分合伙人承担全部亏损这一极端不公平行为,并未否定其他机制,故还是可以约定其他合理机制,例如,若合伙企业有三个合伙人,其中甲占实缴出资的50%,乙占实缴出资的30%,丙占实缴出资的20%,可约定不按照实缴出资分配利润:

本合伙企业的利润分配,按照各方实缴出资比例分配,即甲享有合伙企业利润的50%,乙享有合伙企业利润的30%,丙享有合伙企业利润的20%。本合伙企业的亏损分担,考虑到甲在发起合伙企业时对其他合伙人许诺盈利前景,故甲承诺:在合伙企业发生亏损时,由甲首先承担合伙企业亏损的50%,剩余的50%再由甲、乙、丙三方按照实缴出资比例分担,经计算后,即甲分担合伙企业亏损的75%,乙分担合伙企业亏损的15%,丙分担合伙企业亏损的10%。

当然,最为稳妥和公平的机制还是按照实缴出资比例分配利润并分担亏损,示范条款如下:

本合伙企业的利润分配与亏损分担,均按照各方实缴出资比例确定,即甲享有合伙企业利润的50%并分担合伙企业亏损的50%,乙享有合伙企业利润的30%并分担合伙企业亏损的30%,丙享有合伙企业利润的20%并分担合伙企业亏损的

20%。

需要澄清的是,《合伙企业法》禁止的是将全部利润分配给部分合伙人或者由部分合伙人承担全部亏损,与合伙人对合伙企业债务承担无限连带责任不是一回事,因为其指向的对象不同,前者是指内部的亏损或盈利分配,后者是指合伙企业对外债务;涉及的关系也不同,前者指合伙人间的内部关系,后者指与外部债权人的关系。这样,即使在有限合伙企业中,虽然有限合伙人对外并不对合伙企业债务承担无限连带责任,但内部而言仍不能约定由部分合伙人承担全部亏损,切勿混淆。

相关法条:

《**中华人民共和国合伙企业法**》(1997 年通过,2006 年修订)

第三十三条　合伙企业的利润分配、亏损分担,按照合伙协议的约定办理;合伙协议未约定或者约定不明确的,由合伙人协商决定;协商不成的,由合伙人按照实缴出资比例分配、分担;无法确定出资比例的,由合伙人平均分配、分担。

合伙协议不得约定将全部利润分配给部分合伙人或者由部分合伙人承担全部亏损。

3.21　部分合伙人清偿合伙企业债务后,是否有权向其他合伙人追偿?

这个问题与前一小节亏损与利润分担分配机制相关,若合伙企业不能清偿到期债务,合伙企业加全部合伙人都被债权人起诉至法院而被判决承担连带责任,法院扣划合伙人甲的银行存款后,债权人已全部受偿,故没有再继续执行合伙企业及其他合伙人的财产。在这种情况下,甲是否有权向其他合伙人追偿呢?

按照合伙的原理,合伙人之间的无限连带责任是为了保护外部的债权人,故对外而言是连带责任,债权人可以主张一个或者几个合伙人清偿合伙企业债务,债权人并不在乎合伙人之间的内部份额比例。但是,就合伙人内部之间,还是有个别的份额关系,属于按份之债,在某个合伙人清偿了合伙企业债务后,其就该笔债务无法与其他合伙人达成协议或协商不成的,有权向其他合伙人追偿,由几个合伙人按照实缴出资比例分担,若无法确定实缴出资比例的,则几个合伙人均担。合伙人之间不能确定实缴出资比例的情况,似乎比较罕见。

如果几个合伙人中,有的合伙人现金充裕而被首选执行清偿债务,而其他几个合伙人财力窘迫无力清偿,这里的追偿权可能就只是法律上的权利而难以最终实现。故对于有较大营业风险的合伙生意,找合伙人时,还是要找家底雄厚的,无论你自己家底雄厚与否,这样可降低为其他合伙人背锅后无法追偿的风险。

相关法条:

《**中华人民共和国合伙企业法**》(1997 年通过,2006 年修订)

第三十九条　合伙企业不能清偿到期债务的,合伙人承担无限连带责任。

第四十条　合伙人由于承担无限连带责任,清偿数额超过本法第三十三条第一款规定的其亏损分担比例的,有权向其他合伙人追偿。

3.22　合伙人如何才能安全的主动退伙?

前面第 3.18 小节提到,若某个合伙人出现特定情形,其他合伙人可以强制驱逐将其除名。合伙经营中也会出现相反情况，即某个合伙人认为合伙企业的风险在扩大，需要尽快退伙以便切割关系，以避免对合伙企业更多的债务承担无限连带责任。这时需要面对两个问题，对内而言，是否可以随时退伙而不对其他合伙人承担责任？对外而言，退伙何时生效而无须再对此后的合伙企业债务承担无限连带责任？

对于合伙人是否有权随时退伙，区分两种情况。

第一种情况，若合伙协议并未约定合伙期限，而退伙又不会对合伙企业经营造成不利影响，则合伙人提前30天通知合伙人即可退伙，比较任意和简单。

第二种情况，若合伙协议约定了合伙期限，则意味着存在绑定期，并不允许提前退伙，除非有下面的正当理由，包括：

（1）合伙协议约定的退伙事由出现；

（2）经全体合伙人一致同意；

（3）发生合伙人难以继续参加合伙的事由；

（4）其他合伙人严重违反合伙协议约定的义务。

这样，对于约定合伙期限的合伙企业，若意图保留提前退伙的权利，需要提前在合伙协议中约定好退伙事由，因为前面所列第（2）至（4）项的退伙事由难度和争议会很大，通常很难获得全体合伙人一致同意，而其他合伙人违反合伙协议义务如何才能被判定为严重，也会有分歧。

可以在合伙协议中约定的退伙事由，包括个人情况、市场情况、合伙企业财务情况等，法律并未限定，只要合伙人认为有可能发生并有必要作为退伙事由即可。而且，也需要明确退伙与否是选择权，而不是必须退伙，避免权利变成了义务。示范条款如下：

出现下列任一事由时，合伙人有权选择退伙，退伙自退伙人援引下列事由的退伙通知书到达其他合伙人之日生效。明确起见，出现下列事由时，合伙人享有退伙与否的选择权，退伙并非该有权合伙人的义务。

(1)合伙企业连续两年亏损的;

(2)合伙企业到期未清偿债务金额达到或超过全部合伙人实缴出资金额×%的;

(3)在合伙企业有利润的情况下,合伙人会议决定不分配利润,对该不分配利润决议投反对票的合伙人即享有退伙与否的选择权;

(4)……

合伙人选择退伙的,其他合伙人应当与该退伙人按照退伙生效日的合伙企业财产状况进行退伙结算,以货币方式退还退伙人的财产份额,并协助办理工商登记手续,将退伙人从合伙企业登记合伙人中移除。退伙人对基于其退伙前原因发生的合伙企业债务,继续对外承担连带责任。对于退伙生效日之后的合伙企业债务,退伙人不再承担责任。

需要强调的是,退伙生效也要落实两个方面,即包括对内部的合伙人及对外部的合伙企业债权人。要确保两方面均发生效力,则既要对其他合伙人进行书面通知,又要到工商机关办理变更登记,将自己从该合伙企业的登记合伙人中移除。否则,债权人有权信赖工商机关的合伙人登记,要求虽已完成内部退伙但未在工商机关取消合伙人登记的退伙人,对合伙企业债务继续承担无限连带责任。因此,退出合伙组织,仅办理内部手续还是不够的,要想安全,还要及时在工商机关办理退伙登记即合伙企业中的合伙人变更登记。

如果并不符合法律规定及合伙协议约定的退伙条件,则合伙人无权主动退伙,此时强行单方退伙属于违反合伙协议,应当赔偿由此给合伙企业造成的损失,法律上也不排除合伙企业的债权人要求其就合伙企业债务仍然承担无限连带责任。这样看来,提前考虑好退路,并在合伙协议中约定好退伙事由,还是非常有必要。

相关法条：

1.《**中华人民共和国合伙企业法**》(1997年通过,2006年修订)

第四十五条 合伙协议约定合伙期限的,在合伙企业存续期间,有下列情形之一的,合伙人可以退伙:

(一)合伙协议约定的退伙事由出现;

(二)经全体合伙人一致同意;

(三)发生合伙人难以继续参加合伙的事由;

(四)其他合伙人严重违反合伙协议约定的义务。

第四十六条 合伙协议未约定合伙期限的,合伙人在不给合伙企业事务执行造成不利影响的情况下,可以退伙,但应当提前三十日通知其他合伙人。

第四十七条 合伙人违反本法第四十五条、第四十六条的规定退伙的,应当赔偿由此给合伙企业造成的损失。

第五十一条 合伙人退伙,其他合伙人应当与该退伙人按照退伙时的合伙企业财产状况进行结算,退还退伙人的财产份额。退伙人对给合伙企业造成的损失负有赔偿责任的,相应扣减其应当赔偿的数额。

退伙时有未了结的合伙企业事务的,待该事务了结后进行结算。

2.《**中华人民共和国合伙企业登记管理办法**》(2019年修订)

第六条 合伙企业的登记事项应当包括:

(六)合伙人姓名或者名称及住所、承担责任方式、认缴或者实际缴付的出资数额、缴付期限、出资方式和评估方式。

第十八条 合伙企业登记事项发生变更的,执行合伙事务的合伙人应当自作出变更决定或者发生变更事由之日起15日内,向原企业登记机关申请变更登记。

3.23 合伙企业中的合伙人资格能否继承？

人有旦夕祸福，若合伙企业的某一合伙人去世，其合伙人资格及其财产份额如何处理？其继承人是否自动成为该合伙企业的合伙人？

在合伙协议没有事先约定的情况下，除非全体合伙人一致同意其继承，去世合伙人的继承人并不当然取得该合伙企业的合伙人资格。合伙企业不仅是资本的集合，更是合伙人的集合，且合伙人之间的人身信任关系很强，一个合伙人的行为将导致其他合伙人承担无限连带责任。然而，对某一合伙人的信任，并不代表着对其继承人的信任。

这样，若合伙人意图提前安排自己的身后事宜，指定某一继承人继承其合伙人资格，则需要征得其他合伙人的认可，并体现在合伙协议或者补充协议约定之中，且获得该继承人的认可。否则，其他合伙人可能基于对该继承人的不信任而不同意该合伙人资格继承。为什么还要获得继承人的认可呢？这是因为，继承人继承合伙人资格成为合伙人，不仅享受对应的财产份额权益，也面临着合伙企业的债务风险及不确定性。若合伙企业资不抵债，其继承合伙人资格后，与其他合伙人一样，要对合伙企业债务承担连带清偿责任。所以，该继承人有权不同意或者放弃继承合伙人资格。

那如何才能把合伙人资格的继承落到实处呢？显然，在合伙协议中约定合伙人的继承事宜并不合适，因为不是所有的合伙人都愿意提前安排继承事宜，故在补充协议中约定更为妥当。同时，要明确指定具体的继承人姓名、身份等，否则通常会因有多个继承人而产生争议（仅第一顺位继承人就包括配偶、父母及子女)；也要约定若指定的继承人不同意继承合伙人资格，应如何处理的条款。涉及合伙人资格继承的补充协议示范条款如下：

合伙人李四确认，在其去世后，由其第一顺位继承人中的已成年子女李××继承李四在本合伙企业的合伙人资格，全体合伙人一致同意李四的该安排，并承诺协助李××办理合伙人资格继承相关手续。若李××拒绝继承李四的合伙人资格，则由本合伙企业向李××退还李四的财产份额。

在继承人尚未成年或者因为精神疾病等原因不具备完全民事行为能力的情况下，可事先约定合伙企业转为有限合伙企业，由该继承人作为有限合伙人继续享受可能的分红而无须就合伙企业债务承担连带清偿责任，当然，继承人也就丧失了执行合伙事务的权利。可参考下面的示范条款：

合伙人李四确认，在其去世后，由其第一顺位继承人中的李××继承李四在本合伙企业的合伙人资格，全体合伙人一致同意李四的该安排。全体合伙人并承诺，若李四去世时李××已成年，则全体合伙人协助李××办理合伙人资格继承相关手续；若李××尚未成年，则由全体合伙人将本合伙企业转为有限合伙企业，由李××作为有限合伙人，按照李四持有的合伙企业份额和比例，享有合伙企业权益。

有读者会问，若提前约定李××在成年后有权选择转为普通合伙人，是否有效？如果其他合伙人均同意此安排，该约定属于有效。但是，考虑到刚成年就转为普通合伙人，其他合伙人不一定就信任或者放心，若李四提出该要求，很可能得不到其他合伙人的认可。涉及有限合伙人转为普通合伙人，建议还是将该权力保留给其他合伙人。

前面讲的是在合伙协议或者补充协议中如何约定合伙份额的继承，那在没有约定、其他合伙人也无法就此达成一致的情况下,如何处理呢? 按照法律的默认规定,此情况下,该去世合伙人的继承人则无法继承合伙人资格,只能获得财产份额的清退。

这点不同于有限公司,有限公司的股东资格与其他遗产一样,继承没有特别限制,只有公司章程有特别的相反规定时,才受到限制。例如,若公司章程特别规定自然人股东去世后,股东资格不能继承,只能将股权转让给其他股东而收回财产权益,法律对此也认可。但通常而言,股东间不会在公司章程中作此类限制性规定。

相关法条:

1.《**中华人民共和国合伙企业法**》(1997 年通过,2006 年修订)

第五十条　合伙人死亡或者被依法宣告死亡的,对该合伙人在合伙企业中的财产份额享有合法继承权的继承人,按照合伙协议的约定或者经全体合伙人一致同意,从继承开始之日起,取得该合伙企业的合伙人资格。

有下列情形之一的,合伙企业应当向合伙人的继承人退还被继承合伙人的财产份额:

(一)继承人不愿意成为合伙人;

(二)法律规定或者合伙协议约定合伙人必须具有相关资格,而该继承人未取得该资格;

(三)合伙协议约定不能成为合伙人的其他情形。

合伙人的继承人为无民事行为能力人或者限制民事行为能力人的,经全体合伙人一致同意,可以依法成为有限合伙人,普通合伙企业依法转为有限合伙企业。全体合伙人未能一致同意的,合伙企业应当将被继承合伙人的财产份额退还该继承人。

2.《**中华人民共和国公司法**》(1993 年通过,2018 年修正)

第七十五条　自然人股东死亡后,其合法继承人可以继承股东资格;但是,公司章程另有规定的除外。

3.24　有闲钱想投资合伙又不想承担连带责任,有何方法?

合伙企业之所以仍旧受到投资者、创业者的青睐,除了没有双重纳税的税务优势外,也存在投资架构的优势,特别是有限合伙企业,更是给有闲钱但不愿承担无限连带责任风险的投资人以较好的投资机制。

简单地讲,有限合伙企业中的合伙人有两类:普通合伙人负责合伙事务的执行,同时对合伙企业的债务承担连带清偿责任;而有限合伙人对合伙企业的债务并不承担连带清偿责任,其对合伙企业的责任以认缴出资为限,但代价是不能执行合伙事务。这样的责任与权力机制安排,有着天然的鼓励和制衡作用。普通合伙人虽然有执行合伙事务的权力,但因为要对合伙企业债务承担连带清偿责任,故通常迫于责任压力会尽职尽责处理合伙事务,而有限合伙人在享受没有双重纳税的税务利益同时又仅承担有限责任,故让渡出合伙事务管理权也是很多投资人愿意接受的。事实上,很多私募投资基金采取有限合伙方式,负责管理的基金公司以普通合伙人的身份仅投资1%左右即取得有限合伙企业的管理权,而其他投资人以有限合伙人的身份享受收益而不参与管理。

除了私募基金采取有限合伙企业方式外,公司进行员工股权激励计划时,也可使用有限合伙企业作为持股平台,公司实际控制人担任普通合伙人,受激励的员工作为有限合伙人,有限合伙企业再出资成为公司的股东。这样,既不担心股权激励会减弱实际控制人对公司的控制力,又可让员工分享公司红利达到激励目的,仅分红但不让权,确实是不错的选项。

这样,读者们可以记住,若有亲朋好友想拉你入伙成为某个合伙企业的合伙人,而你虽看好该企业和行业的前景,但并无时间和精力参与管理,并且充分信任其他合伙人,那么你可要求以有限合伙人的身份投资,这样既可避免就合伙企业债务承担无限连带责任,又可要求享有优先分红权[具体见第3.27小节第(1)点]。

需要提醒的是,有限合伙人身份的描述不仅要体现到合伙协议中,并且必须要记载在合伙企业的营业执照登记中,在工商机关登记为有限合伙人。私下口头的约定或仅部分合伙人认可,并不产生有限合伙的效力,无法达到有限责任保护的效果。

相关法条:

《**中华人民共和国合伙企业法**》(1997年通过,2006年修订)

第二条 本法所称合伙企业,是指自然人、法人和其他组织依照本法在中国境内设立的普通合伙企业和有限合伙企业。

普通合伙企业由普通合伙人组成,合伙人对合伙企业债务承担无限连带责任。本法对普通合伙人承担责任的形式有特别规定的,从其规定。

有限合伙企业由普通合伙人和有限合伙人组成,普通合伙人对合伙企业债务承担无限连带责任,有限合伙人以其认缴的出资额为限对合伙企业债务承担责任。

第六十二条 有限合伙企业名称中应当标明"有限合伙"字样。

3.25 既然有限合伙兼具有限责任和税负较轻优势，可否不设普通合伙人？

如前所述，有限合伙企业的优势相当明显，对于有限合伙人而言，既可以像有限公司的股东那样仅以认缴出资为限承担有限责任，又可避免有限公司股东的双重税负。既然有这样的好事，那是不是大家可以都做有限合伙人而不用设普通合伙人呢？普通合伙人可是要对合伙企业债务承担无限连带责任的。

答案是否定的。合伙企业，无论普通合伙还是有限合伙，其没有双重税负的根源是没有独立法人资格，由合伙人承担无限连带责任。所以，即使在有限合伙中，至少也应当有一人作为普通合伙人，如果全体合伙人都是有限合伙人，没有合伙人对合伙企业债务承担连带责任，那就背离了合伙企业的本质，只能解散。

所以，法律规定，有限合伙企业至少要有一个普通合伙人，且合伙人总数不能超过50人。

相关法条：

《中华人民共和国合伙企业法》（1997年通过，2006年修订）

第六十一条　有限合伙企业由二个以上五十个以下合伙人设立；但是，法律另有规定的除外。

有限合伙企业至少应当有一个普通合伙人。

第七十五条　有限合伙企业仅剩有限合伙人的，应当解散；有限合伙企业仅剩普通合伙人的，转为普通合伙企业。

3.26 有限合伙人有何禁忌与限制?

有得必有失,有限合伙人在避免双重税负的同时又享受有限责任保护,然而不可避免地在某些方面受到相应的限制和禁忌,主要包括:

(1)合伙事务执行权让渡给普通合伙人行使,不得执行合伙事务,不对外代表合伙企业。

有限合伙人执行合伙事务,将导致该有限合伙人丧失有限责任保护;若有限合伙人未经授权以有限合伙企业名义与他人进行交易,给有限合伙企业或者其他合伙人造成损失的,该有限合伙人还应当承担赔偿责任。

当然,有限合伙人根据合伙协议参与合伙企业内部管理,不会被认作是执行合伙事务,详见第3.2小节的相关法律规定内容。

(2)不能像普通合伙人那样以劳务作为出资。若有限合伙人以劳务作为出资,那就实际参加了合伙企业的经营,与有限合伙人的身份相悖。

相关法条:

《中华人民共和国合伙企业法》(1997年通过,2006年修订)

第六十四条 有限合伙人可以用货币、实物、知识产权、土地使用权或者其他财产权利作价出资。

有限合伙人不得以劳务出资。

第七十六条 第三人有理由相信有限合伙人为普通合伙人并与其交易的,该有限合伙人对该笔交易承担与普通合伙人同样的责任。

有限合伙人未经授权以有限合伙企业名义与他人进行交

易,给有限合伙企业或者其他合伙人造成损失的,该有限合伙人应当承担赔偿责任。

3.27 有限合伙人有怎样的特权?

除了有限责任保护外,有限合伙人还享有下列普通合伙人所不享有的特权,原理还是基于有限合伙人并不执行合伙事务。若有限合伙人参与执行合伙事务,不仅丧失有限责任保护,也将失去下面的特权。

(1)优先分红权约定受法律保护的特权。

如第3.20小节所述,在普通合伙企业中,即使合伙协议上写明全部利润归部分合伙人享有,这样的条款也不受法律保护,不具有强制执行力,根据该条款不能分红的合伙人可以主张无效。

但是,在有限合伙企业中,若合伙协议有此特殊规定,则法律予以认可和保护,并不禁止。究其根源,还是为了鼓励享有合伙事务执行权的普通合伙人更好地执行合伙事务,允许通过分配机制的自治安排来平衡普通合伙人和有限合伙人的关系。例如,可以作如下规定:

为平衡普通合伙人和有限合伙人的利益关系,鼓励享有合伙事务执行权的普通合伙人更好地执行合伙事务,全体合伙人一致同意,在本合伙企业年度净利润在人民币100万元之内时,普通合伙人不参与该部分利润的分配,该利润仅在有限合伙人之间按照有限合伙人之间的出资比例进行分配;对本合伙企业年度净利润在人民币100万元之上的部分,方由全体合伙人(包括普通合伙人和有限合伙人)按照各方实缴出资比例进行分配。

（2）除非合伙协议另有约定，可以与本有限合伙企业交易、与本有限合伙企业竞争及将财产份额出质及转让的特权。

如前面所述，普通合伙人不能与本合伙企业交易或者竞争，未经其他合伙人同意也不得将其财产份额转让及出质，主要基于合伙人之间的人身信任关系和无限连带责任关系。

有限合伙人则不然，其主要角色是财务投资人。有限合伙人并不执行合伙事务，其更换也通常不会对其他合伙人产生影响。所以，法律原则上并不禁止有限合伙人与本有限合伙企业交易、竞争或其将财产份额出质及转让。

当然，若合伙协议条款明确禁止或者限制有限合伙人与本有限合伙企业交易、竞争或其将财产份额出质及转让，则基于意思自治的原则，此类的禁止或者限制有效。也就是说，对于普通合伙人而言，此类禁止和限制是法定义务；而对于有限合伙人而言，法律并未强加此类义务，只有在合伙协议有此类禁止与限制的约定时，方受其约束。

（3）财产份额及身份资格可以继承的特权。

如第 3.23 小节所述，普通合伙人的资格及财产份额并非当然可以继承，而且若普通合伙人丧失行为能力，例如罹患精神疾病无法识别和控制自己的行为，则将丧失合伙人资格。

但对有限合伙人而言，因为有限合伙人并不参与合伙事务执行，其合伙人身份与财产份额更多属于财产权利，故法律允许继承，即使有限合伙人罹患精神疾病无法识别和控制自己的行为，也不会因此丧失有限合伙人资格。

相关法条：

《中华人民共和国合伙企业法》（1997 年通过，2006 年修订）

第六十九条　有限合伙企业不得将全部利润分配给部分合伙人；但是，合伙协议另有约定的除外。

第七十条　有限合伙人可以同本有限合伙企业进行交易；

但是,合伙协议另有约定的除外。

第七十一条　有限合伙人可以自营或者同他人合作经营与本有限合伙企业相竞争的业务;但是,合伙协议另有约定的除外。

第七十二条　有限合伙人可以将其在有限合伙企业中的财产份额出质;但是,合伙协议另有约定的除外。

第七十三条　有限合伙人可以按照合伙协议的约定向合伙人以外的人转让其在有限合伙企业中的财产份额,但应当提前三十日通知其他合伙人。

第七十九条　作为有限合伙人的自然人在有限合伙企业存续期间丧失民事行为能力的,其他合伙人不得因此要求其退伙。

第八十条　为有限合伙人的自然人死亡、被依法宣告死亡或者作为有限合伙人的法人及其他组织终止时,其继承人或者权利承受人可以依法取得该有限合伙人在有限合伙企业中的资格。

3.28　有限合伙人和普通合伙人可否互转身份?后果如何?

有限合伙企业经过一段时间的运营,无论是人的原因或者市场的原因,都会产生变革因素,或者原来执行合伙事务的普通合伙人希望隐退,或者原来不执行合伙事务的有限合伙人对执行事务的普通合伙人能力不满而希望参与合伙事务的执行。这样,很有必要在合伙协议中事先约定好有限合伙人与普通合伙人相互转换的条件和程序。

由于有限合伙人与普通合伙人权利与责任存在重大区别,

且更换负责合伙事务执行的普通合伙人将直接影响合伙企业的运营，故法律默认规定的门槛较高，即须经过全体合伙人一致同意。当然，若合伙协议另外约定较低的机制与门槛，则法律也予以认可和保护。

在实践中，更换普通合伙人会引发争议，若合伙协议没有事先约定该机制而只能按照法律默认规定处理，则意味着任何一个合伙人，无论是普通合伙人还是有限合伙人，都享有一票否决权而导致很难实现更换。若事先通过合伙协议约定较低的门槛与机制，则有利于快刀斩乱麻解决争议。可以参考下面的示范条款：

普通合伙人与有限合伙人的转换：有限合伙人有权通过决议方式强制将普通合伙人转为有限合伙人并取消其执行合伙事务的权利，该决议经过2/3以上有限合伙人通过，且支持该决议的有限合伙人所持有的财产份额超过本有限合伙企业全部财产份额的50%，即为有效。对于有限合伙人申请转变为普通合伙人的，应当经过2/3以上有限合伙人决议通过，且支持该决议的有限合伙人所持有的财产份额超过本有限合伙企业全部财产份额的50%，即为有效。

由于有限合伙人并无合伙事务执行权，为防范普通合伙人滥权损害有限合伙人利益，故在合伙协议条款中事先约定较低的强制更换普通合伙人门槛，以此尚方宝剑形成对普通合伙人的制约，还是非常有必要的。

普通合伙人转变为有限合伙人后，对其作为普通合伙人期间合伙企业发生的债务，还要继续承担无限连带责任；当然，对于转为有限合伙人之后合伙企业发生的债务，则仅以其认缴的出资为限承担有限责任。

但对于从有限合伙人转为普通合伙人的，该转变具有追溯力，即对其转为普通合伙人之前发生的合伙企业债务，也要承担无限连带责任，故若有限合伙人意图转为普通合伙人，还是要先厘清合伙企业的家底与债务。

有读者可能会问，前面的示范条款中，为何对于从普通合伙人转为有限合伙人单方决议即可，而对有限合伙人转为普通合伙人却要经该有限合伙人申请而不能强制转换呢？原因很简单，从有限合伙人转为普通合伙人，将丧失有限责任的保护，还要对之前的合伙企业债务承担无限连带责任，这可是实质性法律责任改变，故若有限合伙人自身并不愿意转为普通合伙人，即使其他所有合伙人都决议要求他转为普通合伙人，也是无效的。若将唯一的普通合伙人强制转为有限合伙人，而没有人愿意从有限合伙人转为普通合伙人，那唯一的出路就是散伙。

相关法条：

《中华人民共和国合伙企业法》（1997年通过，2006年修订）

第八十二条　除合伙协议另有约定外，普通合伙人转变为有限合伙人，或者有限合伙人转变为普通合伙人，应当经全体合伙人一致同意。

第八十三条　有限合伙人转变为普通合伙人的，对其作为有限合伙人期间有限合伙企业发生的债务承担无限连带责任。

第八十四条　普通合伙人转变为有限合伙人的，对其作为普通合伙人期间合伙企业发生的债务承担无限连带责任。

第七十五条　有限合伙企业仅剩有限合伙人的，应当解散；有限合伙企业仅剩普通合伙人的，转为普通合伙企业。

3.29　合伙企业注销或者破产后，合伙人对合伙企业债务还承担责任吗？

在出现诸如合伙期限届满而合伙人决定不再经营、发生合伙协议约定的解散事由、全体合伙人决定解散、合伙人已不具备法定人数满三十天、合伙协议约定的合伙目的已经实现或者无法实现、依法被吊销营业执照、责令关闭或者被撤销等情况时，合伙企业应当解散并进行清算工作，清算人由全体合伙人担任；经全体合伙人过半数同意，可以自合伙企业解散事由出现后十五日内指定一个或者数个合伙人，或者委托第三人，担任清算人，在清算期间负责清理合伙企业财产，分别编制资产负债表和财产清单，并处理与清算有关的合伙企业未了结事务，清缴所欠税款，清理债权、债务，处理合伙企业清偿债务后的剩余财产，代表合伙企业参加诉讼或者仲裁活动等。

清算人还应自被确定之日起十日内将合伙企业解散事项通知债权人，并于六十日内在报纸上公告。债权人应当自接到通知书之日起三十日内，未接到通知书的自公告之日起四十五日内，向清算人申报债权。合伙企业财产在支付清算费用和职工工资、社会保险费用、法定补偿金以及缴纳所欠税款、清偿债务后的剩余财产，依照合伙人持有的财产份额比例进行剩余财产的分配。清算结束后，由清算人编制清算报告，经全体合伙人签名、盖章后，在十五日内向工商机关报送清算报告，申请办理合伙企业注销登记。

问题是，经过这么复杂的清算后完成注销，是否就解除了合伙人对合伙企业债务的责任？要区分两种情况，对于有限合伙人而言，本身就以认缴出资额为限承担有限责任，合伙企业注销后，有限合伙人并不对合伙企业债务承担连带责任；但是，对于普通合伙人而言，合伙企业的注销并不代表责任的终止，还应继续对合伙企业存续期间的债务承担无限连带责任。当然，这个责任并非是无限期的，若债权人在沉默数年后方主张权利，原普通合伙人可援引其他法律机制例如诉讼时效进行抗辩，详见本书第 13.14 小节。

另一个问题是，若清算过程中发现合伙企业资不抵债，合伙企业是否可以破产？合伙企业进入破产后，是否就解除了合伙人对合伙企业债务的责任？合伙企业本身不具备法人资格，从法理上讲并不存在破产问题，但《合伙企业法》规定债权人可申请合伙企业破产，故按照现行法律规定，确实存在合伙企业破产的可能。但是，合伙企业破产并不解除普通合伙人对债务的无限连带责任，进入破产对合伙人并无实际价值。无限连带责任这口锅，普通合伙人要一直背下去。

相关法条：

《**中华人民共和国合伙企业法**》(1997年通过，2006年修订)

第九十一条　合伙企业注销后，原普通合伙人对合伙企业存续期间的债务仍应承担无限连带责任。

第九十二条　合伙企业不能清偿到期债务的，债权人可以依法向人民法院提出破产清算申请，也可以要求普通合伙人清偿。

合伙企业依法被宣告破产的，普通合伙人对合伙企业债务仍应承担无限连带责任。

3.30　合伙人或者员工侵占合伙企业财产，可否追究其刑事责任？

在合伙企业管理架构中，执行事务合伙人主导企业的日常经营，不排除会出现利用职务的便利侵占合伙企业财产的情况，例如把很多本来属于个人家庭花销的发票拿到企业去报销，日积月累可能会达到数十万元。若是此类职务侵占发生在民营有限公司，侵占金额达到人民币6万元即触犯职务侵占罪，可以启动刑事案件。

但是,由于合伙企业并不具备独立法人资格,在司法实务中,对于合伙人利用职务便利侵占合伙企业财产的,处理倾向是仅能追究民事赔偿责任,而并不支持采取刑事手段予以制裁。

基于同样的原因,若合伙企业的员工有职务侵占行为,按照现行法律及司法实践,也无法追究其刑事责任。所以,在选择合伙人与员工时,对其品行考察的慎重程度要高于有限公司,详细论述及其他法律条款见本书第1.3小节的第4点。

国家法律在对企业财产的刑事法律保护方面,合伙企业相较于有限公司,确实力度不够。

相关法条:

《中华人民共和国合伙企业法》(1997年通过,2006年修订)

第九十六条　合伙人执行合伙事务,或者合伙企业从业人员利用职务上的便利,将应当归合伙企业的利益据为己有的,或者采取其他手段侵占合伙企业财产的,应当将该利益和财产退还合伙企业;给合伙企业或者其他合伙人造成损失的,依法承担赔偿责任。

第二编　投资入股有限公司相关法律风险与实务攻略

第一编讲述的合伙包括个人合伙和合伙企业，多见于数额不大、风险不高且以避免双重税负为主要考虑的生意合作。而对于投资数额很大、风险较高或者有长远上市打算的投资项目，避免双重税负已不是主要考虑因素，更重要的是如何将投资者个人责任隔绝于高风险的业务，或者如何满足融资需求，早日实现上市等。这样，个人合伙及合伙企业均不合适，而应当选择有限公司组织形式。

需要澄清的是，很多投资者在讨论投资项目时，会使用合伙投资的用语，但只要最终在工商机关登记的企业组织形式即营业执照上记载的是有限公司，而不是合伙企业，那么法律实质还是合资设立有限公司，而非法律意义上的合伙，在考虑法律风险防控时，请参考本编的论述，而不是第一编有关合伙的内容。

有限公司也有多种类型，包括仅有一个股东的一人有限公司、数个股东合资的有限公司等。

有限公司的根本特征是具有独立法人资格，股东与其投资的有限公司债务责任存在隔离保护，股东仅以其认缴的出资额为限对有限公司的债务承担有限责任。举例讲，若自然人甲和乙作为股东共同出资设立某个物流有限公司，认缴的出资为100万元，实缴的出资是60万元，即使该物流公司最后资不抵债，对外欠债300万元，那么甲和乙仅需再补缴尚未缴清的40万元出资即可，而无须对该物流公司的全部债务300万元承担无限连带责任,物流公司的债权人通常只能自认倒霉。

对比一下,若该物流公司是普通合伙企业,甲和乙是普通合伙人,那么即使甲和乙已经缴清了所认缴的100万元,还是应对该物流公司的债务300万元承担无限连带责任,物流公司的债权人有权要求甲和乙以其个人财产继续对该300万元债务承担连带清偿责任。

从有限公司属性来看,其仍然是人合加资合,但与合伙相比,资合的属性更多一些。基于该特征,通常有限公司股东的股权可以继承。但考虑不是股份有限公司那样纯粹的资合,有限公司的股东在转让股权时,还是受到一些限制,例如其他股东享有优先受让的权利。

虽然《公司法》允许设立一人有限公司,即允许有限公司只有一个股东,但考虑一人有限公司有很大的局限性,特别是《公司法》第63条规定"一人有限责任公司的股东不能证明公司财产独立于股东自己的财产的,应当对公司债务承担连带责任",实行举证责任倒置与责任推定原则,在实践中很容易导致一人股东实质要对公司债务承担无限连带责任,故建议读者不要选择一人有限公司组织形式。

这样,本编将主要讨论两个以上股东合资入股有限公司的法律风险与防控要点,而不再讨论一人有限公司。同时,为方便读者理解,在章节布置上并不遵循法学院通常的课程章节,而是从实务角度,分为下面六个板块论述:投资入股有限公司通常法律风险事项、控股大股东相关法律风险事项、非控股小股东相关法律风险事项、购买股权与增资入股相关法律风险事项、公司解散与关闭相关法律风险事项、公司高管相关的法律风险事项。

第四章

投资入股有限公司通常法律风险与实务攻略

有限公司是最常见的企业组织形式。在有限公司组织形式下，股东享受有限责任的保护，可以从事一些风险相对较高的业务，而无须担心企业失败会连累个人和家庭。同时，有限公司也不像股份有限公司那样开放和组织臃肿，股东之间有一定的信任关系，也有适当的机制阻挡不信任的陌生人加入到股东中。有限公司具有独立的法人资格，即使股东发生变化或身故等意外，有限公司自身的存续通常也不受影响；若业务向好，也可改制为股份有限公司并通过 IPO 公开募股上市，这点是其他企业组织形式包括合伙企业、个人独资企业所不能比拟的。

既然有限公司好处这么多，是不是就可放心大胆地投资于有限公司做股东而无须任何防范措施呢？也不尽然。有限公司对公司股东的有限责任保护既有前提条件也有例外，而且如前面所述，在几个股东共同出资设立有限公司的情况下，股东之间的内部规范与控制安排也相当重要，会影响到到底哪个股东是企业的实际控制人，也就是谁是大老板的问题，违反一些规则也会导致股东丧失有限责任保护。下面将从实务角度详细介绍相关风险及其防控措施。

4.1　出资就一定是股东吗？如何避免投了资却没成为股东？

在实践中，因为亲朋间的信任关系以及权利意识的淡薄，经常出现某人实际投资某公司且认为自己是股东，但诉讼到法院确认股东身份后却被否定的情况，特别是在所投资公司利润丰厚时，因股东身份问题发生争议并不罕见。

向有限公司投了资就一定成为股东吗？按照法律规定，成为有限公司股东的最根本条件是签署公司章程并在有限公司章程中记载为股东。即若投资，但并没有签署公司章程，也未在公司章程中被记载为股东，该投资将难以被认定为股权出资，而投资者也难以被认定为股东。

例如，甲、乙作为股东共同出资设立有限公司，注册资本80万元，其中甲出资50万元持股62.5%，乙出资30万元持股37.5%，并均已实际出资。公司注册完成后，丙愿意新增对公司投资，三方口头同意由丙新增出资20万元，并约定各方持股比例调整为甲占50%，乙占30%，丙占20%。之后丙将30万元出资转账至甲的账户，由甲支付至公司账户作为流动资金使用，丙没有在公司章程、股东会决议等公司文件上签字，公司也没有在工商机关办理变更登记将丙登记为股东。在之后的三年经营期间，公司并未召开过股东会，也没有相应的股东会会议记录。三年经营后，听闻公司利润丰厚，丙要求分配利润，遭到拒绝，甲和乙认为丙并非公司股东，无权主张利润分配。

在该案例中，丙虽然实际出资，但因出资是通过甲缴付，且丙并没有在公司章程和股东会决议上签字，也未在工商机关登记为股东，其股东身份无法获得法律保护，故无权主张利润分配。

为获得充分的法律保护，避免出了钱却没有股东身份，若对前述案例进行复盘，则丙在增资该公司时，应当完备以下手续文件，并且保存好原件；对于第(3)、(4)项中的公司登记档案及股东名册，可保存由公司加盖公章的复印件。

(1)甲、乙、丙共同签署书面的增资扩股协议；

(2)甲、乙、丙签署新的公司章程或者章程修正案，在公司章程中记载三方的出资金额与股权比例；

(3)在公司登记机关进行股东变更登记，将丙增加登记为股东；

(4)丙将增资款转账至公司银行账户，公司向丙签发出资证明书，并将丙记载在股东名册上。

所以，亲朋之间即使关系再好，彼此信任，在涉及金钱和出资方面，还是要亲兄弟明算账，签署相应的法律文件，这样才会有助于减少纠纷维护亲情、友情。若因面子问题在办理法律文件和手续方面不充分、不完备，而导致后续诉讼到法院解决问题，最终会伤害彼此，并不可取。

有时也会出现借用他人名义出资或者为他人代持股权的情况，这时也应签署股权代持协议，从事实上确定股权到底是谁的。虽然股权代持有一定的局限性，但签署股权代持协议，还是有助于厘清事实减少争议。股权代持的风险及其防控注意事项，详见本章第4.7小节。

相关法条：

1.**《中华人民共和国公司法》**(1993年通过，2018年修正)

第二十五条　有限责任公司章程应当载明下列事项：

(一)公司名称和住所；

(二)公司经营范围；

(三)公司注册资本；

（四）股东的姓名或者名称；

（五）股东的出资方式、出资额和出资时间；

（六）公司的机构及其产生办法、职权、议事规则；

（七）公司法定代表人；

（八）股东会会议认为需要规定的其他事项。

股东应当在公司章程上签名、盖章。

第三十一条　有限责任公司成立后，应当向股东签发出资证明书。

第三十二条　有限责任公司应当置备股东名册，记载下列事项：

（一）股东的姓名或者名称及住所；

（二）股东的出资额；

（三）出资证明书编号。

记载于股东名册的股东，可以依股东名册主张行使股东权利。

公司应当将股东的姓名或者名称向公司登记机关登记；登记事项发生变更的，应当办理变更登记。未经登记或者变更登记的，不得对抗第三人。

第七十三条　依照本法第七十一条、第七十二条转让股权后，公司应当注销原股东的出资证明书，向新股东签发出资证明书，并相应修改公司章程和股东名册中有关股东及其出资额的记载。对公司章程的该项修改不需再由股东会表决。

2.**《最高人民法院关于适用〈中华人民共和国公司法〉若干问题的规定（三）》**（法释〔2011〕3号公布，法释〔2014〕2号修正）

第二十一条　当事人向人民法院起诉请求确认其股东资格的，应当以公司为被告，与案件争议股权有利害关系的人作为第三人参加诉讼。

第二十二条　当事人之间对股权归属发生争议，一方请求人民法院确认其享有股权的，应当证明以下事实之一：

（一）已经依法向公司出资或者认缴出资，且不违反法律法规强制性规定；

（二）已经受让或者以其他形式继受公司股权，且不违反法律法规强制性规定。

第二十三条　当事人依法履行出资义务或者依法继受取得股权后，公司未根据公司法第三十一条、第三十二条的规定签发出资证明书、记载于股东名册并办理公司登记机关登记，当事人请求公司履行上述义务的，人民法院应予支持。

4.2　公司注册资本是否越高越好？超高注册资本有何风险？如何补救？

公司注册资本高低是客户判断公司实力的外观因素之一，对于注册资本仅有几万元的，通常会被认为是小公司、小生意，甚至会被嗤之以鼻；而对于注册资本数百万元、上千万元甚至上亿元的，则认为是大公司、有实力，敬仰有加。而2013年年底修正的《公司法》大范围取消了法定最低注册资本制，以认缴登记制为原则。在该原则下，公司注册资本可以零首付，且出资数额、出资期限均由股东在公司章程中自行约定，公司营业执照上只记载注册资本而不记载实收资本，法律除了为少数类别的公司设立最低注册资本门槛外，并不限制股东将注册资本设得很高。

既然较高的注册资本可增加交易对手的信心，而且法律也允许股东自行确定分期出资时间而无须立刻缴清全部出资，故将注册资本设得高一些，虽然超出自身的现实支付能力，但并不需要真金白银，何乐而不为呢？很多创业者、投资者基于此点考虑，会将注册资本设置得极高，出资期限也规定为几年甚至十几年。但是，若读者理解其中的风险，则会考虑避免超高的注册资本。因为，注册资本过高而生意失败时，股东实际无法享受在自己现实支付能力范围内较低注册资本的有限责任保护。

例如，甲、乙、丙三个股东，按照其现实的出资能力，原本合计出资 100 万元，其中甲 50 万元占 50%、乙 30 万元占 30%、丙 20 万元占 20%。为增强客户信心，他们将注册资本提高至 800 万元，且分三次出资，公司登记成立时缴纳出资 100 万元，在成立第 5 年期满再缴纳出资 300 万元，成立第 10 年期满再缴纳出资 400 万元。若在第 3 年时生意失败，公司需要清偿的债务为 1000 万元，而股东并未按期缴纳后续的 700 万元出资，那么甲、乙、丙三个股东则需要在 700 万元的范围内对公司债务承担补充清偿责任，即甲还要支付 350 万元，乙还要支付 210 万元，丙还要支付 140 万元。对比一下，若当时注册资本设为 100 万元，即使第 3 年时生意失败，因为甲、乙、丙三个股东已实际缴清全部注册资本，并无须对该公司后来产生的 1000 万元债务再承担责任。

可能有读者会问，虽然甲、乙、丙认缴了 800 万元，但还没有到 5 年的出资期限，债权人有权要求股东提前缴清出资吗？答案是肯定的。实践中有的章程规定的分期出资认缴期限已经不是 3 年或者 5 年，有的甚至规定 30 年、100 年，滥用分期出资的权利，破坏了股东和债权人的权利平衡，《企业破产法》与《公司法》相关司法解释已经堵塞漏洞，明确规定在公司不能清偿债务或者进入破产程序时，股东应当承担补充赔偿责任或提前履行缴纳出资义务。

有的读者读到此处会猛然惊醒，原来并不知有该风险，此前投资过一个注册资本超高的公司，有什么补救措施吗？若已面临极高注册资本风险，可通过减资程序补救，即降低公司的注册资本。因为降低注册资本会影响公司债权人的利益，故法律规定了严格的减资条件与程序，包括股东会决议、通知债权人、登报公告等。其中，股东会决议必须经代表2/3以上表决权的股东通过，且必须编制资产负债表及财产清单，自作出减少注册资本决议之日起10日内通知债权人，并于30日内在报纸上公告。债权人自接到通知书之日起30日内，未接到通知书的自公告之日起45日内，有权要求公司清偿债务或者提供相应的担保，还应当依法向公司登记机关办理变更登记。

可见，减少注册资本这一措施，只是亡羊补牢，只会对将来可能发生的公司债务产生隔离作用；而对于公司已经陷入巨额债务的，则没有帮助，因为债权人有权要求公司在减资前清偿债务或者提供相应担保。

有读者会想，现在读报纸的人越来越少，即使读报纸也很少会看类似的公告，那可否玩点花招，只通过报纸公告减资而不通知已有债权人，是否这样就可以避开债权人对减资的异议呢？很遗憾，并没有这样的漏洞可以利用，在2017年第11期《最高人民法院公报》公布的上海德力西集团有限公司诉江苏博恩世通高科有限公司、冯军、上海博恩世通光电股份有限公司买卖合同纠纷案中，其裁判要旨明确澄清，公司减资时对已知或应知的债权人应履行单独通知义务，不能在未先行通知的情况下直接以登报公告形式代替通知义务，而若公司减资时未通知已知或应知的债权人，公司股东又不能证明其在减资过程中对怠于通知的行为无过错的，当公司减资后不能偿付减资前债务时，公司股东应就该债务对债权人承担补充赔偿责任。

4.3 以无形资产高估作价，或者现金出资后再转走，是否可规避4.2的风险？

既然超高注册资本风险那么大，看来实际缴纳出资并验资更靠谱一些。实缴出资对资金雄厚的创业者来说不是大问题，但对于现金不足的创业者而言，可能会想一些其他方法。例如，以知识产权评估作价出资，或者把借来的款项在完成验资后再转走。这样是否有法律风险呢？

就知识产权出资而言，《公司法》并不禁止，特别是2013年修订后的《公司法》更是取消了此前货币出资不得低于注册资本的30%以及知识产权出资不得超过注册资本20%的限制，有读者会问，这样是不是可以把用作出资的知识产权价值评估得虚高一些而达到提高注册资本的目的？

对此，《公司法》进行了界定，规定不得高估或者低估作价。若证明属于故意虚高作价的，除了评估机构要承担责任外，用该知识产权出资的股东还有可能被认定为出资不实或者不到位，需要补缴出资。但是，对于如实评估作价的，即使出资后因为情况发生变化导致原来出资的知识产权贬值的，以此出资的股东也无须承担责任，这给用知识产权诚实出资的股东吃了一颗定心丸。以知识产权出资，除了必须要进行评估外，还要将知识产权转让或许可合同在知识产权主管机关备案登记，以免后续无法举证证明出资到位。对于以知识产权的所有权而不是使用权作为出资的，还需要办理过户登记，将有限公司登记为权利人，可抗辩公司债权人有关知识产权出资未到位的主张。

至于股东从他人处借款，使用借款出资本身并无问题，因为该借款是股东的债务而不是公司的债务，出资来自借款并不影响出资的真实性和有效性。但是，若股东在将该款项注入公司后，再虚构交易将其转走用于归借款，则属于抽逃出资。对于抽逃出资，股东应当返还所抽逃的出资本息，协助抽逃出资的其他股东和董事、监事、高级管理人员也要承担连带责任。

这样看来，股东出资还是要量力而行，若为了超高注册资本，以非货币财产高估作价，或者货币出资完成后再抽逃出资，之后面临的风险并不小，很可能会得不偿失。

相关法条：

《最高人民法院关于适用〈中华人民共和国公司法〉若干问题的规定（三）》（法释〔2011〕3号公布，法释〔2014〕2号修正）

第九条　出资人以非货币财产出资，未依法评估作价，公司、其他股东或者公司债权人请求认定出资人未履行出资义务的，人民法院应当委托具有合法资格的评估机构对该财产评估作价。评估确定的价额显著低于公司章程所定价额的，人民法院应当认定出资人未依法全面履行出资义务。

第十二条　公司成立后，公司、股东或者公司债权人以相关股东的行为符合下列情形之一且损害公司权益为由，请求认定该股东抽逃出资的，人民法院应予支持：

（一）制作虚假财务会计报表虚增利润进行分配；

（二）通过虚构债权债务关系将其出资转出；

（三）利用关联交易将出资转出；

（四）其他未经法定程序将出资抽回的行为。

第十四条　股东抽逃出资，公司或者其他股东请求其向公司返还出资本息、协助抽逃出资的其他股东、董事、高级管理人员或者实际控制人对此承担连带责任的，人民法院应予支持。

公司债权人请求抽逃出资的股东在抽逃出资本息范围内对公司债务不能清偿的部分承担补充赔偿责任、协助抽逃出资的其他股东、董事、高级管理人员或者实际控制人对此承担连带责任的,人民法院应予支持;抽逃出资的股东已经承担上述责任,其他债权人提出相同请求的,人民法院不予支持。

第十五条 出资人以符合法定条件的非货币财产出资后,因市场变化或者其他客观因素导致出资财产贬值,公司、其他股东或者公司债权人请求该出资人承担补足出资责任的,人民法院不予支持。但是,当事人另有约定的除外。

4.4 有股东未按期出资,其他股东是否应为其担责?如何防控该风险?

注册资本是公司债务清偿能力及日常运营的基础担保,而注册资本来源于股东的认缴,股东没有按期缴纳出资,将直接影响公司债权人的利益。虽然《公司法》并未明文规定股东之间要就出资义务相互担保,但为了充分保护债权人的利益,最高人民法院相关司法解释规定,在公司设立过程中,股东除要承担自身所认缴出资的缴纳义务外,股东之间还实质相互就出资义务承担连带责任,也就是说,若某个股东要赖不缴纳出资,公司债权人诉至法院,其他股东即使已经缴清自己的那份出资,也还要为其他股东未缴纳到位的出资承担责任。

例如,某有限公司由甲、乙、丙三个股东设立,虽然甲和乙依照章程规定完成了自己的出资义务,但若股东丙没有履行出资义务,在公司债权人起诉公司和股东时,甲和乙还是要就该丙的该出资义务承担连带责任,以支撑公司对债权人的债务清偿能力。当然,甲和乙承担连带责任后对丙享有追偿权,但若丙实际并没有清偿能力,代偿的股东甲和乙则要遭受损失。特别提醒,股东之间就出资义务相互承担责任是法定的,很有必要瞪大眼睛选择信用好的伙伴股东。

需要指出的是,按照相关司法解释,这种股东就出资相互担保的义务只存在于公司设立时的股东之间。上述案例中,若另一股东丁是在公司设立后,通过增资或者受让已完成出资义务的股东甲的股权方式成为公司股东,则丁无须对丙未完成的出资义务承担连带责任。

这样看来,在涉及出资数额较大、难以排除其他股东半途跑路的情况下,若有选择余地,可用下面的方法控制该风险,即:(1)不做初始股东或者发起人,而是从已完成出资义务的股东那里购买股权;(2)在公司设立后,以增资扩股的方式入股成为股东。经由这两种方法成为股东,无须对公司设立时其他股东的出资义务承担连带责任。

相关法条:

1.《**中华人民共和国公司法**》(1993年通过,2018年修正)

第三十条　有限责任公司成立后,发现作为设立公司出资的非货币财产的实际价额显著低于公司章程所定价额的,应当由交付该出资的股东补足其差额;公司设立时的其他股东承担连带责任。

2.《**最高人民法院关于适用〈中华人民共和国公司法〉若干问题的规定(二)**》(法释〔2008〕6号公布,法释〔2014〕2号修正)

第二十二条　公司解散时,股东尚未缴纳的出资均应作为清算财产。股东尚未缴纳的出资,包括到期应缴未缴的出资,以及依照公司法第二十六条和第八十条的规定分期缴纳尚未届满缴纳期限的出资。

公司财产不足以清偿债务时,债权人主张未缴出资股东,以及公司设立时的其他股东或者发起人在未缴出资范围内对公司债务承担连带清偿责任的,人民法院应依法予以支持。

3.《**最高人民法院关于适用〈中华人民共和国公司法〉若干问

题的规定（三）》（法释〔2011〕3号公布，法释〔2014〕2号修正）

第十三条 股东未履行或者未全面履行出资义务，公司或者其他股东请求其向公司依法全面履行出资义务的，人民法院应予支持。

公司债权人请求未履行或者未全面履行出资义务的股东在未出资本息范围内对公司债务不能清偿的部分承担补充赔偿责任的，人民法院应予支持；未履行或者未全面履行出资义务的股东已经承担上述责任，其他债权人提出相同请求的，人民法院不予支持。

股东在公司设立时未履行或者未全面履行出资义务，依照本条第一款或者第二款提起诉讼的原告，请求公司的发起人与被告股东承担连带责任的，人民法院应予支持；公司的发起人承担责任后，可以向被告股东追偿。

股东在公司增资时未履行或者未全面履行出资义务，依照本条第一款或者第二款提起诉讼的原告，请求未尽公司法第一百四十七条第一款规定的义务而使出资未缴足的董事、高级管理人员承担相应责任的，人民法院应予支持；董事、高级管理人员承担责任后，可以向被告股东追偿。

4.5 逾期出资是否会丧失股东身份？如何在章程中事先规定？

股东身份争议的起因，除了本章第4.1小节所说的股东身份手续文件不齐备原因外，还有的是因股东虽然签署章程并认缴了出资，且在工商机关登记为股东，但却迟迟未按期缴纳出资，又不愿意减资或者转让股权退出公司，进而与已按期缴纳出资的股东发生矛盾。在公司经营不错的情况下，已按期缴纳出资的股东希望把未按期缴纳出资的股东剔除出局，否定其股东身份；反之，在公司经营不佳有很大亏损的情况下，未按期出资的股东则希望自己股东身份被否认，这样不用再缴纳出资以避免亏损，已按期缴纳出资的股东则希望尚未按期出资的股东补缴出资，以分担亏损。而且，根据前面第4.4小节，其他股东还要为逾期出资股东的出资义务向公司债权人承担连带责任，若没有一定的机制来约束和制裁逾期出资股东，对于其他信守出资义务的股东而言，显然既不公平也不合理。

那么，逾期出资是否必然导致股东身份丧失呢？

例如，甲、乙、丙作为股东共同出资设立有限公司，注册资本100万元，其中甲认缴出资50万元持股50%，乙认缴出资30万元持股30%，丙认缴出资20万元持股20%，三方签署的章程规定，股东应当在营业执照下发后30天内完成出资缴纳。公司注册完成后，乙和丙均按期完成出资缴纳，而甲一拖再拖，一直没有缴纳出资。在之后的一年经营期间，公司利润丰厚，甲要求分配利润，遭到拒绝，乙和丙认为甲因为没有按期缴纳出资，已丧失股东身份，无权主张利润分配。那按照法律规定，甲是否还具有股东身份？是否有权分取公司利润呢？

通常来说，以公司章程、公司置备的股东名册以及工商机关的公司登记文件为标准来判断是否具有股东身份。在股东出资后，公司向出资股东签发出资证明书，但股东没有履行出资义务，并必然不导致股东身份的丧失。从逻辑上讲，若没有按期出资导致股东身份丧失，那这个股东因身份丧失而解除出资义务，显然有悖于其应向已出资股东承担违约责任并继续补足出资的法律义务。简言之，股东未按期出资的，并不丧失股东身份，而是必须继续履行出资义务。上述案例中，虽然甲未按期缴纳出资，但其股东身份仍在。

虽然甲股东身份还在，但并不意味着甲有权和已按期出资的乙、丙享受同样的股东权利。就分红权和认缴出资权而言，《公司法》明确规定，股东按照实缴的出资比例分取红利；公司新增资本时，股东有权优先按照实缴的出资比例认缴出资；但是，全体股东约定不按照出资比例分取红利或者不按照出资比例优先认缴出资的除外。按该规定，甲并无权分配其缴纳出资前的公司利润，除非他们三人签署的公司章程另有规定。

依照相关司法解释，在股东未按期缴纳出资的情况下，公司有权通过股东会决议的方式，合理限制其利润分配请求权、新股优先认购权、剩余财产分配请求权，经公司催告合理期间后仍未履行出资义务的，公司可以通过股东会决议解除该股东的股东资格。那么，若甲经催告还是迟迟未缴纳出资，公司开股东会限制甲的股东权利直至解除甲的股东资格，在该股东会上甲是否享有其认缴出资对应的50%表决权呢？若甲反对，还能通过限制甲股东权利的股东会决议吗？

不可否认，无论按照《公司法》还是相关司法解释，均难以找出直接答案和解决方案。但是，《公司法》还是给股东发挥主观能动性留有空间，允许股东通过公司章程条款，在公司内部自治机制中事先对此加以规范。考虑到缴纳出资是股东的主要义务，且公司出资缴纳时间是章程必备条款，故建议将股东表决权与出资实际缴纳情况挂钩；而且，也要考虑在各股东均未缴纳出资的情况下，大家均按认缴出资的比例行使表决权，以避免出现股东会无法开会议事的情况。

推荐在公司章程中就股东表决权加入下列条款，以限制逾期出资股东的表决权：

公司设股东会，股东会是公司最高权力机构，由各股东按照实缴出资比例行使表决权，但在本章程规定的首期出资到位日期前，由各股东按照认缴出资比例行使表决权。明确起见，未按期足额缴纳出资的股东，其股东会表决权受到限制，按照其实缴出资比例行使。

推荐在公司章程中就股东分红权及认缴出资权加入下列条款,以适当限制逾期出资股东的相关权利:

股东按照实缴的出资比例分取红利;公司新增资本时,股东有权优先按照实缴的出资比例认缴出资。

按现行有效司法解释的规定,通过股东会决议方式对完全没有履行出资义务的股东予以除名,并没有法律障碍,可以理解为因未履行出资义务的法定股东除名的情形。但是,现行司法解释并没有此规定,对仅履行了部分出资义务后不再履行后续出资义务的股东应如何处理,故还是需要通过公司自治机制解决。作者推荐在公司章程中加入下列股东除名条款,对未按期出资的股东(包括分文未出和部分出资)予以除名。

该条款的主要内容是确定退资或股权强制转让的价格机制,且明确强制转让文件在法律上属于形成权范畴,无须被除名股东作出意思表示即产生股权过户的效力,以避免诉讼时有的裁判人员对该强制转让行为的法律性质属于形成权还是请求权产生模糊认识。通过公司章程条款明确规定该强制转让属于形成权范畴,依单方文件即可把被除名股东的股权转让至受让人,而无须被除名股东作出意思表示,将有助于减少争议。

股东除名:

1. 公司股东未按本章程规定的出资日期和金额履行出资义务的,经公司催告缴纳后在三个月内仍未全部缴清的,由公司以股东会决议方式解除该股东的股东资格,予以除名。

2. 对于被除名股东已缴纳出资和未缴纳出资对应的股权,股东会决议决定予以减资的,则将其已缴纳出资部分,按照股东会除名决议当月其实缴出资比例对应的公司净资产作价,在完成法定减资程序后,退还被除名股东。

3. 对于被除名股东已缴纳出资和未缴纳出资对应的股权,股东会决议决定强制转让的，则将其已实缴出资部分，按照股东会决议当月其实缴出资比例对应的公司净资产作价计算转让价款，由股东会决议指定并且自身同意受让的受让人，在完成股权过户手续后支付给被除名股东，并且由该受让人继续缴清该被除名股东尚未缴清的认缴出资额。

4. 明确起见，强制转让股权的股东会决议与受让人同意受让的确认书属于形成权文件，被除名股东收到该股东会决议与受让人同意受让的确认书时，立即产生被除名股东的股权按照本条规定的价格过户给受让人的效力，被除名股东应当配合办理股权过户手续；被除名股东拒不配合的，在受让人将对应价款支付或者提存给被除名股东后，即产生股权转让至受让人的效力。

5. 全体股东一致确认，本章程规定的股东除名、股权强制转让、股权定价标准等，系为督促全体股东按时足额缴纳出资，为维护全体股东利益、公司利益和公司债权人利益所作出的自治安排，属于全体股东的真实一致意思表示，全体股东均无异议且自愿受其约束，并承诺严格遵守与执行。

需要特别强调的是，前述股东除名条款涉及每个股东的股权处置，每个股东都是潜在的受影响者，故含有该条款的章程应在公司设立时获得全体股东的一致签署。若公司已完成设立，即使控股股东单方持有 2/3 以上的股权，有权不需其他股东的同意而对章程进行修订，此类股东除名条款也不宜单方强行加入到章程中，而有必要获得全体股东一致表决同意后再加入。否则，该章程修改很可能被司法机关裁决无效，或者仅对表决赞成的股东有约束力，而对其他股东不产生约束力。理由是，股权属于股东的财产权利，在基本权利范畴内，股权强制转让制度属于对权利的事先处分，这种影响基本权利的制度性安排必须符合全体股东的共同意志方有效。简言之，即使公司内部股东间自治，也不得以多数人或多数资本的暴政通过所谓的章程修订，剥夺或者取消属于少数人或少数资本的基本权利即股权。

相关法条：

1.**《中华人民共和国公司法》**（1993 年通过，2018 年修正）

第三十四条 股东按照实缴的出资比例分取红利；公司新增资本时，股东有权优先按照实缴的出资比例认缴出资。但是，全体股东约定不按照出资比例分取红利或者不按照出资比例优先认缴出资的除外。

第四十二条 股东会会议由股东按照出资比例行使表决权；但是，公司章程另有规定的除外。

2.**《最高人民法院关于适用〈中华人民共和国公司法〉若干问题的规定（三）》**（法释〔2011〕3 号公布，法释〔2014〕2 号修正）

第十六条 股东未履行或者未全面履行出资义务或者抽逃出资，公司根据公司章程或者股东会决议对其利润分配请求权、新股优先认购权、剩余财产分配请求权等股东权利作出相应的合理限制，该股东请求认定该限制无效的，人民法院不予支持。

第十七条 有限责任公司的股东未履行出资义务或者抽逃全部出资，经公司催告缴纳或者返还，其在合理期间内仍未缴纳或者返还出资，公司以股东会决议解除该股东的股东资格，该股东请求确认该解除行为无效的，人民法院不予支持。

在前款规定的情形下，人民法院在判决时应当释明，公司应当及时办理法定减资程序或者由其他股东或者第三人缴纳相应的出资。在办理法定减资程序或者其他股东或者第三人缴纳相应的出资之前，公司债权人依照本规定第十三条或者第十四条请求相关当事人承担相应责任的，人民法院应予支持。

4.6 把股东资格和员工身份、职业资格等挂钩，是否违法？

在实践中，除实施股权激励的公司外，部分专业公司例如会计师事务所、设计院有限公司等，以及之前全民所有制企业、集体企业改制由职工持股后，也通常将股东资格与员工身份、职业资格挂钩。若某个股东已与公司解除劳动关系，或者不再具备某个职业资格，则其股东资格也将被取消，由其他股东受让和承继其股权，而公司的注册资本通常并不发生变更。与第4.5小节中因违反出资缴纳义务所导致的法定股东除名相比，因劳动关系、职业资格取消而导致的股东资格取消，除原因不同外，实质后果同样是剥夺既有股东的股东身份，处理依据为公司章程规定而不是法律规定。那么，按照公司章程规定取消股东资格，是否受法律保护呢？

根据司法案例以及《公司法》相关规定，在按照全体股东真实意思签署的公司章程中，若明确规定将股东资格与劳动关系、职业资格挂钩，且股东资格消失时的股权转让定价机制公平合理，则基于公司的人合特征，法律保护此类股东资格取消机制。

在李×与衡阳市天安客运发展有限公司股东资格确认纠纷案（2016湘04民终522号）中，法院认可和支持了依据公司章程实施的股东资格取消。该案中，2007年9月衡阳市天风实业总公司实行产权制度改革，原企业职工享有在重组企业认购股份的权利，李×认购了重组后的企业天安公司的股份。2010年1月15日天安公司股东代表大会决议表决通过公司章程修改案，第五十条规定"公司实行经员持股、股劳结合、以岗定薪、岗变薪变的分配制度，对各类员工实行确定基数、绩效考核、上下浮动、以绩计酬的考核办法”，其《股权管理办法》亦规定股东离职“原则上由其他股东受让或注销。在办理受让或注销之前由公司原值回购”。2012 年 1 月 2 日，李 × 向天安公司提出辞职，2013 年 6 月 19 日，天安公司通过股东代表大会作出决议，自 2013 年 3 月 6 日起终止李 × 的股东资格。李 × 认为天安公司终止其股东资格不符合法律规定，诉至法院要求确认其股东资格。

一、二审法院均认为，公司章程是股东之间的协议，作为公司的组织准则和行为准则，只要其内容不违反法律、行政法规的强制性规定，即对股东具有法律约束力；法院同时认为，虽然《公司法》并未禁止有限责任公司股东向股东以外的人转让股权，但同时也规定“公司章程对股权转让另有规定的，从其规定”，本案公司章程中关于“经员持股”的约定即特别规定，限制天安公司股东向股东以外的人转让股权，排除了该公司职工以外的人成为公司股东的可能性，对公司以及全体股东具有法律约束力；且根据私法“法无明文禁止即可为”的原则，在不违反诚实信用原则和公序良俗的情形下，基于有限责任公司的自治性，公司股东可以在公司章程中对股东资格的终止事由作出约定，而如果股东违反了公司章程中有关股东资格终止的条款且穷尽内部救济程序无法解决的，股东会作为股东行使所有者权利的最高权力机构，有权依照法定程序对该股东作出终止股东资格的决议。法院最终确认李 × 自 2013 年 3 月 6 日即不再具有天安公司的股东资格，驳回了李 × 要求确认股东资格的诉讼请求。

需要强调的是，若公司章程的此类股东资格取消条款未经全体股东一致同意，或者所规定的股权转让定价机制显失公平，则存在被司法机关以侵犯股东的基本权利为由判定无效的风险。

在全体股东均同意将股东资格与劳动关系或者职业资格等条件挂钩的情况下，推荐在公司章程中使用下面的股东资格相关股权转让条款：

股东资格条件与退股：

1. 全体股东一致确认，本公司股东资格以股东与公司存在劳动关系且在劳动关系存续期间持有合法有效的××证书为前提条件。

2. 若任何股东与本公司劳动关系已解除或者不再持有合法有效的××证书（退股事件），则不再具备本公司股东资格，转为退股股东，并不再享有之后的分红权、表决权及出资认缴权，但退股事件之前股权本身对应的公司净资产权益（包括未分配利润）不受影响。

3. 退股股东应当将股权转让至本公司其他股东，但不得转让给本公司股东之外的其他主体，转让价格由退股股东与受让方协商确定。

4. 若退股股东与受让方因转让价格或其他原因导致未能在退股事件发生之日起三个月内完成股权转让的，则股东会有权作出决议，由公司回购退股股东股权并依法减少注册资本，回购价款按照退股事件发生当月股权本身对应的公司净资产账面价值计算，在公司将对应回购价款支付给退股股东后，即完成减资。

5. 全体股东一致确认，本章规定的退股事件、股权转让限制及回购价款定价机制等，系全体股东基于实际情况为全体股东利益和公司利益所作出的自治安排，属于全体股东的真实一致意思表示，全体股东均无异议且自愿受其约束，并承诺在出现退股事件时严格遵守与执行。

由于股东资格属于股东基本权利，是公司存续和管制的基石,取消既有股东的股东资格,仅限于法定原因或者全体股东在公司章程中事先约定的事由范围。在法定及章程规定的事由之外,其他股东即使以2/3以上表决权通过股东会决议取消某个股东的股东资格,该决议也是无效的。

相关法条:

《中华人民共和国公司法》(1993年通过,2018年修正)

第三十四条 股东按照实缴的出资比例分取红利;公司新增资本时,股东有权优先按照实缴的出资比例认缴出资。但是,全体股东约定不按照出资比例分取红利或者不按照出资比例优先认缴出资的除外。

第四十二条 股东会会议由股东按照出资比例行使表决权;但是,公司章程另有规定的除外。

4.7 股权代持中实际出资人和名义股东各有何风险?如何防控?

在现实中,有的投资人由于身份限制或者其他原因,虽然实际出资,但不愿被登记为股东,并与名义股东签署股权代持协议,由名义股东代持股权并在工商机关登记为股东。股权代持涉及的风险涉及实际出资人和名义股东两方面。

对于实际出资人而言,最大的风险就是弄假成真:名义股东在股权大幅升值时霸占侵吞股权。其他风险包括:

(1)若名义股东将所代持的股权转让或者质押给善意第三人,除非实际出资人证明该第三人是恶意串通或者以明显不合理的低价转让股权,该处置行为通常将被认定为有效。

(2)在名义股东因其他债务被法院强制执行时,代持股权作为登记在名义股东名下的财产权利,会被司法机关作为名义股东的财产予以冻结或者处置。即使实际出资人提起执行异议之诉,因内部代持协议通常难以对抗善意债权人,通过执行异议之诉排除执行的概率并不高。

(3)若名义股东意外身故,其名下的股权将作为遗产纳入遗产执行,风险类似于前述(2)。

(4)名义股东违背实际出资人意愿行使股东权利导致的风险。通常股权代持协议会约定,名义股东在代行股东权利例如参加股东会议时,应提前获得实际出资人的指示并按照实际出资人的指示行事。但若名义股东行使股东权利时违背实际出资人的意志,其行为对于公司及其他股东而言仍然是有效的。例如,投票选举董事,放弃新增出资的认缴权等,都将直接影响实际出资人的利益。此种情况下,实际出资人有权根据代持协议追究名义股东的责任,但却难以否定名义股东行为的效力。

即使在股权代持协议中约定发生前述第(1)、(2)、(4)情形时名义股东应承担赔偿责任,但若名义股东并无实际赔偿能力,前述风险还是难以得到有效控制。

鉴于上述风险,作者并不推荐股权代持。但若特殊情况下没有其他更优选项而只能选择股权代持时,建议实际出资人采取下列措施,适当降低股权代持所带来的不确定性及风险,包括:

(1)实际出资人与名义股东签署书面的股权代持协议,并进行公证或者律师见证,在司法机关冻结执行股权时,有证据证明该股权代持协议并非伪造或者补签,增强其证明力和可信度。该措施在因名义股东侵吞股权产生诉讼时,或者在名义股东因其他债务导致股权被执行时,可帮助提高实际出资人的胜诉可能。

(2)实际出资人与名义股东签署书面的股权出质协议,由名义股东作为出质人将代持股权出质给实际出资人,并且在公司登记机关办理股权出质登记。这样，即使名义股东因其他债务导致股权被执行，在实际出资人所提的执行异议之诉未获支持的情况下，实际出资人仍然有权在出质协议确定的债权金额范围内，就拍卖、变卖该股权的价款享有优先受偿权，最大限度地减少该代持股权收益流失。

(3)除了签署股权代持协议外，实际出资人在将出资款项通过名义股东缴纳至公司的过程中，应通过银行转账进行，并且款项用途中写明××公司×%股权对应出资款人民币××元。该证据主要是为证明实际出资人实际出资行为的存在。

(4)由名义股东签署不可撤销的授权委托文件，授权实际出资人参加股东会议及行使其他权利。此文件可使实际出资人有能力和便利直接行使股东权利，以降低前面第(4)项风险。

对名义股东而言，其风险与真实股东无异，既然在公司登记机关登记为公司股东，那就在法律上承担股东的出资、清算、管理等义务。名义股东作为登记股东，若没有履行前述义务，将可能被公司债权人起诉而承担相应的赔偿责任及连带责任。即使名义股东事后可向实际出资人追偿，但若实际出资人缺乏实际偿还能力，则该不利后果事实上还是由名义股东承担，无法转嫁给实际出资人。

为降低由股权代持导致的风险，建议名义股东采取下列措施：

(1)确保所认缴的出资缴纳到位，并且取得验资报告予以证明，以抗辩公司债权人以股东出资不到位为由提起的诉讼请求。

(2)不参与、不协助实际出资人或者其他股东抽逃出资的行为，以抗辩公司债权人以股东抽逃出资为由提起的诉讼请求。

(3)在公司组成清算组进行清算时，避免担任清算组成员，以降低因为清算失职而被公司债权人起诉的风险。

(4)在股权代持协议中,明确规定实际出资人对名义股东因为代持股权遭受诉讼而产生损失的全额补偿义务,以便在遭受损失时有依据向实际出资人主张补偿。

相关法条:

《最高人民法院关于适用〈中华人民共和国公司法〉若干问题的规定(三)》(法释〔2011〕3号公布,法释〔2014〕2号修正)

第二十四条 有限责任公司的实际出资人与名义出资人订立合同,约定由实际出资人出资并享有投资权益,以名义出资人为名义股东,实际出资人与名义股东对该合同效力发生争议的,如无合同法第五十二条规定的情形,人民法院应当认定该合同有效。

前款规定的实际出资人与名义股东因投资权益的归属发生争议,实际出资人以其实际履行了出资义务为由向名义股东主张权利的,人民法院应予支持。名义股东以公司股东名册记载、公司登记机关登记为由否认实际出资人权利的,人民法院不予支持。

第二十五条 名义股东将登记于其名下的股权转让、质押或者以其他方式处分,实际出资人以其对于股权享有实际权利为由,请求认定处分股权行为无效的,人民法院可以参照物权法第一百零六条的规定处理。

名义股东处分股权造成实际出资人损失,实际出资人请求名义股东承担赔偿责任的,人民法院应予支持。

4.8　如何防控股权转让中的股东优先购买权纠纷？

为维护有限公司的人合属性，避免陌生人未经同意就加入股东，《公司法》规定在某个股东意图转让股权时，需要经过其他股东过半数同意，且其他股东在同等条件下享有优先受让权。只有既有股东均不同意受让时，才可将股权转让给现有股东之外的第三人。

在实践中，因股东优先受让权引发的争议较多，为便于理解分情形举例予以说明。

例如，甲、乙、丙、丁四个人是金太阳有限公司的股东，甲持股70%，乙持股10%，丙持股10%，丁持股10%。金太阳有限公司注册资本100万元，净资产也是100万元。A是甲的亲弟弟，甲打算将9%的股权转让给A。

问题1：甲能否以股东会决议替代他股东的转让同意？

答案：不能，因为《公司法》明确规定在对外转让股权的决定上，是以股东人数而非股权比例作为决策依据，即使甲持有70%的股权绝对控股，但其对外转让股权时，还是要经过另外三个股东中至少两人的同意。

问题2：若乙、丙、丁均不同意该股权转让，但又不同意购买该股权，如何处理？

答案：视作同意，甲还是有权进行转让。

问题3：若乙、丙、丁均不同意该股权转让，且均希望行使优先购买权全额受让该9%股权，如何处理？

答案：按乙、丙、丁三人的出资比例处理，每人各受让3%股权。

问题4:若甲未通知乙、丙、丁,直接签署股权转让协议以5万元的价格将该9%的股权转让给A,并已办理股权过户,乙知情后希望行使优先购买权以5万元全部购买,是否会获得法律支持?

答案:会获得法律支持,但前提是乙在知道或者应当知道该转让价格之日起30天内提出优先购买主张,且自股权过户给A的日期未超过一年。

问题5:若甲通知乙、丙、丁征求意见时告知的转让价格是30万元,但最终股权转让协议实际以5万元的价格将该9%的股权转让给A,并已办理股权过户,乙知情后希望全部购买,是否会获得支持?

答案:同问题4。

问题6:若甲通知乙、丙、丁征求意见并告知转让价格是5万元,但在得到乙、丙、丁均愿意行使优先购买权时反悔,决定不再转让该9%股权,乙、丙、丁能否通过诉讼强制甲继续转让?

答案:不能。但是乙、丙、丁可要求甲赔偿其合理损失。

有读者会问,这么多不同情形真的有点复杂,是否有一劳永逸的方法解决这些麻烦呢?确实有这样的方法。如前所述,《公司法》允许股东通过章程进行自治,若股东事先预见到会对近亲属或者其他特定主体进行股权转让,则可事先在章程中规定,某些特定情形下的股权转让,无须获得其他股东同意,且其他股东放弃行使优先购买权。推荐条款如下:

股东向股东以外的人转让股权,应当经其他股东过半数同意。但是,自然人股东向其配偶、直系血亲、三代以内旁系血亲和转让股东自身持股超过51%以上的公司转让股权的,或者非自然人股东向其关联公司转让股权的,无须经过其他股东同意,其他股东亦在此不可撤销地放弃优先购买权,而无论转让条件为何。本条转让股东的关联公司指转让股东持股51%以上的子公司，或者转让股东的控股股东持股51%以上的子公司，以及该子公司持股51%以上的子公司；明确起见，转让股东或者转让股东的控股股东持股小于51%的公司不属于本条所述转让股东关联公司。

相关法条：

1.**《中华人民共和国公司法》**(1993年通过，2018年修正)

第七十一条　有限责任公司的股东之间可以相互转让其全部或者部分股权。

股东向股东以外的人转让股权，应当经其他股东过半数同意。股东应就其股权转让事项书面通知其他股东征求同意，其他股东自接到书面通知之日起满三十日未答复的，视为同意转让。其他股东半数以上不同意转让的，不同意的股东应当购买该转让的股权；不购买的，视为同意转让。

经股东同意转让的股权，在同等条件下，其他股东有优先购买权。两个以上股东主张行使优先购买权的，协商确定各自的购买比例；协商不成的，按照转让时各自的出资比例行使优先购买权。

公司章程对股权转让另有规定的，从其规定。

第七十二条　人民法院依照法律规定的强制执行程序转让股东的股权时，应当通知公司及全体股东，其他股东在同等条件下有优先购买权。其他股东自人民法院通知之日起满二十日不行使优先购买权的，视为放弃优先购买权。

2.**《最高人民法院关于适用〈中华人民共和国公司法〉若干问题的规定(四)》**(法释〔2017〕16号)

第十七条　有限责任公司的股东向股东以外的人转让股权，应就其股权转让事项以书面或者其他能够确认收悉的合理方式通知其他股东征求同意。其他股东半数以上不同意转让，不同意的股东不购买的，人民法院应当认定视为同意转让。

经股东同意转让的股权，其他股东主张转让股东应当向其以书面或者其他能够确认收悉的合理方式通知转让股权的同等条件的，人民法院应当予以支持。

经股东同意转让的股权，在同等条件下，转让股东以外的其他股东主张优先购买的，人民法院应当予以支持，但转让股东依据本规定第二十条放弃转让的除外。

第十九条　有限责任公司的股东主张优先购买转让股权的，应当在收到通知后，在公司章程规定的行使期间内提出购买请求。公司章程没有规定行使期间或者规定不明确的，以通知确定的期间为准，通知确定的期间短于三十日或者未明确行使期间的，行使期间为三十日。

第二十条　有限责任公司的转让股东，在其他股东主张优先购买后又不同意转让股权的，对其他股东优先购买的主张，人民法院不予支持，但公司章程另有规定或者全体股东另有约定的除外。其他股东主张转让股东赔偿其损失合理的，人民法院应当予以支持。

第二十一条　有限责任公司的股东向股东以外的人转让股权，未就其股权转让事项征求其他股东意见，或者以欺诈、恶意串通等手段，损害其他股东优先购买权，其他股东主张按照同等条件购买该转让股权的，人民法院应当予以支持，但其他股东自知道或者应当知道行使优先购买权的同等条件之日起三十日内没有主张，或者自股权变更登记之日起超过一年的除外。

前款规定的其他股东仅提出确认股权转让合同及股权变动效力等请求，未同时主张按照同等条件购买转让股权的，人民法院不予支持，但其他股东非因自身原因导致无法行使优先购买权，请求损害赔偿的除外。

股东以外的股权受让人，因股东行使优先购买权而不能实现合同目的的，可以依法请求转让股东承担相应民事责任。

4.9　可否通过章程限制股权继承而要求强制转让？

按照《公司法》规定，股权是可以继承的，除非章程另有规定。实践中，不排除有的公司章程限制股权继承，而要求去世股东的股权自动以净资产的价格转让给现有其他股东。那这样的章程条款是否受法律保护呢？

从表面上看，既然法律准许章程另有规定，那这样的规定应该是有效的才对。但实则不然，还是要看这样的章程条款是如何制定的、是否侵犯了股东的基本权利。如果这样的章程条款是全体股东一致通过的，则代表了全体股东的意见，应当受到保护。但是，若仅由控股股东或者大多数股东通过，类似于前述第4.5、4.6小节的股东资格问题，因此类条款影响股东的基本权利，故仅对投赞成票的股东产生约束力，而对其他股东不产生约束力。

若全体股东均同意限制股权继承，在全体股东一致同意并签署的公司章程中，可以使用下面的示范条款予以落实：

股东资格限制继承：

1. 基于本公司业务与股东人身和职业能力的特定紧密联系，全体股东一致同意，本公司的股东资格不得继承，公司股东去世后，其股东资格即消失，但去世股东所持股权本身对应的公司净资产财产权益不受影响，由去世股东的继承人予以继承。

2. 具体实现方式根据本公司股东会作出的决议确定下列其一，并在股东去世后三个月内完成：

(1)由本公司既有股东或股东会认可的新股东,按照去世股东所持股权本身对应的公司净资产价值作为受让价格,受让去世股东的股权,并将股权价款支付给去世股东的继承人;

(2)由公司回购去世股东股权并依法减少注册资本,回购价款按照股东去世当月股权本身对应的公司净资产账面价值计算,在公司将对应回购价款支付给去世股东的继承人后,即完成减资。

(3)全体股东一致确认,本章规定的股权限制继承及定价机制等,系全体股东基于实际情况为全体股东利益和公司利益所作出的自治安排,属于全体股东的真实一致意思表示,全体股东均无异议且自愿受其约束,并对各自的继承人具有约束力。

相关法条:

《**中华人民共和国公司法**》(1993年通过,2018年修正)

第七十五条　自然人股东死亡后,其合法继承人可以继承股东资格;但是,公司章程另有规定的除外。

4.10　股东是否必须同股同权?有何价值?

基于有限公司人合加资合的属性,在股东间没有相反约定的情况下,按照法律规定,各股东之间的股权是平等的,即股东按照各自的出资比例享有表决权、出资认缴权、分红权等权利。

但是,考虑到有限公司的人合属性,《公司法》又允许股东之间就同股不同权作出自治性安排,以满足股东的个性化需求及全体股东的最大共同利益。例如,有的公司创始股东愿意将部分的分红权利出让给核心经营管理团队作为激励,但是却担心丧失对公司的控制权。若只能同股同权,该创始股东将为确保对公司的控制权而不再安排股权出让,分红激励的缺失,显然不利于公司、创始股东及核心经营管理团队的共同利益。反之,若允许同股不同权,则创始股东可以在达成激励目的的同时,保持对公司的控制权。在新设公司时,同股不同权也可体现各股东对公司除注册资本之外的其他贡献,例如有的股东有成熟的市场渠道可以贡献给公司,故虽然其货币出资在注册资本中所占比例不高,但各股东都同意给予他更多的分红权和表决权,以与其真实贡献相称。

需要强调的是,同股不同权的约定,包括分红权、认缴出资权及表决权与出资比例不同的安排,因为涉及每个股东的利益,必须经全体股东一致同意,且规定在公司章程中。如果只是由持有2/3以上的控股股东单方修改章程,作出对控股股东有利而有损其他小股东利益的同股不同权安排,则会因为滥用控股地位损害其他股东利益而归于无效。

公司章程同股不同权的示范条款如下:

经全体股东一致约定,各股东认缴出资额如下,并确认各股东的分红比例、股东会表决权比例及新增出资优先认缴权比例不同于认缴出资比例及实缴出资比例,具体安排见下表。本条款规定非经全体股东一致同意,不得进行修改。

股东姓名	认缴出资额	出资比例	分红比例	股东会表决权比例	新增出资优先认缴权比例
甲	10万元	10%	40%	60%	50%
乙	30万元	30%	30%	15%	20%
丙	60万元	60%	30%	25%	30%
合计	100万元	100%	100%	100%	100%

相关法条:

《中华人民共和国公司法》(1993年通过,2018年修正)

第三十四条　股东按照实缴的出资比例分取红利;公司新

增资本时,股东有权优先按照实缴的出资比例认缴出资。但是,全体股东约定不按照出资比例分取红利或者不按照出资比例优先认缴出资的除外。

第四十二条 股东会会议由股东按照出资比例行使表决权;但是,公司章程另有规定的除外。

4.11 股东可否从事与公司有竞争的业务?

竞业禁止或者不竞争义务的定义见前面第2.11小节。从法律规定上看,不同于合伙企业的合伙人,《公司法》并没有规定股东有竞业禁止义务,而是仅规定董事和高管不得自营或者为他人经营与所任职公司同类的业务。但是,在实践中,几个股东共同投资于某项事业时,通常都是希望伙伴股东们能够群策群力,不希望出现股东"身在曹营心在汉"的情况。若各股东希望互相约束,在公司章程中约定股东的竞业禁止义务,法律也会予以保护。建议使用如下条款:

竞业禁止与不竞争义务:全体股东承诺,在作为本公司股东期间及退出本公司股东之日起〔一年〕内,不得自营或者为其他人从事与本公司相同、相类似或者相竞争的业务,具体业务描述为〔 〕。若股东违反此义务,除应当将其由此所获得的收益全部收归公司享有外,还应当向其他股东支付违约金,违约金的标准为〔 〕。

当然,若股东认为有必要保持一定灵活性和空间,避免绝对化,也可将竞业禁止义务限定在特定的地域范围内,或者约定出现某类情形时竞业禁止义务终止等。可参考下面波纹线的内容:

竞业禁止与不竞争义务:全体股东承诺,在作为本公司股东期间及退出本公司股东之日起〔一年〕内,仅在〔上海地域范围内〕不得自营或者为其他人从事与本公司相同、相类似或者相竞争的业务,具体业务描述为〔〕。若股东违反此义务,除应当将其由此所获得的收益全部收归公司享有外,还应当向其他股东支付违约金,违约金的标准为〔〕。明确起见,在〔公司亏损达到注册资本的50%〕时,各股东的竞业禁止及不竞争义务自动永久终止。

需要说明的是,即使股东没有约定竞业禁止义务,若股东从事与所投资公司相竞争的业务,对股东的权利特别是知情权产生一定的影响,公司有权以有不正当目的、可能损害公司合法利益为由,拒绝该股东查阅公司会计账簿。

若读者在投资某公司前已经从事同类竞争业务,或者预见到会再投资其他类似企业,则除了不要在公司章程写入竞业禁止与不竞争义务条款外,为维护自身的知情权和查账权,还应特别在章程中规定作如下规定:

明确起见,即使股东自营或者为他人经营与公司主营业务有实质性竞争关系业务,亦不影响股东行使查阅公司会计账簿的权利。

相关法条:

1.**《中华人民共和国公司法》**(1993 年通过,2018 年修正)

第三十三条第二款　股东可以要求查阅公司会计账簿。股东要求查阅公司会计账簿的,应当向公司提出书面请求,说明目的。公司有合理根据认为股东查阅会计账簿有不正当目的,可能损害公司合法利益的,可以拒绝提供查阅,并应当自股东提出书面请求之日起十五日内书面答复股东并说明理由。公司拒绝提供查阅的,股东可以请求人民法院要求公司提供查阅。

2.《**最高人民法院关于适用〈中华人民共和国公司法〉若干问题的规定(四)**》(法释〔2017〕16号)

第八条　有限责任公司有证据证明股东存在下列情形之一的,人民法院应当认定股东有公司法第三十三条第二款规定的"不正当目的":

(一)股东自营或者为他人经营与公司主营业务有实质性竞争关系业务的,但公司章程另有规定或者全体股东另有约定的除外;

4.12　章程条款被工商机关窗口人员拒绝,如何处理?

按照《公司法》规定,公司章程既是公司登记的必备文件,同时作为公司自治性文件,除了要记载《公司法》第二十五条规定的7个必备事项包括公司名称和住所、经营范围、注册资本、股东的姓名或者名称、股东的出资方式、出资额和出资时间、公司的机构及其产生办法、职权、议事规则、公司法定代表人外,还可以规定必要的其他自治性事项,并且对全体股东具有约束力。所以,前面小节提到的很多风险和可能争议事项,均可通过股东签署的章程条款事先予以约定和化解,作者也已给出了相应的推荐章程条款。不同公司的章程根据各自实际情况有所区别是正常的,即使有的章程条款因为违反法律法规的强制性规定而无效,也可由股东就章程条款效力提起诉讼解决。

但是,在实践中,不排除有的工商机关经办人员对公司章程内容进行实质性审查,要求删除或者修改某些条款,或强制使用工商机关制定的示范章程文本,从而使股东原本希望通过章程条款予以事先约定的自治事项落空。

若较真坚持不修改章程条款，股东可以向上级工商机关投诉和反映，并可依照《行政复议法》及《行政诉讼法》提起复议直至起诉至法院，要求工商机关纠正。但是，实践中很多人并不愿意因此与工商机关产生对立，更不愿意为此行政复议或者行政诉讼，而是迁就窗口经办人员的要求，甚至直接改用所谓的示范章程文本，使章程变成了完成公司注册而使用的形式性文件，背离了公司章程的初衷。那在此情况下，通过什么文件来约定股东都认为有必要的股东自治条款呢？例如前面所说的股东除名、强制退股机制等。

在司法实践中，法院及仲裁机构也理解实际情况和困难，即可能因工商机关经办人员认识原因而导致章程条款无法登记，故对使用股东协议或者合资协议等方式另行约定股东自治条款的，并不一概否认，而是通常予以尊重和认可。为此，股东间可以通过股东协议或者合资协议的方式，在章程之外约定必要的自治条款，包括本书推荐的一些章程条款。

同时，也要考虑，在被迫使用工商机关的示范章程文本时，不排除有些章程条款会与合资协议、股东协议的条款不一致，故有必要在合资协议、股东协议中加入如下条款，澄清二者的效力层次，以避免就以章程条款还是股东协议条款作为处理依据发生争议。

本协议是全体股东的真实一致意思表示，对各股东均具有法律约束力。各股东为办理公司注册登记而签署的公司章程等相关形式性文件，应当与本协议内容保持一致；若存在不一致或者冲突之处，则以本协议条款为准，作为确定各股东权利义务关系的准据。

同时，也要争取在公司章程中加入下面的条款，予以重申：

本章程的订立、效力、解散、履行和争议的解决，均适用中华人民共和国法律。本章程与合资协议/股东协议约定不一致时，以合资协议/股东协议约定的内容作为确定各股东权利义务关系的准据。

相关法条：

《中华人民共和国公司法》(1993年通过,2018年修正)

第十一条 设立公司必须依法制定公司章程。公司章程对公司、股东、董事、监事、高级管理人员具有约束力。

4.13 股东有限责任保护是绝对的吗？有何前提与例外？

有限公司产生的背景和目的是鼓励社会资本投资于风险较高的营业事业,股东在缴清所认缴的出资后,对公司正常经营中所产生的债务与亏损,无须向公司债权人承担责任,公司在资不抵债时可破产并从法律人格上消失,债权人通常只能部分受偿。法律对股东提供有限责任保护的前提是股东出资到位,同时,若股东滥用公司独立人格损害债权人利益,则应对公司债务承担连带责任或者赔偿责任,而不再享受有限责任保护。

作为有限公司股东,应避免落入下列例外情形,否则仍需对公司债务承担责任。作为债权人,若发现债务人公司的股东存在下列任一例外情形时,可将其同时列入被告,提高债权清偿保障:

(1)公司设立时虽然自己出资到位但其他股东出资未到位的;

(2)自己出资不到位或者抽逃出资的;

(3)协助其他股东抽逃出资的;

(4)担任清算组成员未履行通知和公告义务,导致债权人未及时申报债权而未获清偿的;

(5)公司解散后,恶意处置公司财产给债权人造成损失,或者未经依法清算,以虚假的清算报告骗取公司登记机关办理法人注销登记的;

(6)公司未经清算即办理注销登记,导致公司无法进行清算的;

(7)公司未经依法清算即办理注销登记,股东或者第三人在公司登记机关办理注销登记时承诺对公司债务承担责任的;

(8)未经清算即注销公司的公司解散后,恶意处置公司财产给债权人造成损失,或者未经依法清算,以虚假的清算报告骗取公司登记机关办理法人注销登记;

(9)清算时怠于履行义务导致公司财产贬值、流失、毁损或者灭失的;

(10)清算时怠于履行义务,导致公司主要财产、账册、重要文件等灭失,无法进行清算的;

(11)公司解散时,公司财产不足以清偿债务时,债权人主张未缴出资股东,以及公司设立时的其他股东或者发起人在未缴出资范围内对公司债务承担连带清偿责任的;

(12)其他因股东滥用股东权利、公司法人独立地位和股东有限责任而损害公司、其他股东或者公司债权人利益的。

相关法条:

《最高人民法院关于民事执行中变更、追加当事人若干问题的规定》(法释〔2016〕21号)

第二十一条 作为被执行人的公司,未经清算即办理注销登记,导致公司无法进行清算,申请执行人申请变更、追加有限责任公司的股东、股份有限公司的董事和控股股东为被执行人,对公司债务承担连带清偿责任的,人民法院应予支持。

4.14 如何看待公司财产的独立性？股东是否有权任意处置公司财产？

有限公司的理论起点是股东以其认缴出资为限对公司债务承担有限责任，公司作为独立法人，以其自身的财产，独立承担民事责任，若其自身财产不足以清偿到期债务的，则进入破产，而不会累及股东。有限公司的财产，主要是来自股东出资及盈利积累等。但是，毕竟公司仅是法律上拟制的人，其日常的经营管理行为包括财产处置行为，还是要通过具体的自然人如控股股东、法定代表人、董事、经理、财务负责人等落实。

例如，甲和乙共同出资100万元设立公司，甲出资70万元持有70%的股权，乙出资30万元持有30%的股权，甲是该公司的控股股东，亦担任该公司的执行董事兼法定代表人，乙并不参加公司的日常管理。这时，甲是否有权任意处置公司的财产呢？很多人可能认为，甲是公司老板，连公司都是甲的，甲如何处置公司财产都是允许的，不会有什么问题。很多公司的控股股东也是这么想和这么做的。但是否真的就没有问题呢？

如前所述，公司独立承担责任的前提是其独立拥有财产，故公司财产的完整性与不可侵犯性不仅在内部与公司股东有利害关系，外部也会直接影响到公司债权人的利益。国家不仅通过民事法律维护公司独立的财产权益，而且通过刑事法律制裁侵犯公司财产权益的行为。考虑到公司控股股东以及公司高级管理人员可能会损害公司的财产利益进而损害小股东及债权人的利益，《公司法》也作出了特别规定，禁止控股股东、高级管理人员滥用权利损害公司利益。在司法实践中，公司股东、实际控制人因为挪用公司资金、侵占公司财产而受到刑事制裁的，屡见不鲜。

所以，无论是控股股东或普通股东，都应树立公司财产与个人财产相互独立的观念，避免挪用或者侵占公司财产。作为股东，从公司获得财产利益的合法方式是利润分配；作为高级管理人员，从公司获得报酬的合法渠道是工资与奖金。如果任意将公司资金挪作他用，或者采取虚假报销等手段套取公司资金，将触犯刑事法律，遭受刑事制裁，法律并未将公司的控股股东、实际控制人从挪用资金、职务侵占犯罪中予以豁免，特别在股东之间发生难以消弭的矛盾时，不排除一方通过查账发现此类线索而报案要求追究行为人的刑事责任。前几年影响较大的真功夫创始人蔡达标及雷士照明创始人吴长江，均是因为股东间矛盾激化，被其他股东举报至司法机关而最终以挪用资金罪及职务侵占罪获刑，刑期各为 14 年，教训不可谓不深刻。

严格区分公司财产与股东个人财产，实际控制人与控股股东不仅不能直接侵占公司财产，也不能借助公司非法获利。例如，前段所述公司有一笔采购业务 80 万元，供应商 A 和 B 的货物质量及价格均相当，A 为了获得这笔业务，单独向甲支付所谓佣金 8 万元，甲遂决定以 80 万元从 B 处采购。该佣金利益并未归属于公司，而是进入了甲的个人腰包，按照刑法规定，A 触犯对非国家工作人员行贿罪，而甲触犯非国家工作人员受贿罪。若甲能够严格区分个人利益与公司利益，则不应由个人收受该 8 万元，而应由 A 以明折明扣的方式，将该 8 万元作减价折让给公司，属于合法合规行为。

公司实际控制人、控股股东应当高度重视将公司财产作为个人私产进行处分所导致的刑事责任风险，避免因蝇头小利或者法律意识不到位而落入刑事责任陷阱，而小股东或者公司债权人若发现控股股东或实际控制人利用职务便利侵犯公司独立财产权益，经过沟通仍未得到纠正的，可考虑刑事报案处理。

建议公司股东在企业资金使用和管理中注意以下事项：

(1)涉及公司资金出借,无论出借给公司还是个人,均不得以个人名义出借,应当由公司作为出借方；

(2)资金出借的决策,避免个人决策,根据公司章程、规章、内部政策等,对于规定由董事会决策的,召开董事会决策；除业务领导最终审批外,发起程序应当由基层业务或财务人员启动,并由财务等相关部门参与审批决策签字,做好书面记录；

(3)不得因资金出借谋取个人利益,利息、利益均由借款人直接支付至公司；

(4)个人因为出差等公务需要借用公司的现金,履行正常审批程序,明确写明借款用途,且以与借款用途一致的真实合法票据及时核销；

(5)避免以公司资金用于私人消费,避免以不实事项或不实票据从公司报销费用；

(6)对于个人应得的工资、分红、奖励等,据实缴纳个人所得税；

(7)不得因公司业务收受交易对方给予的财物或者金钱,而应以明折明扣的方式将相应利益归于公司。

相关法条：

1.《**中华人民共和国公司法**》(1993 年通过,2018 年修正)

第三条　公司是企业法人,有独立的法人财产,享有法人财产权。公司以其全部财产对公司的债务承担责任。

有限责任公司的股东以其认缴的出资额为限对公司承担责任;股份有限公司的股东以其认购的股份为限对公司承担责任。

第二十条　公司股东应当遵守法律、行政法规和公司章程,依法行使股东权利,不得滥用股东权利损害公司或者其他股东的利益;不得滥用公司法人独立地位和股东有限责任损害公司债权人的利益。

公司股东滥用股东权利给公司或者其他股东造成损失的，应当依法承担赔偿责任。

公司股东滥用公司法人独立地位和股东有限责任，逃避债务，严重损害公司债权人利益的，应当对公司债务承担连带责任。

第二十一条　公司的控股股东、实际控制人、董事、监事、高级管理人员不得利用其关联关系损害公司利益。

违反前款规定，给公司造成损失的，应当承担赔偿责任。

2.**《中华人民共和国刑法》**(1979年通过，2017年修正)

第二百七十一条　公司、企业或者其他单位的人员，利用职务上的便利，将本单位财物非法占为己有，数额较大的，处五年以下有期徒刑或者拘役；数额巨大的，处五年以上有期徒刑，可以并处没收财产。

国有公司、企业或者其他国有单位中从事公务的人员和国有公司、企业或者其他国有单位委派到非国有公司、企业以及其他单位从事公务的人员有前款行为的，依照本法第三百八十二条、第三百八十三条的规定定罪处罚。

第二百七十二条　公司、企业或者其他单位的工作人员，利用职务上的便利，挪用本单位资金归个人使用或者借贷给他人，数额较大、超过三个月未还的，或者虽未超过三个月，但数额较大、进行营利活动的，或者进行非法活动的，处三年以下有期徒刑或者拘役；挪用本单位资金数额巨大的，或者数额较大不退还的，处三年以上十年以下有期徒刑。

国有公司、企业或者其他国有单位中从事公务的人员和国有公司、企业或者其他国有单位委派到非国有公司、企业以及其他单位从事公务的人员有前款行为的，依照本法第三百八十四条的规定定罪处罚。

3.**《最高人民法院、最高人民检察院关于办理贪污贿赂刑事案件适用法律若干问题的解释》**(法释〔2016〕9号)

第一条 贪污或者受贿数额在三万元以上不满二十万元的,应当认定为刑法第三百八十三条第一款规定的“数额较大”,依法判处三年以下有期徒刑或者拘役,并处罚金。

第五条 挪用公款归个人使用,进行非法活动,数额在三万元以上的,应当依照刑法第三百八十四条的规定以挪用公款罪追究刑事责任。

第六条 挪用公款归个人使用,进行营利活动或者超过三个月未还,数额在五万元以上的,应当认定为刑法第三百八十四条第一款规定的“数额较大”。

第十一条 刑法第一百六十三条规定的非国家工作人员受贿罪、第二百七十一条规定的职务侵占罪中的“数额较大”“数额巨大”的数额起点,按照本解释关于受贿罪、贪污罪相对应的数额标准规定的二倍、五倍执行。

刑法第二百七十二条规定的挪用资金罪中的“数额较大”“数额巨大”以及“进行非法活动”情形的数额起点,按照本解释关于挪用公款罪“数额较大”“情节严重”以及“进行非法活动”的数额标准规定的二倍执行。

4.15 未履行法定减资或股权转让程序的退股有何风险?

在实践中,特别是较小的企业中,股东间因为管理风格或者经营思路不合而发生矛盾的情况并不鲜见。例如,甲、乙、丙、丁四个人合资的公司,注册资本100万元,甲持股70%是大股东,乙、丙、丁各持股10%。因为矛盾无法调和,小股东丁要求退股，甲同意并指示财务将原来丁缴纳的出资款10万元退还给丁，丁也向公司出具收据，注明收到退股款10万元，但并没有办理公司注册资本的减资手续，丁在公司登记机关还是记载为股东。数年后，该公司无法清偿债务而被起诉至法院，债权人将登记的四个股东甲、乙、丙、丁均列为被告。

在这种情况下，丁是否应把原来已经收回的10万元退股款退回呢？答案是肯定的。按照《公司法》规定，丁退股实质属于公司减少注册资本。因为公司注册资本是对公司债务的担保，为保护债权人的利益，公司减少注册资本时应履行法定程序，通知债权人并变更登记，未履行法定程序就将出资款退还给股东，实际是抽逃出资，丁应将该出资款返还给公司用于清偿债务。

这种未履行法定减资程序的股东退出，也会给其他股东留有其他后患。在前述案例中，若正常办理法定的减资程序，在丁退出股东后，剩余股东的股权比例应对应调整为甲77.78%，乙和丙各11.11%。但是，因为没有办理法定减资程序，在对外的公司登记记载中丁仍是股东，这时，若丁有债务被强制执行，执行法院会依赖公司登记机关的登记内容，对丁名下的股权采取执行措施包括提取分红等。这时，甲、乙、丙三个股东的股权实际受到了损害。

所以，股东退出公司时，应当履行法定的减资程序或股权转让手续，并办理相应的公司变更登记。否则，会给退出股东与其他股东带来不必要的麻烦与损失。

相关法条：

《中华人民共和国公司法》（1993年通过，2018年修正）

第四十三条　股东会的议事方式和表决程序，除本法有规定的外，由公司章程规定。

股东会会议作出修改公司章程、增加或者减少注册资本的决议，以及公司合并、分立、解散或者变更公司形式的决议，必须经代表三分之二以上表决权的股东通过。

第一百七十七条　公司需要减少注册资本时，必须编制资产负债表及财产清单。

公司应当自作出减少注册资本决议之日起十日内通知债权人，并于三十日内在报纸上公告。债权人自接到通知书之日起三十日内，未接到通知书的自公告之日起四十五日内，有权要求公司清偿债务或者提供相应的担保。

第一百七十九条　公司合并或者分立，登记事项发生变更的，应当依法向公司登记机关办理变更登记；公司解散的，应当依法办理公司注销登记；设立新公司的，应当依法办理公司设立登记。

公司增加或者减少注册资本，应当依法向公司登记机关办理变更登记。

4.16　若伙伴股东是外籍身份或持有海外绿卡，与其合资有何特殊考量？

在共同出资设立公司时，很可能伙伴股东已经取得了外国护照或者外国永久居留权。如果伙伴股东已经持有外国护照，那与他的合资就成了中外合资企业，他的投资比例和合资企业的经营范围受商务部发布的《外商投资产业指导目录》的约束。如果他只是享有外国的永久居留权，但还持有中国护照，具有中国国籍，则不适用《外商投资产业指导目录》。

除了考虑投资比例与经营范围的限制外，也要考虑海外身份带来的其他潜在风险。例如，若甲、乙是某有限公司的股东，甲取得了外国护照且已经举家外迁，而乙是中国公民，在合资企业未经正常清算即注销的情况下，或者两个股东仅缴纳了部分出资而企业失败倒闭时，从法律上讲，公司的债权人可主张甲和乙对未缴清的出资承担连带责任。但在实践中，因为甲具有外国身份，又举家外迁，中国法院的判决通常很难在国外得到承认和执行，这样，真正可执行的责任人只有股东乙。依照法律规定，乙清偿的债务超出其应当承担的份额后，有权向甲追偿，但即使乙拿到对甲的胜诉判决，由于国内判决在国外得到承认和执行的难度较高，故乙事实上很难实现对甲的追偿，或者成本代价极高。

要防控此类风险，在了解伙伴股东具有海外身份后，可以选择国际承认度较高的涉外仲裁机构而不是法院作为因公司章程及股东协议争议的管辖机构。相较于法院判决在其他国家与地区承认与执行的局限性，加上包括我国在内的世界上150多个国家已经加入《承认和执行外国仲裁裁决公约》，仲裁裁决得到他国法院承认与执行的保障要高于法院判决。基于此点考虑，若读者的伙伴股东已经取得外国身份，包括护照及永久居留权，则建议在股东协议及公司章程中均使用仲裁争议解决条款，并且选择声誉较高的仲裁机构。这样，在行使追偿权时，持胜诉的仲裁裁决到对方所在的国家或地区申请承认与执行的成功率更高。

本股东协议/公司章程受中华人民共和国实体法律（排除冲突法规则）约束。因本股东协议/公司章程引起的或与本股东协议/公司章程有关的任何争议，均应提交中国国际经济贸易仲裁委员会，按照申请仲裁时该会现行有效的仲裁规则进行仲裁。仲裁裁决是终局的，对各方均有约束力。仲裁管辖不影响任何一方有权向相关法院申请财产保全措施，此类申请不应被视作对仲裁管辖的放弃或改变，也不影响中国国际经济贸易仲裁委员会对因本股东协议/公司章程引起的或与本股东协议/公司章程有关的任何争议的管辖权。

如果此前公司章程及股东协议中并没有上面的条款，且追偿已经由法院作出判决，也确实面临难以在海外执行的困难，则可以考虑申请法院采取边控措施，阻止有海外身份的债务人出境。作者曾实际申请法院对债务企业的外籍负责人采取阻止出境的边控措施，正在安排转移财产试图逃废债务的债务企业受到此压力，在几天内即偿还债务，效果极佳。

相关法条：

《中华人民共和国出境入境管理法》(2012 年通过)

第十二条 中国公民有下列情形之一的，不准出境：

(三)有未了结的民事案件，人民法院决定不准出境的；

第二十八条 外国人有下列情形之一的，不准出境：

(二)有未了结的民事案件，人民法院决定不准出境的；

4.17 典型案例：依据股东协议而非公司章程作出的股东除名决议依然有效

在下面的案例中，宏胜公司制定较晚的章程并未规定股东除名机制，但股东间之前的股东投资协议规定股东受到刑事处罚的，经股东会 2/3 以上出资额股东书面同意，可以决议取消其出资资格，并由股东会处分其股东利益，价款归原股东所有。该公司原股东吴××因触犯偷税罪和职务侵占罪被法院处以刑罚后，被股东会决议取消股东资格，一审法院认为该决议缺乏依据而判决无效，二审法院认为股东投资协议具有法律约束力，不因为公司章程缺乏股东除名机制而无效，最终确认和维持了取消吴××股东资格的股东会决议。

该案解决的争议是，在股东违反出资义务的法定除名机制(见前述第 4.5 小节)之外，司法实践中是否支持约定的股东除名机制，特别是该约定并没有体现到公司章程中。本案中，虽然签署在后的公司章程并未规定除名机制，但因章程签署之前的股东协议已规定了股东除名机制，二审法院最终还是确认章程并不必然取代和终止此前的股东协议效力，从而维持了股东会依据股东协议作出的对吴××的除名决议，体现了司法机关对公司股东间自治协议的尊重和支持。

审理法院：上海市第二中级人民法院

案号：(2012)沪二中民四(商)终字第68号

案情简介：

宏胜公司原系国企子公司，经国资部门批准于2001年年底进行企业民营化的改制，100万元净资产由包括吴××在内的23名自然人出资100万元并对应成股权后返还原国企母公司；吴××等23名自然人与原宏胜公司的劳动合同关系解除，由转制为民营企业后的宏胜公司负责签订新的劳动合同关系；转制后的宏胜公司其注册资本仍为100万元。2001年12月14日，吴××等23名自然人股东订立的宏胜公司《股东投资协议》第十八条规定：股东有下列情形之一时，经股东会2/3以上出资额的股东书面同意，可以决议取消其出资资格：(1)未实际履行股东义务和协议规定的其他义务；(2)所持公司股东权益份额的一部分被人民法院判决没收；(3)受到刑事、民事、行政处罚；(4)有意违背章程的规定或严重违反公司的规章制度，给公司带来严重后果；(5)因故意或重大过失给公司造成损失；(6)其他严重损害公司利益的情形；因上述原因丧失股东资格，由股东会决定并处分其股东利益，价款归原股东所有；若给公司造成损失的，公司可追究其经济赔偿责任。吴××出资14万元，占公司注册资本14%。该章程同时规定，股东之间可以相互转让全部出资或部分出资，股东的出资额可以依法继承；股东向股东以外的人转让出资时，必须经全体股东过半数同意，不同意转让的股东应当购买该转让的出资,如果不购买该转让的出资,视为同意转让。2007年8月30日,吴××因犯偷税罪和职务侵占罪被处有期徒刑。2007年9月7日,宏胜公司股东会以71.5%的表决权作出决议,以吴××犯职务侵占罪和偷税罪被处有期徒刑为由,决定从2007年9月7日起取消吴××投资人资格,并将其原股东权益交由股东会处理。2011年9月29日,吴××诉至法院,请求确认宏胜公司股东会决议上述内容无效。

一审裁判要旨:

一审法院认为,宏胜公司章程中并无约定股东会可强制罢免股东资格的事项,而其依据的《股东投资协议》调整的仅是宏胜公司转制过程中的法律关系和法律行为,效力期间是从转制行为开始到转制过程的终止,公司转制后即意味着该协议的终止,故依据《股东投资协议》作出罢免吴××股东资格的相关决议缺乏依据。基于股东资格取得的实质条件是股东的出资而并不涉及股东其他层面的行为和事项,故对于有限责任公司股东资格予以强制罢免的事由,应严格限定在股东不履行出资义务或因违法而被依法没收出资或股权这一范围之内。吴××尽管受过刑事处罚,但其在宏胜公司的股权并未被依法没收,一审判决宏胜公司所作出的罢免吴××股东资格的相关股东会决议无效。

二审裁判要旨:

宏胜公司不服一审判决提起上诉,请求撤销原审判决,改判驳回吴××的原审诉讼请求。二审法院将案件争议焦点归纳为:在宏胜公司完成转制及相应公司章程正式制定后,由吴××等23名自然人投资股东在宏胜公司转制时所协商订立的《股东投资协议》,对上述股东是否仍具有法律约束力,亦即该投资协议的效力是否如原审判决认定的在宏胜公司完成转制及相应公司章程制定后即行自然终止。

就此，二审法院认为，股东投资协议通常是指公司设立前，由全体投资人所共同参与订立的协议，其主要作用在于表明发起人设立公司的目的、确定公司的基本性质和结构，以及分配和协调发起人之间的权利义务关系，其协议本质应属于合同，依法受我国《合同法》一般规则的规范和调整。至于在公司设立过程中，由认缴注册资本的股东签署的公司章程，则具有公司自治规范的性质，依法属于我国《公司法》所规制的范围，并对签署股东、公司以及公司董事、监事等人员具有规范和约束的效力。因此，股东投资协议与公司章程系由投资人形成的两种在本质存在不同的协议安排，两者之间应为相互平行而非前后承接的法律关系。基于此，股东投资协议的效力存续与否，同公司章程的制定不存在效力上的关联性，依法只受限于该协议本身的约定条款内容以及我国《合同法》的相关调整规范。事实上，在投资人订立的股东投资协议中，既有调整公司设立完成之前的事项，同时又有调整公司成立后股东之间、公司与股东之间的权利义务关系，以及公司治理结构的内容。且基于各种原因，其中的许多内容并未被纳入之后所订立的公司章程之中。况且，有时股东投资协议中确实存在某些不便载入公司章程的约定内容。此外，往往还由于工商行政管理部门要求按照其统一制定的样本格式起草公司章程的原因，造成许多股东间特别约定的协议内容无法被载入公司章程之中。在此情形下，股东投资协议实际承担了公司章程之外的规则性协议的功能。因此，在公司完成工商登记设立后，由全体投资人所共同参与订立的股东投资协议仍具有法律效力，其中涉及以公司成立后的股东之间、股东与公司之间的权利义务关系为调整对象的协议内容，只要未违反法律的强制性规定或与公司章程的规定相冲突，对各缔约投资股东依法具有规范和约束的效力。需要说明的是，在我国公司立法中体现有这种效力的认定精神，我国《公司法》第八十四条第二款规定："发起人不依照前款规定缴纳出资的，应当按照发起人协议承担违约责任。"上述规定表明，在公司成立后发起人协议的法律效力仍被确认。上述分析意见表明，公司成立后，股东投资协议在没有被修改、变更、解除以及与公司章程的内容相悖的情况下，其效力并不自然终止或被公司章程的效力所取代，只是在具体个案的司法诉讼中，两者具有不同的证明和适用对象，不存在以两者中哪个为准的问题。

具体到本案而言，涉案《股东投资协议》由包括吴××等23名自然人股东在宏胜公司改制时订立，应为该23名自然人股东的真实意思表示，故依法具有法律效力。虽然，其中第十八条的约定内容即有关取消股东出资资格的协议内容，未被载入宏胜公司之后制定的章程中，但该条款内容并未违反法律的强制性规定或与宏胜公司之后制定的章程内容相冲突，故依法对各缔约投资股东仍具有规范和约束的效力。因此，按照涉案《股东投资协议》的约定，宏胜公司超过2/3以上出资额的出资股东，有权通过召开股东会并以作出股东会决议的方式，取消吴××宏胜公司投资人资格和由股东会处理其股东权益。故对于原审法院作出的涉案《股东投资协议》调整的仅是宏胜公司转制过程中的法律关系和法律行为，因而其效力期间为从转制行为开始至转制过程终止，公司转制完成后即意味着该协议效力终止的判决认定意见，本院难予认同，依法应予以纠正。

关于原审法院作出的对于有限责任公司股东资格予以强制罢免的事由，应严格限定在股东不履行出资义务这一范围之内的判决认定意见。经查，我国现已颁布的民商事法律及最高人民法院法院作出的相应司法解释中，对于有限责任公司股东资格解除的法律规定问题，在最高人民法院于2011年1月27日颁布的《最高人民法院关于适用〈中华人民共和国公司法〉若干问题的规定（三）》中有相应的规定内容，该司法解释的第十八条规定："有限责任公司的股东未履行出资义务或者抽逃全部出资，经公司催告缴纳或者返还，其在合理期间内仍未缴纳或者返还出资，公司以股东会决议解除该股东的股东资格，该股东请求确认该解除行为无效的，人民法院不予支持。"虽然上述我国《公司法》司法解释的条款只是针对股东未履行出资义务或者抽逃全部出资的情况，规定公司可以通过股东会决议予以解除相应股东的股东资格，但由此并不能得出，我国法律对于有限责任公司股东资格予以强制罢免或解除的事由，只限定在股东不履行出资义务这一范围内。相反，从上述司法解释条款的内容可以证明，公司可以通过股东会决议的方式解除股东的股东资格。

二审法院最终判决驳回原告吴××确认股东会决议无效的诉讼请求，实质确认和维持了宏胜公司取消吴××投资人资格并由股东会处理吴××股东权益内容的股东会决议的效力。

第五章

控股股东及实际控制人相关法律风险与实务攻略

有的读者看了本章题目后会感到困惑,控股股东或实际控制人能够通过股东会与董事会实际控制公司,会有什么风险呢?《公司法》为了平衡大股东和小股东之间的利益,避免控股股东及实际控制人滥用控制权损害小股东及债权人的利益,故对控股股东与实际控制人的行为作出了相应的限制,并规定其承担比小股东更多的责任。如果不加以防范,即使是持股50%以上的控股股东或者实际控制人,也可能面临被动或者损失。

5.1 实际控制人是否有权决定公司为自己的其他公司提供担保?

为了满足融资需要,同一实际控制人所属的公司之间互相担保比较常见。例如,自然人甲是A公司的控股股东,A公司另有小股东乙,甲又是B公司的控股股东,甲同时担任A公司与B公司的法定代表人。为了B公司融资需要,需要A公司为B公司提供担保。应银行要求,A公司签署了保证合同,为B

公司的银行贷款提供担保。之后B公司未能按期还款，银行要求A公司承担保证责任并从A公司银行账户扣划了相应款项。这时，A公司的小股东乙提出质疑，经查，A公司签署保证合同前，并未将此事提交股东会讨论并作出决议，而是由法定代表人甲直接决定在保证合同上盖章。

《公司法》第十六条规定，公司为公司股东或者实际控制人提供担保的，必须经股东会或者股东大会决议，且该股东或者该实际控制人支配的股东，不得参加该事项的表决，该项表决由出席会议的其他股东所持表决权的过半数通过。

问题来了，既然保证合同的签署未经股东会决议，是否因此导致担保无效而可以要求银行返还所扣划的A公司款项？若担保有效，因为该担保损害了A公司利益也间接影响小股东乙的利益，乙是否有权要求甲承担责任？

关于保证合同的效力，司法实践中倾向认为，《公司法》第十六条的前述规定，虽然使用了“必须”这一字眼，但因为属于公司内部的管理性规范，即使没有履行股东会决议程序，或者决议程序中本应回避的股东参加了表决，也并不因此导致担保无效。所以，前面案例中的保证合同还是有效的，A公司无法要求银行返还所扣划的款项。

关于第2个问题，乙有权要求甲承担责任。当然，因为该保证直接受损害的是公司，故应当由公司向甲主张索赔提起诉讼。其原因是，甲在决定A公司为B公司提供担保时，并未履行《公司法》规定的股东会表决机制，因为违法故应承担赔偿责任。可能有的读者会说，《公司法》该条款字面的意思是为股东和实际控制人提供担保的才受此条款约束，该案中的B公司既非A公司的股东，也不是A公司的实际控制人，并不在明文约束范围内，有何问题呢？其实，在司法实践中，特别是民事诉讼中，司法机关通常会根据法律条款的字面内容，本着立法意旨和精神，对条款文义做一定的限缩或者扩充解释。就该条款而言，因为其立法目的是避免实际控制人滥用控制地位损害其他股东的利益，故此案中的担保受益人虽然不是甲，而是甲所控制的公司 B，仍应参照适用《公司法》第十六条。

有的读者会问一个更深入的问题，既然前面第 4.12 小节提到很多自治事项可以通过章程或者股东协议事先规定，那么能否通过在章程中规定“为股东的担保，股东会表决时受益股东仍有表决权，无需回避表决”，来规避或者否定《公司法》第十六条的规定呢？答案是不能，因为该第十六条属于强制性规定，且目的是保护小股东的基本利益，故即使经小股东同意后在章程中加入“本公司对外担保不受《公司法》第十六条约束”的类似条款，也不会得到法律保护与支持。

前述案例中的甲读到这里就会感到郁闷了，竟然只能由小股东乙来决定 A 公司能否为 B 公司提供担保，若乙不同意可怎么办呢？除了做乙的说服工作外，为打消乙的担忧，可考虑甲为乙提供兜底担保，即甲向乙出具文件，承诺若 A 公司因 B 公司违约而实际承担保证责任的，由甲就乙对应股权比例的损失向乙承担赔偿责任。另外，在确信 B 公司违约可能性很低的情况下，可考虑不使用 A 公司作为 B 公司的保证人，而是直接将甲在 A 公司持有的部分股权出质给银行作为担保。根据《工商行政管理机关股权出质登记办法》第七条规定，除非股东协议或者章程另有不同约定，股东出质自己持有的股权，并不需要经过其他股东同意即可办理出质设立登记。甲将股权出质给银行担保 B 公司的债务，也并不意味着 B 公司违约则甲的股权就自动转归银行所有。为保护出质人的利益，《担保法》禁止此类“流质”条款，即使出质协议中规定 B 公司违约则股权就转归银行所有，这样的条款也属于无效。在 B 公司果真违约时，甲还有权以现金代替 B 公司清偿债务以避免所质押的 A 公司股权被处置。

若预见到使用所投资公司进行担保的可能性，建议在章程中事先规定好对公司向股东含其关联企业的担保条件，只要条件满足的，其他股东必须同意并配合办理股东会决议手续。示范条款如下：

明确起见，对于股东要求公司向该股东及其关联企业提供担保（包括但不限于保证、资产抵押等）的，担保责任金额不应超过最近季度财务报表所记载的该要求担保股东所持股权对应的公司净资产金额。在该条件满足后，其他股东必须同意该担保事项并签署相关股东会决议，且促使其委任的董事同意并签署相关董事会决议。若股东违反本条款规定未能配合其他股东办理满足条件的担保文件与手续的，则其应享有的当年度未分配利润的1/4自动转归要求担保的股东享有。

开动脑筋，办法总比困难多！

相关法条：

1.**《中华人民共和国公司法》**（1993年通过，2018年修正）

第十六条　公司向其他企业投资或者为他人提供担保，依照公司章程的规定，由董事会或者股东会、股东大会决议；公司章程对投资或者担保的总额及单项投资或者担保的数额有限额规定的，不得超过规定的限额。

公司为公司股东或者实际控制人提供担保的，必须经股东会或者股东大会决议。

前款规定的股东或者受前款规定的实际控制人支配的股东，不得参加前款规定事项的表决。该项表决由出席会议的其他股东所持表决权的过半数通过。

有限责任公司的股东以其认缴的出资额为限对公司承担责任；股份有限公司的股东以其认购的股份为限对公司承担责任。

2.《**工商行政管理机关股权出质登记办法**》(2008 年公布,2016 年修订)

第七条 申请股权出质设立登记,应当提交下列材料:

(一)申请人签字或者盖章的《股权出质设立登记申请书》;

(二)记载有出质人姓名(名称)及其出资额的有限责任公司股东名册复印件或者出质人持有的股份公司股票复印件(均需加盖公司印章);

(三)质权合同;

(四)出质人、质权人的主体资格证明或者自然人身份证明复印件(出质人、质权人属于自然人的由本人签名,属于法人的加盖法人印章,下同);

(五)国家工商行政管理总局要求提交的其他材料。

指定代表或者共同委托代理人办理的,还应当提交申请人指定代表或者共同委托代理人的证明。

5.2 如何减少因关联交易导致的争议与风险?

有股票投资经验的读者可能非常熟悉"关联交易"这个词语,因为会经常看到上市公司发布公告披露关联交易及独立董事对关联交易的审批情况。关联交易是公司与存在关联关系的关联方之间进行的交易,按照《公司法》的规定,关联关系,是指公司控股股东、实际控制人、董事、监事、高级管理人员与其直接或者间接控制的企业之间的关系,以及可能导致公司利益转移的其他关系。但是,国家控股的企业之间不仅因为同受国家控股而具有关联关系。

按照财政部《企业会计准则第 36 号——关联方披露》第四条规定,企业关联方包括:(一)该企业的母公司。(二)该企业的子公司。（三）与该企业受同一母公司控制的其他企业。（四）对该企业实施共同控制的投资方。（五）对该企业施加重大影响的投资方。（六）该企业的合营企业。（七）该企业的联营企业。（八）该企业的主要投资者个人及与其关系密切的家庭成员。主要投资者个人，是指能够控制、共同控制一个企业或者对一个企业施加重大影响的个人投资者。（九）该企业或其母公司的关键管理人员及与其关系密切的家庭成员。关键管理人员，是指有权力并负责计划、指挥和控制企业活动的人员。与主要投资者个人或关键管理人员关系密切的家庭成员，是指在处理与企业的交易时可能影响该个人或受该个人影响的家庭成员。（十）该企业主要投资者个人、关键管理人员或与其关系密切的家庭成员控制、共同控制或施加重大影响的其他企业。

例如，甲是A公司的控股股东，A公司另有小股东乙，甲又是B公司的控股股东，乙在B公司没有持股，甲同时担任A公司和B公司的法定代表人。这时，几个主体间的关联交易包括甲与A公司间的交易，甲与B公司的交易，以及A公司与B公司的交易，该三种情形下，交易的实际决定者都是甲，他对交易价格与交易条件的决定将影响三个主体间的利益转移与分配。因为乙并没有对A公司享有控股权，A公司的决策权实际由甲控制，所以乙与A公司的交易通常不会被认定为关联交易。当然，若A是上市公司，在乙持有A公司的股权达到5%时，按照证券市场监管规定，乙与A公司的交易也会被认定为关联交易。

关联交易的好处是，同一控制人下不同的公司可以较好的安排合作和分工、共享管理资源等，肥水不流外人田。但坏处也显而易见，控股股东可以通过关联交易厚此薄彼，从而会间接损害小股东的利益。所以，《民法总则》第八十四条及《公司法》第二十一条均规定,控股股东、实际控制人、董事、监事、高级管理人员不得利用关联关系损害公司利益,否则应承担赔偿责任。

这样,在前述案例中,对A公司与B公司之间的关联交易,虽然交易条件和交易价格的决策权由甲控制,小股东乙没有决策权,但在他认为这样的关联交易损害了他利益的时候,还是有权质疑甚至诉诸法院,要求甲赔偿他的损失。显然,因为这个担忧就停止和放弃A公司与B公司间的合作,属于因噎废食,但若为证明每一笔关联交易都属于公允合理而花费大量时间到市场上进行价格比较,或者将公司A与公司B间交易的决策权交由乙,并不符合效率原则,可能乙也不愿意承担这样的任务。那怎么办呢?

因为《公司法》只是规定了不得利用关联交易损害公司利益的原则,并未规定什么样的关联交易公允合理,其实我们可回到公司自治的原则,回到公司章程和股东协议,在章程和股东协议中进行界定。通常说来,为节省管理成本,有限公司不会聘请类似上市公司的独立董事来逐笔审核关联交易,考虑到小股东担心的是大股东厚此薄彼,可用净资产回报率和交易价格原则这两个指标打消其顾虑,满足这两个指标前提下的关联交易可以完全交由控股股东处理,做到效率与公平的统一,控股股东也无须担心小股东会滥用该《公司法》第二十一条起诉自己。

从实务角度来看,作者推荐在公司章程及股东协议中添加如下关联交易示范条款,以减少因关联交易而产生的内部争议。

合资公司关联交易原则:

(1)合资公司的产品对控股股东的销售价格不得低于对非控股股东的销售价格;合资公司对非控股股东的产品销售价格,不得高于控股股东从合资公司的采购价格。

(2)控股股东从合资公司购买产品的价格,不得低于控股股东从非关联方的产品采购价格。

(3)合资公司利用控股股东供应链平台进行的基建、设备、物料、服务等采购,由合资公司直接从供应商采购,控股股东确保采购价格不得高于控股股东当季度同期采购价格。

(4)控股股东免费授权合资公司使用生产所需的相关技术,包括现有的技术及未来可能更新的技术。

(5)对于符合前述第(1)~(4)条款规定的交易,豁免关联交易审批。除第(1)~(4)条款之外的合资公司其他关联交易,由合资公司总经理按照市场价值和公允原则处理;任一股东对关联交易价格、条件等有异议的,可提交董事会讨论,经董事会4/5以上董事表决确认该关联交易确属公允的,交易继续进行不受影响;若董事会未能确认公允性的,有异议的一方可进一步提请公司监事进行处理。

若有读者认为上面比较细致的示范条款过于复杂,在控股股东自身也是经营性的法人实体时,可考虑使用下面简单易行但却十分有效和公平的机制:

合资公司与控股股东的关联交易:

合资公司使用控股股东供应链平台进行基建、设备、物料、服务等采购,所生产的产品均可销售至控股股东方及其关联公司,并分摊控股股东的研发及管理费用等。在合资公司年度净资产回报率不低于控股股东自身的同年度净资产回报率情况下,当年度合资公司与控股股东的关联交易均视作公允合理,豁免审查,非控股股东对关联交易及费用分摊不再有任何异议。

需要强调的是,按照最高人民法院2019年4月关于公司法的最新司法解释,对关联交易是否损害公司利益的认定,实质大于形式和程序。若仅仅是履行了关联交易的审批程序,但是实质并不公允合理,人民法院并不因该交易已经履行了信息披露、经股东会或者股东大会同意等法律、行政法规或者公司章程规定的程序而直接认定该交易公允合理,还是要深入研判该关联交易实质是否公允合理。为降低交易成本，减少后续不必要纠纷，对于合资公司不可避免会发生关联交易的，强烈推荐读者在公司章程及股东协议明确关联交易公允合理的具体认定标准，以公司自治条款减少争议空间。

相关法条：

1.**《中华人民共和国民法总则》**(2017 年通过)

第八十四条　营利法人的控股出资人、实际控制人、董事、监事、高级管理人员不得利用其关联关系损害法人的利益。利用关联关系给法人造成损失的，应当承担赔偿责任。

2.**《中华人民共和国公司法》**(1993 年通过，2018 年修正)

第二十一条　公司的控股股东、实际控制人、董事、监事、高级管理人员不得利用其关联关系损害公司利益。

违反前款规定，给公司造成损失的，应当承担赔偿责任。

第二百一十六条　本法下列用语的含义：

(一)高级管理人员，是指公司的经理、副经理、财务负责人，上市公司董事会秘书和公司章程规定的其他人员。

(二)控股股东，是指其出资额占有限责任公司资本总额百分之五十以上或者其持有的股份占股份有限公司股本总额百分之五十以上的股东；出资额或者持有股份的比例虽然不足百分之五十，但依其出资额或者持有的股份所享有的表决权已足以对股东会、股东大会的决议产生重大影响的股东。

(三)实际控制人，是指虽不是公司的股东，但通过投资关系、协议或者其他安排，能够实际支配公司行为的人。

(四)关联关系，是指公司控股股东、实际控制人、董事、监事、高级管理人员与其直接或者间接控制的企业之间的关系，以及可能导致公司利益转移的其他关系。但是，国家控股的企业之间不仅因为同受国家控股而具有关联关系。

3.**《最高人民法院关于适用〈中华人民共和国公司法〉若干问题的规定（五）》**（法释〔2019〕7号）

第一条　关联交易损害公司利益，原告公司依据公司法第二十一条规定请求控股股东、实际控制人、董事、监事、高级管理人员赔偿所造成的损失，被告仅以该交易已经履行了信息披露、经股东会或者股东大会同意等法律、行政法规或者公司章程规定的程序为由抗辩的，人民法院不予支持。

公司没有提起诉讼的，符合公司法第一百五十一条第一款规定条件的股东，可以依据公司法第一百五十一条第二款、第三款规定向人民法院提起诉讼。

4.**《最高人民法院关于人民法院为企业兼并重组提供司法保障的指导意见》**（法发〔2014〕7号）

11.依法规制关联交易，严厉禁止不当利益输送。严格防范以关联交易的方式侵吞国有资产。要依照公司法等法律法规的规定依法妥当处理企业兼并重组中的关联交易行为。公司股东、董事、高级管理人员与公司之间从事的交易，符合法律法规规定的关联交易程序规则且不损害公司利益的，应当认定行为有效。对公司大股东、实际控制人或者公司董事等公司内部人员在兼并重组中利用特殊地位将不良资产注入公司，或者与公司进行不公平交易从而损害公司利益的行为，应当严格追究其法律责任。

5.3　母子公司集团化集中管理有何风险？如何防控？

在控股股东自身就是经营性实体公司的情况下，再与其他小股东设立合资公司进行经营，若控股股东与合资公司的业务范围相近或者属于上下游关系，为降低管理和经营成本并提高协同效率，很可能控股股东以集团总公司的身份作为管理总部，统一进行生产、采购、销售、财务管理，甚至法定代表人和财务负责人也相同，在相同的地址办公，而只是在财务账面上分别记账。这种集团化管理的方式确实能够提高效率降低费用，但是否有潜在的风险或者负面影响？是否会导致母子公司间相互就债务承担连带责任呢？

虽然按照《公司法》第十四条规定，公司可以设立子公司，子公司具有法人资格，依法独立承担民事责任，但按照《公司法》第二十条和司法实践，总部化集中管理确实面临企业人格混同的风险，特别是所控股的子公司债务缠身无力清偿时，债权人可能会同时起诉控股股东以人格混同为由要求其对合资公司债务承担连带责任。

根据最高人民法院2013年1月31日发布的指导案例——徐工集团工程机械股份有限公司诉成都川交工贸有限责任公司等买卖合同纠纷案，司法实务中判别是否存在企业人格混同，主要看人员、业务及财务三个维度。在该案中，拖欠原告徐工机械公司货款的为川交工贸公司，其关联公司包括川交机械公司和瑞路公司，这三个公司的经理、财务负责人、出纳会计、工商手续经办人均相同，其他管理人员亦存在交叉任职的情形，川交工贸公司的人事任免存在由川交机械公司决定的情形；三公司实际经营中均涉及工程机械相关业务，经销过程中存在共用销售手册、经销协议的情形，对外进行宣传时信息混同；他们还使用共同账户，以王永礼的签字作为具体用款依据，对其中的资金及支配无法证明已作区分，三公司与徐工机械公司之间的债权债务、业绩、账务及返利均计算在川交工贸公司名下。原告徐工机械公司主张三公司构成人格混同，要求三个公司就拖欠的货款承担连带清偿责任。审理法院认为，三个公司之间表征人格的因素（人员、业务、财务等）高度混同，导致各自财产无法区分，已丧失独立人格，构成人格混同，其中川交工贸公司承担所有关联公司的债务却无力清偿，严重损害了债权人的利益，最终援引《公司法》第二十条第三款的规定，判决川交机械公司、瑞路公司对川交工贸公司的债务承担连带清偿责任。

这样，在实务中为防控企业人格混同产生的连带责任风险，控股母公司应注意几点：在企业经营范围和业务上，母子公司各自划定独立的业务范围，业务界限清晰，避免业务混同；做必要的人员区分，在财务、业务等管理人员方面独立，母子公司有各自的财务及业务负责人；财务及资金区分，银行账户及账簿、出纳区分，母子公司有各自的银行账户及账簿、出纳，避免混用；印鉴及业务文件也加以区分，在日常业务中，每个公司的印鉴及业务文件单独管理，避免混淆；物理隔离，母子公司注册并且实际在不同的场所经营和办公，即使使用同一栋办公楼，也区分使用不同的楼层或者房间编号。

从追收债权实务角度来看，若读者作为债权人发现债务人公司与其母公司或者关联公司有企业人格混同的嫌疑，则可将债务人公司及其母公司、关联公司都列为被告，要求他们承担连带责任，以提高债权获得清偿的几率。作者在实务工作中曾如此处理，债务人与其母公司在被列为共同被告后主动要求调解，并通过庭外和解，由原本不是保证人的债务人母公司为债务承担连带保证责任，债权成功获得足额清偿。

相关法条：

《中华人民共和国公司法》（1993年通过，2018年修正）

第二十条　公司股东应当遵守法律、行政法规和公司章程，依法行使股东权利，不得滥用股东权利损害公司或者其他股东的利益；不得滥用公司法人独立地位和股东有限责任损害公司债权人的利益。

公司股东滥用股东权利给公司或者其他股东造成损失的，

应当依法承担赔偿责任。

公司股东滥用公司法人独立地位和股东有限责任，逃避债务，严重损害公司债权人利益的，应当对公司债务承担连带责任。

5.4　控股股东借款给合资公司，有何特殊风险？如何防控？作为债权人如何利用规则？

为支持合资公司的业务，控股股东在注册资本出资之外，很可能会为合资公司提供股东借款，以此为合资公司补充流动资金或者就特定项目提供资金支持。按照2015年9月1日起施行的《最高人民法院关于审理民间借贷案件适用法律若干问题的规定》，此类企业间的资金拆借，只要不存在《合同法》第五十二条和该司法解释第十四条规定的无效情形（具体见下面相关法律规定），通常会作为合法债权得到保护。

若合资公司在向控股股东借款之外还有其他对外债务，在合资公司财产足以清偿全部债务时，不会有争议和矛盾；但是，在合资公司财产不足以清偿全部债务时，控股股东会促使合资公司首先清偿对自己的股东借款债务，而外部债权人会质疑该清偿的效力，要求优先清偿外部债务后，才能偿还股东借款。

按照现行法律规定，股东对公司的借款债权和其他外部债权并无优先或者劣后受偿的特定法律属性。但最高人民法院在2015年3月31日公布典型案例沙港公司诉开天公司执行分配方案异议案时，阐明该案借鉴了美国“深石”案所确立的衡平居次原则，提出若允许出资不实的问题股东就其对公司的债权与外部债权人处于同等受偿顺位，既会导致对公司外部债权人不公平的结果，也与《公司法》对出资不实股东课以的法律责任相悖，并确认未完成对公司出资义务的股东，其对公司的债权受偿劣后于公司外部债权人。

可能有的读者会说,看似没有那么可怕啊,只要如实出资不就没有股东债权劣后问题了嘛。实则不然,因为若进一步借鉴“深石”案衡平居次原则,以公平正义为起点作出扩展解释,则即使出资到位,如果不公平地对待债权人,控股股东仍然要受衡平居次原则的约束。这样,控股股东向其投资的合资公司提供股东借款后,若外部债权人主张其债权优先于股东借款,则存在该股东借款被法院认定为劣后于外部债权人债权的风险,无法与其他债权一样平等受偿。

当然,该类股东债权劣后风险的大小也要考虑业务实际。若合资公司从事的业务较为稳定,财产足以清偿全部债务,不存在股东债权与其他债权冲突的可能,则没有必要杞人忧天。但是,若合资公司从事的业务风险较高,债务清偿能力有较大变数,或者合资公司本身就是为特定项目设立的特殊目的公司,而项目所面临的风险和不确定性较高,则控股股东在向合资公司提供借款时,就应采取必要的防范措施,避免沦为劣后债权。可供考虑的措施包括:

(1)向合资公司提供的借款,均由合资公司以其财产提供抵押或者质押担保,这样按照《担保法》规定,该债权在担保财产的范围内优先受偿,即使合资公司陷入破产清算。

有读者会问,若合资公司本身一穷二白,没有不动产可以抵押,那可怎么办。通常,合资公司获得股东借款,或者是采购设施设备,或者用于补充流动资金,或者用于对外投资。这样,虽然没有不动产这类资产可以抵押,但若有生产设备、原材料、半成品、产成品、应收账款、持有的其他公司股权等,都是可以用作担保的。需要提示的是,抵押与质押仅仅签订担保合同还是不够的,必须要到相应的国家机关办理登记。其中,生产设备、原材料、半成品和产成品这样的动产及股权出质应当到工商机关办理动产抵押登记,应收账款出质需要到中国人民银行征信中心办理出质登记,登记后方可享受优先受偿权。

(2)更进一步,向合资公司提供借款时,不由控股股东直接提供,而是经由第三人。控股股东首先出借给第三人,由该第三人再出借给合资公司,这样就不会具有股东借款的属性。为减少中间转借的风险,具体资金传递可以采取由第三人指定控股股东直接转账给合资公司的方式;为避免第三人破产、该笔债权被纳入破产财产无法收回的风险,可以将第三人对合资公司享有的债权质押给控股股东,以担保控股股东对第三人享有的债权。当然,第三人对合资公司的借款,也要按照(1)的提示,办理相应的抵押质押担保,最低限度降低风险。

读到这里,聪明的读者会从另一面看到如何利用"深石"案衡平居次原则追收债权。如果读者作为债权人不能从债务人公司处获得清偿,可以落实一下债务人是否对其股东也负有债务,是否清偿过其股东的债权而导致自己无法受偿。若的确存在这种情况,可以尝试援引"深石"案衡平居次原则,结合《公司法》第二十条的规定,向人民法院起诉,通过确认股东债权属于劣后债权,要求债务人清偿自己债权前不得清偿其股东的债权,或者撤销债务人对其股东的个别清偿行为,由受偿的股东对债务承担连带责任,提高自身获得清偿的能力。

考虑到并没有法律明确规定此类劣后债权确认以及撤销对劣后债权清偿的起诉时间限制,参考《合同法》撤销权及《企业破产法》个别清偿撤销权的行权时间限制均为一年,此类撤销债务人对其股东个别清偿行为的诉讼,宜在债务人对其股东个别清偿行为发生之日起一年内启动。

相关法条:

1.**《中华人民共和国公司法》**(1993 年通过,2018 年修正)

第二十条　公司股东应当遵守法律、行政法规和公司章程,依法行使股东权利，不得滥用股东权利损害公司或者其他股东的利益；不得滥用公司法人独立地位和股东有限责任损害公司债权人的利益。

公司股东滥用股东权利给公司或者其他股东造成损失的，应当依法承担赔偿责任。

公司股东滥用公司法人独立地位和股东有限责任，逃避债务，严重损害公司债权人利益的，应当对公司债务承担连带责任。

2.《**最高人民法院关于审理民间借贷案件适用法律若干问题的规定**》（法释〔2015〕18号）

第十四条　具有下列情形之一，人民法院应当认定民间借贷合同无效：

（一）套取金融机构信贷资金又高利转贷给借款人，且借款人事先知道或者应当知道的；

（二）以向其他企业借贷或者向本单位职工集资取得的资金又转贷给借款人牟利，且借款人事先知道或者应当知道的；

（三）出借人事先知道或者应当知道借款人借款用于违法犯罪活动仍然提供借款的；

（四）违背社会公序良俗的；

（五）其他违反法律、行政法规效力性强制性规定的。

3.《**中华人民共和国合同法**》（1999年通过）

第七十四条　因债务人放弃其到期债权或者无偿转让财产，对债权人造成损害的，债权人可以请求人民法院撤销债务人的行为。债务人以明显不合理的低价转让财产，对债权人造成损害，并且受让人知道该情形的，债权人也可以请求人民法院撤销债务人的行为。

撤销权的行使范围以债权人的债权为限。债权人行使撤销权的必要费用，由债务人负担。

第七十五条　撤销权自债权人知道或者应当知道撤销事由之

日起一年内行使。自债务人的行为发生之日起五年内没有行使撤销权的,该撤销权消灭。

4.《**中华人民共和国企业破产法**》(2007 年通过)

第三十一条 人民法院受理破产申请前一年内,涉及债务人财产的下列行为,管理人有权请求人民法院予以撤销:

(一)无偿转让财产的;

(二)以明显不合理的价格进行交易的;

(三)对没有财产担保的债务提供财产担保的;

(四)对未到期的债务提前清偿的;

(五)放弃债权的。

5.《**中华人民共和国物权法**》(2007 年通过)

第二百二十八条 以应收账款出质的,当事人应当订立书面合同。质权自信贷征信机构办理出质登记时设立。

应收账款出质后,不得转让,但经出质人与质权人协商同意的除外。出质人转让应收账款所得的价款,应当向质权人提前清偿债务或者提存。

5.5 合资公司董事、高管能否在其控股股东处任职?

在实际业务中,控股股东向合资公司委派的董事及高级管理人员中,通常总经理和财务总监会专职负责合资公司的日常经营管理,而董事很可能在控股股东处担任其他职务。若控股股东与合资公司的业务没有重叠或者竞争关系,则不会有问题。但是,若控股股东与合资公司的业务有竞争或者重叠,且董事、总经理及财务总监同时在控股股东与合资公司处任职,则会产生因违反竞业禁止义务而被小股东依照《公司法》规定要求赔偿的风险。

实务中，大多数情况下这种兼职是不可避免的，而且能够获得小股东的理解，只是将来大股东与小股东有其他争议时会被拿出来作为索赔事项。为避免这样的争议和风险，可以事先在公司章程中就此作出说明和规定，示范条款如下：

竞业禁止义务的豁免：

鉴于控股股东××公司及其关联公司此前已有与本公司相重叠的业务经营，为充分利用控股股东××公司及其关联公司的管理能力，为避免歧义，由控股股东××公司委派至本公司的董事及推荐到公司任职的高级管理人员包括但不限于总经理、财务总监，可以继续在××公司及其关联公司负责或者参加与本公司相同或者相类似的业务，不受竞业禁止义务的限制。

需要说明的是，此等竞业限制义务仅适用于董事与高级管理人员，而不适用于监事，主要原因是监事并不负责日常经营管理。

相关法条：

《中华人民共和国公司法》（1993 年通过，2018 年修正）

第一百四十七条　董事、监事、高级管理人员应当遵守法律、行政法规和公司章程，对公司负有忠实义务和勤勉义务。

董事、监事、高级管理人员不得利用职权收受贿赂或者其他非法收入，不得侵占公司的财产。

第一百四十八条　董事、高级管理人员不得有下列行为：

（五）未经股东会或者股东大会同意，利用职务便利为自己或者他人谋取属于公司的商业机会，自营或者为他人经营与所任职公司同类的业务；

董事、高级管理人员违反前款规定所得的收入应当归公司所有。

5.6 控股股东如何减少处置股权的障碍并提高议价能力？

在公司发展到一定规模进入成熟期后，有的控股股东愿意急流勇退，将公司转让给一些大的集团，自己转而从事其他投资。但是，若小股东不愿意一起出售股权，且按照法律规定，小股东还有优先购买权，势必影响控股股东处置股权的能力。而且，若小股东不愿意同时出售股权，潜在的买家对还有其他股东牵制自己会有所顾虑，从而影响到对股权的价值评估。

若控股股东在设立公司时就有在某个时段出售公司的打算，建议在公司章程中事先规定控股股东享有拖售权（Drag - along Right），也就是控股股东出售股权时，若控股股东有要求，则其他小股东应一起出售其股权。当然，为了保护小股东的利益，应当明确规定对小股东股权的作价不逊于控股股东股权作价，且出售比例相同，受让方也不应与控股股东有任何关联关系，以避免控股股东滥用该权利通过关联方把小股东的股权全部收为己有。可在章程中参考设立下面的示范条款：

在控股股东××转让本公司股权时，其他股东放弃在同等条件下优先受让的权利；而且，控股股东××享有拖售权，即有权要求其他股东以同等转让价格同时向受让人按照相同比例转让各自持有的股权（例如，若控股股东××原持股60%，控股股东××将其中的1/3即20%股权转让给受让人，则控股股东××有权要求其他股东亦将各自原股权的1/3以同等转让价格转让给受让人）。控股股东××公司行使拖售权时，应将行使拖售权的决定及相应的股权转让价格书面通知其他股东。

该等因控股股东行使拖售权而产生的股权转让，在控股股东××书面通知到达被通知股东时即告成立，在受让人将该书面通知记载的股权转让价款支付给被通知股东时，即产生对应股权已转归受让人享有的效力，被通知股东应当按照控股股东××书面通知的转让条件协助办理股权转让手续。明确起见，该控股股东的拖售权属于形成权，控股股东××的书面通知属于形成权文件，该文件一经到达被通知股东立即产生被通知股东的股权按照本条规定的价格过户给受让人的效力，被通知股东应当配合办理股权过户手续；被通知股东拒不配合的，在受让人将对应价款支付或者提存给被通知股东的，即产生股权转让至受让人的效力。

在控股股东××将其股权转让给其关联公司时，不得行使拖售权。

相关法条：

同第4.8小节。

5.7　示范文本：倾向于大股东的股东协议样本

下面的股东协议示范文本中，除了通常条款外，主要在股东会和董事会机制中最大限度运用过半数表决权的直接投票制，并增加股东除名、关联交易、自动增资与稀释条款，避免大股东受到小股东过多限制，同时规定大股东的拖售权以便大股东进行股权处置或者重组，要求小股东承担的竞业限制义务，并排除大股东的竞业限制义务，避免小股东在通过知情权掌握公司核心技术或者业务秘密后另起炉灶与公司竞争。这些有利于大股东的特殊规定，主要体现在第2、5、6条中，而第8条和第9条关于效力的规定，则是考虑章程等公司登记文件因工商机关窗口人员要求而被迫使用与股东协议不一致的格式文本时，明确股东协议的优先适用效力。

当然,这些偏向于大股东的条款,不一定能全部得到其他小股东的理解和认同,读者可以根据实际情况予以调整。但是,对于第2、5、6、8、9条款涉及的事项,若未在章程及股东协议中予以特别规定,则只能按照《公司法》的默认规定处理,如本章前面所述,会对大股东形成很大的制约,故大股东有必要对第2、5、6、8、9条款引起重视。

考虑到实践中会存在股权代持的情况,在第2.3条中特增加股权代持的示范条款。

股东协议

甲方:孙×,身份证号:〔 〕,联系地址〔 〕,电话〔 〕,E-mail:〔 〕。

乙方:王×,身份证号:〔 〕,联系地址〔 〕,电话〔 〕,E-mail:〔 〕。

丙方:赵×,身份证号:〔 〕,联系地址〔 〕,电话〔 〕,E-mail:〔 〕。

甲、乙、丙三方一致看好环保事业带来的商机,三方本着诚信合作、优势互补、资源共享、平等互利的原则,从市场需求出发,利用各自优势,在〔脱硫除尘设备与技术〕领域展开全面合作,作为股东共同发起设立公司,达成本股东协议,共同遵守执行。

1. 合资公司基本情况

1.1 公司名称为:〔 〕有限公司(以下简称公司),以公司登记机关最终核准登记的名称为准。

1.2 公司住所地:〔 〕

1.3 公司的组织形式为有限责任公司,各方以各自认缴的出资额对合营公司承担责任,并按其出资额在注册资本中的比例分享利润和分担风险亏损。

1.4 公司宗旨:〔 〕。

1.5　公司经营范围：许可经营项目：无。一般经营项目〔〕（国家限定企业经营和禁止进出口的商品和技术除外）。

1.6　公司的经营范围中属于法律、行政法规规定须经批准的项目，应当依法经过批准。批准后，方可开展经营活动。

1.7　公司经营期限为〔〕年。股东各方均同意延长本公司经营期限的，应在经营期限届满前6个月经股东会批准后，向公司登记机关办理登记手续。公司经营期限届满，甲方仍要继续经营本公司，其他股东无意继续经营的，其他股东只能将股权转让给甲方，股权转让价格以转让时本公司上一季度的经审计后的净资产乘以股权比例为准。

2. 股东、投资总额与注册资本

2.1　公司投资总额为〔〕。

2.2　公司注册资本为〔〕，股东姓名、认缴出资、出资方式、出资比例、股权比例如下：

股东名称	认缴出资额（万元）	出资方式	出资比例	股权比例
孙×（甲方）		现金	60%	60%
王×（乙方）		现金	25%	25%
赵×（丙方）		现金	15%	15%
合计		—	100%	100%

2.3　本协议股东中，应股东丙方的个人意愿，在公司登记机关办理设立登记时，丙方指定由〔〕代为持有股权并将代持人〔〕登记为公司股东，但本股东协议的权利义务由丙方实际享有和承担。丙方应当在公司办理设立登记之前，将丙方与代持人〔〕签署的股权代持协议提供给甲方，该股权代持协议应载明代持人〔〕已了解和阅读本股东协议并与丙方共同受本股东协议

的约束。丙方并有权在适当的时机要求公司将股东变更登记为其本人，其他股东应当予以协助。

2.4　股东出资时间计划如下：

股东名称	第一期出资		第二期出资		第三期出资	
	金额（万元）	出资时间	金额（万元）	出资时间	金额（万元）	出资时间
孙×（甲方）						
王×（乙方）						
赵×（丙方）						
合计						

2.5　如股东各方中任何一方未在本协议规定时间期限内缴纳出资，逾期超过15天的，除应当向公司足额缴纳外，每逾期一日应当向已按期足额缴纳出资的其他各方支付应缴未缴金额万分之五的延迟违约金。

2.6　公司股东未按本协议规定的出资日期和金额履行出资义务的，经公司催告缴纳后在三个月内仍未全部缴清的，由公司以股东会决议方式解除该股东的股东资格，予以除名。

2.7　对于被除名股东已缴纳出资和未缴纳出资对应的股权，股东会决议决定予以减资的，则将其已缴纳出资部分，按照股东会除名决议当月其实缴出资比例对应的公司净资产作价，在完成法定减资程序后，退还被除名股东。

2.8　对于被除名股东已缴纳出资和未缴纳出资对应的股权，股东会决议决定强制转让的，则将其已实缴出资部分，按照股东会决议当月其实缴出资比例对应的公司净资产作价计算转让价款，由股东会决议指定并且自身同意受让的受让人，在完成股权过户手续后支付给被除名股东，并且由该受让人继续缴清该被除名股东尚未缴清的认缴出资。

2.9　明确起见，强制转让股权的股东会决议与受让人同意受让的确认书属于形成权文件，被除名股东收到该股东会决议与受让人同意受让的确认书时，立即产生被除名股东的股权按照本条规定的价格过户给受让人的效力，被除名股东应当配合办理股权过户手续；被除名股东拒不配合的，在受让人将对应价款支付或者提存给被除名股东后，即产生股权转让至受让人的效力。

2.10　全体股东一致确认，本协议规定的股东除名、股权强制转让、股权定价标准等，系为督促全体股东按时足额缴纳出资，为维护全体股东利益、公司利益和公司债权人利益所作出的自治安排，属于全体股东的真实一致意思表示，全体股东均无异议且自愿受其约束，并承诺严格遵守与执行。

3. 公司的法人治理机构及其产生办法、职权、议事规则

3.1　公司设股东会。股东会是公司最高权力机构，由各股东按实缴出资比例行使表决权。但在本协议规定的首期出资到位日期前，由各股东按照认缴出资比例行使表决权。明确起见，未按期足额缴纳出资的股东，其股东会表决权受到限制，按照其实缴出资比例行使。

3.2　股东会行使下列职权：

（一）决定公司的经营方针和投资计划；

（二）选举和更换董事、监事，决定有关董事、监事的报酬事项；

（三）审议批准董事会的报告；

（四）审议批准监事会的报告；

（五）审议批准公司的年度财务预算方案、决算方案；

（六）审议批准公司的利润分配方案和弥补亏损的方案；

（七）对公司增加或者减少注册资本作出决议；

（八）对发行公司债券作出决议；

（九）对公司中止、终止、解散、合并、分立作出决议；

（十）修改公司章程。

股东会职权中第（七）项、第（九）项、第（十）项由持有2/3以上表决权的股东表决通过方可作出决议，其他各项职权由持有1/2以上表决权的股东表决通过方可作出决议。

3.3 股东会的首次会议由实际出资最多的股东召集和主持。

3.4 股东会会议分为定期会议和临时会议。股东会定期会议每年召开一次，由董事会召集、董事长主持，董事长不能履行职务或者不履行职务的，由半数以上董事共同推举一名董事主持。召开股东会定期会议，应当于会议召开15日以前通知全体股东。代表1/5以上表决权的股东或1/3以上的董事、监事提议召开股东会临时会议的，应当召开股东会临时会议。股东可以委托代理人出席股东会会议，代理人应当向公司提交股东授权委托书，并在授权范围内行使表决权。

3.5 公司设董事会，对股东会负责。董事会由5名董事组成，由股东会选举产生。董事的任期每届为3年，任期届满，可以连任。公司设董事长1名，董事长由甲方提名并由董事会选举产生。董事长是公司的法定代表人。

3.6 董事会行使下列职权：

（一）召集股东会会议，并向股东会报告工作；

（二）执行股东会的决议；

（三）决定公司的经营计划和投资方案；

（四）制订公司的年度财务预算方案、决算方案；

（五）制订公司的利润分配方案和弥补亏损方案；

（六）制订公司增加或者减少注册资本以及发行公司债券的方案；

（七）制订公司合并、分立、变更公司形式、解散的方案；

（八）决定公司内部管理机构的设置；

（九）决定聘任或者解聘公司经理及其报酬事项，并根据经理的提名决定聘任或者解聘公司副经理、财务负责人及其报酬事项；

（十）制定公司的基本管理制度；

（十一）提议修改公司章程。

3.7　董事会会议由董事长召集和主持。董事长不能履行职务或者不履行职务的，由半数以上董事共同推举一名董事召集和主持。

3.8　董事会会议至少应有3名董事出席方可举行，董事会决议的表决，实行一人一票。

3.9　董事会会议应当由董事本人出席。董事因故不能出席的，可以书面委托其他董事代为出席。委托书应当载明代理人的姓名、代理事项、权限和有效期限，并由委托人签名或盖章。代为出席会议的董事应当在授权范围内行使董事的权利。董事未出席董事会会议，亦未委托代表出席的，视为放弃在该次会议上的投票权。

3.10　董事会决议采取记名方式投票表决，每名董事有一票表决权。董事会决议事项，由董事会3名以上（含3名）董事同意即可生效。

3.11　董事会会议应当有记录，出席会议的董事和记录人应当在会议记录上签名。出席会议的董事有权要求在记录上对其在会议上的发言作出说明性记载。董事会会议记录作为公司档案保存。

3.12　公司设经营管理机构，经营管理机构设总经理1名，总经理对董事会负责，并全权负责公司日常经营管理工作。总经理由甲方提名，并由董事会决定其聘用、解雇及报酬事项。总经理任期为2年，任期届满，可以连任。总经理行使下列职权：

（一）主持公司的生产经营管理工作，执行董事会决议；

（二）组织实施公司年度经营计划和投资方案；

(三)拟订公司内部管理机构设置方案;

(四)拟订公司的基本管理制度;

(五)制定公司的具体规章制度、管理办法;

(六)提请聘任或解聘公司副经理、财务总监;

(七)决定聘任或解聘除应由董事会决定聘任或解聘以外的管理人员;

(八)董事会授予的其他职权。

总经理可以列席董事会会议。

3.13 经营管理机构设财务总监1名,各股东均有权提名,经公司考核评估合格后聘用,任期2年,任期届满,可以连任。财务总监在总经理领导下分管财务税务管理等。

3.14 公司设监事会,监事会由3名监事组成,甲、乙、丙三名股东各委任1名。公司的董事、总经理、副总经理、财务总监及其他高级管理人员不得兼任监事。监事的任期为3年,任期届满,可以连任。监事行使下列职权:

(一)检查公司财务;

(二)对董事、高级管理人员执行公司职务的行为进行监督,对违反法律、行政法规、公司章程或者股东会决议的董事、高级管理人员提出罢免的建议;

(三)当董事、高级管理人员的行为损害公司的利益时,要求董事、高级管理人员予以纠正;

(四)提议召开临时股东会会议,在董事会不履行本法规定的召集和主持股东会会议职责时召集和主持股东会会议;

(五)向股东会会议提出提案;

(六)依照《公司法》的规定,对董事、高级管理人员提起诉讼。

监事可以列席董事会会议。

4. 财务会计、利润分配、税务及劳动用工制度

4.1 公司依照法律、行政法规和国务院财政主管部门的规

定,结合公司的具体情况,建立公司的财务、会计制度,并提交董事会批准。

4.2　公司实行独立核算,在注册所在地设置会计账册,依照法律、行政法规和国务院财政部门的规定编制年度会计报表和清算会计报表,并按规定报送会计报表,接受财政、税务机关的监督。

4.3　公司会计年度采用公历年制,自每年1月1日起至12月31日止为一个会计年度。

4.4　公司应在每一会计年度终了时编制财务会计报告,于次年3月31日前送所聘用的依法设立的会计师事务所进行审计并出具报告,提交董事会决议通过。

4.5　公司聘请注册会计师负责公司的年度财务账目的审计工作,审阅公司的账目及财务收支,并向总经理及董事会提交书面审计报告。股东有权查阅公司账簿,查阅时公司应提供方便。

4.6　股东各方按实缴出资比例分享公司利润。

4.7　公司分配当年税后利润时,应当提取利润的10%列入公司法定公积金。公司法定公积金累计额达到公司注册资本的50%以上的,可以不再提取。公司在税后利润中提取法定公积金后,经股东会决议,可提取任意公积金。公司的法定公积金不足以弥补以前年度亏损的,在依照前款规定提取法定公积金之前,应当先用当年利润弥补亏损。公司弥补亏损和提取公积金后所余税后利润,在次年经营现金净流量能够满足支付股利时,经股东会决议后,在每年4月底前将上年可分配利润按实际出资比例分配给股东。

4.8　公司依法缴纳企业所得税并提取各项基金后的利润,按照经股东会批准的董事会决议进行利润分配或再投资。公司上一年度亏损未弥补前,不得分配利润;上一会计年度未分配的利润,可与本会计年度可供分配的利润一并分配。在公司认缴出资没有全部到位前,原则上不进行利润分配。

4.9 公司应依照有关法律、法规的规定缴纳各种税款,并可按有关规定申请享受减、免税的优惠待遇。

4.10 公司应按照《中华人民共和国个人所得税法》代扣代缴职工的个人所得税。

4.11 公司员工的雇用、辞退、工资、劳动保险、生活福利和奖惩等劳动规章制度,由公司经营管理机构根据《中华人民共和国劳动法》《中华人民共和国劳动合同法》及其他相关法律、法规的规定制订,并按照法律、法规及公司章程规定履行相应的批准手续。公司应依据上述法律、法规及公司章程与员工签订劳动合同。

5.股权转让

5.1 股东之间可以相互转让其部分或全部出资。

5.2 乙方和丙方如需将本公司股权转让给其他主体,只能按照转让时以经审计的上一季度本公司的净资产乘以各自的股权比例为定价转让给甲方。

5.3 在甲方转让本公司股权时,其他股东放弃在同等条件下优先受让的权利;而且,甲方享有拖售权,即有权要求其他股东以同等转让价格同时向受让人按照相同比例转让各自持有的股权(例如,若甲方原持股60%,甲方将其中的1/3即20%股权转让给受让人,则甲方有权要求其他股东亦将各自原股权的1/3以同等转让价格转让给受让人)。甲方行使拖售权时,应将行使拖售权的决定及相应的股权转让价格书面通知其他股东。

该等因甲方行使拖售权而产生的股权转让,在甲方书面通知到达被通知股东时即告成立,在受让人将该书面通知记载的股权转让价款支付给被通知股东时,即产生对应股权已转归受让人享有的效力，被通知股东应当按照甲方书面通知的转让条件协助办理股权转让手续。明确起见，该甲方的拖售权属于形成权，甲方的书面通知属于形成权文件，该文件一经到达被通知股东立即产生被通知股东的股权按照本条规定的价格过户给受让人的效力，被通知股东应当配合办理股权过户手续；被通知股东拒不配合的，在受让人将对应价款支付或者提存给被通知股东的，即产生股权转让至受让人的效力。

在甲方将股权转让给其关联公司时，不得行使拖售权。

6. 特别规定

6.1 当公司资产负债率超过〔60〕①% 时，无须经过股东决议，即触发自动增资程序，使公司的资产负债率保持在〔60〕% 或以下，各股东应同等比例增资。股东在该增资事项发生后经公司通知三个月内未行使增资权利的，视为放弃增资权利，其他股东可以相应增加认购的权利，或经甲方同意后引入新的投资者增资。未认购增资的股东，以其原实缴出资比例对应的公司净资产金额为分子，以增资后的公司净资产作为分母，相应计算得出稀释后的持有公司股权比例。

6.2 公司对外借款需要抵押的，原则上以公司自有资产抵押；若对外借款时，如需股东以其所持本公司股权质押，由各股东按照所持股权的的比例等比质押。

6.3 明确起见，对于股东要求公司向该股东及其关联企业提供担保（包括但不限于保证、资产抵押等）的，担保责任金额不应超过最近季度财务报表所记载的该要求担保股东所持股权对应的公司净资产金额。在该条件满足后，其他股东必须同意该担保事项并签署相关股东会决议，且促使其委任的董事同意并签署相关董事会决议。若其他股东违反本条款规定未能

---

① “〔 〕”内文字为作者建议可采用的处理方案，并非强制。下同。

配合办理满足条件的担保文件与手续的，则其应享有的当年度未分配利润的1/4自动转归要求担保的股东享有。

6.4　各方均已知悉，公司将可能与甲方或者甲方的关联公司发生交易。各方将秉持善良、公平的原则，以市场公允价格，进行关联交易。公司与关联方发生的关联交易，由公司总经理按照市场价值和公允原则处理，将不再由董事会进行个案审批。任一股东对关联交易价格、条件等有异议的，在提出相应的证据证实后，可提交董事会讨论，经董事会2/3以上董事表决确认该关联交易确属公允的，交易不受影响；若董事会未能确认公允性的，有异议的一方可进一步提请公司监事进行处理。

6.5　全体股东承诺，在本协议签署后公司完成设立登记前、作为公司股东期间及退出公司股东之日起〔三年〕内，不得直接或间接投资、自营或者为其他人从事与本公司相同、相类似或者相竞争的业务。若股东违反此义务，除应当将其由此所获得的收益全部收归公司享有外，还应当向其他股东支付违约金，违约金的标准为〔　〕。

6.6　鉴于甲方及其关联公司此前已有与本公司相重叠的业务经营，为充分利用甲方及其关联公司的管理能力与市场渠道，为避免歧义，甲方及由甲方委派至本公司的董事及推荐到公司任职的高级管理人员包括但不限于总经理、财务总监，可以继续在甲方关联公司负责或者参加与本公司相同或者相类似的业务，不受前述第6.5条竞业禁止义务的限制。

6.7　甲方或其指定的关联公司向公司提供全面的技术及管理体系，并另行签订技术服务合同和管理合同。公司的整体经营管理由甲方或甲方指定的关联公司全权负责。公司以销售额的〔　〕%向甲方或其指定关联公司支付技术服务费，以销售额的〔　〕%向甲方或其指定关联公司支付管理服务费，以销售额的〔　〕%向甲方或其指定关联公司支付市场渠道费。

6.8 本协议其他条款及公司章程条款与本特别规定条款有冲突的，概以本特别条款规定为准。

7. 公司解散和清算

7.1 公司有下列情形之一的，可以解散：

(1)公司章程规定的经营期限届满或者公司章程规定的其他解散事由出现；

(2)股东会决议解散；

(3)因公司合并或者分立需要解散；

(4)依法被吊销营业执照、责令关闭或者被撤销；

(5)公司经营管理发生严重困难，或因不可抗力遭受严重损失，继续存续会使股东利益受到重大损失，通过其他途径不能解决的，甲方请求人民法院解散公司，人民法院予以解散的。

7.2 公司依照本协议、公司法或其他相关法律法规解散的，应当在解散事由出现之日起15日内由股东组成清算组，按照《公司法》及其他相关法律法规的规定进行清算。

7.3 清算组在清算期间行使下列职权：

(1)清理公司财产，分别编制资产负债表和财产清单；

(2)通知、公告债权人；

(3)处理与清算有关的公司未了结的业务；

(4)清缴所欠税款以及清算过程中产生的税款；

(5)清理债权、债务；

(6)处理公司清偿债务后的剩余财产；

(7)代表公司参与民事诉讼活动。

7.4 清算组应当自成立之日起10日内通知债权人，并于60日内在报纸上公告。债权人应当自接到通知书之日起30日内、未接到通知书的自公告之日起45日内，向清算组申报其债权。债权人申报债权，应当说明债权的有关事项，并提供证明材料。清算组应当对债权进行登记。在申报债权期间，清算组不得对债权人进行清偿。

7.5　清算组在清理公司财产、编制资产负债表和财产清单后，应当制定清算方案，并报股东会和人民法院确认。公司财产在分别支付清算费用、职工的工资、社会保险费用和法定补偿金，缴纳所欠税款，清偿公司债务后的剩余财产，按照股东的出资比例分配。清算期间，公司存续，但不得开展与清算无关的经营活动。

7.6　清算组在清理公司财产、编制资产负债表和财产清单后，发现公司财产不足清偿债务的，应当依法向人民法院申请宣告破产。

7.7　公司清算结束后，清算组应当制作清算报告，报股东会或者人民法院确认，并报送公司登记机关，申请注销公司登记，公告公司终止。

8. 本股东协议是全体股东的真实一致意思表示，自签署之日起生效，并在公司设立登记前及公司存续期间持续有效，对各股东均具有法律约束力。各股东为办理公司注册登记而签署的公司章程等相关形式性文件，应当与本协议内容保持一致；若存在不一致或者冲突之处，则以本协议条款为准，作为确定各股东权利义务关系的准据。

9. 各方后续签署的与本公司相关的其他文件，如与本股东协议不一致的，应以本股东协议规定为准，除非该文件已明确规定排除或修改本股东协议的效力。

10. 本股东协议一式六份，三方股东各执两份。

第六章

非控股小股东相关法律风险与实务攻略

小股东因为所投入的资金占比相对较低，且有大股东在主持日常经营，相对大股东而言对公司经营的介入较少，或者即使想多参加公司经营但受股权占比较低的限制而力不从心。这时，若共同投资的控股大股东能够平等地对待小股东，不会滥用大股东地位损害公司或者小股东的利益，年年分红，很多小股东会非常愿意做一个安静的财务投资者。

但是，实践中不乏大股东滥用对公司的控制权，导致公司账面上亏损，使小股东没有分红而大股东却赚得盆满钵满，出现“穷庙富和尚”的现象。因为有限公司的股权并非上市公司的股票，既不能在公开市场上抛售，又受其他股东优先购买权的限制难以任意转让，很多小股东苦不堪言。作为小股东，如何在投资一开始就了解可能存在的风险并预防前述尴尬境地呢？本章将从实务角度，给出有针对性的风险提示和防范建议。

6.1 小股东是否有委派董事的权利？如何才能落实？

按照《公司法》的规定，股东会是公司的权力机构，但股东会并不负责日常经营管理,而是由股东会选举董事组成董事会,董事会才是对内掌管公司事务、对外代表公司的经营决策和业务执行机构。而且,按照《公司法》的规定,董事的选举属于一般事项,不同于变更公司注册资本等依法必须要经过2/3以上表决权同意的特别事项,故董事选举只要过半数表决权同意即可。

若A公司中甲持股60%,乙持股15%,丙持股25%,章程规定设5名董事。虽然从股权比例上看,乙、丙两个股东应当有权选举2名董事代表其利益,但是,按照前述《公司法》默认规定的董事选举直接投票制,因为甲持有过半数的表决权,能够对所有的董事选举具有决定权,赢者通吃,导致5名董事均实际由甲委任而代表甲的利益。这显然不是乙、丙小股东所愿意看到的。

如何避免这样的不公正局面呢?《公司法》允许股东通过章程及股东协议对董事的选举和委任作出不同的规定。这样,小股东有两个方法:

(1)直接委任制。在章程和股东协议中改变董事委任方法,不再由股东会选举,而是规定各方直接委任,同时写明各方委任的董事名额。可使用下面的示范条款:

公司设董事会,对股东会负责。董事会由5名董事组成,其中,甲委任3名,乙委任1名,丙委任1名。董事的任期每届为3年,任期届满,可以连任。公司设董事长1名,董事长由甲提名并由董事会选举产生。董事长是公司的法定代表人。

(2)累积投票制。虽然还是由股东会选举董事,但是通过章程和股东协议条款明确董事选举的投票方法,不采用直接投票制而是采用累积投票制度,规定股东所持有的每1%股权拥有与当选董事总人数相等的投票权,股东在选举董事时拥有的表决权总数等于其所持股权比例总数与待选董事人数的乘积,这样也可避免控股股东实质委任全部董事的不公平局面。示范条款如下：

公司设董事会，对股东会负责。董事会由5名董事组成，由股东会选举产生。股东会选举董事时，实行累积投票制，即每1%股权拥有5票表决权，股东拥有的表决权可以集中使用，并根据董事候选人得票多少的顺序来确定最后的当选董事。

这样，因为按得票数多少决定董事人选，只要几个小股东合理地安排并联合使用表决权，就有可能选择所中意的董事在董事会中代表自己，避免控股股东实际决定全部董事人选。

作为小股东，若意图委派董事进入董事会，务必要在章程及股东协议中规定前面提到的两个方法之一，否则无法落实该意图。即使大股东口头答应按股权比例分配董事席位，但只要没写入章程与股东协议，这样的允诺并不可靠。

监事的选举和委任也是同样道理，在此不再赘述。

相关法条：

《中华人民共和国公司法》(1993年通过，2018年修正)

第三十七条　股东会行使下列职权：

(二)选举和更换非由职工代表担任的董事、监事，决定有关董事、监事的报酬事项。

第四十二条　股东会会议由股东按照出资比例行使表决权；但是，公司章程另有规定的除外。

第四十三条　股东会的议事方式和表决程序，除本法有规定的外，由公司章程规定。

股东会会议作出修改公司章程、增加或者减少注册资本的决议，以及公司合并、分立、解散或者变更公司形式的决议，必须经代表三分之二以上表决权的股东通过。

6.2 小股东如何确保公司盈利时能分红?

获取投资收益是股东投资的主要目标,也是公司存在的逻辑起点。但实践中,确实有的控股股东并不支持分配公司利润,而是希望将利润留在公司用于进一步扩大经营规模,有的控股股东会通过高级管理人员的高额薪酬或者关联交易将利润转出。小股东很可能对此产生质疑,但是否有权通过法律途径维权呢?是否还有其他更好的方法?

按照现行《公司法》及相关司法解释,有两种方法可以维护小股东的分红权利。

方法1,通过诉讼强制公司回购股权。按照《公司法》第七十四条的规定,其实质条件包括:

(1)公司连续五年不向股东分配利润;

(2)该公司该五年连续盈利;

(3)按照《公司法》第一百六十六条在弥补亏损和法定公积金后有可供分配的税后利润。

满足前面三个条件,对不分配利润的股东会决议投反对票的股东,有权要求公司按照合理价格收购其股权,也就是减资。

上面的条件看似不多,但实际非常苛刻,因为前两个条件的用词均是连续五年,大股东非常容易规避,例如可在第4年时决议分配一丁点的利润,那小股东就无法援引此条款要求公司回购股权。而且,即使满足了上面苛刻的条件,小股东也不一定愿意让公司回购股权,特别是公司每年盈利较多的情况下,小股东的诉求是分红而不是退股。看来强制公司回购股权并不是好方法。

那让我们来看一下方法2即强制分红诉讼。这个方法比较直接,在没有分红股东会决议的情况下起诉公司要求分红,但条件更苛刻。依照《最高人民法院关于适用〈中华人民共和国公司法〉若干问题的规定(四)》第十五条但书内容的规定,在满足下面两个实质条件时,小股东才有可能获得法院的支持:

(1)必须是大股东违反法律规定滥用股东权利而导致公司不分配利润;如果不存在滥用股东权利的情况,而是有合理的商业考量,不在强制分红诉讼之列。

(2)必须是给其他股东造成了损失。

此类分红诉讼属于民事诉讼,举证责任属于原告方也就是小股东,要提供证据满足上述两个实质条件并不容易。

在司法实践中,确实已有小股东在强制分红诉讼中获得法院的支持。例如中国裁判文书网(http://wenshu.court.gov.cn/Index)于2018年4月3日刊载的庆阳市太一热力有限公司、李×军公司盈余分配纠纷(2016)最高法民终528号二审民事判决书,法院即根据查明的事实:1)太一热力公司有巨额的可分配利润;2)李×军同为太一热力公司及其控股股东太一工贸公司法定代表人,未经公司另一股东居立门业公司同意,没有合理事由将5600万余元公司资产转让款转入兴盛建安公司账户,转移公司利润,给居立门业公司造成损失,认定太一工贸公司滥用股东权利,符合《最高人民法院关于适用〈中华人民共和国公司法〉若干问题的规定(四)》第十五条但书条款规定的应进行强制盈余分配的实质要件,判决太一热力公司应向居立门业公司支付盈余分配款1600余万元,并澄清该强制盈余分配并不需以股权回购、公司解散、代位诉讼等其他救济措施为前置程序,居立门业公司对不同的救济路径有自由选择的权利。

除此之外,该判决还依据《公司法》第二十条第二款、第二十一条、第一百四十九条、第一百五十二条的规定,根据"李×

军既是太一热力公司法定代表人,又是兴盛建安公司法定代表人,其利用关联关系将太一热力公司5600万余元资产转让款转入关联公司”的事实,判决:若太一热力公司到期不能履行盈余分配款的给付义务,则由李×军承担赔偿责任。

看了前面案例后,可能有的读者会说,方法1不可取,还是方法2好用。可要是仔细注意一下方法2中案例的时间轴,会感觉方法2也不易。从该案的判决可知,该案一审立案时间为2013年,二审立案时间为2016年,至2017年12月方作出二审生效判决,前后近5年的时间,真可谓路漫漫其修远兮。

那是否有更好的方法3呢?确实有这样的方法3。让我们回到法律尊重公司股东自治的逻辑起点,回到章程和股东协议,作为小股东,若在出资时就要求一定合理条件下必须分配利润,相信大股东难以拒绝。这样,可以参照WTO争端解决中的反向协商一致(Negative/Reverse Consensus)原则,规定在满足某些条件的情况下,除非全体股东以100%表决权同意不进行利润分配,则公司必须进行利润分配,相当于在章程中设立强制的自动利润分配机制,而无须再就每次利润分配进行股东会表决。读者可参考下面的推荐条款:

利润分配:公司分配当年税后利润时,应当提取利润的10%列入公司法定公积金。公司法定公积金累计额达到公司注册资本的50%以上的,不再提取。公司的法定公积金不足以弥补以前年度亏损的,在依照前款规定提取法定公积金之前,应当先用当年利润弥补亏损。公司弥补亏损和提取公积金后所余税后利润,应当在每年4月底前将上年度可分配利润按实际出资比例分配给股东,分配金额不低于上年度可分配利润的80%,除非股东会以100%的表决权通过决议不予分配或者对分配比例作出其他调整。

有了这样的利润分配保障机制,小股东应该会感到安心,而大股东也可以此机制打消小股东的顾虑从而吸引更多投资，实现大股东与小股东的双赢。

相关法条：

1.《**中华人民共和国公司法**》（1993 年通过，2018 年修正）

第七十四条　有下列情形之一的，对股东会该项决议投反对票的股东可以请求公司按照合理的价格收购其股权：

（一）公司连续五年不向股东分配利润，而公司该五年连续盈利，并且符合本法规定的分配利润条件的；

（二）公司合并、分立、转让主要财产的；

（三）公司章程规定的营业期限届满或者章程规定的其他解散事由出现，股东会会议通过决议修改章程使公司存续的。

自股东会会议决议通过之日起六十日内，股东与公司不能达成股权收购协议的，股东可以自股东会会议决议通过之日起九十日内向人民法院提起诉讼。

2.《**最高人民法院关于适用〈中华人民共和国公司法〉若干问题的规定（四）**》（法释〔2017〕16 号）

第十五条　股东未提交载明具体分配方案的股东会或者股东大会决议，请求公司分配利润的，人民法院应当驳回其诉讼请求，但违反法律规定滥用股东权利导致公司不分配利润，给其他股东造成损失的除外。

6.3　保底收益条款能否为小股东提供有效保护？

在资金紧张时，大股东为了吸引更多投资，会愿意对小股东作出保底收益安排；而私募基金在通过溢价受让大股东部分股权时，通常会要求大股东就公司经营业绩作出一定的承诺，如果到期达不到业绩目标则应给予其一定的补偿。这类保底收益安排，即使是各方的真实意思表示，是否一定受法律保护呢？此问题要区分情形分析，不能一概而论。

例如，A 公司注册资本 800 万元，原有三个股东甲、乙、丙，其中甲出资 400 万元持股 50% 并负责 A 公司日常经营，乙、丙各出资 200 万元并各自持股 25%。在经营过程中，因资金紧张，甲找到丁，希望丁投资 200 万元，并约定期限两年，占股 20%，年收益率不低于 25%，并签署书面协议。在丁投资后的两年内，A 公司并未实现盈利，而是产生亏损 150 万元。那么，这种对丁的保底收益约定是否有效呢？

情形 1：甲、乙、丙、丁签署增资扩股协议及股东会决议，将丁在公司登记机关登记为股东，丁以缴纳出资款的方式向公司缴纳 200 万元并签署公司章程，公司注册资本增加至 1000 万元，各方在增资扩股协议及股东会决议均规定无论盈亏，A 公司均应向丁支付保底收益。

在该情形 1 下，丁已完整履行成为股东的手续，正式成为 A 公司股东。按照《公司法》第一百六十六条的规定，只有在盈利且弥补亏损并留足 10% 的法定公积金时，方可对公司利润予以分配。在公司没有盈利时以分配利润或者其他方式，将公司财产分配给股东，实质是公司抽逃出资，损害了公司债权人的利益，协助抽逃出资的股东也对返还该出资负有连带责任。

这样，情形 1 下的保底收益约定因违反《公司法》第三十五条和第一百六十六条的强制性规定而无效，故丁无法向 A 公司主张保底收益。

情形 2：在情形 1 的基础上，假若四个股东增资扩股协议规定的不是由 A 公司负责向丁支付年 25% 的收益，而是规定由甲向丁支付该保底收益，是否有效呢？

最高人民法院在其再审的海富投资诉甘肃世恒对赌协议案中，否定了股东要求公司兑现业绩承诺的要求，但认可股东之间的补偿承诺并不损害公司及公司债权人利益，不违反法律法规的禁止性规定，予以保护。按照该案体现的原则，甲应当向丁支付约定的保底收益。

情形3：丁只是向A公司缴纳了出资款200万元，并在与A公司和甲的协议中规定该200万元投资为期2年且年收益率不低于25%，2年期满退还200万元投资本金并支付所约定的保底收益，丁并没有签署A公司章程，A公司也没有将注册资本从800万元增加至1000万元。那这样的约定下，丁是否有权要求A公司和甲返还200万元本金并按年25%支付保底收益呢？

在该情形3下，丁并没有成为公司A的股东，丁与A公司和甲的协议虽然名为投资协议，却约定了保底收益条款，不符合投资具有风险性的本质特征，实质在保证本息固定回报，属于典型的"名为投资、实为借贷"，故应当按照借贷的法律规定处理，即丁有权要求A公司退还本金200万元并按照年息24%支付利息。之所以不能按照约定的年收益率25%计算，是因为法院保护的年息不超过24%。之所以不能向甲主张返还而只能向A公司返还，因为甲在此实质民间借贷行为中属于职务行为，其后果应当由A公司承担，除非明确记载甲是以A公司共同债务人或者保证人的身份签署该投资协议。

如此看来，负责经营的控股股东给其他小股东的固定收益许诺是有约束力的，若读者收到的投资邀请中有保底收益内容，务必确保在文件上体现的承诺人是控股股东而不是所投资的公司。在股东协议或者控股股东出具的承诺书中，可参考下面的示范条款，以落实保底收益安排。

业绩承诺与保底收益：甲作为A公司的控股股东和实际控制人，承诺负责确保A公司在本协议签署之后每年度经审计的净资产收益率均不低于25%；如果A公司任何年度经审计的净资产收益率低于25%，甲应当向丁履行补偿义务，补偿金额的计算公式为:(25% - 当年度净资产收益率) × 丁出资金额。

按上面的公式,即使当年度净资产收益率是负数,也就是公司是亏损的,但丁还是有权从甲处获得不低于年 25% 的收益补偿,而且本金亏损也会得到弥补。

相关法条:

1.**《中华人民共和国公司法》**(1993 年通过,2018 年修正)

第三十五条　公司成立后,股东不得抽逃出资。

第一百六十六条　公司分配当年税后利润时,应当提取利润的百分之十列入公司法定公积金。公司法定公积金累计额为公司注册资本的百分之五十以上的,可以不再提取。

公司的法定公积金不足以弥补以前年度亏损的,在依照前款规定提取法定公积金之前,应当先用当年利润弥补亏损。

公司从税后利润中提取法定公积金后,经股东会或者股东大会决议,还可以从税后利润中提取任意公积金。

公司弥补亏损和提取公积金后所余税后利润,有限责任公司依照本法第三十四条的规定分配;股份有限公司按照股东持有的股份比例分配,但股份有限公司章程规定不按持股比例分配的除外。

股东会、股东大会或者董事会违反前款规定,在公司弥补亏损和提取法定公积金之前向股东分配利润的,股东必须将违反规定分配的利润退还公司。

公司持有的本公司股份不得分配利润。

2.**《最高人民法院关于审理民间借贷案件适用法律若干问题的规定》**(法释〔2015〕18 号)

第二十六条　借贷双方约定的利率未超过年利率 24%,出借人请求借款人按照约定的利率支付利息的,人民法院应予支持。

借贷双方约定的利率超过年利率 36%,超过部分的利息约定无效。借款人请求出借人返还已支付的超过年利率36%部分的利息的，人民法院应予支持。

6.4　小股东如何防控大股东单独转让股权的风险？

在现实中，有的小股东对公司业务并不熟悉，公司经营和盈利主要依赖大股东，而且当时投资时主要基于对特定大股东的信任。换言之，如果大股东出售股权退出公司，那小股东就不再对公司持有同样的信心。而且，小股东虽然有优先购买权，但自己也不会购买大股东的股权。

如何避免大股东单独转让股权呢？《公司法》默认规定中并没有这样的机制，只能开动脑筋利用公司章程和股东协议的自治属性事先就此情形作出约定，可以考虑规定小股东的跟售选择权（随售选择权，Tag - along Right），即规定大股东在转让股权时，若小股东选择跟售，则大股东必须确保以不逊于大股东的条件同时转让小股东股权，否则大股东不能转让股权。这里要注意，小股东跟售是选择权，要避免写成必须跟售。选择权的概念是小股东到时根据实际情况决策，如果实际情况不跟售更好，则可以选择不跟售，决定权在小股东，以避免跟售的权利变成必须跟售的义务。在这样的机制下，一经小股东行使跟售选择权，大股东必须要把小股东的股权转让纳入一揽子交易考虑，同进同出，避免对大股东有强烈人身信任的小股东落单。

实务中，可以在章程及股东协议中使用下面的示范条款：

控股股东××转让本公司股权时，其他股东在同等条件下享有优先受让权。若其他股东不同意受让××转让的本公司股权且要求同时转让自身持有的本公司股权，控股股东××应确保在转让股权时，以不逊于自身可实现的股权转让价格及条件，同时实现其他股东转让股权，否则××不得转让股权；××将本公司股权转让给其控股的关联公司的除外。

相关法条：

同第4.8小节。

6.5　小股东如何防控股权被恶意稀释的风险？

随着公司业务的发展，在公司现金流不足以支撑业务需要时，或者需要引入战略投资者时，公司将增加注册资本，没有参加新增注册资本认缴的股东股权将被稀释。正常情况下，股东会根据业务实际确定自己是否认缴新的出资，各股东都享有按原实缴出资比例认缴新增出资的权利，但也不排除大股东利用控股权恶意稀释小股东股权的情况。

例如，A公司注册资本1000万元，甲出资850万元持股85%，乙出资150万元持股15%。公司经营三年，每年有300万元的净利润，但一直未作分配。甲以公司流动资金不足为由，召集股东会要求对A公司增资，并提出议案，内容为：(1)为A公司注册资本增加1000万元，增资后的注册资本达到2000万元；(2)两个股东应同等比例增资；(3)股东放弃全部或部分认购权利的，其他股东可以相应增加认购的权利，未认购增资的股东按照增资后的注册资本相应稀释股权。在股东会上，乙以公司尚有近千万元的未分配利润、流动资金足够为由反对增资议案，但还是由甲以85%的表决权通过了增资议案。甲认缴了全部新增资本1000万元，增资后，甲持有A公司92.5%股权，乙持有A公司7.5%的股权。

这种情况下，乙是否有权以甲滥用股东权利为由否定增资股东会决议的效力或者要求甲及A公司予以赔偿呢？按照《公司法》第二十条的规定，公司股东不得滥用股东权利损害其他股东的利益。在前述案例中，虽然表面上是以超过2/3的表决权通过了增资决议，且按照注册资本稀释未增资的乙的股权，符合公司增资的表面要求，但读者应关注一下实质内容即A公司每年均有未分配利润300多万元，该决议稀释乙股权时，仅考虑了注册资本，而没有考虑实际净资产，通过不当摊薄乙的股权，将原本归属于乙的未分配利润及之后的收益权转给了甲，甲显然属于滥用控股股东的地位损害股东乙的利益，该增资行为属于无效，甲应当向乙承担赔偿责任。

但是否《公司法》第二十条就足以完全保护小股东免受控股股东任意稀释股权呢？显然不是。在上述案例中，假若A公司前三年没有利润，或者股东会决议将未分配利润纳入计算稀释后各方股权的基数（增资后甲的持股比例为90.17%，乙的持股比例为9.83%），那么，法院将难以认定甲滥用控股股东地位恶意稀释乙的股权，因为该行为并没有现实损害乙的权利，而属于正常的商业判断。

这样看来，小股东若不希望控股股东任意稀释自己的股权，很有必要在设立公司伊始就向其他股东阐明自己的意愿，并将反稀释机制写入公司章程与股东协议中，特别是控股股东基于某种原因一定会迁就和同意的小股东（如出资虽然不多但掌握公司业务核心技术的小股东），应当善于利用公司自治机制，包括出资比例、表决权比例与分红权比例可以不一致的机制，使用下面的条款，确保自己的股权不被稀释。

基于公司股东乙对公司筹办工作的特殊贡献，全体股东一致确认和同意，在公司增加出资时，若乙选择不认缴新增出资的，在乙的实缴出资比例被稀释至10%以下时，乙股权所对应的表决权和分红权不再按照乙的持股比例计算，也不随实缴出资比例被稀释,而是确认为10%,以体现对乙特殊贡献的认可。在此情况下,在乙固定10%表决权和分红权之外的90%表决权和分红权,由其他股东按照各自对应的实缴出资比例在其他各股东间按比例予以分配。本条款非经全体股东一致同意,不得修改,且对新加入的股东具有约束力。

这样的条款,含义就是其他股东你们可以增资,我虽是小股东,但分红权和表决权不受你们稀释。如果小股东有这样的金刚钻,能获得其他股东的认可而将此反稀释机制写入公司章程,则会得到法律保护。

当然,另外一个简单易行的机制就是,在公司章程中赋予小股东对增资的否决权,即未经小股东同意无法通过增资决议。若有几个小股东,也不宜要求增资决议必须100%股权同意,在法定的2/3表决权之上有适度提高即可。例如:

股东会会议作出增加或者减少注册资本的决议,必须经代表3/4以上表决权的股东通过,且必须至少同时获得一名持股比例在10%以下的股东同意方为有效。本条款非经全体股东一致同意,不得修改,且对新加入的股东具有约束力。

也可以考虑在公司章程中直接规定增资启动的财务指标门槛以限制任意增资,例如:

在公司资产负债率低于或者等于80%时,增加注册资本的决议须经代表90%以上表决权的股东通过方为有效;在公司资产负债率高于80%时,增加注册资本的决议须经代表2/3以上表决权的股东通过方为有效。本条款非经全体股东一致同意,不得修改,且对新加入的股东具有约束力。

避免小股东股权被任意稀释的机制可以设计很多,最终还是取决于设立公司时小股东是否有此防护意识,以及对大股东的议价能力如何。如果小股东虽有议价能力和资本,但没有意识去谈判和安排这样的章程保护机制,那就十分可惜。

相关法条：

《中华人民共和国公司法》(1993 年通过,2018 年修正)

第二十条　公司股东应当遵守法律、行政法规和公司章程,依法行使股东权利,不得滥用股东权利损害公司或者其他股东的利益;不得滥用公司法人独立地位和股东有限责任损害公司债权人的利益。

公司股东滥用股东权利给公司或者其他股东造成损失的,应当依法承担赔偿责任。

公司股东滥用公司法人独立地位和股东有限责任,逃避债务,严重损害公司债权人利益的,应当对公司债务承担连带责任。

第四十三条　股东会的议事方式和表决程序,除本法有规定的外,由公司章程规定。

股东会会议作出修改公司章程、增加或者减少注册资本的决议,以及公司合并、分立、解散或者变更公司形式的决议,必须经代表三分之二以上表决权的股东通过。

6.6　小股东如何通过知情权防范大股东侵占公司财产?

大股东和小股东之间的很多矛盾都是由财产处置引起的,特别是小股东怀疑大股东侵占或者利用关联交易转移公司财产,从而损害自己的利益。在这样的情况下,小股东想到的第一个问题就是行使知情权,查账验证,最好连原始会计凭证也一起拿来审计。

《公司法》第三十三条确实规定了股东的知情权,但规定有权查阅、复制的范围仅包括公司章程、股东会会议记录、董事会会议决议、监事会会议决议和财务会计报告,而会计账簿与原始会计凭证并不在当然的查阅复制范围之内。如果股东想查阅会计账簿,应当向公司提出书面请求,说明目的。而公司有合理根据认为股东查阅会计账簿有不正当目的,可能损害公司合法利益的,可以拒绝提供查阅。

在司法实践中,通常做法是在排除股东查阅会计账簿有不正当目的后,判决公司提供会计账簿供股东查阅,查阅的范围包括原始会计凭证,如湖南省高级人民法院在吴×贵与益阳嘉好房地产开发有限公司股东知情权纠纷二审(2017)湘民终542号民事判决书中的处理。但是,局限于《公司法》第三十三条第二款查阅的字面规定,通常法院仅允许查阅会计账簿,并不允许记录、复制、摘抄会计账簿与原始凭证,例如同样是湖南省高级人民法院,在长沙蓄能工贸有限责任公司与黄×股东知情权纠纷(2016)湘民再2号再审民事判决书中,就明确驳回了股东黄×要求复制会计账簿及原始凭证的诉讼请求。

很多读者会问,仅通过财务会计报告很难看到事实和问题,而能够发现问题的会计账簿与原始凭证只让查阅不让复制,哪有那么大的脑子去把所有信息都像扫描仪一样装进去呢?司法机关也注意到该问题,在司法解释中澄清,法院判决股东查阅的执行中,在该股东在场的情况下,可以由会计师、律师等依法或者依据执业行为规范负有保密义务的中介机构执业人员辅助进行。强调一下,必须是法院判决查阅的情况下,且还是不允许复制,看来记忆力超强的会计师、律师会受青睐。

由于该司法解释并没有从根本上解决小股东知情权受限的情况,要彻底解决该问题,还是要回到公司章程自治。若公司章程明确规定全体股东有权查阅和复制公司全部会计账簿及原始凭证、文件档案,人民法院会尊重公司章程的规定予以支持。当然,也要考虑小股东滥用此权利损害公司和其他股东利益的可能，章程中设置该条款时，有必要施加一定的限制。可参考下面的条款：

股东知情权：

1. 股东有权查阅与复制公司会计账簿与原始会计凭证。股东要求查阅与复制公司会计账簿与会计凭证的，应当向公司提出书面请求，说明目的。

2. 公司有合理根据认为股东查阅与复制会计账簿有不正当目的，可能损害公司合法利益的，可以拒绝提供查阅，并应当自股东提出书面请求之日起十五日内书面答复股东并说明理由。

3. 合计持有公司股权达到〔20〕%的几个股东共同要求查阅与复制公司会计账簿与原始会计凭证的，不受前述第1款与第2款限制，公司必须提供会计账簿与原始会计凭证给股东查阅和复制，不得拒绝。

4. 股东查阅与复制公司会计账簿与原始会计凭证，对由此所获得的信息应当予以保密，直至此类信息丧失保密性进入公知领域，且只得用于维护股东自身权利的行动，不得将其用于与公司进行业务竞争。股东违反本款保密义务的，应当向公司承担赔偿责任。

即使通过公司章程规定小股东享有知情权，有权查阅、复制财务资料，但若小股东行使权利时，受大股东控制的财务拒不提供财务资料，该如何处理？

从民事上，小股东除可起诉至人民法院要求行使知情权外，也可起诉公司的董事、经理及财务负责人，要求其赔偿小股东因为公司未制作和保存会计账簿与原始会计凭证而遭受的损失。在此压力下，除非有涉及自身的更大黑洞需要遮掩，作为员工的财务负责人通常会改弦更张，配合小股东查阅、复制。

在极端情况下，有可能出现财务资料被隐匿甚至销毁的情况，那这时小股东应该怎么办呢？除了前段所述的对公司董事、经理、财务人员提起民事诉讼外，小股东还可以考虑刑事报案，以隐匿、故意销毁会计凭证、会计账簿、财务会计报告罪，追究主管人员和直接责任人员的刑事责任，迫使其交出财务资料。该罪的立案起点为涉及金额五十万元以上的隐匿、故意销毁行为，而对于依法应当向司法机关、行政机关、有关主管部门等提供而隐匿、故意销毁或者拒不交出会计凭证、会计账簿、财务会计报告的，没有金额起点限制，有此行为即可刑事立案。

小股东在拿到财务资料包括原始凭证后，若发现大股东的确侵占公司财产，包括以虚假文件将公司财产转移给其个人或其控制的其他公司的，可以参考本书第4.14小节的论述，以涉嫌挪用资金罪或者职务侵占罪，到公安机关报案，追究其刑事责任。

若大股东并没有明显的挪用资金或者职务侵占行为，而是通过关联交易，以非公允的价格处置公司财产，由其关联公司获利而使公司遭受损失的，小股东是否有救济渠道呢？我国《公司法》虽不完全禁止关联交易，但却禁止利用关联关系损害公司利益。通常说来，合法有效的关联交易应当同时满足以下三个条件：交易信息披露充分、交易程序合法、交易对价公允。如果小股东在查账后确认公司的关联交易未满足上述三个条件，且给公司造成了损失，可以依据《公司法》第二十一条的规定提起诉讼。

需要补充的是，此类关联交易损害责任案件也受《民法总则》诉讼时效的约束，即小股东应当在知道或者应当知道自己的权利受损之日起三年内提起诉讼，且适用谁主张谁举证的原则，更加凸显在公司章程中详细规定股东有权查阅、复制财务资料的必要性和价值。

相关法条：

1.《**中华人民共和国公司法**》（1993年通过，2018年修正）

第二十一条　公司的控股股东、实际控制人、董事、监事、高级管理人员不得利用其关联关系损害公司利益。

违反前款规定，给公司造成损失的，应当承担赔偿责任。

第三十三条　股东有权查阅、复制公司章程、股东会会议记录、董事会会议决议、监事会会议决议和财务会计报告。

股东可以要求查阅公司会计账簿。股东要求查阅公司会计账簿的，应当向公司提出书面请求，说明目的。公司有合理根据认为股东查阅会计账簿有不正当目的，可能损害公司合法利益的，可以拒绝提供查阅，并应当自股东提出书面请求之日起十五日内书面答复股东并说明理由。公司拒绝提供查阅的，股东可以请求人民法院要求公司提供查阅。

2.**《最高人民法院关于适用〈中华人民共和国公司法〉若干问题的规定（四）》**（法释〔2017〕16号）

第八条　有限责任公司有证据证明股东存在下列情形之一的，人民法院应当认定股东有公司法第三十三条第二款规定的“不正当目的”：

（一）股东自营或者为他人经营与公司主营业务有实质性竞争关系业务的，但公司章程另有规定或者全体股东另有约定的除外；

（二）股东为了向他人通报有关信息查阅公司会计账簿，可能损害公司合法利益的；

（三）股东在向公司提出查阅请求之日前的三年内，曾通过查阅公司会计账簿，向他人通报有关信息损害公司合法利益的；

（四）股东有不正当目的的其他情形。

第十条　人民法院审理股东请求查阅或者复制公司特定文件材料的案件，对原告诉讼请求予以支持的，应当在判决中明确查阅或者复制公司特定文件材料的时间、地点和特定文件材料的名录。

股东依据人民法院生效判决查阅公司文件材料的，在该股东在场的情况下，可以由会计师、律师等依法或者依据执业行为规范负有保密义务的中介机构执业人员辅助进行。

第十一条 股东行使知情权后泄露公司商业秘密导致公司合法利益受到损害，公司请求该股东赔偿相关损失的，人民法院应当予以支持。

根据本规定第十条辅助股东查阅公司文件材料的会计师、律师等泄露公司商业秘密导致公司合法利益受到损害，公司请求其赔偿相关损失的，人民法院应当予以支持。

第十二条 公司董事、高级管理人员等未依法履行职责，导致公司未依法制作或者保存公司法第三十三条、第九十七条规定的公司文件材料，给股东造成损失，股东依法请求负有相应责任的公司董事、高级管理人员承担民事赔偿责任的，人民法院应当予以支持。

3.**《中华人民共和国刑法》**（1979年通过，2017年修正）

第一百六十二条之一 隐匿或者故意销毁依法应当保存的会计凭证、会计账簿、财务会计报告，情节严重的，处五年以下有期徒刑或者拘役，并处或者单处二万元以上二十万元以下罚金。

单位犯前款罪的，对单位判处罚金，并对其直接负责的主管人员和其他直接责任人员，依照前款的规定处罚。

4.**《最高人民检察院、公安部关于公安机关管辖的刑事案件立案追诉标准的规定（二）》**（公通字〔2010〕23号）

第八条 〔隐匿、故意销毁会计凭证、会计账簿、财务会计报告案（刑法第一百六十二条之一）〕隐匿或者故意销毁依法应当保存的会计凭证、会计账簿、财务会计报告，涉嫌下列情形之一的，应予立案追诉：

（一）隐匿、故意销毁的会计凭证、会计账簿、财务会计报告涉及金额在五十万元以上的；

（二）依法应当向司法机关、行政机关、有关主管部门等提供而隐匿、故意销毁或者拒不交出会计凭证、会计账簿、财务会计报告的；

（三）其他情节严重的情形。

6.7　小股东是否有权要求公司回购自己的股权？

基于有限公司的资本维持与确定原则，为保护公司债权人的利益，股东在出资后非经法定程序不得抽回出资即减资，也不得抽逃出资。按照《公司法》规定，公司减资必须经过2/3以上表决权股东同意且应通知债权人并进行公告，在对债权人提前清偿或者提供担保后，方可实施减资。

但不可否认，由于有限公司具有一定的人合属性，在公司经营过程中，会出现部分股东希望退出公司但无法获得大部分股东认同的情况，特别是在公司发生重大变化偏离股东最初投资初衷的时候。在此情况下，虽然基于资本多数表决制，少数股东无法改变依据大多数股权所作的决策，但为平衡保护少数股东的利益，《公司法》第七十四条设立了公司回购机制即减资机制，赋予投反对票的少数派股东在三种情形下要求公司回购其股权从而退出公司的权利，即回购选择权，具体情形包括：

（1）公司连续五年不向股东分配利润，而公司该五年连续盈利，并且符合分配利润条件的；

（2）公司合并、分立、转让主要财产的；

（3）公司章程规定的营业期限届满或者章程规定的其他解散事由出现，股东会会议通过决议修改章程使公司存续的。

前述三种情形，均属于偏离公司股东最初的投资初衷。例如，情形1公司做铁公鸡，偏离了股东追求投资回报的初衷，情形2合并会加入新的陌生股东，偏离了原公司股东间的人合考虑,而情形 3 偏离了最初的投资和退出期限。

在出现上述三种情形之一时,少数派股东有权要求退股,无须股东会再以 2/3 以上表决权同意,而是由公司与该少数派股东直接签署股权收购协议进行实质减资,并办理通知债权人、公告及提前清偿债务或者向债权人提供担保的步骤。如果在导致上述三种情形之一发生的股东会决议通过之日起六十日内,股东与公司还不能达成股权收购协议的,股东可以向人民法院提起诉讼,通过法院判决的方式落实该退股权利。

有的读者可能会提出,有这样的股东退出机制固然不错,但这三种情形太有限,若在章程中规定其他退股情形,是否会受法律保护呢?

基于公司股东自治的原则,且《公司法》第七十四条规定的情形 3 包括"章程规定的其他解散事由",若全体股东签署并同意的公司章程中规定了更多的解散事由,也会实质增加回购选择权的适用情形。例如,章程规定亏损达到实缴资本的 60% 时,公司自动解散,在其他股东以 2/3 表决权通过股东会决议同意公司继续经营的,对此持异议的股东,有权要求公司回购其股权。

同样,《公司法》第七十四条规定的情形 2 并没有规定转让主要财产的细化数字或者比例标准,股东也可以在章程中作出细化规定,以此来定义触发股权回购的具体情形。例如,章程可以规定,占公司当期净资产 40% 以上的财产转让,落入情形 2 的转让主要财产定义。

还需提醒的是,该回购选择权的行使具有很强的时间限制,主要是为避免股东长时间没有行使权利给公司稳定带来不确定性。所以,读者若要行使该回购选择权,应当首先在导致上述三种情形之一的股东会决议通过日起 60 日内与公司协商回购股权,若 60 日内未达成股权收购协议的,应当在之后的 30 日内提起诉讼。也就是说,如果从股东会决议之日起90日内还没通过起诉方式行使回购选择权,则该权利灭失。注意,即使在这90日内持续不断地通过当面协商或者发函要求公司回购,但只要在60日内没达成股权收购协议也没起诉,90日届满后该回购选择权还是会消灭。用法律术语讲,这90日是除斥期间,不存在类似诉讼时效的中断或延长机制,90日届满后产生的法律效果是回购选择权灭失。所以,读者若要行使回购选择权,务必不要过期。

相关法条:

1.《**中华人民共和国公司法**》(1993年通过,2018年修正)

第七十四条 有下列情形之一的,对股东会该项决议投反对票的股东可以请求公司按照合理的价格收购其股权:

(一)公司连续五年不向股东分配利润,而公司该五年连续盈利,并且符合本法规定的分配利润条件的;

(二)公司合并、分立、转让主要财产的;

(三)公司章程规定的营业期限届满或者章程规定的其他解散事由出现,股东会会议通过决议修改章程使公司存续的。

自股东会会议决议通过之日起六十日内,股东与公司不能达成股权收购协议的,股东可以自股东会会议决议通过之日起九十日内向人民法院提起诉讼。

6.8 小股东如何质疑董事会及股东会决议?

股东会作为公司的权力机构,其行使职权的方式是通过股东会决议,董事会也是以董事会决议的方式行使职权。这样,不排除小股东对股东会决议及董事会决议产生异议的情况,《公司法》第二十二条及相关司法解释赋予股东、董事及监事相应的质疑权利与机制，具体见下表：

<table>
<tr><th>质疑事由</th><th>有权质疑者</th><th>质疑方式与方向</th><th>质疑时限</th></tr>
<tr><td>(1)决议内容违反法律、行政法规</td><td>股东、董事、监事</td><td>起诉至法院，请求确认决议无效</td><td>《公司法》未规定时间限制，但考虑由此产生的其他权利受诉讼时效限制，应在三年的诉讼时效期间内起诉</td></tr>
<tr><td>(2)决议内容违反公司章程</td><td rowspan="2">股东</td><td rowspan="2">起诉至法院，请求撤销决议</td><td rowspan="2">自决议作出之日起六十日内</td></tr>
<tr><td>(3)会议召集程序、表决方式违反法律、行政法规或者公司章程</td></tr>
<tr><td>(4)公司未召开会议的，但依据《公司法》第三十七条第二款或者公司章程规定可以不召开股东会或者股东大会而直接作出决定，并由全体股东在决定文件上签名、盖章的除外</td><td rowspan="3">股东、董事、监事</td><td rowspan="3">起诉至法院，请求确认决议不成立</td><td rowspan="3">《公司法》未规定时间限制，但考虑由此产生的其他权利受诉讼时效限制，应在三年的诉讼时效期间内起诉</td></tr>
<tr><td>(5)会议未对决议事项进行表决的</td></tr>
<tr><td>(6)出席会议的人数或者股东所持表决权不符合公司法或</td></tr>
</table>

续表

质疑事由	有权质疑者	质疑方式与方向	质疑时限
者公司章程规定的			
(7)会议的表决结果未达到公司法或者公司章程规定的通过比例的			
(8)导致决议不成立的其他情形			

例如，在没有章程或股东协议依据的情况下，即使以2/3的表决权通过股东会决议，将某个已按期缴纳出资的股东除名，因为该除名股东会决议侵犯了股东基本权利，被除名的股东及任何持异议的董事、监事都有权起诉至法院，要求确认该决议无效。

又如，公司章程规定不得投资某个行业，而股东会决议违反该章程条款，决定投资该被章程禁止的行业，则只有异议股东才有权在60日内起诉至法院，要求撤销该股东会决议，董事和监事并无此权利；如果在60日内没有起诉，则该股东会决议的效力就转换为确定的有效。

再如，某次股东会并没有讨论和表决增资事项，但后来散发给股东要求签署的决议上却有增资事项，则即使大多数股东签署，只要不是全体股东均签署，股东、董事及监事均有权起诉，要求确认该决议不成立。

在上述三类起诉质疑决议的案件中，被告都要列为公司，而不是那些作出决议的股东或者董事。

在决议涉及公司登记事项时，如前例中的股东除名，即使公司已经根据除名决议办理股东变更登记将被除名股东从公司登记机关的股东名册中移除，但在法院确认该除名决议无效后，公司应申请撤销此前的股东变更登记，恢复原被除名股东的股东登记。

但是，在决议涉及外部第三方时，例如章程规定公司出售不动产应当经过2/3以上表决权的股东通过决议方为有效，但是股东会仅以过半数表决权通过，显然属于上述表格的情形7）决议不成立。在此情形下，若公司已与买受人签署合同，并且办理了不动产的交付与过户，在异议股东通过诉讼确认该出售不动产的决议不成立后，该不动产交易是否可以取消呢？

在此，要区分买受人是善意还是恶意。如果买受人属于善意，根本不知道卖方公司内部章程的规定，则法律还是保护该交易，不会因为卖方股东会决议不成立而导致交易无效。但是，如果买受人属于恶意，明知卖方公司章程的此项规定且明知股东会决议的赞成票不足，交易价格又明显偏低显失公平的，则卖方公司将有权依据《合同法》第五十四条的规定，在一年之内请求法院或者仲裁机构撤销该交易。通常说来，买受人并没有了解卖方公司章程及股东会表决情况的义务。

综上所述，读者若作为小股东对公司董事会决议或者股东会产生质疑时，可以对比前面表格中的情形，及时起诉处理。

相关法条：

1.**《中华人民共和国公司法》**（1993年通过，2018年修正）

第二十二条　公司股东会或者股东大会、董事会的决议内容违反法律、行政法规的无效。

股东会或者股东大会、董事会的会议召集程序、表决方式违反法律、行政法规或者公司章程，或者决议内容违反公司章程的，股东可以自决议作出之日起六十日内，请求人民法院撤销。

股东依照前款规定提起诉讼的，人民法院可以应公司的请求，要求股东提供相应担保。

公司根据股东会或者股东大会、董事会决议已办理变更登记的，人民法院宣告该决议无效或者撤销该决议后，公司应当向公司登记机关申请撤销变更登记。

2.《**中华人民共和国合同法**》(1999年通过)

第五十四条　下列合同，当事人一方有权请求人民法院或者仲裁机构变更或者撤销：

(一)因重大误解订立的；

(二)在订立合同时显失公平的。

一方以欺诈、胁迫的手段或者乘人之危，使对方在违背真实意思的情况下订立的合同，受损害方有权请求人民法院或者仲裁机构变更或者撤销。

当事人请求变更的，人民法院或者仲裁机构不得撤销。

第五十五条　有下列情形之一的，撤销权消灭：

(一)具有撤销权的当事人自知道或者应当知道撤销事由之日起一年内没有行使撤销权；

(二)具有撤销权的当事人知道撤销事由后明确表示或者以自己的行为放弃撤销权。

3.《**最高人民法院关于适用〈中华人民共和国公司法〉若干问题的规定(四)**》(法释〔2017〕16号)

第五条　股东会或者股东大会、董事会决议存在下列情形之一，当事人主张决议不成立的，人民法院应当予以支持：

(一)公司未召开会议的，但依据公司法第三十七条第二款或者公司章程规定可以不召开股东会或者股东大会而直接作出决定，并由全体股东在决定文件上签名、盖章的除外；

(二)会议未对决议事项进行表决的；

(三)出席会议的人数或者股东所持表决权不符合公司法或者公司章程规定的；

(四)会议的表决结果未达到公司法或者公司章程规定的

通过比例的；

（五）导致决议不成立的其他情形。

第六条 股东会或者股东大会、董事会决议被人民法院判决确认无效或者撤销的，公司依据该决议与善意相对人形成的民事法律关系不受影响。

6.9 公司授予股权并发了股权证，是否受法律保护？如何避免被忽悠？

随着股权激励应用得越来越多，很多公司员工也从单纯的打工者变成了股东或者事业合伙人。规模较大的公司或者上市公司，会有专门的股权激励计划和股权激励平台，一般是设立有限合伙作为持股平台，被激励的员工认购有限合伙的出资份额，通过有限合伙企业间接持股。这时，被激励的员工需要查看企业登记系统，确保自己在该有限合伙企业的合伙人之列，而该有限合伙企业同时又在公司的登记股东之列，才能确定自己真的是公司股权激励的受益者。读者可以通过国家企业信用信息公示系统免费查看企业登记，网址为：http://www.gsxt.gov.cn/index.html。

在实践中，也会出现公司发放了股权证，但是在国家企业信用信息公示系统中并没登记为股东的情形。例如，企业登记系统显示，甲和乙是公司的股东，注资资本500万元，甲持股60%并担任法定代表人，乙持股40%，丙是公司关键技术人员。公司曾向丙签发股权证，记载公司向丙实施股权激励，丙根据该股权证享有公司5%的股权，该股权证加盖公司印章并由人事部门负责人签字。两年后该公司利润丰厚，技术也已成熟且完成交底，丙持该股权证要求分红未果，起诉至法院，要求确认其股东资格并且分红,能否得到法院的支持呢?

这就回到了股权的来源问题。股权通常通过两种方式取得,包括原始取得和继受取得。原始取得的途径为发起设立公司或增资并在章程上签字并认缴出资;而继受取得包括受让既有股东的股权、继承等。需要明确的是,股权是股东对公司享有的权利,公司是股权的标的,故公司通常无权处置股东的权利(包括但不限于稀释或者回购),除非由股东会以 2/3 以上的表决权决议决定公司增资或者减资。

回到前述案例,丙虽然持有股权证,但是,并没有证据证明丙已经向公司出资、认缴出资而成为股东,也没有证据证明丙从既有股东甲或者乙处以受让、赠与、继承等方式继受公司股权,故丙并非公司的股东,其确认股东资格和分红的请求无法得到法院的支持,上海市中级人民法院在 2018 年 4 月 1 日公布的游 × × 诉上海回天新材料有限公司股东资格确认纠纷一案(2018)沪 01 民终 93 号二审民事判决书中,也持同样观点,维持一审判决,驳回了持有股权证的游 × × 确认股东资格的诉讼请求。

这样,无论以股权激励或者事业合伙人等方式享受公司股权激励,仅有股权证还是不够的,还要明确自己是以受让既有股东股权的方式还是新增出资的方式享有公司股权。

如果是受让既有股东股权方式,公司注册资本不变,需要完成的手续文件包括:(1)与原股东签署股权转让协议并且支付对价,作为享受股权的源泉;(2)获得公司向自己签发的出资证明书;(3)相应修改公司章程和股东名册中有关股东及其出资额的记载;(4)在公司登记机关办理股东变更登记。

如果是新增出资方式,则需要完成下列文件手续:(1)公司股东会以 2/3 表决权通过的增资决议;(2)以共同签署确认的增资扩股协议或者股东会决议记录认缴出资金额及所占公司股权比例;(3)自己作为股东签署公司章程;(4)实际向公司缴纳出资并获得公司签发的出资证明书;(5)公司办理变更登记,对注册资本和股东登记予以变更。

如果读者发现自己手里虽然有公司发的股权证,但并没有办理前面所述的手续,在国家企业信用信息公示系统中的公司登记中也看不到自己被登记为公司股东,那就要小心了,因为单靠股权证并不能享有股权,还是需要尽快按照前述股权转让或者增资的途径,完善手续文件,避免所谓的股权只是一场梦。

相关法条:

1.《**中华人民共和国公司法**》(1993 年通过,2018 年修正)

第七十三条　依照本法第七十一条、第七十二条转让股权后,公司应当注销原股东的出资证明书,向新股东签发出资证明书,并相应修改公司章程和股东名册中有关股东及其出资额的记载。对公司章程的该项修改不需再由股东会表决。

2.《**最高人民法院关于适用〈中华人民共和国公司法〉若干问题的规定(三)**》(法释〔2011〕3 号公布,法释〔2014〕2 号修正)

第二十二条　当事人之间对股权归属发生争议,一方请求人民法院确认其享有股权的,应当证明以下事实之一:

(一)已经依法向公司出资或者认缴出资,且不违反法律法规强制性规定;

(二)已经受让或者以其他形式继受公司股权,且不违反法律法规强制性规定。

第二十三条　当事人依法履行出资义务或者依法继受取得股权后,公司未根据公司法第三十一条、第三十二条的规定签发出资证明书、记载于股东名册并办理公司登记机关登记,当事人请求公司履行上述义务的,人民法院应予支持。

6.10　数个股东持股相近，如何设置章程条款以避免被歧视？

在实践中，可能会出现公司有数个股东，各股东持股比例都不高的情况，大家都是小股东，但有几个关系特别好的小股东联合起来，会控制公司股东会过半数的表决权，其他股东可能会被歧视。如果有这种顾虑，应该如何处理呢？

例如，甲公司有 A、B、C、D、E 五个股东，每个股东持股 20%，各自委任一名董事，其中 A、B、C 三个股东关系特别紧密，作为 D 或者 E，可以要求在章程中设置下列条款与机制，做到股东之间不会被歧视对待。

（1）提高表决门槛，在法定的修改公司章程、增加或者减少注册资本，以及公司合并、分立、解散或者变更公司形式之外，把其他重要事项也纳入 2/3 以上表决权方可通过的决议范畴。示范条款如下：

股东会会议作出修改公司章程、增加或者减少注册资本的决议，以及公司合并、分立、解散或者变更公司形式的决议，审议批准公司的年度财务预算方案、决算方案，必须经代表全体股东 2/3 以上表决权的股东通过。

股东会会议作出除前款以外事项的决议，须经代表全体股东 1/2 以上表决权的股东通过。

若股东会会议未能在当年 3 月 31 日前就本年度财务预算方案以 2/3 以上表决权通过决议，则视为形成公司僵局，公司应停止营业，自动转入解散清算程序，并在 6 个月内完成解散清算与注销。

（2）为投资、担保、处置公司财产等设定更高的表决门槛。

例如,如该公司的5个股东是同行,为解决共同面临的某个行业技术问题而设立该合资公司,则要避免该合资公司的知识产权被歧视性地单独许可给某个股东。章程示范条款如下:

公司向其他企业投资或者为他人提供担保,单笔金额不超过公司净资产的20%且当年度累计金额在公司净资产40%以内的,由董事会以全体董事2/3以上的董事表决通过作出决定方为有效;超出该限额的,由董事会以全体董事4/5以上的董事表决通过作出决定方为有效。

其中为公司股东或者其实际控制人或其关联公司提供担保的,必须经股东会决议。该项表决由出席会议的其他股东所持表决权的2/3通过,该股东不得参加。

公司自行开发或者受让的知识产权(包括但不限于专有技术、专利权、著作权、商标权等),应优先以非独家许可的方式按同等条件许可给本公司全体股东使用。公司对外处置知识产权时,除非经董事会全体董事4/5以上的董事表决通过,不得以转让或者独家许可的方式进行处分。

章程本条规定,除非经代表全体股东90%以上表决权的股东通过,不得进行修改。

(3)避免几个股东联合始终把持法定代表人职位,可规定法定代表人只能连选连任一次。章程示范条款如下:

公司设董事会,其成员为五人,五名股东各自委派一人,任期三年。董事任期届满,可以连任。

董事任期届满,委派该董事的股东未及时改选重新委派,或者董事在任期内辞职导致董事会成员低于法定人数的,在改选出的董事就任前,原董事仍应当依照法律、行政法规和公司章程的规定,履行董事职务。

董事会设董事长一人,由董事会选举产生,任期不得超过三年,仅得连选连任一次,累计任职不得超过六年。公司的法定代表人由董事长担任。

6.11 倾向于小股东的股东协议与公司章程

为节省篇幅，本书不再提供倾向于小股东的股东协议样本。本书前面第5.7小节中提供的倾向于大股东的协议样本，除了第5条和第6条特别倾向于大股东外，其他条款多属于中性条款，或者属于与《公司法》资本多数决原则下法律规定相一致的条款。若小股东希望形成对小股东有利的股东协议文本，可引用本章前面第1~10小节中提到的有利于小股东的示范条款，在前面第5.7小节倾向于大股东的股东协议样本基础上，将该样本中第3条中的董事选举修改为累积投票制或者委任制，并将自动增资稀释条款修改为反稀释条款，将大股东的拖售权调整为小股东的跟售选择权，设立利润分配的反向协商一致机制，要求大股东承担竞业限制义务，明确关联交易的审批机制等，以最大限度维护小股东的权利。

第5.7小节示范文本中第8条和第9条关于效力的规定，属于中性条款，目的是在后续登记章程等文件的过程中，因工商机关窗口人员要求而被迫与股东协议有不一致时，确保股东协议的优先适用效力，在倾向于小股东的股东协议中可继续保留；同样道理，该示范文本第2.3条股权代持示范描述可由读者根据实际情况选择删除或者保留。

第七章

购买股权及增资入股相关法律风险与实务攻略

成为一家有限公司的股东，其途径除了在公司初始设立时以股东身份出资外，还可在公司设立后购买现有股东的股权或者对公司增资入股，即购买股权与增资扩股。购买股权和增资扩股的好处在于无须对公司初始设立时其他股东的出资义务承担事实上的担保责任（详见本书第4.4小节），但短处也显而易见，包括入股的成本通常会高于注册资本，公司或有债务的风险较大，资产价值难以准确确定等。

但是，企业间通过并购加速扩张和发展是市场竞争的常见场景，由于实物资产并购有明显的缺点，包括税赋较重、无法转移目标资产的资质证书等，故实践中以购买股权和增资入股方式并购企业还是更为常见。

而在股权转让和增资入股两种并购方式中，如果目标公司的经营离不开原股东的支持与贡献，则以增资入股的方式更好，因为增资入股模式下，原股东并没有变现股权获得现金收入，而只是通过股权被稀释的方法使目标公司获得更多的现金流来进行经营，故原股东为实现投资回报，更愿意支持公司的经营发展。如果目标公司的经营并非与原股东有特定的依存关系，则在同等投资金额下，股权受让所取得的股权比例要高于增资入股方式取得的股权比例，也可考虑股权受让方式。

7.1 购买股权或者增资入股的交易对手是谁？有何风险问题？

这个问题看似简单，特别在股权转让协议中似乎不是问题，显然是两个股东之间的交易。但是，在增资入股中，有的读者可能会疑惑，因为增资是把款项投入到目标公司中，应该是投资者作为新股东与目标公司间的交易吧？

由于增资扩股必须要经过股东会 2/3 以上表决权的股东同意，而且增资扩股相关的投资回报等承诺实际是由股东而非目标公司作出，故在增资入股的投资交易中，真实的交易对手仍然是目标公司的股东，或者限缩一下，交易对手是对增资扩股投赞成票的股东。

若在交易对手的识别方面犯方向性错误，后果十分严重。例如，若甲公司现有 A、B、C 三个股东，D 作为新股东拟增资入股，A 和 B 合并持有甲公司 70% 的股权，在说服 D 投资时给出的承诺是年回报率不低于 20%，且可以随时退出，并且将承诺体现到增资入股协议中，但增资入股的股东会决议和章程中并未体现该承诺。这时，若增资扩股协议的签署者是投资者 D 和甲公司，则该条款因为违背资本维持原则并损害债权人的利益而归于无效；但如果签署者是投资者 D 和 A、B 两个股东，且细化为投资者 D 对 A 和 B 两个股东享有卖出选择权，则该条款并未损害甲公司债权人和其他股东的利益，属于有效条款，投资者 D 有权要求 A 和 B 两个股东购买自己的股权而实现回报率和随时退出的目标，详细论述请见本书第 6.3 小节。

所以，目标公司是股权投资的对象，但并不是股权交易的对手。在股权交易中，作为交易前提的陈述、保证与承诺条款，应当由真实的交易对手即目标公司的原股东特别是控股股东作出。若原股东坚持由目标公司作承诺，而不是由原股东签署陈述、保证与承诺文件，那很可能是在故意挖一个坑。

7.2　如何识别投资入股邀约中的风险点？

随着私募与风险投资的兴盛与发展，很多企业的股权架构较为复杂，在实体经营公司A的股东中，可能会既有创始人的控股公司B，也有股权激励的员工持股平台C，或者为其他投资者准备的持股公司D。假设读者甲收到了同学朋友的邀约，说自己投资的该A公司，已拿到风投的几轮投资，很可能在三至五年内实现IPO，现在对同学好友开放投资，放开总额不超过500万元，入股50万元即可享有1%的股权，未来实现IPO后，可以有数十倍的投资收益等，非常令人心动。

不可否认，现实中也确实有这样的投资机会。但是，即使是这样的入股邀约来自关系很好的同学和朋友，在决定投资并把50万元交出去之前，也需要厘清下面四点：

(1)自己出资50万元，是入股在哪家公司？

一般说来，IPO的主体也就是发行人会是实体经营公司A。但是，为确保股权的稳定性，实际控制人在征询券商的意见后，即使引入新的个人投资者，通常不会安排直接持股实体经营公司A，而是会放在持股公司D。

这样，甲需要落实清楚，自己的50万元到底是在哪家公司占1%的股权？如果确定只是在持股公司D占有1%的股权，那需要落实，持股公司D在实体经营公司A持有多少股权。例如，若D持有A公司15%的股权，则自己的50万元，实质在A公司的间接股权占比为1% ×15% =1.5‰。若A公司实现IPO，这个持股比例也不算低。

（2）持股公司D在A公司的股权是可持续和易变现的吗？

这个问题直接关系到后续这1.5‰股权的实际价值。例如，持股公司D与前面的B公司是否都同样由实际控制人控制？若的确是，在A公司IPO上市后，D公司也要受三年锁定期的影响，在三年内不能出售所持有的A公司股权，并不易变现。

还要考虑，D公司的股权是否会被任意稀释。如果D公司与其他股东之间没有一定的反稀释机制予以保护，则意味着随着更多投资人的进入，D公司在A公司的持股15%很可能会被稀释，若被稀释至10%，则意味着该50万元对应的A公司股权降低至1% ×10% =1‰。而若没有机制约束后来进入的投资者成本必须高于此前的成本，则不能排除这50万元的持股实际被恶意地稀释和贬值，也意味着这50万元投资回报缺乏适当的保障。

这样，在投资这50万元之前，甲还需要查阅A公司几个股东间的股东协议和A公司的公司章程，并据此清晰理解D在A公司的股权是否可持续、易变现。

（3）该投资是通过增资扩股还是股权受让方式？

虽然这点本质上没有区别，都是以一定的款项为代价持有D公司的股权，但却具有指标意义。通常而言，对于上升期的公司，原股东都愿意持续持股，不愿意出让自己的股权；而对于公司信心不足的股东，则愿意先部分变现股权，保留部分股权观望。

这样，如果甲对持股公司D的50万元投资是以增资方式，则意味着D公司注册资本提高，D公司也会以此提高对A的投资,以增加或者维持对 A 的股权,至少不被稀释,这是常态和合理的。但是,如果是以股权转让的方式,则意味着原股东信心不足而选择部分变现,新的投资者会大概率成为接盘侠。

(4)是否有可行的退出机制?保本承诺是否有效?

IPO 具有很大的不确定性,这样,投资此类以 IPO 为目标的公司,需要事先考虑若在一定时限内未能上市则该投资如何处理。通常公司都会承诺,如果不能在 5 年内实现上市,则退还本金并按照同期银行贷款利率支付利息,以使投资者安心,这确实也是很多人愿意投资的原因。

那这类保本安排是否都受法律保护呢?在前面的例子中,可区分以下几种情形:

情形 1:接受投资的是 D 公司,保本安排由 A 公司出具承诺。

A 公司出具的承诺书如下:就甲通过 D 公司对我公司的投资人民币 50 万元,若我公司在五年之内未能实现 IPO,则由我公司退还本金并按照同期银行贷款利率支付利息,并由 A 公司盖章。

由于甲系通过投资持有 D 公司的股权,并间接持有 A 公司的股权,甲属于股权投资,而不是 A 公司或者 D 公司的债权人。按照法律规定,股东对公司享有的财产权益劣后于债权人,在有亏损或者资不抵债的情况下,公司应首先清偿债务,债务清偿完毕后仍有剩余财产的,才可以通过清算程序分配给公司股东。

这样,虽然 A 公司向甲出具上述承诺,但该承诺因违背基本的公司法原理,且损害债权人的利益,故属于无效,甲无权依据该 A 公司的该承诺要求 A 公司或者 D 公司还本付息。

情形 2:接受投资的是 D 公司,保本安排由 D 公司出具承诺。

与情形1相同，且实质属于减资，详细论述请见本书第4.15小节，也属于无效承诺，不受法律保护。

情形3：接受投资的是D公司，保本安排由D公司的大股东出具如承诺。

就甲对D公司投资人民币50万元持有D公司1%股权，本人作为D公司的控股股东承诺，若D公司投资的A公司在五年之内未能实现IPO，在甲提出股权转让要求时，则由本人向甲退还投资款本金50万元并按照同期银行贷款利率支付利息收购甲的1%股权，甲对应的1%股权转归本人所有。

该情形3实质属于股东之间的股权转让安排与对赌安排，既不损害公司利益也不损害债权人的利益，属于股东间的有效协议，受法律保护。

所以，如果读者遇到保本的投资邀约，务必要分辨清楚所谓的保本是由谁出具书面承诺，应力争情形3的承诺文件方为有效。当然，即使有情形3的承诺文件，若到时因业务失败控股股东实际并无还款能力，那也只能接受这样的投资风险了。

7.3 股权受让，是否与转让股东签署协议即告成立？

按照《公司法》第七十一条的规定，股东有权处置其在有限公司持有的股权，但并非毫无限制。例如，除非公司章程另有规定，某个股东在对外转让其股权时，应当经过其他股东同意，其他股东有优先购买的权利。也就是说，即使受让方已经与转让股东签署了转让协议，如果有其他股东站出来表示要行使优先购买权，则该主张受让的股东有权以同等条件优先受让，受让方还是只能眼睁睁地看着煮熟的鸭子飞了。当然，受让方有权要求转让方赔偿其因最终没能实现转让而遭受的损失。由于法律并未规定如何计算此类损失,故举证责任在受让方,最好还是在股权转让协议中直接规定此情形项下的违约金,详见本书第4.8小节。

考虑到该风险,作为股权受让方,不应该提前将股权价款支付给转让方,因为,办理股东变更登记之前就已经把股权转让价款支付给了转让方,不排除因为其他股权行使优先购买权而最终遭受钱财损失。

有的读者可能会问,如果在办理完股东变登记后才支付股权价款,受让方拒不付款那转让方怎么办?这是转让股东的合理担忧。通常小额的股权转让不存在问题,若股权转让涉及金额较高,则确实应该考虑双方的合理顾虑,可以采取将股权价款提存至银行、公证处和律师事务所的方式。就价款的支付,可在股权转让协议中作如下约定:

就本协议第×条确定的股权转让价款,受让方应当于本协议签署之日起10日内将该款提存支付至××公证处,在转让方将标的股权(即转让方所持有的××公司×%)在公司登记机关办理股东变更登记和章程变更登记,将受让方登记为股东且受让方获得××公司签发的出资证明书后,由××公证处将该款支付给转让方。

若受让方在本协议签署之日起10日内未将该股权转让价款提存支付至××公证处,则受让方应当向转让方承担违约责任,每逾期一天,应当按照股权转让价款的万分之六向转让方支付违约金,逾期30日时,转让方有权解除本股权转让协议,受让方并应当向转让方按照股权转让价款的20%支付违约金。

同时,为了制约转让方办理股权转让,并且阐明因其他股东行使优先购买权导致无法实现股权转让的后果,建议规定如下条款:

转让方应当在受让方将本协议规定的股权转让价款提存支付至××公证处起20日，负责将标的股权（即转让方所持有的××公司×%股权）在公司登记机关办理股东变更登记和章程变更登记，将受让方登记为股东；未按时完成的，每逾期一天，应当按照股权转让价款的万分之六向受让方支付违约金，逾期30天时，受让方有权解除本股权转让协议，转让方并应当向受让方按照股权转让价款的20%支付违约金。明确起见，若因其他股东行使优先购买权导致无法实现将标的股权转让至受让方的，转让方仍应当向受让方按照股权转让价款的20%支付违约金。

若转让方尚未征求其他股东的意见，而受让方又着急签署股权转让协议，则可以将取得其他股东放弃优先购买权作为协议的生效条件，同时规定一定时间内未取得则协议自动解除，双方互不承担责任。该机制对双方而言都比较公平合理，可以参考如下条款：

转让方尚未就本股权转让取得公司其他股东的同意，并承诺在本协议签署之日起30日内取得其他全部股东同意本股权转让并放弃优先购买权的书面文件，本协议自该转让方取得该等文件时生效。若转让方未能在本协议签署之日起30日内取得其他全部股东同意本股权转让并放弃优先购买权的书面文件，则本协议在签署之日起第31日自动解除，双方互不承担责任。

相关法条：

同第4.8小节。

7.4　购买股权或者增资入股，是否必须聘请律师及会计师做尽职调查？

尽职调查是指由股权的受让方或者增资扩股的投资方，安排内部专业人员或者聘请律师、会计师等，对目标公司的财务、业务、资产、负债、合规、法律风险等事项，通过审阅公司的公司证照、登记档案、财务报告、重大业务合同、产权证书等，识别相应的资产瑕疵、风险事项，并将其予以量化，结合资产评估报告，体现到股权定价中，同时将相关后续处理机制写入股权转让或者增资扩股协议中。

由于尽职调查主要依据目标公司及转让方提供的文件资料和信息进行，故中介机构如律师、会计师出具尽职调查报告时，都会写入假设条件，即假设目标公司和转让方所提供的文件、信息是完整和真实的，复印件都与原件一致，且没有隐瞒和遗漏。

通常涉及资产、股权价值较高的股权转让或者增资入股，投资者都会进行尽职调查。但是，对于涉及投资金额不大、股权比例不高的投资，是否一定要做尽职调查呢？尽职调查属于比较专业的服务，律师和会计师收费都较高，所以，如果公司设立时间不久，且业务比较简单，则无须外聘律师及会计师进行尽职调查，但还是有必要在股权转让协议或增资扩股协议中加入转让方或者原股东的陈述、保证与承诺条款，确保在公司实际情况与股权定价发生偏离时，作为投资者能有权获得赔偿与补偿。详细的机制安排请见第 7.5 小节描述。

7.5 如何防控投资定价与公司实际相偏离的风险？

如第7.4小节所述，有的投资项目不大，并不值得聘请律师、会计师进行尽职调查，而即使较大的投资项目，聘请了律师、会计师进行尽职调查，其尽职调查报告仍然存在假设前提，即其获得的文件、信息、资料是真实完整的，并无法杜绝目标公司或者转让方故意虚构事实、隐瞒真相而导致的风险，例如对于目标公司对外担保或有负债有隐瞒等。基于此，即使进行过尽职调查和资产评估，还是必须要在股权转让协议或者增资扩股协议中设立陈述与保证条款，由交易对手即原股东作出陈述与保证。

一般而言，此类陈述与保证主要目的是确保投资者支付的对价是基于目标公司的真实资产与负债、业务等情况。例如，若某个资质证书对于目标公司的经营特别有价值，若没有该证书或者该证书取得时存在瑕疵而被撤销，则会影响目标公司的估值，则也应将该证书无瑕疵列入陈述与保证事项，并约定由于违反该陈述与保证导致的赔偿责任。如果缺乏明确的赔偿责任条款，陈述与保证条款的实际效果与价值也将大打折扣。

即使已经做过资产评估，资产评估也仅覆盖纳入评估范围的已知事项。对于潜在的未知风险与负债事项，也应在陈述与保证条款加以约束。从文字表述上，必须要将资产评估报告特别是具体的债权债务清单、实物清单作为协议附件，并使用排除法，在协议中规定凡是不在资产评估报告所列清单之内的债务、或有债务，均由原股东承担。

示范样本条款如下：

原股东无条件且不可撤销地向投资方作出以下陈述、保证及承诺：

1. 原股东签署、执行本协议并不违反中国法律、法规和各种有效规章；原股东亦不曾签署或作出任何合同、承诺或任何其他行为限制或禁止原股东签署并执行本协议。

2. 本次增资扩股符合目标公司公司章程规定，已获得目标公司全体股东一致同意。

3. 原股东在本协议签署之前所认缴的出资已经全部缴清，出资真实有效，没有任何抽逃出资的行为。

4. 原股东和目标公司已向投资方客观、真实、完整地披露了与目标公司相关的所有文件、资料及信息。

5. 原股东和目标公司向投资方提供的所有文件及资料，在任何方面均为真实、完整、正确，没有因任何事实没有完全及正确披露导致上述任何资料在任何方面不真实、不正确或具有误导性。其陈述、保证和承诺并不局限于已向投资方或其专业顾问提供的与尽职调查有关的全部资料。

6. 原股东确认附件一资产评估报告所列的债权、债务为目标公司截至2017年12月31日所有的债权、债务及担保责任，由目标公司承担，2017年12月31日至基准日新增的债权、债务由原股东承担。

原股东保证，除附件一明确所列外，目标公司并无其他任何已然或或然的负债、债务、担保或付款责任，如有，则所有负债、债务、担保责任或付款责任（包括发生或者其原因发生在基准日之前），应由原股东承担并负责解决。若任何时间发现附件一所列之外的债务，或有债务及担保责任，目标公司及投资方有权事先向原股东追偿。

7. 目标公司在过渡期内产生的债权由目标公司享有。过渡期内经过投资方事先书面同意的债务、负债和付款责任，由目标公司承担,否则,均应由原股东承担并负责解决。

8.原股东及目标公司确认附件一所列的资产、设施设备清单为目标公司截至基准日的所有实物资产及无形资产,该所列资产无任何共有、出租、抵押、质押、查封、优先权或者任何其他法律负担。若发现目标公司附件一所列资产有缺失,或者有任何共有、出租、抵押、质押、查封、优先权或者任何其他法律负担,投资方有权事先向原股东追偿。

9.原股东及目标公司确认附件二所列证照为目标公司截至基准日已经取得的所有生产经营必需证照,且该等证照的取得过程合法无瑕疵。若该等证照因交割日之前的原因被撤销或者导致无效,则由此导致的目标公司实际损失与费用,原股东应当按照投资方的持股比例,全额补偿投资方。在交割后发现目标公司附件一所列资产有缺失,或者有任何共有、出租、抵押、质押、查封、优先权或者任何其他法律负担,投资方有权事先向原股东追偿。

除在协议中加入上述条款外,还要注意如何落到实处,例如第6条第2款规定,在基准日之前的原因导致的目标公司债务由原股东承担,但如何区分原因是在基准日前后呢?这非常容易发生争议,特别是投资方通过股权受让或增资入股成为控股股东后,原股东会质疑某些产生债务的文件虽然落款日期在基准日之前,但不排除是投资方控股后倒签文件所致,所以会拒绝承担责任。为避免此类争议,在投资方将成为大股东并实际控制目标公司的情况下,非常有必要加入下面的条款,更改公司名称、销毁原印章并启用新印章;如果公司名称更改会影响业务,则至少应销毁原印章启用新印章。示范条款如下:

各方同意,在办理变更登记等手续时,将目标公司的名称变更为××有限公司。目标公司原公章、财务章、合同章、法定代表人印鉴、其他银行账户预留印鉴,由双方财务人员共同监督,销毁作废，并重新启用新印章。

这样，以原公司名称原印章文件产生的债务，且在资产评估报告之外的，自然是由原股东承担而不会有争议。

7.6 原股东只愿意现状转让股权，该如何设置条款？

有的读者可能现在就是股东身份，读了第7.5小节后，在转让股权或者引入新的投资者时，特别是引入对公司现状非常了解的投资者时，并不愿意向投资者作第7.5小节中的陈述与保证，而是本着爱来不来的态度，要求现状处理，风险由投资者自担。那么，应该使用什么样的条款呢？除不要写前面第7.5小节中的陈述与保证条款外，还要在增资扩股协议或者股权转让协议中加入类似下面的现状转让条款：

受让方已对所受让的股权及目标公司进行了彻底充分地调查了解，并承诺以该股权的现状受让，转让方同意按现状转让并不对所转让股权作无瑕疵保证，受让方在支付转让价款并且登记成为目标公司股东后，不得以任何理由要求转让方承担赔偿或者补偿责任。

7.7 投资者以1元对价受让股权是否有效？有何风险？

有些情形下，股东愿意将自己持有的股权赠与亲属，或者将部分股权用作股权激励以低于净资产的价格甚至1元价格转让给受激励的员工。由于股权实际价值与股权转让协议记载的1

元价格差距太大，受让方会感觉不踏实，这么低的转让价格是否受法律保护呢？有没有被追回的风险？

《公司法》对股权转让对价问题并没有明确界定，但按照《合同法》的相关条款，受让方的顾虑不无道理。《合同法》规定的可撤销的合同中，其中一项就是显失公平的合同，而若转让股东在外面有其他债务，此时以低价转让股权可能会损害债权人利益的，债权人也有权撤销；而若受让方明知转让股东有其他巨额债务不能清偿而将股权过户到自己名下的，该行为也会落入合同无效的范畴。

那么，受让方怎样才能使以该1元价格受让的股权尽可能地得到法律保护呢？

首先，应当在股权转让协议中写明转让的原因和背景，以及受让方在1元对价之外通过其他形式为此股权付出的代价与对价，例如该股权转让属于大股东对公司员工的股权激励，以减少恶意损害第三人利益的嫌疑。

其次，受让方可以要求与转让股东共同到公证处进行股权转让的公证，或者直接做赠与合同公证。一般说来，经过公证的合同，较难被推翻。

最后，可以在协议中明确写明转让股东确认该交易属于双方的真实意思表示，并放弃申请撤销的权利，示范条款如下：

转让方确认，转让方作为控股股东以1元对价将其持有的××公司5%股权转让给受让方，系基于受让方为××公司的核心技术人员，过往为××公司作出的重大贡献远远高于该5%股权所对应的××公司净资产价值，实质为转让方作为控股股东对受让方实施股权激励，系转让方的真实意思表示，转让方并不可撤销地放弃依据《合同法》第五十四条请求变更或撤销本股权转让的权利。

上述三点措施，只能减轻转让股东自己要求撤销交易的风险,但无法完全避免因转让股东的债权人行使撤销权而造成的交易和股权落空。债权人行使撤销权的时间限制为自债权人知道或者应当知道撤销事由之日起的一年内,但五年内未行使的,撤销权消灭。长达五年的不确定性,还是非常折磨人的。

这样,如果受让方实际支付了其他对价给转让股东,但股权转让协议仅记载1元或者其他低价,在转让股东有其他债务的情况下,受让方承担的风险还是很大,故作者不赞成1元股权转让。如果该其他对价可以货币化,建议还是要作价计入股权价款中,以避免股权转让被撤销而遭受损失。

相关法条:

1.《**中华人民共和国合同法**》(1999年通过)

第五十二条　有下列情形之一的,合同无效:

(二)恶意串通,损害国家、集体或者第三人利益。

第五十四条　下列合同,当事人一方有权请求人民法院或者仲裁机构变更或者撤销:

(一)因重大误解订立的;

(二)在订立合同时显失公平的。

一方以欺诈、胁迫的手段或者乘人之危,使对方在违背真实意思的情况下订立的合同,受损害方有权请求人民法院或者仲裁机构变更或者撤销。

当事人请求变更的,人民法院或者仲裁机构不得撤销。

第五十五条　有下列情形之一的,撤销权消灭:

(一)具有撤销权的当事人自知道或者应当知道撤销事由之日起一年内没有行使撤销权;

(二)具有撤销权的当事人知道撤销事由后明确表示或者以自己的行为放弃撤销权。

第七十四条　因债务人放弃其到期债权或者无偿转让财产,对债权人造成损害的,债权人可以请求人民法院撤销债务人的行为。债务人以明显不合理的低价转让财产，对债权人造成损害，并且受让人知道该情形的，债权人也可以请求人民法院撤销债务人的行为。

撤销权的行使范围以债权人的债权为限。债权人行使撤销权的必要费用，由债务人负担。

第七十五条 撤销权自债权人知道或者应当知道撤销事由之日起一年内行使。自债务人的行为发生之日起五年内没有行使撤销权的，该撤销权消灭。

第一百八十六条 赠与人在赠与财产的权利转移之前可以撤销赠与。

具有救灾、扶贫等社会公益、道德义务性质的赠与合同或者经过公证的赠与合同，不适用前款规定。

2.《**最高人民法院关于适用〈中华人民共和国合同法〉若干问题的解释（二）**》（法释〔2009〕5 号）

第十九条 对于合同法第七十四条规定的“明显不合理的低价”，人民法院应当以交易当地一般经营者的判断，并参考交易当时交易地的物价部门指导价或者市场交易价，结合其他相关因素综合考虑予以确认。

转让价格达不到交易时交易地的指导价或者市场交易价百分之七十的，一般可以视为明显不合理的低价；对转让价格高于当地指导价或者市场交易价百分之三十的，一般可以视为明显不合理的高价。

债务人以明显不合理的高价收购他人财产，人民法院可以根据债权人的申请，参照合同法第七十四条的规定予以撤销。

7.8 股权受让与增资入股中应注意哪些合规风险？

有的读者读到此处会产生疑惑，自己做的是实业投资，不涉及银行、保险等金融行业，会有什么合规风险呢？确实，合规风险一词在金融业中较为常见，但并不意味着就与其他行业无关。

例如，根据新华社等媒体公开报道，2017 年 3 月 7 日，中兴通讯公司与美国政府就其违反出口管制向伊朗和朝鲜出口通讯设备调查案件达成和解，中兴通讯同意支付约 8.9 亿美元罚金。此外，美国商务部工业和安全局对中兴通讯处以的 3 亿美元罚金可暂缓缴付，依未来 7 年对中兴通讯执行协议情况的监管和审计结果而定。其背景是，2016 年 3 月美国政府声称中兴通讯及其三家关联公司违反了美国相关出口禁令，被列入出口限制名单，限制美国供应商向中兴通讯出口包括芯片在内的美国产品。中兴通讯则承认违反美国出口管制相关法律法规，愿意承担相应的责任，表示将继续积极致力于变革，并已制定了新的合规流程及进行了重大人事调整，从这次经历中吸取了很多经验教训，将努力成为出口管制合规治理的典范，致力于打造一个合规、健康、值得信赖的新中兴通讯。但是，美国商务部还是于 2018 年 4 月 16 日以中兴通讯存在虚假陈述、未对卷入事件的 35 名员工实施纪律处分为由，重新激活对中兴通讯实施为期七年的芯片、软件等出口禁令。虽然经过政府间斡旋，美国商务部拟解除对中兴的出口禁令，但中兴的代价也非常高：10 亿美元罚金；4 亿美元保证金，并接受美国政府将向中兴派驻的合规官（Compliance Officer），为期 10 年；更换董事会和管理层。并且,如果在未来 10 年间中兴再次出现违规,美国商务部可以随时重启禁令。违反出口管制的教训不可谓不深刻。

上面的案例有助于读者理解合规风险的重要性。如拟投资的目标公司是一个普通的咖啡店,几乎不存在合规风险,咖啡店的经营者无须识别每个顾客的身份来确定是否为其提供服务。但是,如果拟投资的企业规模较大,或者有国际贸易业务,或者需要经常性的参加项目投标,则必须要将合规风险纳入考虑,并且进行必要的合规尽职调查,以免因为合规问题带来投资损失。

合规风险通常涉及的领域包括国际制裁与出口管制、反垄断(经营者集中)、反腐败及反洗钱。虽然合规领域的专业性较高,但是读者还是有必要做初步的了解,强化在投资过程中的合规意识,在发现问题苗头时有意识、果断地去寻求律师的专业支持而不是埋头做鸵鸟,以免因为缺乏合规风险意识未作深究而触碰红线。当然,如果读者拟投资的企业并无国际贸易或投标业务,投资业务所涉及各方在国内的营业额均未超过 4 亿元人民币,则可以略过本节。反洗钱主要是针对金融机构的合规要求,与通常的投资并购关联不大,本节也不作赘述。

(1)经济制裁与出口管制合规

经济制裁与出口管制经常是新闻热点,例如,美国政府因为某某公司违反联合国安全理事会对朝鲜或者伊朗的制裁而对其进行调查或者制裁,又如美国政府与古巴政府建立外交关系并放松对古巴的管制等。在国际上,基于美国的经济实力和国际影响力,美国主导或者参与实施的经济制裁与出口管制,应当引起重视。若公司违反美国实施的经济制裁包括出口管制,不仅会导致对公司的罚金和禁止交易,而且会对直接经办人与负责人处以罚金并列入任何美国实体不得与其进行交易的清单。从监管层面,美国政府主要界定产品与交易对象。就产品而言，对于任何来自美国或者使用了美国成分或美国技术或处于美国境内的产品，在销售时都要有意识结合美国《出口管制规则》(Export Administration Regulations)及其项下的《商业限制清单》(Commerce Control List)及EAR - Part 738 中的《商业国家表格》(Commerce Country Chart)进行判断，识别其允许和不允许的出口目的地；就交易对象而言，只要交易对象被列入SDN List，即被制裁对象清单，无论产品为何，都要避免与其发生交易。该清单定期由美国财政部在网站上更新公布，链接如下：https://www. treasury. gov/resource - center/sanctions/SDN - List/Pages/default. aspx。

可能有的读者会问，目标公司出售的产品和美国没有任何联系，也要考虑美国财政部公布的 SDN List 吗？确实如此，前面所述的产品与交易对象两个条件，触发其一就不应交易，除非愿意承担被美国处罚和制裁的后果。

在实践中，如果读者对目标公司的客户是否在美国制裁名单上有疑问，除了到前面的网站上检索外，还可参考在美国有分行的国际性大银行的识别结果。这类国际性大银行如中国银行、渣打银行、德意志银行、花旗银行、汇丰银行等，基本都有完善可靠的合规体系，对前来开立账户的公司与个人都会进行严格的背景审查，通常不会为 SDN List 上的个人与公司开立银行账户。所以，如果你的客户交易使用的银行账户是开立在这些国际性大银行，基本可以说明该客户不在 SDN List 上。

需要强调的是，借助此类国际性大银行账户开立情况，可以辅助判断客户是否清白，但涉及产品中有美国因素的，并不能替代需要依据美国《出口管制规则》(Export Administration Regulations)及其项下的《商业限制清单》(Commerce Control List)及 EAR - Part 738 中的《商业国家表格》(Commerce Country Chart)对产品出口目的地的筛选工作。

当然,除了美国的国际制裁与出口管制外,我国也有完善的出口管制体系,商务部并设有专门的产业安全与进出口管制局负责日常管理,并公布了出口管制相关法规,具体见链接 http://www.chinaport.gov.cn/docs/2014-06/20140611084231685728.pdf,从事国际贸易的公司也应严格遵守和执行。

所以,如果读者拟投资的企业涉及国际贸易业务,在投资之前,还是非常有必要调查和审视一下目标公司的产品、出口目的国及客户,确认是否违反经济制裁与出口管制。若不做此经济制裁与出口管制合规调查,在投资后该目标公司因为此前违规行为被我国或者美国处罚或者禁止交易,那损失就大了。

(2)反腐败合规

腐败是经济和社会发展中的毒瘤,世界上大部分国家都有专门的机构从事反腐败工作。随着国家信用体系的建立健全,通过行贿获取商业机会的行贿者,也将被纳入信用记录。而实践中,很多大型项目的招标,已明确要求投标者应提供《无行贿犯罪证明》,作为通过投标资格审查的条件之一。这样,若拟投资的目标公司属于工程承包类企业,需要经常参加投标,则非常有必要在投资前对其进行反腐败合规的调查。

此类调查,可以到当地检察机关查询行贿犯罪档案,例如江苏检察机关提供网上查询服务,网址为 http://218.94.117.252:12301/。但是,仅通过已有案件调查还是远远不够,更重要的是通过审查目标公司的财务和业务记录,发现潜在的风险与问题。

例如,大型项目对供应商的遴选通常通过招标方式进行,而通过正常的商业媒介促成交易,例如房地产中介,国家亦允许收取居间费,《合同法》对居间合同也有专门规定。但是,如果一个招标项目中标后,却产生居间费,显然非常值得怀疑,因为招标行为是公开的,中标人根据评标规则确定,并不存在所谓的居间人提供媒介服务和促成交易的空间。这种情况下,要么会涉嫌破坏招标投标行为,要么会涉嫌商业贿赂,也不排除业务承办人虚构居间服务将所谓的居间费转移到自己腰包的可能。

(3)反垄断合规

市场自由竞争的结果,会出现大企业兼并小企业,或者同行业的几个企业互相结盟分割市场,制定相同或类似的价格策略,从而损害或限制竞争,最终损害消费者的利益。国家对于垄断的规制,一方面是对垄断行为进行查处,另一方面是预防垄断,其中一个重要的制度是经营者集中审查。所谓经营者集中是指经营者合并,或通过并购及合同等取得对其他企业的控制权,法律要求进行集中的企业事先向反垄断主管机关进行申报,经审查认为经营者集中具有或者可能具有排除、限制竞争效果的,则作出禁止经营者集中的决定。

当然,法律并不是要求所有的并购都要进行经营者集中申报,除了上段所述的控制权因素外,还应满足营业额的条件,满足下面两个条件之一:①参与集中的所有经营者上一会计年度在全球范围内的营业额合计超过100亿元人民币,并且其中至少两个经营者上一会计年度在中国境内的营业额均超过4亿元人民币;②参与集中的所有经营者上一会计年度在中国境内的营业额合计超过20亿元人民币,并且其中至少两个经营者上一会计年度在中国境内的营业额均超过4亿元人民币。

简言之,如果参与集中的企业在中国境内的营业额均未超过4亿元,则可确定无需进行经营者集中申报。即使在营业额上满足前段两个条件之一,但并不属于经营者合并,或者经营者并未因此取得对其他经营者的控制权或者共同控制权,也达不到申报门槛。

需要澄清的是,达到经营者集中的申报门槛并不意味着一定构成垄断，对于经营者集中是否具有排除、限制竞争效果，是后续实质审查的内容。

这样，若读者参与的合并或者股权交易达到控制权和营业额两个门槛，则需要考虑在实施集中前进行经营者集中的申报，并将反垄断主管机关的不禁止作为股权交易合同的生效条件之一。对于应报未报的，反垄断主管机关有权立案调查并予以处罚，虽然通常都是给予50万元人民币以下的罚款，但若经过立案审查确认该集中具有排除、限制竞争效果的，国务院反垄断执法机构还有权采取措施，责令停止实施集中、限期处分股份或者资产、限期转让营业以及采取其他必要措施恢复到集中前的状态。

综上，在投资并购中，若目标企业规模较大、有国际贸易业务或者需要经常性地参加项目投标，有必要将合规审查纳入交易的前置事项。合规审查虽然可能暂时性地提高交易成本，甚至丧失部分交易机会，但却能服务于投资的长远目标，避免在投资后因合规问题产生意料之外的损失。

相关法条：

《中华人民共和国反垄断法》（2007年通过）

第四十八条　经营者违反本法规定实施集中的，由国务院反垄断执法机构责令停止实施集中、限期处分股份或者资产、限期转让营业以及采取其他必要措施恢复到集中前的状态，可以处五十万元以下的罚款。

第八章

公司解散及关闭相关法律风险与实务攻略

本编前面几章介绍了有限公司生命周期中设立、运营及内部自治大股东与小股东的风险注意事项，以及股权并购、增资入股的相关风险与防范攻略。除了这些风险外，股东、投资者也应注意公司关闭的风险，无论是因为股东约定的经营期限届满，或者因为公司经营不善提前清算，或者内部形成公司僵局出现经营困难而被强制解散，或者因公司出现重大违法事项被吊销营业执照，或者因为公司资不抵债自行或被债权人申请破产清算等，都可能使投资者承担对公司出资之外的风险与责任。

但在实践中，很多股东并不重视公司关闭工作，特别是公司营业执照被吊销后，有的股东还存在可以借此逃废债务的幻想，故意放任，不组织公司清算。其实，无论因哪种原因进入关闭阶段，其清算处理都应引起投资者和股东的重视。在关闭阶段，公司已不再进行正常的经营，主要任务是清理债权债务，分配剩余财产，涉及股东之间、股东与债权人之间的利益保护，也特别容易引发争议。若股东意识不到其中的风险，很可能导致重大损失。

例如，有的公司因经营不善被吊销营业执照后，股东并未组织进行财产清算，也不去办理注销手续，而是置之不理。这时，若有债权人起诉公司主张公司偿还债务，债权人有权将股东同时列为被告，以股东没有履行清算义务为由要求股东就该债务承担赔偿责任。这时，原本可以享受《公司法》有限责任保护的股东，却因为没有履行清算义务而丧失有限责任保护，最后一步下成了臭棋，相信这是大多数投资者和股东所不愿意看到的。

8.1 公司被吊销营业执照是否意味着公司责任终止？

吊销营业执照是行政处罚的一种，相当于取消一个企业存续和经营的合法性，对企业的影响非常大，故《行政处罚法》规定只有全国人大及其常委会通过的法律和国务院颁布的行政法规才可以设定吊销企业营业执照的处罚，地方新法规及部委规章并无此权力。吊销营业执照通常适用于违法性质和情节比较严重的情形。例如，按照《公司法》规定，公司成立后无正当理由超过六个月未开业的，或者开业后自行停业连续六个月以上的，可以由公司登记机关吊销营业执照；利用公司名义从事危害国家安全、社会公共利益的严重违法行为的，也吊销营业执照。

吊销营业执照相当于判了一家公司的死刑，公司若对此不服的，可以通过行政复议及行政诉讼程序要求救济。在穷尽这些程序后，吊销营业执照的处罚还是被维持的，只是意味着在行政法上该公司已经没有继续正常经营的合法性，再继续经营属于无照经营，应被查处，但并不意味着民法上该公司的主体资格已经灭失。也就是说，一家有限公司即使已经被吊销营业执照，还是具备有限的法人资格，有权以公司的名义清收债权、清偿债务，包括以原告或者被告的身份参与各类诉讼。

既然被吊销营业执照后公司主体资格还在，意味着其自身承担责任的资格和能力还在，故其责任并没有终止。举例讲，公司A被吊销营业执照，其债权人还是可以起诉公司A主张其还款，A公司也有权继续以自己的名义去清收债权。如果读者作为债权人，发现债务人公司已经被吊销营业执照关门大吉，也没人组织清算，大可不必紧张，你还是有权继续要求债务人公司清偿债务，甚至可能会得到比债务人公司未被吊销前更多的清偿保障，详见本章第8.5小节。

那么，公司法人主体资格何时灭失呢？公司在经过清算并在公司登记机关办理注销手续后，其主体资格将不复存在。这时，登录国家企业信用信息公示系统（http://www.gsxt.gov.cn/index.html）输入该公司的名称进行查询时，将显示其登记状态为注销。

8.2 公司达到解散条件是否意味着公司立即终止？

按照《公司法》第一百八十条的规定，公司因下列原因解散：(1)公司章程规定的营业期限届满或者公司章程规定的其他解散事由出现；(2)股东会或者股东大会决议解散；(3)因公司合并或者分立需要解散；(4)依法被吊销营业执照、责令关闭或者被撤销；(5)人民法院依照本法第一百八十二条的规定予以解散。

也就是说，被吊销营业执照只是公司解散的原因之一，其他原因也会导致公司解散。但是,无论是被吊销营业执照或者其他原因导致公司解散,并不是解散原因一出现公司就不复存在,还是必须要履行清算与注销手续,方能从法律上终结公司的存在。

当然,并不是所有的解散都必须进行清算,例如公司的分立与合并,法律规定公司分立情形下其债务由分立后的几个主体继续承担连带责任,而公司合并情况下合并各方的债权、债务,应当由合并后存续的公司或者新设的公司承继,债权人并可以要求公司在合并实施前清偿债务或者提供相应的担保。

所以,作为公司股东,除了合并或者分立无须清算外,在公司因其他原因解散时并不是松了口气,相反要全力以赴做好清算相关工作,若清算工作做不好被债权人追偿,背锅担责任的将是股东(具体见本章第 8.4 小节),因为公司那时很可能已被注销。

相关法条:

《中华人民共和国公司法》(1993 年通过,2018 年修正)

第一百七十四条　公司合并时,合并各方的债权、债务,应当由合并后存续的公司或者新设的公司承继。

第一百七十五条　公司分立,其财产作相应的分割。

公司分立,应当编制资产负债表及财产清单。公司应当自作出分立决议之日起十日内通知债权人,并于三十日内在报纸上公告。

第一百七十六条　公司分立前的债务由分立后的公司承担连带责任。但是,公司在分立前与债权人就债务清偿达成的书面协议另有约定的除外。

第一百八十三条　公司因本法第一百八十条第(一)项、第(二)项、第(四)项、第(五)项规定而解散的,应当在解散事由出现之日起十五日内成立清算组,开始清算。有限责任公司的清算组由股东组成，股份有限公司的清算组由董事或者股东大会确定的人员组成。逾期不成立清算组进行清算的，债权人可以申请人民法院指定有关人员组成清算组进行清算。人民法院应当受理该申请，并及时组织清算组进行清算。

8.3 小股东是否有权主张强制解散公司？

大部分股东特别是不参与公司经营的小股东，其投资公司的主要目标是获取收益。但是，若没有在章程中事先规定强制分红机制（见本书第6.2小节），则股东之间很可能就分红与否产生分歧，甚至对公司是否增资、融资等事项形成僵局。在这种情况下，虽然还在章程规定的经营期限内，即使无法通过股东会形成解散公司的决议，《公司法》也允许持有公司全部股东表决权10%以上的股东，将解散公司的请求诉诸法院，由法院确定是否强制解散公司。公司僵局的具体情形包括持续两年以上无法召开股东会，或者虽然召开股东会但无法作出有效决议，董事长期冲突等导致经营管理发生严重困难，公司继续存在会使股东利益受到重大损失。

需要澄清的是，公司是否盈利并不是经营管理是否发生困难的唯一标准，即使公司持续盈利，也有可能被判令强制解散。而且，公司僵局并非必然导致公司解散，只有在穷尽其他途径无法化解且公司不具备继续经营条件、继续存在将使股东利益受到重大损失的，法院方可判决解散公司。

例如，2012年第12期《最高人民法院公报》公布的指导案例8号林方清诉凯莱公司、戴小明解散纠纷案中，林方清和戴小明各持有凯莱公司50%的股权，戴小明任公司执行董事及法定代表人，林方清任总经理兼监事，凯莱公司章程规定股东会决议须经代表1/2以上表决权的股东通过。公司成立四年后，两个股东产生矛盾，持续四年未能召开股东会，常熟服装城管委会曾组织调解但未能成功，凯莱公司经营正常。林方清起诉要求解散公司，一审法院未予支持，但二审法院认为各持股50%且互有矛盾的两名股东已导致股东会机制失灵，无法对公司经营作出决策，即使尚未处于亏损，也不能改变凯莱公司的经营管理已处于严重困难的事实，且公司僵局通过其他途径长期无法解决，判决解散凯莱公司。

2014年第2期《最高人民法院公报》公布的另一个案例仕丰公司与富钧公司、第三人永利公司解散纠纷案中，仕丰公司持有外资企业富钧公司60%的股权并委派两名董事和总经理，永利公司持有富钧公司40%的股权并委派董事担任董事长；公司章程亦规定，生产销售计划、财务预算决算方案、经理级以上高级职员的任免等经营管理事项需全体董事同意才生效。但是，在实际经营中，公司长达六年未能召开董事会，唯一一次临时董事会也未能形成董事会决议，权力决策机制长期失灵无法运行长达七年，且公司在永利公司单方经营期间长期持续亏损。在诉讼中，虽然经过调解就仕丰公司收购永利公司40%的股权价格达成一致，但富钧公司拒绝公布永利公司经营期间的对外债务和经营状况，最终无法达成解决公司僵局的替代措施。在此情况下，法院认为，富钧公司经营管理发生严重困难，继续存续会使股东利益受到重大损失，通过其他途径不能解决，判决解散富钧公司。

所以，若读者持有10%以上的股权，在无法通过其他渠道解决长期存在的公司僵局时，可以考虑通过诉讼强制解散公司，或者以此方法施压其他股东作出让步。

相关法条：

1.**《中华人民共和国公司法》**(1993年通过,2018年修正)

第一百八十二条　公司经营管理发生严重困难,继续存续会使股东利益受到重大损失,通过其他途径不能解决的,持有公司全部股东表决权百分之十以上的股东,可以请求人民法院解散公司。

2.**《最高人民法院关于适用〈中华人民共和国公司法〉若干问题的规定(二)》**(法释〔2008〕6号公布,法释〔2014〕2号修正)

第一条　单独或者合计持有公司全部股东表决权百分之十以上的股东,以下列事由之一提起解散公司诉讼,并符合公司法第一百八十二条规定的,人民法院应予受理:

(一)公司持续两年以上无法召开股东会或者股东大会,公司经营管理发生严重困难的;

(二)股东表决时无法达到法定或者公司章程规定的比例,持续两年以上不能做出有效的股东会或者股东大会决议,公司经营管理发生严重困难的;

(三)公司董事长期冲突,且无法通过股东会或者股东大会解决,公司经营管理发生严重困难的;

(四)经营管理发生其他严重困难,公司继续存续会使股东利益受到重大损失的情形。

股东以知情权、利润分配请求权等权益受到损害,或者公司亏损、财产不足以偿还全部债务,以及公司被吊销企业法人营业执照未进行清算等为由,提起解散公司诉讼的,人民法院不予受理。

第五条　人民法院审理解散公司诉讼案件,应当注重调解。当事人协商同意由公司或者股东收购股份,或者以减资等方式使公司存续,且不违反法律、行政法规强制性规定的,人民法院应予支持。当事人不能协商一致使公司存续的,人民法院应当及时判决。

经人民法院调解公司收购原告股份的，公司应当自调解书生效之日起六个月内将股份转让或者注销。股份转让或者注销之前，原告不得以公司收购其股份为由对抗公司债权人。

8.4　公司清算中股东和债权人各有何风险与责任？如何防控？

按照《公司法》规定，有限公司应当在解散事由出现之日起十五日内成立清算组，开始清算，清算组由股东组成。清算组职权包括：(1)清理公司财产，分别编制资产负债表和财产清单；(2)通知、公告债权人；(3)处理与清算有关的公司未了结的业务；(4)清缴所欠税款以及清算过程中产生的税款；(5)清理债权、债务；(6)处理公司清偿债务后的剩余财产；(7)代表公司参与民事诉讼活动。

简言之，清算组就是做公司注销前的财产清理工作，为公司终止画一个完整的句号。基本的清算流程包括：(1)成立清算组；(2)通知公告债权人；(3)审计清理资产与债权债务；(4)制订清算方案并经股东会确认；(5)执行清算方案，清偿债务并向股东分配剩余财产；(6)股东会确认清算报告；(7)注销公司。

公司所涉及的财产关系主要包括内部与外部。基于债权优先于股权的原理，公司应首先清偿外部债务（含清算费用、职工的工资、社会保险费用和法定补偿金、所欠税款、其他债务），之后所余的财产方可在内部股东之间按照股权比例或者公司章程规定分配。

为确保债权人都能获得清偿而不被遗漏，《公司法》要求清算组自成立之日起十日内通知债权人，并于六十日内在报纸上公告。相关司法解释对公告的报纸有所要求，不能随意刊登在偏僻的地方小报上，而是要根据公司规模和营业地域范围，在全国或者公司注册登记地省级有影响的报纸上进行公告。如果未作通知和公告，导致债权人未及时申报债权而未获清偿的，由于公司在注销后已经不复存在，债权人有权主张清算组成员对因此造成的损失承担赔偿责任。所以，清算组成员（通常是股东、财务人员等）一定要尽职尽责，否则最后承担责任的是个人。

而作为债权人，应当自接到通知书之日起三十日内，未接到通知书的自公告之日起四十五日内，向清算组申报其债权。不按期申报债权后面再补报有何后果呢？

情形1：如果补充申报发生在流程（6）即股东会确认清算报告之前，清算组应予以登记，仍可在公司尚未分配财产中依法清偿，而如果公司尚未分配财产不能全额清偿，债权人通常可要求股东以其在剩余财产分配中取得的财产予以清偿。

情形2：虽然补充申报发生在流程（6）之前，但系债权人自身重大过错未在规定期限内申报债权。例如，清算组多次书面通知债权人甚至登门要求债权人申报债权核对账目，并且已按照公司账簿记载的债权金额为债权人提存了款项予以清偿，但债权人在申报期内拒绝对账和申报债权，即使补充申报时确有证据证明其债权金额更大的，也仅能在公司尚未分配的财产中受偿，而不能要求把已经分配给股东的财产追回而对他清偿。

在情形1和情形2下，若公司尚未分配财产和股东在剩余财产分配中已取得的财产无法全额清偿补充申报的债权，债权人或者清算组以此为由向人民法院提出破产清算申请，人民法院也不予受理。也就是说，逾期而补充申报的债权，无法把正常的清算转为破产清算。而正常申报期之内申报的债权，导致资不抵债的，清算组应当依法向人民法院申请宣告破产。究其实质，逾期补充申报的债权劣后于正常按期申报的债权，在按期申报的债权通过清算方案的执行足额受偿后，逾期补充申报的债权无论再大，也不能把已经受偿的债权拖回到破产清算的泥沼。

情形3：如果在流程（6）之后才申报债权，即财产已经分配完毕、清算报告已经确认，若债权人完全是其自身的过错导致逾期申报，那对不起，债权人只能自认倒霉，因为已没有财产可供清偿。

这样看来，逾期不申报的后果非常严重，直接导致债权丧失保护，作为债权人，确实应该重视按期申报债权。有的读者会问，自己平时并不看报纸，若错过公告的申报期可怎么办？这点大可不必担心，因为《公司法》要求清算组公告的同时也要书面通知债权人申报债权，公告并不替代书面通知。如果你是公司财务账簿中记载的债权人，而清算组仅公告而没有书面通知你申报债权，即使公司已经注销，按照《公司法》司法解释，这属于清算组成员的过错，你有权要求清算组成员承担赔偿责任。

对内而言，因股东的股权劣后于债权，故清算组在清理公司财产、编制资产负债表和财产清单后，制订的清算方案中，必须记载首先清偿债务后，所余财产方可分配给股东，并且按股东会确认的清算方案执行。如果清算方案的制订或者执行违反了股权劣后于债权的原则，即使经过股东会确认，也属于无效，而受损害的债权人有权要求清算组和股东返还所分配的财产并承担赔偿责任。

另外，如果在清算过程中，因有限公司股东、实际控制人怠于履行义务，导致公司主要财产、账册、重要文件等灭失，无法进行清算时，债权人有权主张责任人对公司债务承担连带清偿责任。所以，作为公司股东，应当妥善保管公司财产和文件，严格履行清算义务；若公司资不抵债，则应申请法院宣告公司破产。希望通过隐藏公司文件、财产的方法逃废公司债务,不仅难以成功,反而会把自己的股东有限责任保护也赔上,从而对公司债务承担连带清偿责任,更加得不偿失。

需要强调的是,清算义务是全体股东的义务,即使占股很小的股东、不是公司的实际控制人,也并未参与公司的日常经营管理,仍然有义务组织清算,否则还是要承担赔偿责任。

例如,在最高人民法院2012年9月18日发布的指导案例9号中,拓恒公司拖欠原告存亮公司钢材货款139万元,被告房恒福、蒋志东和王卫明为拓恒公司的股东,拓恒公司未年检被工商部门吊销营业执照后,未组织清算。虽然被告蒋志东、王卫明辩称从未参与过拓恒公司的经营管理,拓恒公司实际由大股东房恒福控制,两人无法对其进行清算为由进行抗辩,但法院认为,全体股东在法律上应一体成为公司的清算义务人,公司法及其相关司法解释并未规定蒋志东、王卫明所辩称的例外条款,因此无论蒋志东、王卫明在拓恒公司中所占的股份为多少,是否实际参与了公司的经营管理,两人在拓恒公司被吊销营业执照后,都有义务在法定期限内依法对拓恒公司进行清算,未认可该两人的抗辩,一审判决拓恒公司偿付存亮公司货款139万元,房恒福、蒋志东和王卫明对拓恒公司的上述债务承担连带清偿责任。虽然蒋志东、王卫明提出上诉,二审法院还是维持原判。

相关法条:

1.**《中华人民共和国公司法》**(1993年通过,2018年修正)

第一百八十七条 清算组在清理公司财产、编制资产负债表和财产清单后,发现公司财产不足清偿债务的,应当依法向人民法院申请宣告破产。

公司经人民法院裁定宣告破产后,清算组应当将清算事务移交给人民法院。

2.**《中华人民共和国企业破产法》**(2006年通过)

第七条第三款　企业法人已解散但未清算或者未清算完毕,资产不足以清偿债务的,依法负有清算责任的人应当向人民法院申请破产清算。

3.**《最高人民法院关于适用〈中华人民共和国公司法〉若干问题的规定(二)》**(法释〔2008〕6号公布,法释〔2014〕2号修正)

第十八条　有限责任公司的股东、股份有限公司的董事和控股股东未在法定期限内成立清算组开始清算,导致公司财产贬值、流失、毁损或者灭失,债权人主张其在造成损失范围内对公司债务承担赔偿责任的,人民法院应依法予以支持。

有限责任公司的股东、股份有限公司的董事和控股股东因怠于履行义务,导致公司主要财产、账册、重要文件等灭失,无法进行清算,债权人主张其对公司债务承担连带清偿责任的,人民法院应依法予以支持。

上述情形系实际控制人原因造成,债权人主张实际控制人对公司债务承担相应民事责任的,人民法院应依法予以支持。

8.5　公司解散后不清算有何后果?债权人如何保护自己?股东就此发生分歧如何救济?

虽然《公司法》规定有限公司应当在解散事由出现之日起十五日内由股东组成清算组开始清算,但是实践中有的股东由于嫌麻烦或者出于逃避债务的目的,并不按期组织清算。在此情形下,作为股东有何风险?作为债权人,可以采取什么措施保全债权?

对股东而言,拒不组织清算的后果非常严重,相当于放弃了股东的有限责任保护,债权人有权要求股东对公司债务承担赔偿责任。注意,这里已经不是以出资为限,而是上不封顶。

对债权人而言,有两个选项:选项 1 是根据《公司法》第一百八十三条的规定,申请人民法院指定有关人员组成清算组进行清算;选项 2 是直接依据《公司法》相关司法解释的规定,要求公司股东对公司债务承担赔偿责任。两相对比,由于选项 1 不排除清算后公司资不抵债进入破产的可能,而进入破产则债权通常难以全部受偿,股东免责,倒不如使用选项 2,即起诉债务人公司的同时,将其股东列为被告,以其没有履行清算义务为由,要求股东承担赔偿责任。

看到不清算的后果这么严重,有的读者会问,公司有几个股东,自己愿意清算但是其他股东不同意也不组成清算组,那可怎么办？也要被迫丧失股东有限责任保护吗？的确,按照《公司法》第一百八十三条规定,只有债权人方有权申请法院指定人员组成清算组进行清算,并没有规定股东申请法院成立清算组的机制。但是,考虑到现实中确实存在股东就公司清算问题发生争议的可能,《公司法》相关司法解释对此还是做了扩张解释,确认股东在下面三种情形下也有权申请法院指定清算组进行清算,具体包括:公司解散逾期不成立清算组进行清算的;虽然成立清算组但故意拖延清算的;违法清算可能严重损害债权人或者股东利益的。

所以,如果是债权人,应乐见公司解散后股东不进行清算,因为这样对债权的保障更大,有股东的赔偿责任做后盾;而作为股东,则还是要依法组织清算,即使公司破产也不要逃避清算,以免最后一步踏空而被拖入公司的债务泥潭。

相关法条:

1.《**中华人民共和国民法总则**》(2017 年通过)

第七十条　法人解散的,除合并或者分立的情形外,清算义务人应当及时组成清算组进行清算。

法人的董事、理事等执行机构或者决策机构的成员为清算义务人。法律、行政法规另有规定的，依照其规定。

清算义务人未及时履行清算义务，造成损害的，应当承担民事责任；主管机关或者利害关系人可以申请人民法院指定有关人员组成清算组进行清算。

2.《**中华人民共和国公司法**》(1993 年通过，2018 年修正)

第一百八十七条　清算组在清理公司财产、编制资产负债表和财产清单后，发现公司财产不足清偿债务的，应当依法向人民法院申请宣告破产。

公司经人民法院裁定宣告破产后，清算组应当将清算事务移交给人民法院。

3.《**最高人民法院关于适用〈中华人民共和国公司法〉若干问题的规定(二)**》(法释〔2008〕6 号公布，法释〔2014〕2 号修正)

第七条　公司应当依照公司法第一百八十三条的规定，在解散事由出现之日起十五日内成立清算组，开始自行清算。

有下列情形之一，债权人申请人民法院指定清算组进行清算的，人民法院应予受理：

(一)公司解散逾期不成立清算组进行清算的；

(二)虽然成立清算组但故意拖延清算的；

(三)违法清算可能严重损害债权人或者股东利益的。

具有本条第二款所列情形，而债权人未提起清算申请，公司股东申请人民法院指定清算组对公司进行清算的，人民法院应予受理。

第十八条　有限责任公司的股东、股份有限公司的董事和控股股东未在法定期限内成立清算组开始清算，导致公司财产贬值、流失、毁损或者灭失，债权人主张其在造成损失范围内对公司债务承担赔偿责任的，人民法院应依法予以支持。

8.6　公司未经真实清算即办理注销，债权人如何维权？

在实践中，有的公司股东可能嫌麻烦，在公司解散时不愿意进行清算，但为办理公司注销所迫，就由股东会确认形式上的清算报告，记载债权债务已经清理完毕，但实质并没有进行清算；有的公司登记机关在办理公司注销时，会要求股东出具承诺书，写明公司债权、债务已清理完毕，若有遗漏由股东承担责任，作为办理公司注销手续的前提。

这时，在公司注销后，债权人再去追索债权时，很可能已经人去楼空。但是，法律并不保护这种通过注销公司逃废债务的行为。依照相关司法解释，若股东采取前述方法注销公司，则债权人有权将股东列为被告，要求股东承担清偿责任。

当然，股东之间的清偿能力会有区别，在数个股东被起诉后，若某个股东向债务人清偿了全部债务，该股东有权要求其他股东按照各自的出资比例承担责任。

相关法条：

1.**《中华人民共和国公司法》**(1993 年通过，2018 年修正)

第一百八十二条　公司经营管理发生严重困难，继续存续会使股东利益受到重大损失，通过其他途径不能解决的，持有公司全部股东表决权百分之十以上的股东，可以请求人民法院解散公司。

2.**《最高人民法院关于适用〈中华人民共和国公司法〉若干问题的规定(二)》**(法释〔2008〕6 号公布，法释〔2014〕2 号修正)

第二十条　公司解散应当在依法清算完毕后，申请办理注销登记。公司未经清算即办理注销登记，导致公司无法进行清算，债权人主张有限责任公司的股东、股份有限公司的董事和控股股东，以及公司的实际控制人对公司债务承担清偿责任的，人民法院应依法予以支持。

公司未经依法清算即办理注销登记，股东或者第三人在公司登记机关办理注销登记时承诺对公司债务承担责任，债权人主张其对公司债务承担相应民事责任的，人民法院应依法予以支持。

第二十一条　有限责任公司的股东、股份有限公司的董事和控股股东，以及公司的实际控制人为二人以上的，其中一人或者数人按照本规定第十八条和第二十条第一款的规定承担民事责任后，主张其他人员按照过错大小分担责任的，人民法院应依法予以支持。

第九章

董事高管相关法律风险与实务攻略

本编前面章节主要介绍了股东、投资者的风险注意事项和防控措施。在公司经营管理中，作为公司执行机构的组成人员和负责人，董事、经理等高级管理人员（以下简称高管）虽然本质上属于打工者，与作为公司老板和出资者的股东地位及权利不同，但因董事、经理等高管的角色重要，权力较大，直接影响股东和债权人的利益，故《公司法》及相关司法解释特别规定了董事、经理的任职资格及职责义务。若董事、经理等高管违反相关义务，公司、股东及债权人将有权向其索赔。

这样看来，董事、经理的身份虽然光鲜，但也存在诸多约束和风险。特别在有的集团公司架构下，附属公司的董事、经理仅是挂名，公司实际运营管理还是按照职能体系服从于上级集团公司的职能部门。类似情况下，登记挂名的董事经理，应如何防控风险与责任呢？

对于不参与日常经营的公司股东而言，也有必要了解如何督促公司的董事、经理尽职尽责，或者在其违反职责义务时如何进行索赔；自身并不是股东的公司董事与经理，也有必要对何种情形会被索赔、如何保护自己做到心中有数；而作为公司债权人，为最大限度地保护债权得到足额清偿，也会很愿意了解除了起诉公司、股东索赔外，什么情形下可以起诉董事、经理索赔。

9.1 高管的范畴多大？如何判断？如何知会相应高管？

高管的定义相当重要，属于该高管定义范围内的员工，需要承担更多的义务、风险与责任；另外，如果公司起诉某员工违反高管的法定义务要求其赔偿损失，而最终无法证明该员工属于高管，或者无法证明已经将公司章程内容知会高管，则难以胜诉。

用通俗的语言讲，股东是公司老板，高管是公司中级别较高的管理人员，属于职员即打工者范畴。但《公司法》之所以要求董事、高管承担更多的义务，甚至可能会为公司的债务承担连带责任或者赔偿责任，根源在于其职级较高，能够对公司事务起决定作用或者发挥重大影响。

《公司法》在定义中将高管规定为公司的经理、副经理、财务负责人，上市公司董事会秘书和公司章程规定的其他人员。但是，在实践中，较大的公司会设立 CEO 或者总经理，业务和职能部门的负责人会称为副总裁，而业务部门内部可能会有总监、经理、主管等职级头衔，那这种业务部门的经理是否属于《公司法》规定的经理或高管呢？按照立法本意，这种部门内部中层级别的管理人员，虽然有经理的头衔，但并非全面负责公司经营，故不属于高管，也不适用下面所述的高管义务与责任。

当然，《公司法》也允许公司在章程中对高管予以定义，例如，章程可以规定财务负责人 CFO 为高管，同时规定负责总账的财务总监也属于高管。

由于高管有义务遵守公司章程，故作为股东，若在公司章程中定义了更多的高管，必须将该定义以书面方式告知担任该职位的员工,并将公司章程提供给该员工,由其签收阅读,以使其知悉公司章程的规定并予以遵守和执行。否则,在股东主张该员工承担责任时,该员工可以其仅属于普通管理人员,而不是高管,也不知公司章程规定内容为由,拒绝承担责任。该细节应当引起股东注意。

同理,对于由非股东担任公司董事的,也应获得该人员接受董事职务任命的书面确认,或者通过后续由其参加董事会、签署董事会会议记录或者决议的方式追认接受该职务,并且公司股东也应将公司章程以书面方式提供给董事,供其遵守与执行。

相关法条:

《**中华人民共和国公司法**》(1993 年通过,2018 年修正)

第二百一十六条　本法下列用语的含义:

(一)高级管理人员,是指公司的经理、副经理、财务负责人,上市公司董事会秘书和公司章程规定的其他人员。

9.2　董事高管的任职资格有何要求?

既然董事、高管对公司、股东及债权人的利益都有很大的影响甚至起决定作用,那其任职资格已不单纯是公司自身的事情,而涉及社会公共利益,故《公司法》规定了基本的任职资格。

依照《公司法》第一百四十六条规定,对于存在下面情形之一的,公司不得委任其担任董事、监事及高管,如果公司违反该规定选举、委派董事、监事或者聘任高管的,该选举、委派或者聘任无效;而董事、监事、高管在任职期间出现所列情形的任何一项的,公司应当解除其职务:

(1)无民事行为能力或者限制民事行为能力;

（2）因贪污、贿赂、侵占财产、挪用财产或者破坏社会主义市场经济秩序，被判处刑罚，执行期满未逾五年，或者因犯罪被剥夺政治权利，执行期满未逾五年；

（3）担任破产清算的公司、企业的董事或者厂长、经理，对该公司、企业的破产负有个人责任的，自该公司、企业破产清算完结之日起未逾三年；

（4）担任因违法被吊销营业执照、责令关闭的公司、企业的法定代表人，并负有个人责任的，自该公司、企业被吊销营业执照之日起未逾三年；

（5）个人所负数额较大的债务到期未清偿。

有读者可能会问，如果公司董事违反该规定，明知经理候选人属于前述情形（2），但还是执意投票选举该候选人为经理，若该候选人担任经理职务后故伎重演挪用公司资金造成了损失，除了产生任命无效的后果外，该董事是否应承担责任呢？

对于此点，并没有明确的法律规定，但是，按照通常的法律原理和逻辑，因自身过错给他人造成损失的，应当承担赔偿责任。这样，无论公司股东选举董事时，还是董事会选举、聘任经理、财务负责人及其他高管时，都应做好候选人资格审查，避免因候选人资格问题导致公司损失。

9.3　担任董事高管有哪些风险与责任？如何防控与化解？

如前所述，法律之所以对董事和高管施加更多的义务和责任，系基于董事和高管的行为会影响公司、股东及债权人的利益。但是，董事和高管除了在遵守法定义务外，不排除有特殊原因要求豁免某些义务，否则就不会接受该委任。这时，需要股东平衡考虑利弊,在公司章程中或者通过股东会决议的方式作出安排。例如,某个董事候选人本身就是业内人士,在遴选为候选人之前就已经在同行业工作,且有丰富经验,若要求其放弃之前的职位专职担任公司董事,该候选人将不会接受委任。这时,若公司股东会认为该候选人的专业知识和能力会给公司带来很大帮助,则需要在任命其担任董事的同时,豁免其竞业禁止义务。这是在公司自治范畴内的双赢安排。

而作为公司董事或高管,非常有必要了解自己的义务、风险点及防控措施。《公司法》规定部分行为属于禁止性的行为,作为董事或高管,应当严格遵守,而有些事项,则可以通过一定安排予以豁免或者控制。

关于董事高管的风险点与防控措施,简要分述如下:

(1)关联交易合规

关联交易指公司与关联方之间的交易,对于董事、高管而言,关联方不仅指董事、高管自身,还包括其近亲属投资的公司。例如,A公司总经理甲,其夫人乙的弟弟丙是B公司的大股东和总经理,A公司与B公司的交易即构成关联交易。

根据《公司法》第二十一条,董事高管不得利用其关联关系损害公司利益,否则给公司造成损失的,应当承担赔偿责任。

从《公司法》条款规定的精神来看,关联交易并非一概禁止,其禁止的是利用关联关系损害公司利益。所以,在充分披露、满足公司关联交易规则且交易价格公允、不会损害公司利益的情况下,还是允许存在关联交易。

在实践中,大部分公司不会制定专门的关联交易规则,但确实存在关联交易。这时,为防控因关联交易而产生的赔偿责任,董事高管应当:

①对关联关系向股东会进行申报,关联交易在获得股东会审批后方进行;或者

②由股东会事先制定关联交易规则，所有关联交易符合该规则规定的程序条件和实质条件，包括但不限于披露及公允性的要求。

(2)董事表决合法合规

根据《公司法》第一百一十二条的规定，董事应当对董事会的决议承担责任。董事会的决议违反法律、行政法规或者公司章程、股东大会决议，致使公司遭受严重损失的，参与决议的董事对公司负赔偿责任。但经证明在表决时曾表明异议并记载于会议记录的，该董事可以免除责任。

作为公司董事，虽然对公司经营管理及董事会决议事项享有决策权与投票权，但该决策权与投票权的行使具有合法合规边界，即不得违反法律、行政法规或者公司章程、股东会决议。

需要说明的是，该合法合规的边界要求，不包括规章和地方性法规的要求。

为防控因董事会决议违法违规而产生的赔偿责任，董事应当：

①熟知公司章程和股东会决议，对提交董事会表决的议案内容与公司章程及股东会决议内容不一致的，投票反对；

②对公司章程、股东会决议本身有瑕疵的，不得通过董事会决议纠正，而是要求通过股东会决议纠正，在获得纠正前，对提交董事会表决的议案与公司章程及股东会决议内容不一致的，还是要投票反对，并说明反对理由记录在案；

③对提交董事会表决的议案，有合法性审查的意识，对于合法与否存疑的，要求公司总经理或提案人委托律师，给出合法与否的法律意见，对于确认不合法的议案，投票反对；

④所有异议，均要记载到董事会会议记录中。

(3)勤勉义务

根据《公司法》第一百四十七条，董事、监事、高级管理人员应当遵守法律、行政法规和公司章程，对公司负有忠实义务和勤勉义务。

该义务描述虽然原则性较强，但实践中确实出现过因高管违背勤勉义务而被公司索赔的案例，故值得引起董事、高管的重视。

例如，甲、乙、丙三人为A工程公司的股东，三人各持股50%、30%与20%，甲为法定代表人，乙为副总经理。在甲生病住院期间，乙主持A公司工作，承揽B公司装修工程但未签署合同，后乙从A公司辞职，工作交接记录写明曾以口头协议承揽B公司装修工程总价款100万元已收回60万元，尚有40万元待收回。A公司向B公司追索款项未果，起诉至法院，因缺乏书面合同与验收结算记录而被驳回诉讼请求。A公司遂以乙违反勤勉义务为由，起诉至法院，要求乙赔偿公司损失40万元，法院支持了A公司的诉讼请求。

工程公司承揽工程，通常应当签署书面协议，工程完工后，通常应当签署验收和结算的文件。该案中，乙作为A公司的高管，并没有按照通常的要求签署书面合同，也缺乏竣工验收与结算文件，显然没有尽到勤勉义务，给公司造成损失，公司有权依照《公司法》第一百四十七条要求其承担赔偿责任。

但是，对于属于商业判断的不确定事项，只要董事和高管做了尽到了审慎的注意义务，即使公司遭受了损失，也不应要求董事、高管承担赔偿责任，否则将限制正常的商业决策。例如，某酒水销售公司总经理根据基层销售团队的分析报告及外部市场机构的咨询报告，认为某地存在葡萄酒消费的低洼地而投入大量广告宣传，希望在当地扩大自己所独家经销的某品牌葡萄酒的销售，但因为当地喝白酒的传统难以改变，最终未能成功，所投入的广告费未能收回。此类正常的商业决策判断偏差，即使造成了损失，公司也无权要求高管承担赔偿责任。

作为董事、高管，为防控勤勉义务相关风险，除了应当遵守法律与公司章程外，还应当对所决策的事项审慎处理，对于偏离常规的处理，必须有合理的、压倒性的理由支撑，且记录在案，避免自己从董事、高管职位离任后，被公司索赔。

延伸开来，若债权人发现债务人公司的董事、高管在经营决策中违反勤勉义务，违背法律、行政法规和公司章程的规定，导致债务人公司发生巨额亏损而无法清偿债务，而公司并未向相应的董事、高管要求承担责任，债权人是否有权向该董事、高管追偿呢？司法实践中尚未看到这方面的案例，但是，按照《合同法》第七十三条及相关司法解释，既然董事、高管对公司的赔偿责任属于金钱债务，在公司怠于向董事、高管主张权利而导致公司债权人无法得到清偿的情况下，债权人有权就此提起代位权诉讼，直接起诉债务人公司的董事、高管，并且将债务人公司列为第三人。

相关法条：

1.《**中华人民共和国合同法**》（1999 年通过）

第七十三条　因债务人怠于行使其到期债权，对债权人造成损害的，债权人可以向人民法院请求以自己的名义代位行使债务人的债权，但该债权专属于债务人自身的除外。

代位权的行使范围以债权人的债权为限。债权人行使代位权的必要费用，由债务人负担。

2.《**最高人民法院关于适用〈中华人民共和国合同法〉若干问题的解释（一）**》（法释〔1999〕19 号）

第十三条　合同法第七十三条规定的“债务人怠于行使其到期债权，对债权人造成损害的”，是指债务人不履行其对债权人的到期债务，又不以诉讼方式或者仲裁方式向其债务人主张其享有的具有金钱给付内容的到期债权，致使债权人的到期债权未能实现。

次债务人(即债务人的债务人)不认为债务人有怠于行使其到期债权情况的,应当承担举证责任。

第十四条 债权人依照合同法第七十三条的规定提起代位权诉讼的,由被告住所地人民法院管辖。

第十六条 债权人以次债务人为被告向人民法院提起代位权诉讼,未将债务人列为第三人的,人民法院可以追加债务人为第三人。

两个或者两个以上债权人以同一次债务人为被告提起代位权诉讼的,人民法院可以合并审理。

(4)廉洁义务

根据《公司法》第一百四十七条规定,董事、监事、高级管理人员不得利用职权收受贿赂或者其他非法收入,不得侵占公司的财产。

该义务属于最低限度的法定基本义务,不仅董事、高管承担此义务,普通公司员工也承担此义务。若违反该义务,除了承担民事赔偿责任外,侵占或是受贿达到一定金额的(国有公司3万元,其他公司6万元),还会触犯刑法,被追究刑事责任。

具体分析与防控建议详见本书第4.14小节。

(5)忠实义务

按照《公司法》第一百四十八条,董事、高级管理人员不得有下列行为:①挪用公司资金;②将公司资金以其个人名义或者以其他个人名义开立账户存储;③违反公司章程的规定,未经股东会、股东大会或者董事会同意,将公司资金借贷给他人或者以公司财产为他人提供担保;④违反公司章程的规定或者未经股东会、股东大会同意,与本公司订立合同或者进行交易;⑤未经股东会或者股东大会同意,利用职务便利为自己或者他人谋取属于公司的商业机会,自营或者为他人经营与所任职公司同类的业务;⑥接受他人与公司交易的佣金归为己有;⑦擅自披露公司秘密;⑧违反对公司忠实义务的其他行为。

将忠实义务细分开来,涵盖资金管理、担保、自我交易、竞业限制、廉洁及保密义务等。

作为董事、高管,在日常行使经营管理职权时,除了要遵守法律、行政法规和公司章程外,还应当遵守授权与流程规范,并树立职务行为产生的利益归属于公司的意识,避免流程或者授权存在瑕疵的行为被认定违反忠实义务。

例如,在决策公司为业务伙伴提供担保时,即使满足了通常认为合理的下列四个条件,作为高管的总经理也要遵守授权与流程规范,将该担保事项与理由按照公司章程提交董事会或者股东会批准,而不是自行决定对外提供担保。四个合理条件包括:①经过调查确认业务伙伴的资信可靠;②且业务伙伴的股东作为连带责任保证人向公司提供了反担保;③承担保证责任和无法向反担保保证人追偿的概率极低;④该业务伙伴之前也为本公司的融资提供过担保。

又如,为广告效应所需,总经理希望将原属于公司秘密的某信息对外披露和发布。为避免违反擅自披露公司秘密的义务,总经理在披露前应当自行或者由下属职能部门就披露的利弊进行评估,并且经会议讨论后,经总经理定夺披露。需要强调的是,《公司法》并不禁止正当的、经过适当程序评估确认后的公司秘密披露,其禁止的是擅自披露行为。若经过适当的评估与审批流程,即使高管最终定夺予以披露,也不应认为是擅自披露。

再如,为避免违反自我交易禁止的义务,对于涉及高管本人与公司交易的,该高管应自我回避,不再参与该交易的审批,即使按照正常流程具有审批权的,也应由其上级或者其他平行部门的负责人审批。假设公司处置二手车辆,公司财务总监 A 决定购买,则 A 与公司的交易合同内部审批过程中 A 及其下级不应再参与，而是由与其平行的其他具有财务专业知识的人员代替A审批，以避免A被认为违反自我交易禁止的义务。

董事、高管竞业限制属于法定义务，故即使聘用合同或者公司章程未作规定，董事、高管仍有此义务。若董事、高管此前已经有与公司竞争的业务，或者不排除后续从事此类业务，则应提前拿到豁免竞业禁止义务的文件，具体可参考9.3节前言的建议。

需要澄清的是，为避免董事、高管在正常的经营管理中过于保守而束手束脚，对于违反忠实义务的，并非一概承担赔偿责任，而是以补偿责任为主，即董事、高级管理人员违反前款规定所得的收入，公司享有归入权，应当归公司所有。

(6)维护股东知情权义务

知情权是股东落实和行使公司资产收益权、参加重大决策和选择管理者权利的前提。依照《公司法》第三十三条，股东有权查阅、复制公司章程、股东会会议记录、董事会会议决议、监事会会议决议和财务会计报告，并可以要求查阅公司会计账簿。如果公司章程规定了股东更多的查阅、复制权利，则公司高管及董事也应配合，协助落实股东的知情权。

如果股东行使知情权，但因公司董事高管玩忽职守、疏于履行职责，导致各类公司决议文件或者财务资料缺失而给股东造成损失，则股东有权要求负有责任的董事或者高管承担赔偿责任。例如，作为公司财务负责人的财务总监未对财务室特别是原始会计凭证保管库房设立安全防范措施，致使某个月份的原始凭证丢失，导致账簿上记载的该月费用支出无法核实的，则公司股东有权要求该财务总监就缺乏原始凭证支撑的不合理费用承担赔偿责任。

所以，作为公司董事与高管，应当履行职责，安全保管好公司重要文件包括公司章程、股东会、董事会会议记录、决议、监事会会议决议和财务会计报告、会计账簿、会计凭证、合同等，以维护股东的知情权，否则有可能被公司股东追究赔偿责任。

相关法条：

《最高人民法院关于适用〈中华人民共和国公司法〉若干问题的规定（四）》（法释〔2017〕16号）

第十二条　公司董事、高级管理人员等未依法履行职责，导致公司未依法制作或者保存公司法第三十三条、第九十七条规定的公司文件材料，给股东造成损失，股东依法请求负有相应责任的公司董事、高级管理人员承担民事赔偿责任的，人民法院应当予以支持。

(7)出资维持义务

按照通常的逻辑与法理，股东对出资的真实到位承担责任，并且在认缴出资范围内承担有限责任，而董事和高管作为打工者，对出资到位与否、是否抽逃，不应承担责任。但是，不仅公司出资是否到位、是否抽逃对股东有价值，而且出资还构成对公司债权的担保，故《公司法》相关司法解释对实际经营公司的董事与高管也课以维持出资的义务，规定董事、高管有义务采取行动要求股东全面履行出资义务，且不得协助股东抽逃出资。

例如，A公司注册资本100万元，有甲、乙、丙、丁四个股东，均认缴出资25万元，后决定增资至150万元，四个股东各自再认缴12.5万元，原始出资和增资均应在2018年4月27日前缴清。经股东会决议，聘请不是股东的职业经理人张三为执行董事兼总经理，李四为财务总监。截至2018年5月30日，四个股东中，乙、丙缴清了初始出资款和增资款，丁仅缴清了增资款12.5万元但初始出资款25万元中仅到位18万元，甲仅缴纳了初始出资款中的20万元，未缴纳增资款12.5万元。又确认，经张三和李四签批，A公司以支付咨询费的名义向甲支付15万元,但甲实际并没有向公司提供咨询服务,实为抽逃出资。A公司现拖欠B公司货款150万元。

在此情况下,按照《公司法》相关司法解释,张三和李四作为A公司的董事和高管,对公司负有忠实和勤勉义务,有义务采取行动要求甲和丁按期缴清所认缴的全部出资款,包括对甲和丁提起诉讼。

①若张三和李四未采取行动向甲和丁追缴出资款,则股东乙和丙及公司债权人B公司,均有权起诉甲和丁,并同时起诉张三和李四,要求张三和李四承担责任。

②需要澄清的是,张三和李四作为公司高管,此种情况下只对未缴纳的增资和协助抽逃的出资,也就是对甲的未缴纳出资与抽逃出资承担责任,而对丁的原始出资款未到位部分,张三和李四无须承担责任。

③作为债权人B公司,为保障债权清偿,可同时起诉公司A与甲乙丙丁四个股东及张三和李四,这样,四个股东就甲和丁初始出资未缴清的部分即12万元承担连带责任,而股东甲和高管张三、李四就甲未缴清的增资款及抽逃的款项20万元承担责任,合计七个被告。只要有依据,作为债权人的原告在起诉时,列被告宁多勿缺是正道!

而作为A公司高管的张三和李四,为避免就股东的出资义务背锅承担责任,一方面应当采取包括诉讼在内的方法要求股东甲和丁缴清所认缴的出资款,另一方面不应当协助任何股东抽逃出资款,详见本节如下相关法律规定的内容。

需要强调的是,即使公司已经进入破产程序,也不代表董事、高管此前的责任就已归零,相反,若破产程序中发现董事、高管没有履行出资维持义务的,破产管理人有权对负有责任的董事、高管提起诉讼。

相关法条：

1.**《最高人民法院关于适用〈中华人民共和国公司法〉若干问题的规定(三)》**(法释〔2011〕3 号公布,法释〔2014〕2 号修正)

第十三条　股东未履行或者未全面履行出资义务,公司或者其他股东请求其向公司依法全面履行出资义务的,人民法院应予支持。

公司债权人请求未履行或者未全面履行出资义务的股东在未出资本息范围内对公司债务不能清偿的部分承担补充赔偿责任的,人民法院应予支持;未履行或者未全面履行出资义务的股东已经承担上述责任,其他债权人提出相同请求的,人民法院不予支持。

股东在公司设立时未履行或者未全面履行出资义务,依照本条第一款或者第二款提起诉讼的原告,请求公司的发起人与被告股东承担连带责任的,人民法院应予支持;公司的发起人承担责任后,可以向被告股东追偿。

股东在公司增资时未履行或者未全面履行出资义务,依照本条第一款或者第二款提起诉讼的原告,请求未尽公司法第一百四十七条第一款规定的义务而使出资未缴足的董事、高级管理人员承担相应责任的,人民法院应予支持;董事、高级管理人员承担责任后,可以向被告股东追偿。

第十四条　股东抽逃出资,公司或者其他股东请求其向公司返还出资本息、协助抽逃出资的其他股东、董事、高级管理人员或者实际控制人对此承担连带责任的,人民法院应予支持。

公司债权人请求抽逃出资的股东在抽逃出资本息范围内对公司债务不能清偿的部分承担补充赔偿责任、协助抽逃出资的其他股东、董事、高级管理人员或者实际控制人对此承担连带责任的,人民法院应予支持;抽逃出资的股东已经承担上述责任,其他债权人提出相同请求的,人民法院不予支持。

2.《最高人民法院关于适用〈中华人民共和国企业破产法〉若干问题的规定(二)》(法释〔2013〕22号)

第二十条　管理人代表债务人提起诉讼,主张出资人向债务人依法缴付未履行的出资或者返还抽逃的出资本息,出资人以认缴出资尚未届至公司章程规定的缴纳期限或者违反出资义务已经超过诉讼时效为由抗辩的,人民法院不予支持。

管理人依据公司法的相关规定代表债务人提起诉讼,主张公司的发起人和负有监督股东履行出资义务的董事、高级管理人员,或者协助抽逃出资的其他股东、董事、高级管理人员、实际控制人等,对股东违反出资义务或者抽逃出资承担相应责任,并将财产归入债务人财产的,人民法院应予支持。

(8)担任清算组成员的风险与责任

有限公司通常都有一定的经营期限,或者在经营期限届满前因股东会决议提前终止经营,或者因为经营不善、严重违法被吊销营业执照等,这时,依据《公司法》的规定,应当对公司进行清算,清算完成后予以注销。

清算工作由清算组具体执行,《公司法》在规定清算的同时,规定有限公司的清算组由其股东组成,股份有限公司的清算组由董事或者股东大会确定的人员组成。而清算组成员履职不当,例如没有将公司解算清算事宜通知债权人,而造成债权人未及时申报债权产生损失的,清算组成员要承担赔偿责任。

有读者可能问,既然《公司法》规定有限公司清算组由股东组成,我只是董事,应该和我无关吧?其实并非完全无关,因为按照2017年10月1日起施行的《民法总则》第七十条规定,法人的董事为清算义务人,清算义务人应当及时组成清算组进行清算,否则未及时履行清算义务造成损害的,要承担责任,而有限公司也属于法人的一种。

对于《民法总则》前述规定与《公司法》中有限公司清算组由股东组成的规定，二者到底以何为准，虽然理论界尚未取得共识，也不排除《公司法》特别规定优于《民法总则》规定从而将公司董事从清算义务人中排除的可能，但在实践中，作为有限公司董事，在公司进入解散清算状态时，还是应谨慎处理，避免处理不当而承担责任，包括：

①在出现导致公司解散的事由时，立即报告股东会，要求股东会就清算事项作出决议，不得故意拖延不报；

②若自身并非股东而仅担任公司董事，则尽量避免出任清算组成员；

③若被股东会决议或者法院委任为清算组成员，则须严格履行职责，避免因履职不当被追究责任。具体履职要求请见本书第8.4小节及本节相关法律规定。

相关法条：

1.**《中华人民共和国公司法》**（1993年通过，2018年修正）

第一百八十三条　公司因本法第一百八十条第（一）项、第（二）项、第（四）项、第（五）项规定而解散的，应当在解散事由出现之日起十五日内成立清算组，开始清算。有限责任公司的清算组由股东组成，股份有限公司的清算组由董事或者股东大会确定的人员组成。逾期不成立清算组进行清算的，债权人可以申请人民法院指定有关人员组成清算组进行清算。人民法院应当受理该申请，并及时组织清算组进行清算。

第一百八十九条　清算组成员应当忠于职守，依法履行清算义务。

清算组成员不得利用职权收受贿赂或者其他非法收入，不得侵占公司财产。

清算组成员因故意或者重大过失给公司或者债权人造成损失的，应当承担赔偿责任。

2.**《中华人民共和国民法总则》**(2017年通过)

第七十条 法人解散的,除合并或者分立的情形外,清算义务人应当及时组成清算组进行清算。

法人的董事、理事等执行机构或者决策机构的成员为清算义务人。法律、行政法规另有规定的,依照其规定。

清算义务人未及时履行清算义务,造成损害的,应当承担民事责任;主管机关或者利害关系人可以申请人民法院指定有关人员组成清算组进行清算。

3.**《最高人民法院关于适用〈中华人民共和国公司法〉若干问题的规定(二)》**(法释〔2008〕6号公布,法释〔2014〕2号修正)

第十一条 公司清算时,清算组应当按照公司法第一百八十五条的规定,将公司解散清算事宜书面通知全体已知债权人,并根据公司规模和营业地域范围在全国或者公司注册登记地省级有影响的报纸上进行公告。

清算组未按照前款规定履行通知和公告义务,导致债权人未及时申报债权而未获清偿,债权人主张清算组成员对因此造成的损失承担赔偿责任的,人民法院应依法予以支持。

第二十三条 清算组成员从事清算事务时,违反法律、行政法规或者公司章程给公司或者债权人造成损失,公司或者债权人主张其承担赔偿责任的,人民法院应依法予以支持。

有限责任公司的股东、股份有限公司连续一百八十日以上单独或者合计持有公司百分之一以上股份的股东,依据公司法第一百五十一条第三款的规定,以清算组成员有前款所述行为为由向人民法院提起诉讼的,人民法院应予受理。

公司已经清算完毕注销,上述股东参照公司法第一百五十一条第三款的规定,直接以清算组成员为被告、其他股东为第三人向人民法院提起诉讼的,人民法院应予受理。

9.4 担任挂名董事高管有何风险？如何防控？

挂名董事、高管通常出现在集团公司架构下，虽然有很多子公司，但是各个子公司并非独立经营管理，而是按照职能体系服从于上级集团公司的对应业务与职能部门，子公司登记的董事可能是集团公司某个职能部门的中层管理人员，登记的财务负责人可能是集团公司财务部门的中层财务经理，而董事会可能一年都不会召开一次，子公司经营管理实际由集团公司负责。

但是，为满足《公司法》登记的需要，子公司还是要登记相应的法定代表人、董事、财务负责人等。虽然这些登记的子公司董事、高管实际并没有权力左右子公司的经营管理，但可能为提交财务、税务报表需要，或者融资需求等，还是会要求这些挂名董事、高管签署很多文件。这时，作为挂名董事、高管有何风险？是否应当承担责任呢？

这时，需要从内外两个方面厘清。对外而言，既然登记为公司的董事、高管，且在相应的文件上签字，则应当就签字内容的真实性、合法性承担责任，而不能用自己仅是橡皮图章来抗辩。

对内而言，作为挂名的董事、高管，在签署文件前，应当获得对该文件负责的集团公司职能部门对该文件真实性、合法性的确认，完成集团公司内部的审批程序后，再予以签署。这样，既尊重集团化管理的事实，又能通过内部的审批流程对文件内容予以把关，即使最后该文件存在问题，从集团公司内部而言，也难以归咎于签署人，而应当去追究实际审批人的责任。

挂名董事、高管也可要求公司出具说明文件，就名义董事、高管的职责及签署流程予以确认，并由公司作出补偿承诺。

例如：

董事委任说明书

本集团公司为经营管理需要，特委任财务部门同事张三担任下属子公司××有限公司的董事。鉴于本公司实行集中化管理，作为××公司的名义董事，张三在签署董事会决议等相关文件前，应当获得本公司财务负责人的审批。对于张三签署经过审批的文件所导致的责任，由本公司承担，由此给张三造成的损失，由本公司负责赔偿。

当然，这里的审批与承诺安排，只能对内有效，可以抗辩母公司即子公司股东的赔偿要求，但对外难以抗辩董事违法、违规或者未能勤勉尽职所导致的赔偿责任。当然，有了这个承诺，作为员工的名义董事还是会感觉更踏实一些。

9.5 为何有必要购买董事高管责任险？

既然担任公司董事和高管要面临这么多的风险，那可否买保险来覆盖呢？的确，很多保险公司提供这样的董事高管责任险保险产品（Directors and Officers Liability Insurance，通常简称D&O保险），由公司购买，受益人为公司和公司的董事、高管，在发生因为董事、高管行使职权所导致的索赔时，可以通过该保险覆盖相关的法律诉讼费用以及赔偿责任。

需要澄清的是，该保险仅覆盖董事、高管行使职权中非恶意的行为，例如违反勤勉义务由某项商业决策失误所导致的诉讼及相应赔偿责任；对于董事、高管完全为个人利益而故意违法的恶意行为，例如利用职务便利侵占公司财产的，并不在该保险的覆盖范围之内，以避免出现道德风险。

在实践中，由于董事高管责任险的费率不低，普通有限公司购买该项保险产品的并不太多，上市公司特别是海外上市公司购买此保险的更多一些。但是，随着《公司法》及其司法解释对有限公司董事、高管责任的强化，董事、高管被公司股东及债权人起诉的风险也越来越高，特别对于纯属高级打工者而自身并不是股东的董事、高管而言，为避免履职过失把自己的身家全部搭进去，建议还是要求公司购买董事高管责任险。

董事高管责任险本质属于财产保险中的责任险范畴，类似于车辆的交强险及第三者责任险，但其重要性和价值对董事和高管而言，远远高于为自己的私家车购买第三者责任险。

下面是某上市公司董事会为购买董事高管责任险而进行的公告摘要。

××股份有限公司关于为公司董事、监事及高级管理人员投保责任保险的公告

本公司董事会及全体董事保证本公告内容不存在任何虚假记载、误导性陈述或者重大遗漏，并对其内容的真实性、准确性和完整性承担个别及连带责任。

一、本次投保概述

公司于2018年×月×日召开的第×届第×次董事会审议通过了《关于为公司董事、监事及高级管理人员投保责任保险的议案》。根据中国证监会《上市公司治理准则》和《关于在上市公司建立独立董事制度的指导意见》等相关规定，公司拟为董事、监事及高级管理人员投保责任保险。责任保险的具体方

案如下:

1. 投保人:××股份有限公司

2. 被投保人:公司全体董事、监事及高级管理人员

3. 责任限额:3000万元至8000万元

4. 保险费总额:4万元至10万元

5. 保险期限:1年

公司董事会拟提请公司股东大会在上述权限内授权公司董事会,并同意公司董事会授权公司经营管理层办理董事、监事及高级管理人员责任保险购买的相关事宜(包括但不限于确定相关责任人员;确定保险公司;确定保险金额、保险费及其他保险条款;选择及聘任保险经纪公司或其他中介机构;签署相关法律文件及处理与投保相关的其他事项等),以及在今后董监高责任险保险合同期满时或之前办理续保或者重新投保等相关事宜。

二、独立董事意见

公司独立董事认为:公司为降低公司董事、监事及高级管理人员正常履行职责可能引致的风险以及引发法律责任所造成的损失,为其购买董事、监事及高级管理人员责任保险,有利于保障董事、监事及高级管理人员权益,促进责任人员更好地履行职责,促进公司发展。

相关审议程序合法,未损害公司及其他股东,特别是中小股东的利益。基于独立判断,我们同意为公司董事、监事及高级管理人员投保责任保险,并同意提交股东大会审议。

此议案尚需提交公司股东大会审议。

特此公告。

××股份有限公司董事会

二〇一八年××月××日

第三编　联营挂靠承包相关法律风险与实务攻略

生意的成功，除了内部股东与合伙人支撑外，也离不开外部的合作伙伴，特别是短平快或有资质要求的项目，会有资金与技术的互补，或者人脉与施工资质的结合。这样，就不可避免地涉及与其他主体联合经营，或者挂靠其他公司，或者被其他公司挂靠，或者联合投标，或者承包其他既有企业经营等。

毋庸讳言，此类合作中的法律风险远远高于正常的商业经营，例如，自己手里有工程项目资源但并没有施工资质，若挂靠有施工资质的企业承揽项目组织施工，如何保障工程款的安全？又如，若自己的公司资金充裕资信较高，但为了投标某个项目不得不与其他债务累累但有资质的公司形成联合体，如何控制风险？

联营、承包、挂靠包括联合体投标相关的法律风险，属于非常规业务风险，更容易被忽视，本编将通过三章的内容予以梳理和提示，并从实务角度给出防控建议，希望对读者识别和控制此类风险有所帮助。

第十章

联营相关法律风险与实务攻略

联营是联合经营的简称，通常分为三类，包括法人型联营，指几个联营方就某个项目合资，设立具有法人资格的项目公司、合营公司，所设立的公司就是联营体；合伙型联营指几个联营方共同就某个项目进行投资与合作，但是并未将联营项目载体注册为法人，联营各方内部根据联营合同确定各自的投入和收益，对外就联营债务承担连带责任；而在协作型联营中，联营各方按照合同的约定，分别以各自所有或经营管理的财产承担民事责任，并未形成联营体。

随着《公司法》于 1993 年的颁布施行，大部分法人型联营都可归入《公司法》调整的范围，读者若意图设立法人型联营体，可以参考本书第二编中的相关风险提示。但是，除了法人型之外的合伙型联营和协作型联营，在现实中也较为常见，本章将主要介绍合伙型联营与协作型联营的相关风险与防控攻略。

10.1 合伙型联营是否必须注册登记？有何特别注意事项？

合伙型联营是常见的联营方式，例如甲公司拥有某矿山的探矿权,但是资金不足,而乙有足够的资金支撑探矿前期投资,丙公司又拥有探矿所需的专业技术人员和专业设备。这时,甲、乙、丙三方就该探矿与后续开采签署联营合同,共同投资,并约定收益分配,则属于合伙型联营。

按照《民法通则》及相关司法解释,此类合伙型联营无须注册为合伙企业,也受法律保护。合伙型联营的内外部关系与责任,均可按照本书第一编第二章有关个人合伙的规定处理,其风险防控措施也同样适用。例如,在前述的矿山联营项目中,由该联营所产生的债务,由甲、乙、丙承担无限连带责任。

与普通合伙不同的是,很多合伙型联营的参与者,其自身并未意识到自己是参加了合伙,而仅认为自己参与的是某个项目合作,仅约定利润分配而未约定在联营不成功时如何处理债务与亏损、如何清算,导致埋下隐患。

例如,在山东省高级人民法院审理的(2011)鲁商终字第131号案件中,甲方圣邦公司与乙方通宇钢铁公司签署合作协议,约定双方合作共同经营通宇钢铁公司,合作期限为2010年11月9日至2011年12月31日;甲方提供确保企业正常生产、经营所需的流动资金,乙方只提供现有的固定资产;利润按甲方59%,乙方39%比例进行划分,另外2%奖励总经理,每月的10日至15日分配上一月的利润。在后续履行中,圣邦公司投入流动资金购买原材料等生产资料,但在当地环保机关于2011年4月8日责令停产后,经营停顿,此前的总经理离任审计报告确认联营确有亏损。圣邦公司为收回投资而起诉通宇钢铁公司,但财务账簿被盗无法清算,一审时被法院以合伙型联营体尚未清算、盈利与亏损不明为由驳回诉讼请求,在二审时,圣邦公司明确承诺承担联营体的全部债务及全部亏损。二审法院认为是否清算以及清算完毕以后是否具有清偿债权的资产,都不影响债权人对联营双方主张权利,圣邦公司在承诺承担联营体全部债务的情况下，主张通宇公司返还其控制下的生产资料，既符合联营的相关规定，又符合民法的公平原则，最终判决通宇公司向圣邦公司返还生产资料。

从此案可见，联营各方均有投入且约定共同分配利润的，法律上已经属于合伙型联营，各方不能仅考虑经营有利润的情况，更要注意并事先约定有亏损时如何处理，特别是各方投入并非完全是货币的，则应做好实物资产的盘点与估价确认，避免联营到期或者提前终止时难以清算。

相关法条：

1.《**中华人民共和国民法通则**》(1986 年通过,2009 年修正)

第五十二条　企业之间或者企业、事业单位之间联营，共同经营、不具备法人条件的，由联营各方按照出资比例或者协议的约定，以各自所有的或者经营管理的财产承担民事责任。依照法律的规定或者协议的约定负连带责任的，承担连带责任。

2.《**最高人民法院关于审理联营合同纠纷案件若干问题的解答**》(法(经)发〔1990〕27 号)

联营体是合伙经营组织的，可先以联营体的财产清偿联营债务。联营体的财产不足以抵债的，由联营各方按照联营合同约定的债务承担比例，以各自所有或经营管理的财产承担民事责任；合同未约定债务承担比例，联营各方又协商不成的，按照出资比例或盈余分配比例确认联营各方应承担的责任。

合伙型联营各方应当依照有关法律、法规的规定或者合同的约定对联营债务负连带清偿责任。

10.2 联营保底收益约定是否受法律保护？如何实现固定收益目的？

在第10.1小节所述案例中，假设圣邦公司投入资金与通宇公司共同经营，约定固定资产投入方通宇公司分享固定利润，但并不承担亏损，该约定是否有效呢？

如前所述，既然属于合伙型联营，则按照合伙的原则，合伙人之间共同承担风险，仅分享收益而不承担亏损的条款违背了合伙的基本原则，故属于无效条款。按照相关司法解释，合伙有亏损时，即使已经向通宇公司分配了固定利润，但通宇公司还是应当退还，用于弥补亏损。

有的读者可能会问，这个规定也太不合理了。使用自己的固定资产参与联营换取固定收益，并没有损害他人的利益，为何会无效呢？如何实现该目的？

确实，严格按照合伙的原理，并不允许在出现亏损时仍对某个合伙人进行固定收益分配。若投入固定资产的一方希望得到固定收益且参与更多的利润分配，则应该绕开合伙型联营的窠臼，在法律关系的设定上采取其他方法。

例如，为实现固定收益，且不承担亏损，为保障所投入固定资产的安全，固定资产投入方可以与另一方签署资产租赁合同，明确法律关系为租赁，收取固定的租金，开具租金发票，而无论承租方的经营状况如何，都将会得到法律保护。

再进一步，若希望在承租方利润较高时能够分享其部分利润，则可在租金条款中，设立类似于技术许可协议中固定收费加提成的条款，作为租金调整机制，明确在承租方的利润超出某一金额时，超出部分中的一定比例作为提成，对应提高租金。

可使用下面的条款：

就附件1所列的租赁物（固定资产），承租方应当按照每月50万元的标准向出租方支付租金，出租方收到租金后应当向承租方开具租赁发票。在承租方承租该租赁物经营所得当月利润超过200万元时，对于超出200万元的利润部分，承租方自愿将其中的15%作为提成支付给出租方，以提高当月租金。明确起见，该租金提高机制，并不意味着在出租方与承租方之间形成合伙关系，也不改变承租方自行承担对该租赁物经营收益与亏损风险的事实。

另一种情况，假设上述案例中，圣邦公司投入资金，但并不参与经营，而是通宇公司自行经营，约定投入资金的圣邦公司分享固定利润，但并不承担亏损，该约定是否有效呢？

按照相关司法解释，此情况属于名为联营实为借贷，按照借贷关系处理。虽然《最高人民法院关于审理联营合同纠纷案件若干问题的解答》规定应当按照合同无效处理，但依照更新的2015年9月1日起施行《最高人民法院关于审理民间借贷案件适用法律若干问题的规定》第26条之规定，若年利率未超过24%的，此类固定收益安排作为民间借贷案件现在也受到法律保护。

相关法条：

《最高人民法院关于审理联营合同纠纷案件若干问题的解答》（法（经）发〔1990〕27号）

四、关于联营合同中的保底条款问题

（一）联营合同中的保底条款，通常是指联营一方虽向联营体投资，并参与共同经营，分享联营的盈利，但不承担联营的亏损责任，在联营体亏损时，仍要收回其出资和收取固定利润的条款。保底条款违背了联营活动中应当遵循的共负盈亏、共担风险的原则，损害了其他联营方和联营体的债权人的合法权益，因此，应当确认无效。联营企业发生亏损的，联营一方依保底条款收取的固定利润，应当如数退出，用于补偿联营的亏损，如无亏损，或补偿后仍有剩余的，剩余部分可作为联营的盈余，由双方重新商定合理分配或按联营各方的投资比例重新分配。

（二）企业法人、事业法人作为联营一方向联营体投资，但不参加共同经营，也不承担联营的风险责任，无论盈亏均按期收回本息，或者按期收取固定利润的，是明为联营，实为借贷，违反了有关金融法规，应当确认合同无效。除本金可以返还外，对出资方已经取得或者约定取得的利息应予收缴，对另一方则应处以相当于银行利息的罚款。

10.3 员工可否与公司联营？如何与内部承包相区分？

在很多经营机制比较灵活的企业，公司对某一项目的风险和收益难以决断时，可能会考虑与该项目的具体承办人共同投资，共担收益与风险，以此提高承办人的责任心。

那么，如何界定这种共同投资行为的法律属性呢？例如，甲是A公司的项目经理，看好某个项目投资，希望公司出资1000万元进行开发，投资期限3年，并承诺年投资回报率不低于20%。A公司董事会讨论后，提出两种方案：

方案一：A公司出资900万元，甲个人出资100万元，由甲主持该项目，在该项目年投资回报率在15%以上时，则A公司分享80%的收益，甲分享20%的收益；在该项目年投资回报率低于15%时高于5%时，则A公司分享95%的收益，甲分享5%的收益；在该项目年投资回报率为负数也就是亏损时，则A公司分担70%的亏损，甲分担30%的亏损。

方案二:A 公司出资 1000 万元投资该项目,该项目由甲负责经营 3 年,甲每年应当向 A 公司支付固定承包费 120 万元,3 年期满甲应当负责向 A 公司返还本金 1000 万元,经营期间的利润与亏损均由甲自行承担。

上述方案一是典型的合伙型联营,公司与员工共同投资,虽然收益与亏损的分担比例在相应情况下与投资比例并非完全一致,却并未违反合伙共同投资、共担风险的本质特征,该安排受法律保护。

而方案二中,甲作为员工并没有共同投资,在缴纳固定承包费后,所有项目收益与亏损均自行承担,属于典型的内部承包安排,也受法律保护。

无论采取上述何种方案,作为员工或者企业,都应签署书面合同,以避免后续发生争议时缺乏书面证据。方案一下合伙或者联营协议的价值是区分不同情况下的收益与亏损分担,无须赘言。而在方案二下,对于员工而言,若没有承包协议证明在缴纳承包费后的收益均归属自己,在 A 公司反悔的情况下,将非常容易被公司以职务侵占罪名追究责任;对 A 公司而言,若没有承包协议证明亏损由甲承担,在项目发生亏损时,若甲以职务行为抗辩,A 公司将难以要求甲就亏损承担责任。

10.4　与地方政府联合投资的协议是否有效?

在实践中,有的公司可能与地方政府合作,联合投资开发某个区域,并约定收益分享。对于此类联合投资,有的读者可能会认为,政府行使行政权,不是普通的民事主体,这种联合投资协议应该无效吧?

确实,按照传统观点及最高人民法院此前关于联营的司法解释,党政机关不能作为联营的主体。但是,若地方政府是以民事主体的身份与其他公司签署协议,并且实际履行,而认定合同无效又会导致违背诚信的不公平结果的,人民法院还是认可地方政府参与联合投资的有效性。

例如,在最高人民法院审理的(2015)民二终字第120号案件中,鲁南地勘院于2005年9月5日依法取得探矿权,兰陵县政府作为乙方与甲方鲁南地勘院及案外人丙方于2006年11月6日签订《合作勘查协议书》,约定甲方负责铁矿普查探矿权的申请登记、延续、勘查设计、工程施工、成果提交、成果评审及矿业经营管理等工作,乙方负责勘查施工期间的地方关系协调、施工现场的"三通一平"和青苗赔偿、提供良好的勘查工作环境,为勘查施工人员提供食宿便利条件,该矿权如转让取得收益或转入开发前该探矿权经评估后确定收益,甲、乙、丙三方在该探矿权的收益分配比例议定为,甲方占有35%,乙方占有35%,丙方占有30%,该探矿权并可按照不低于评估值的价格进行转让或变更采矿权。2010年12月,鲁南地勘院与临沂矿业集团有限公司签订《铁矿普查探矿权转让合同》,约定合同预算价款为70,210万元。鲁南地勘院累计向兰陵县政府付款1.32亿元,兰陵县政府实际支出计3,304,904元。兰陵县政府起诉至法院,要求向鲁南地勘院收取约定的收益,鲁南地勘院提出反诉,要求确认合作勘查协议书无效,兰陵县政府返还鲁南地勘院本金1.32亿元及利息。

一审法院援引《民法通则》第五十三条"企业之间或者企业、事业单位之间联营,按照合同的约定各自独立经营的,它的权利义务由合同约定"及《最高人民法院关于审理联营合同纠纷案件若干问题的解答》第三条第二项"党政机关和隶属党政机关编制序列的事业单位、军事机关、工会、共青团、妇联、文联、科协和各种协会、学会及民主党派等,不能成为联营合同主体”相关规定，认为兰陵县政府作为合同主体违反了法律强制性规定，亦与政府的职能相悖，确认《合作勘查协议书》无效，并判决兰陵县政府返还鲁南地勘院1.28亿元。

最高人民法院二审判决改变了一审判决的认定，认为《合作勘查协议书》中并无兰陵县政府对其他合同主体存在行政优越权的内容，故本协议应属于民事合同范畴，判断其效力应当依据《合同法》第五十二条的规定，以该协议并未约定“共同投资、共同经营”的内容为由，确认该合同不符合联营合同的构成要件，而作为普通合同又不存在《合同法》第五十二条规定的无效合同的情形，在兰陵县政府按照约定全面履行了义务的情形下，其合法权益应得到相应保障，不能因其人民政府的身份而有所不同，而鲁南地勘院在支付了1.32亿元收益款后又主张《合作勘查协议书》无效并要求兰陵县政府应返还其已支付的1.32亿元，明显有违诚实信用原则，在确认合同有效后，最终判决鲁南地勘院还应向兰陵县政府支付6792万元。

该案通过把合作协议书从联营合同中排除的方式，避免了判决结果直接与《最高人民法院关于审理联营合同纠纷案件若干问题的解答》抵触。结合案件中兰陵县政府确实有投资的事实，该案从实质上突破了政府不得成为联营合同主体的限制。

若读者有与地方政府联合投资并分享收益的安排，为了能够援引该案确保协议的有效性，务必要避免在协议中出现“共同投资、共同经营”的内容，而是要仅仅规定各自的义务和职责以及收益分配安排，也不要使用联营的字眼。若有联营的字眼被定义为联营合同，可能真的无法绕开政府不得成为联营合同主体的限制，而只能被认定为无效。

10.5 协作型联营如何防控合伙责任风险？

协作型联营较为常见,例如上下游企业之间为加强合作,可能会签署联营合同,共同研发某个设备或者开发某项技术;或者相邻的几个店铺,为形成规模优势,共同吸引客流,通过联营协议规定各自的物业责任区域、约定某个时段均进行促销等。

相较于合伙型联营,在协作型联营中,联营各方通常是各自独立经营,对其他联营参与者的债务不承担责任,还是比较安全的。但是,若在协议签署与执行中不加注意,很可能会把协作型联营混淆为混合型联营,从而要为其他联营方的经营行为承担连带责任,那就危险了。

为避免该风险,在协作型联营的协议中,各方除应写明各自的职责外,还应在协议中强调各自独立经营并独立承担民事责任,该合作不得被解释为在各方之间产生合伙关系等,并且在履行过程中也尽量避免代表其他联营方付款或者接受履行。示范条款如下:

各方确认,为实现本协议的目标,协议各方各自独立从第三方采购相关材料或服务并独立向第三方承担由此产生的民事责任,本协议并不在协议各方之间产生合伙权利义务关系,各方各自独立经营并独立承担民事责任的事实并不因本协议的签署而发生变化。

相关法条:

1.**《中华人民共和国民法通则》**(1986 年通过,2009 年修正)

第五十三条　企业之间或者企业、事业单位之间联营,按照合同的约定各自独立经营的,它的权利和义务由合同约定,各自承担民事责任。

2.《**最高人民法院关于审理联营合同纠纷案件若干问题的解答**》(法(经)发〔1990〕27号)

3.联营是协作型的,联营各方按照合同的约定,分别以各自所有或经营管理的财产承担民事责任。

10.6 联合体投标有何风险?如何防控?

在招投标实践中,特别是工程主材在工程质量和造价中占比和重要性都较高的项目中,作为招标方的业主会愿意接受由主材生产商、设计单位和建筑施工方组成联合体投标,以此降低工程成本并确保主材质量。

联合体从其本意看,属于典型的合伙型联营,即联合体成员就所投标的工程项目形成合伙关系,共同就该项目的工作内容对业主承担连带责任。这意味着,主材生产商不仅要对自己的主材质量负责,若施工质量不合格,也要和施工方一起承担连带责任,这个风险确实不低。

有的读者可能会问,虽然业主要求联合体投标,若联合体成员签署补充协议,规定就各自的工作内容分别向业主承担责任,而不是互相承担连带责任,是否可以控制该风险呢?

对此,《招标投标法》已经作出专门规定,明确联合体成员联合体各方应当共同与招标人签订合同,就中标项目向招标人承担连带责任,故即使联合体成员内部以补充协议规定各自承担责任,对外并不能免除连带责任。

那如何降低为其他联合体成员背锅的风险呢?

首先,在组成联合体时,应当遴选资质和资信状况较好的合作伙伴,避免与资信不佳的公司组建联合体。

其次,在提交业主的联合体协议或者联合体成员内部的补充协议中，明确各自的工作内容、范围及定价标准、违约责任，明确投标文件需经全部联合体成员书面确认后方可提交，以避免联合体牵头人或者其他成员擅自报价造成损失；同时，也应写明在被业主追究连带责任后，没有责任的联合体成员有权向有责任的联合体成员追偿。

最后，在与资信状况不佳但别无其他选择的公司组成联合体时，要求该公司提供额外的担保例如保证人，以适当覆盖该联合体成员无力承担责任的风险。

可以参考下面的联合体成员间的补充协议样本，该样本倾向于非牵头人的联合体成员甲方。

联合体补充协议书

××有限公司（甲方）与××有限公司（乙方）自愿组成××工程项目联合体，共同参加 ××工程项目投标。现就联合体投标事宜订立补充协议如下，共同遵守执行。

1. 联合体同意由乙方作为牵头人，负责与招标人联系。

2. 乙方代表联合体向招标人递交的一切投标文件必须经过甲方的事先书面确认。

3. 如中标，甲方和乙方共同与业主签订合同书，并就中标项目向业主在各自工作范围分别独立承担责任。若一方逾期完成工作任务或工作质量存在问题，导致另一方就此向业主承担连带责任的，另一方有权向责任方进行追偿。

4. 各方具体工作范围及投标报价单见附件 1。

5. 投标工作中发生的费用各自承担，若未能中标不再互相追偿。

6. 丙方自愿作为乙方的保证人，就本联合体中乙方责任向甲方提供连带责任保证，在乙方未能清偿债务时向甲方承担连带清偿责任，保证期限三年，自乙方债务到期成就时起算。

7. 因联合体协议、本补充协议及相关事项发生的争议，各方应首先友好协商解决。协商不成时，由甲方所在地人民法院管辖，诉讼解决。

相关法条：

1.《**中华人民共和国招标投标法**》（1999 年通过，2017 年修正）

第三十一条　两个以上法人或者其他组织可以组成一个联合体，以一个投标人的身份共同投标。

联合体各方均应当具备承担招标项目的相应能力；国家有关规定或者招标文件对投标人资格条件有规定的，联合体各方均应当具备规定的相应资格条件。由同一专业的单位组成的联合体，按照资质等级较低的单位确定资质等级。

联合体各方应当签订共同投标协议，明确约定各方拟承担的工作和责任，并将共同投标协议连同投标文件一并提交招标人。联合体中标的，联合体各方应当共同与招标人签订合同，就中标项目向招标人承担连带责任。

招标人不得强制投标人组成联合体共同投标，不得限制投标人之间的竞争。

2.《**中华人民共和国招标投标法实施条例**》（2011 年通过，2019 年修正）

第三十七条　招标人应当在资格预审公告、招标公告或者投标邀请书中载明是否接受联合体投标。

招标人接受联合体投标并进行资格预审的，联合体应当在提交资格预审申请文件前组成。资格预审后联合体增减、更换成员的，其投标无效。

联合体各方在同一招标项目中以自己名义单独投标或者参加其他联合体投标的，相关投标均无效。

第十一章

挂靠相关法律风险与实务攻略

挂靠指经被挂靠人同意，挂靠人以被挂靠人的名义从事业务，被挂靠人仅从挂靠人收取管理费，但并不参与具体业务投资与经营管理。如果未经他人同意而私自以他人名义承揽业务，则不属于挂靠，而是属于冒用他人名义，构成欺诈。如果被挂靠人也参与挂靠人的业务经营，并分享利润分担风险，则构成合伙型联营，具体风险与防控请见本书第十章。

挂靠在做生意中并不罕见，常见领域包括车辆挂靠、工程挂靠、公司挂靠等，例如车主出资购买车辆，但因道路运输管理要求，将车辆挂靠在某个公司，以该公司的名义缴纳保险并进行道路运营等。工程领域的挂靠更是屡见不鲜，特别在工程完工后拖欠工程款的，挂靠人因为与发包方并没有直接的工程承包合同关系，只能以实际施工人的身份主张工程款。

挂靠虽然常见，但并非都属于合法，特别建筑工程领域的挂靠更是为国家法律所明令禁止。那么，哪些挂靠受法律保护？作为挂靠人和被挂靠人，各有什么风险？如何防控？本章将对挂靠相关的法律风险予以阐述并从实务角度给出防控要点指引。

11.1　哪些挂靠存在无效的法律风险?

挂靠的原因,或者是没有资质要求的临时性业务,需要以公司名义收付款、开发票;或者是有资质要求的业务,必须以具有该资质的公司名义方可承揽;或者是虽然没有资质要求,但政府管理部门为便于管理,而要求挂靠人只能挂靠到几个公司等。

对于为规避资质要求而进行的挂靠,例如没有建筑工程施工资质的包工头,为承揽工程而经被挂靠的有资质的建筑公司同意以建筑公司的名义承揽工程,是属于国家法律明令禁止的,即使挂靠人与被挂靠人签署挂靠合同,约定挂靠管理费收取等事项,此类约定也会因违反强制性法律规定而无效。简言之,即使在挂靠合同中约定了管理费率,在挂靠人拒不缴纳挂靠管理费时,被挂靠人依据合同起诉到法院,法院也不会支持被挂靠人依据挂靠合同提出的管理费主张。

对于纯属于为方便管理或者临时性的无资质要求的业务,例如个人将其自行出资购买的营运车辆挂靠在某运输公司,双方所签署的挂靠合同,司法实践中通常认可其法律效力。

相关法条:

《中华人民共和国建筑法》(1997 年通过,2011 年修正)

第二十六条　承包建筑工程的单位应当持有依法取得的资质证书,并在其资质等级许可的业务范围内承揽工程。

禁止建筑施工企业超越本企业资质等级许可的业务范围或者以任何形式用其他建筑施工企业的名义承揽工程。禁止建筑施工企业以任何形式允许其他单位或者个人使用本企业的资质证书、营业执照,以本企业的名义承揽工程。

第六十六条　建筑施工企业转让、出借资质证书或者以其他方式允许他人以本企业的名义承揽工程的，责令改正，没收违法所得，并处罚款，可以责令停业整顿，降低资质等级；情节严重的，吊销资质证书。对因该项承揽工程不符合规定的质量标准造成的损失，建筑施工企业与使用本企业名义的单位或者个人承担连带赔偿责任。

11.2　被挂靠人有何风险？如何防控？

由于挂靠是经被挂靠人允许由挂靠人以被挂靠人的名义从事业务经营，这样，对第三人而言，其交易对手显示为被挂靠人。为保护第三人，维护稳定的交易关系，降低交易审查的成本，相关法律及司法解释均规定，被挂靠人对挂靠人的行为承担连带责任，而无论挂靠合同有效与否（详见本节相关法律规定的内容）。当然，因为业务经营实际由挂靠人进行，被挂靠人在承担责任后有权向挂靠人追偿。

对于被挂靠人而言，虽然依照法律规定对挂靠人享有追偿的权利，但若挂靠人实际并无履行能力，被挂靠人还是要面临很大的责任风险。为降低和适度控制该风险，建议被挂靠人采取下面的防控措施：

（1）在允许挂靠时，应当选择资信较好的挂靠人，而不能单纯以挂靠费的高低确定是否允许挂靠。

（2）要求挂靠人提供额外的担保，例如个人的房地产抵押、由其配偶作为连带责任保证人共同签署挂靠合同等。

需要强调的是，若挂靠合同本身无效，例如第11.1小节提到的工程资质挂靠，则将导致作为从合同的担保合同也处于无效状态，此时的保证人不再承担连带保证责任，而只是承担损失赔偿责任且通常不超过被挂靠人损失的1/3。

(3)对于挂靠人有数个合伙人的，由其数个合伙人共同签署挂靠合同，以便发生追偿时有更多的赔偿主体。若仅由一个挂靠人签署挂靠合同，而挂靠人的其他合伙人只是内部签署合伙协议，被挂靠人在追偿时将很难追究其他合伙人的责任。

对于涉及资质出借而无效的挂靠，除了承担连带责任风险外，被挂靠人还面临无法依据挂靠合同追收管理费的风险；即使已经收取的管理费，也可能会被认定为非法所得而被人民法院没收，或者以管理费条款无效被判决返还挂靠人。

这样，对于建筑工程类的合作，为解决因挂靠合同无效导致的管理费风险，需要从根本上杜绝资质挂靠，而是以内部承包经营的方式进行合作。在司法实践中，即使签署内部承包经营合同，也有可能被认定为名为承包实为挂靠而归于无效。

建筑工程类合作中，合法内部承包与非法挂靠的区分，主要审查以下几点：

(1)承包人是否为建筑公司的正式员工，是否在该公司持续缴纳社会保险。

(2)是在签署承包合同前已经长时间持续建立劳动关系并缴纳社会保险，还是为了签署承包合同而新签劳动合同。

(3)建筑公司是否介入承包经营中的财务管理并统一管理财务账簿，还是完全由承包人自行管理财务账簿。

(4)建筑公司是否安排专业施工人员、安全管理人员等参与承包人的施工活动。

(5)建筑公司是否对承包人的经营活动有资金、设备、物料的投入。

为避免内部承包经营合同被认定为非法的挂靠，避免所约定的承包费被认定无效，建筑公司应当在安排内部承包经营合同时注意做到前述5点中肯定的方面，体现到内部承包经营合同条款中并在实施中留存相关文件证据。

相关法条：

1.《**最高人民法院关于适用〈中华人民共和国担保法〉若干问题的解释**》(法释〔2000〕44 号)

第八条　主合同无效而导致担保合同无效，担保人无过错的，担保人不承担民事责任；担保人有过错的，担保人承担民事责任的部分，不应超过债务人不能清偿部分的三分之一。

2.《**最高人民法院关于适用〈中华人民共和国民事诉讼法〉的解释**》(法释〔2015〕5 号)

第五十四条　以挂靠形式从事民事活动，当事人请求由挂靠人和被挂靠人依法承担民事责任的，该挂靠人和被挂靠人为共同诉讼人。

3.《**最高人民法院关于审理工伤保险行政案件若干问题的规定**》(法释〔2014〕9 号)

第三条　社会保险行政部门认定下列单位为承担工伤保险责任单位的，人民法院应予支持：

(五)个人挂靠其他单位对外经营，其聘用的人员因工伤亡的，被挂靠单位为承担工伤保险责任的单位。

前款第(四)、(五)项明确的承担工伤保险责任的单位承担赔偿责任或者社会保险经办机构从工伤保险基金支付工伤保险待遇后，有权向相关组织、单位和个人追偿。

4.《**最高人民法院关于审理食品药品纠纷案件适用法律若干问题的规定**》(法释〔2013〕28 号)

第十条　未取得食品生产资质与销售资质的个人、企业或者其他组织，挂靠具有相应资质的生产者与销售者，生产、销售食品，造成消费者损害，消费者请求挂靠者与被挂靠者承担连带责任的，人民法院应予支持。

消费者仅起诉挂靠者或者被挂靠者的，必要时人民法院可以追加相关当事人参加诉讼。

5.《**最高人民法院关于审理道路交通事故损害赔偿案件适用法律若干问题的解释**》(法释〔2012〕19号)

第三条　以挂靠形式从事道路运输经营活动的机动车发生交通事故造成损害,属于该机动车一方责任,当事人请求由挂靠人和被挂靠人承担连带责任的,人民法院应予支持。

6.《**最高人民法院关于审理旅游纠纷案件适用法律若干问题的规定**》(法释〔2010〕13号)

第十六条　旅游经营者准许他人挂靠其名下从事旅游业务,造成旅游者人身损害、财产损失,旅游者请求旅游经营者与挂靠人承担连带责任的,人民法院应予支持。

11.3　挂靠人有何风险？如何防控？

挂靠是挂靠人与被挂靠人之间的内部关系,对外而言,由挂靠业务所产生的权、责、利都显示为归属于被挂靠人。这样,挂靠人所面临的风险包括:

(1)即使是挂靠人的业务所收取的款项,只要进入被挂靠人的银行账户,对外均被认为属于被挂靠人的款项,若被挂靠人有案件被法院执行,该款项被扣划后,即使向法院提出执行异议,也难以获得支持,而只能事后向被挂靠人追偿。

(2)即使尚未以货币方式进入被挂靠人银行账户的应收债权,也会被纳入被挂靠人的可供执行财产范围。挂靠属于内部关系,并不能对抗被挂靠人的债权人对该应收债权的权利主张。

(3)通常而言,若挂靠业务产生的款项未能顺利收回,按照合同的相对性,挂靠人并无权直接向该业务的付款义务人主张权利，而只能由被挂靠人出面主张包括提起诉讼等。若被挂靠人不予配合，则将极大增加挂靠人收不到款的风险。

为保护建筑工程施工中的实际施工人权利，相关司法解释仅在工程施工合同中作出突破，允许挂靠人（亦即实际施工人）在发包人欠付承包人（亦即被挂靠人）的款项范围内，直接向发包人主张权利。对于其他类的挂靠业务，并不允许挂靠人直接以自己的名义向该业务的付款义务人主张权利，而只能通过被挂靠人来主张。

为了防控前述风险，建议挂靠人特别是工程施工中的挂靠人采取下面的风险防控措施：

（1）在与被挂靠人签署的合同中，作出约定和事实确认，以明确挂靠人是该业务的投资人与实际权益所有人，降低因无法确认哪方实际投资和享有权益而发生争议的可能性。

（2）要求被挂靠人出具不可撤销的债权转让书，将所涉业务的权益转让给挂靠人享有和行使，以便挂靠人直接向工程发包人主张权利；进行债权转让时，应当向债务人即工程发包人发出书面通知，该债权自转让通知到达债务人时生效，最好取得工程发包人出具的签收回执。

（3）要求被挂靠人办理应收账款质押手续，将被挂靠人名义上对工程发包方享有的应收账款债权出质给挂靠人，这样即使其他债权人执行该应收账款债权，挂靠人也可享有优先权。

需要强调的是，因为工程施工挂靠合同本身属于无效，故若直接依据挂靠合同办理应收账款质押，会因主合同挂靠合同无效而导致从合同即应收账款质押合同无效，无法实现优先受偿的目的。为降低此风险，挂靠人应当与被挂靠人签署债权债务清理协议，明确债权债务清理的结果，确认是依据债权债务清理协议对被挂靠人享有债权，并且将名义上由被挂靠人对工程发包人享有的债权质押给挂靠人。虽然挂靠合同可能因违法导致无效，但司法实践中，对债权债务清理协议的效力，通常予以确认。应收账款质押也需要签署质押合同并到中国人民银行征信中心办理出质登记方可成立。

挂靠人的风险虽然不小，但只要开动脑筋，降低风险的防控方法还是有的！

前面第（2）提到的债权转让通知书可参考如下样本：

债权转让通知书

致××房地产开发有限公司（债务人全称）：

就我公司（"债权人"）承建贵公司（"债务人"）××工程，该工程已经竣工验收但尚未完成工程款结算。对贵公司应当支付给我公司的工程款本金债权及逾期付款滞纳金、利息、违约金等相关的权利，我公司作为债权人已决定将该债权全部转让给××，由债权受让人××直接与贵公司结算，请贵公司接到本债权转让通知书后与债权受让人××进行结算与清偿。

债权受让人全称、联系方式如下：

特此通知。

××建筑工程有限公司

×年×月×日

签收栏：

××房地产开发有限公司

签收（签字、盖章）：____________

相关法条：

1.《**中华人民共和国合同法**》(1999 年通过)

第八十条 债权人转让权利的，应当通知债务人。未经通知，该转让对债务人不发生效力。

债权人转让权利的通知不得撤销，但经受让人同意的除外。

第九十八条 合同的权利义务终止，不影响合同中结算和清理条款的效力。

2.《**中华人民共和国物权法**》(2007 年通过)

第二百二十八条 以应收账款出质的，当事人应当订立书面合同。质权自信贷征信机构办理出质登记时设立。

应收账款出质后，不得转让，但经出质人与质权人协商同意的除外。出质人转让应收账款所得的价款，应当向质权人提前清偿债务或者提存。

3.《**最高人民法院关于审理建设工程施工合同纠纷案件适用法律问题的解释**》(法释〔2004〕14 号)

第二十六条 实际施工人以转包人、违法分包人为被告起诉的，人民法院应当依法受理。

实际施工人以发包人为被告主张权利的，人民法院可以追加转包人或者违法分包人为本案当事人。发包人只在欠付工程价款范围内对实际施工人承担责任。

11.4 挂靠人私刻并使用被挂靠人印章，被挂靠人是否担责？

在挂靠关系中，挂靠人与被挂靠人签署所谓的内部承包经营合同或挂靠合同后，为经营方便，不少挂靠人会私刻被挂靠人的印章在业务中使用，而很多被挂靠人对此也是睁只眼闭只眼,并不立即制止,而更多是在因挂靠人行为导致自己承担责任时再到公安机关报案,要求追究挂靠人伪造公司印章的刑事责任,并以此拒绝承担由此印章所产生的民事责任。

但是,司法实践并不支持被挂靠人的此类抗辩。若确认存在挂靠关系的,即使挂靠人伪造印章,被挂靠人也应当承担挂靠人行为所产生的民事责任,无论挂靠人将该伪造的印章用于正常的挂靠业务范围内,还是用于与挂靠业务关联不大的其他经营行为例如担保,当然被挂靠人有权在承担责任后向挂靠人追偿。

例如,在最高人民法院审查的(2016)最高法民申425号案件中,吴×旺挂靠江建公司进行经营,取得"金迪商厦"项目的开发人资格,并私刻江建公司的印章,将该印章用于该项目的《招标通知书》、《建设工程施工招标备案资料》、与施工单位订立的《建设工程施工合同》及向房管局申报的《承诺书》中。吴×旺曾从雷×程处借款,用于该项目建设,在与雷×程达成的《还款协议》中,江建公司作为担保人加盖公章,使用的也是吴×旺所私刻的江建公司印章。一、二审判决均认定江建公司承担担保责任,江建公司向最高人民法院申请再审,理由为江建公司与吴×旺不构成担保关系,吴×旺在借据担保人处加盖其私刻的公司印章超出了"挂靠经营"的范围,应属无效。

最高人民法院经审查认为,虽然该公章已被刑事判决认定为吴×旺伪造,但从一审查明的情况看,吴×旺多次使用该枚公章从事一系列经营活动,且该公章已为施工单位和相关政府职能部门确认,二审判决推定江建公司对于吴×旺使用该枚公章知情并无不当,且依据一审时的鉴定结论,吴×旺使用的该枚公章与其向东乡县房管局申报《承诺书》中的公章相同。上述事实使雷×程对于该公章形成合理信赖,雷×程的合理信赖利益应当受到保护;一、二审判决认定江建公司承担担保责任并无不当，最终驳回江建公司的再审申请。

11.5 典型案例：施工挂靠人对工程价款的执行异议被驳回

下面的案例中，挂靠人谭×伟是千山美林工程的实际施工人和投资人，被挂靠人天宇实业公司并未实际投入而仅收取管理费，在被挂靠人天宇实业公司因为拖欠张×平债务被强制执行的过程中，法院裁定将千山美林的工程款400万元执行给张×平。虽然挂靠人谭×伟主张自己是千山美林所欠400万元工程款的实际所有人，并特别强调自己作为实际施工人对工程价款享有优先权，但一、二审法院均未支持其异议，将该400万元继续执行给张×平。

通过该案例，可以明确，挂靠人与被挂靠人之间的内部债权债务关系，并不能在外部对抗被挂靠人的债权人对被挂靠人财产包括与挂靠人业务相关财产的强制执行，即使该财产权利的形成完全基于挂靠人的自身投入。该案凸显了挂靠人在挂靠其他公司从事业务过程所面临的典型收款风险。

如果该案中的挂靠人谭×伟采取了前面第11.3小节中的债权转让或者应收账款质押措施，相信法院在谭×伟的债权获得清偿前，不会将该400万元工程款债权执行给张×平。

审理法院（二审法院）：重庆市高级人民法院

民事判决书编号：(2016)渝民终538号

案情简介：

千山美林公司与天宇实业公司于2013年7月8日签订《施工承包协议》，约定由天宇实业公司承建千山美林公司发包的“千山·美岸”3#、4#商住楼，天宇实业公司的签约代表为谭×

伟。2013年7月10日，天宇实业公司（作为甲方）与谭×伟（作为乙方）签订《内部承包协议书》，约定该工程由乙方实际施工，甲方有权按照本协议的约定收取管理费用，扣取税金和违约金及其他应（代）扣款，并按约定向乙方支付工程款及其他应付款，甲方无偿为乙方提供公司营业执照、资质证书、安全许可证、工程业绩等相关资料复印件，乙方有权按照本协议的约定收取工程款，并有义务按约定向甲方支付管理费用、税金、违约金及其他应付款。

2013年7月10日，谭×伟向千山美林公司支付工程保证金200万元，其后还向重庆市綦江区建筑业协会、永安财产保险股份有限公司綦江支公司、重庆市綦江区建设工程招标投标管理办公室等单位支付了工程相关费用。谭×伟于2013年11月14日至2015年10月17日先后多次向吴×彬、赵×春、伍×辉等支付“千山·美岸”3#、4#楼及幼儿园工程的人工费及各类材料款。

根据已经生效的（2014）渝一中法民初字第00566号民事调解书，天宇实业公司拖欠张×平3,837,930元。执行中，法院裁定限额冻结被执行人天宇实业公司在千山美林公司的债权400万元。谭×伟以其系该债权的实际所有人为由提出执行异议，该院于2016年4月19日作出（2015）渝一中法执异字第1055号执行裁定书，裁定驳回案外人谭×伟的异议。谭×伟于2016年5月19日收到该执行裁定书，遂于2016年6月2日向一审法院提起本案诉讼，要求停止对该400万元工程款的执行。

一审裁判要旨：

一审法院认为，一、在张×平申请执行天宇实业公司等单位买卖合同纠纷一案中，天宇实业公司系被执行人，人民法院有权依法强制执行该公司财产。本案所涉被执行财产为天宇实业公司在千山美林公司的债权，该债权系天字实业公司财产，法院依法强制执行被执行人天字实业公司的财产是正当的。二、谭×伟认为，其系挂靠天字实业公司承包建设工程，其系实际施工人，该债权应归其所有。本案所涉建设工程系天字实业公司承包施工，所产生的工程款应属天字实业公司所有；无论谭×伟是否是所涉工程的实际施工人，但由于个人不具有承包建设工程的施工资质，如果其系挂靠天字实业公司承包建设工程，则其行为是违背行政许可、规避国家有关行业准入制度的行为，在法律上应给予否定性评价；谭×伟与天字实业公司签订《内部承包协议书》，就谭×伟进行工程施工的权利义务进行约定，从形式上看，该合同系天字实业公司承建工程后的内部管理行为，对外享有权利承担义务的仍是天字实业公司；无论谭×伟与天字实业公司之间是挂靠关系或者是内部承包关系，其进行工程施工后享有的权益系与天字实业公司之间因合同产生的债权，谭×伟不能直接成为天字实业公司对千山美林公司所享有的债权的所有人，不能以其对天字实业公司所享有的债权排除法院对天字实业公司财产的执行，判决驳回谭×伟的诉讼请求。

二审过程：

谭×伟不服一审判决，提起上诉，其主要理由为：1. 谭×伟是该工程的实际施工人，案涉工程的保证金、建设费、质保金等均是谭×伟投入，天字实业公司并未参与和出资。天字实业公司仅仅出借资质给谭×伟承接案涉工程，并非案涉工程施工合同的相对人，不是施工合同的权利义务主体。根据权利义务相一致原则，谭×伟享有案涉工程的工程款权益，即谭×伟对发包人千山美林公司享有工程款债权。根据《最高人民法院关于审理建设工程施工合同纠纷案件适用法律问题的解释》第二十六条的规定，实际施工人对工程款享有绝对性权利，足以排除抵押权。本案被执行标的并非被执行人天宇实业公司的合法财产,不能被执行。2. 谭×伟对执行标的享有足以排除强制执行的权益。天宇实业公司仅是《施工承包协议书》名义上的承包人,并未实际履行该协议书,故不享有因该协议书无效而主张千山美林公司返还财产以及赔偿损失的权利。张×平对天宇实业公司的债权系普通债权,且与"千山·美岸3#、4#商住楼"工程无关,故谭×伟对本案争议的执行标的享有足以排除强制执行的权益。

张×平答辩称,该项目登记的施工人是天宇实业公司而非谭×伟。工程款是由千山美林公司支付给天宇实业公司,而非支付给谭×伟。谭×伟并非案涉工程的实际施工人。天宇实业公司与谭×伟签订《内部承包协议书》的行为对第三人不产生法律效力,不影响天宇实业公司对千山美林公司享有工程款的占有和支配权。

天宇实业公司陈述,案涉工程系谭×伟与千山美林公司谈妥之后借用天宇实业公司名义签订,天宇实业公司对工程的施工等情况一概不知。

二审裁判要旨:

二审法院认为,谭×伟对争议标的不享有排除强制执行的权利,主要理由包括:1. 根据合同相对性原则,合同在特定的当事人之间发生法律效力,只有合同一方当事人方能基于合同向合同相对方主张权利。《施工承包协议》系千山美林公司与天宇实业公司签订,该协议仅在该二公司之间发生法律效力,第三人不能依据该协议向协议的一方当事人主张合同权利。无论谭×伟是否为案涉工程实际施工人,是否与天宇实业公司之间存在借用资质关系,谭×伟都仅与天宇实业公司之间存在合同关系,而与千山美林公司之间不存在合同关系。2.《最高人民法院关于审理建设工程施工合同纠纷案件适用法律问题的解释》第二十六条是基于保护农民工合法权益的目的赋予实际施工人突破合同相对性原则向发包人主张工程款的权利。但该条亦作出了限定性规定，即发包人只在欠付承包人工程款范围内对实际施工人承担责任。该条并未赋予实际施工人取代承包人合同地位的权利。故谭×伟关于其是《施工承包协议》的一方当事人的上诉理由缺乏事实和法律依据。3. 案涉项目尚在施工过程中，千山美林公司与天宇实业公司的结算条件尚未成就，事实上亦未结算，谭×伟亦未向天宇实业公司主张工程欠款。故前述司法解释第二十六条的适用条件尚未成就，即"千山美林公司应在欠付天宇实业公司400万元（及以上）工程款范围内对谭×伟承担工程款支付责任的事实"尚不成立，最终判决驳回上诉，维持原判。

第十二章

企业承包相关法律风险与实务攻略

“承包”一词在生意洽谈中经常听到，例如张三承包了某个工程，或李四打算承包某个宾馆，或者王五承包了某片山林等。虽然这里都用到了“承包”二字，但在不同语境中，却代表着不同的业务形态。具体讲来，包括如下三种业务：

其一为工程承包，由项目业主、建设单位作为发包单位，将工程发包给施工人也就是承包单位，以完成一定的工程建设内容为合同标的，本质属于承揽合同，主要受《建筑法》和《合同法》中建设工程施工合同相关章节的规范。

其二为农村土地承包经营，享有土地所有权的村集体组织作为发包方，将属于本集体经济组织所有的特定土地发包给村集体组织成员即承包方，承包方对该土地享有承包经营权，承包期通常不短于30年，且允许承包方转包或者出租给第三方，而承包方与发包方的承包关系不变；承包方通常只能是本集体经济组织的农户，若本村土地的承包人是本集体经济组织以外的单位或者个人，则应当事先经本集体经济组织成员的村民会议2/3以上成员或者2/3以上村民代表的同意，并报乡（镇）人民政府批准，否则无效。此类土地承包经营权，本质是村集体经济组织成员身份权利与经济权利的合一，不同于普通的民事合同，主要受《农村土地承包法》的规范。

其三为企业承包或者企业租赁，例如某个人承包经营他人名下的矿山进行采矿经营，或者建筑公司员工承包该建筑公司在某地的分公司对外承揽工程。在承包经营模式下，承包人使用标的企业的资产与证照进行经营，并对所承包的资产有保值义务，在向发包人缴纳一定的承包费后，承包经营的收益归承包人享有，而承包经营期间产生的损失和债务也由承包人承担责任。

对于前述其一工程承包相关的法律风险与实务攻略，将在本书第十三章及第十四章有所涉及；对于前述其二农村土地承包经营，已有单行法律《农村土地承包法》及相关司法解释作出明确规定，本章将不做分析。本章将主要阐述实践中引发诉讼争议较多但却没有单行法律加以规范的企业承包经营。

承包经营是发包人将企业经营管理权含资产与证照让渡给承包人行使，常见的作价方式是承包人向发包人支付固定承包费，承包期间产生的债务、收益与亏损均由承包人自担，实质是企业资产经营权的租赁；实践中，也存在其他作价方法，例如承包人无须支付承包费，但应实现约定的经营目标，对于约定经营目标与实际经营结果之间的差额，低于部分由承包人弥补，高出部分的收益则由承包人享有。

虽然承包经营合同并不在《合同法》规定的15种有名合同之列，但实践中因加工厂、酒店、加油站、矿山等承包经营所引发的诉讼案件并不少，最高人民法院《民事案件案由规定》中也单列了企业租赁合同纠纷这一案由。企业承包经营相关的民事诉讼，较为常见的是承包费追索争议，承包经营期间的债务及财产损失分担争议，承包解除时的财产清算与赔偿争议，以及单方提前解除承包导致的争议等。

需要说明的是，由于实践中更多使用承包经营合同这一名称，为易于读者理解，本章下面各小节论述中还是使用承包经营合同、承包人、发包人的称谓。但是,为与最高人民法院《民事案件案由规定》保持一致,读者在起草、签署此类合同时,宜将“承包经营合同”名称修改为“企业租赁合同”,将“发包人”修改为“出租人”,将“承包人”修改为“承租人”,将“承包费”修改为“租金”,将“承包期限”修改为“租赁期限”,在发生诉讼争议时,有利于审理法院准确确定案由和合同性质。

12.1 如何区分承包经营与挂靠?

区分承包经营与挂靠的实务价值在于,对于有资质要求的经营项目例如建设工程施工,若认定为挂靠,则挂靠合同无效,合同所约定的挂靠费、管理费不受法律保护,甚至被法院罚没,且会引发对被挂靠人的行政处罚,直至取消资质;若认定为承包经营,则合同有效。

承包经营与挂靠的相同之处在于均以标的企业的名义对外经营,由此产生的对外债务均由标的企业承担,并有权向承包人或者挂靠人追偿;其区别在于,承包经营中实物资产及经营权均移交承包人负责,而挂靠则是仅出借名义和资质,并无实物资产及经营权的移交,印章也由被挂靠人掌管而不会移交给挂靠人。

所以,对于有资质要求的经营项目如建筑工程施工等,为确保合作的有效性,宜采取承包经营方式,而不宜采取挂靠模式,具体可参考本书第11.2小节的论述。

12.2 发包人与承包人均应注意的风险事项有哪些？

由于《合同法》并未对承包经营合同作出专章规定，故发生争议时可以援引作为默认处理依据的法律条款较少。这样，承包经营的当事人在合同中自行就基本事项事先作出约定，就更为重要。建议发包人与承包人就下列基本事项在承包经营合同中作出清晰约定。

（1）准确界定发包人与标的企业身份

此点看似简单，但实践中因为发包人身份导致的争议并不鲜见。例如，甲公司的股东是ABCD四个自然人，甲公司有××分公司，乙愿意承包经营该分公司，则该分公司就是承包对象即承包标的企业。那么，谁应是发包人呢？因为标的企业是甲公司所属的分公司，故应当以甲公司作为发包人。

若承包标的企业是甲公司而不是甲公司的分公司，则因为是四个股东有权将其享有的甲公司经营管理权让渡给乙，故发包人应当是四个股东。

实践中，确实曾出现虽然甲公司是承包标的企业，但甲公司又同时是发包人的案例，法院也判决合同有效，但从逻辑清晰和便于清产核资的角度出发，作者建议以标的企业的股东作为发包人，而不是标的企业自身作为发包人。从逻辑上看，若标的企业同时是发包人，在其将经营管理权通过发包方式转移给承包人后，承包人也就掌管了发包人的印章及经营管理权，是不是意味着承包人可以通过自我交易的方式更改承包合同条款并永远控制标的企业呢？显然这不符合业务实际和当事人本意，故还是应从逻辑起点上把发包人与标的企业严格区分开来，避免将发包人与标的企业混为一谈。

简言之，对于将企业所属的部分资产或者经营单位、生产车间发包给承包人经营的，该企业自身作为发包人；而将企业全部资产及经营管理权均发包的，则宜由该企业的全体股东作为发包人。

(2)准确区分实物资产租赁与企业承包

例如，甲公司的股东为ABCD四个自然人，经营范围为包括酒店与住宿，经营场所为其自有的某四层楼房，无其他业务。

这时，若乙公司拟使用甲公司的该四层楼开办酒店与住宿，会有承包经营与房屋租赁两个方式：选择承包经营，则由乙公司与甲公司的股东形成承包经营关系，乙公司向甲公司的股东缴纳承包费，以甲公司名义对外经营；选择房屋租赁，则由乙公司从甲公司承租该四层楼房，缴纳房屋租金并自行办理开办酒店与住宿业的相关营业手续，以乙公司名义对外经营。

对甲公司股东而言，承包经营方式的风险更大，因为乙公司继续以甲公司的名义经营，甲公司虽然有权向乙公司追偿承包经营期间的债务，但对善意第三人而言，还是首先由甲公司承担该债务。

所以，对于以实物资产为主的经营权让渡，选择实物资产出租比承包经营更为合适。

(3)准确界定承包经营范围，详细确认实物资产、无形资产、债权债务明细清单，并约定折旧及赔偿标准

除了证照外，标的企业的外在表现主要为其名下的实物资产、无形资产、债权债务等，这既是承包开始时发包人应移交承包人的财产范围，也是在承包结束后界定承包人是否完成返还义务的依据。如果实物资产有毁损的，承包人应承担赔偿责任；如果债务增加的，承包人应当承担偿还责任。

在实践中，容易引发争议的是折旧标准和赔偿标准，特别是

生产型或者贸易型企业，在承包开始和结束时有原材料、产成品或存货是正常的，而通常市场价格会持续变化，且均存在折旧贬值问题。这时，若没有约定清晰的价格标准，承包人返还时出现数量差额的，则会因为定价问题产生争议。

为了避免此类争议，建议在合同中作如下约定：

发包人在本合同约定日期向承包人移交标的企业时，双方应当对交接时的原材料、半成品及存货数量进行清点，并经双方签字确认记录在册；在承包终止承包人向发包人交还标的企业时，双方也应当对交还时的原材料、半成品及存货数量进行清点，并经双方签字确认记录在册；对于移交与交还时存在的实物差额部分，按照交还时市场价的90%作价，多出部分由发包人作价支付给承包人，短缺部分由承包人作价支付给发包人。

同理，对于机器设备的缺失与折旧作价，也建议提前在合同中作出约定。

(4)事先约定改善性投资事项

若承包经营期限较长，不可避免地会出现既有设施设备无法满足生产经营需要而改善提升的情况，在承包终止时，对易于拆卸的设施设备，承包人可以自行拆除；但是，对于难以拆除的设施设备，若没有在合同中事先约定如何处理，则会引发争议。

所以，对于承包期间较长的合同，若预见到会有设施设备的改善，双方可在合同中就其投资与归属事先作出约定。例如：

若承包人认为既有设施设备无法满足生产经营需要而需要投资添置的，费用由承包人承担，在承包终止时，由承包人自行拆除移走；若拆除将导致该设施设备丧失使用价值的，承包人可转让给发包人，并以购置时的发票金额为准按照×年的折旧期，计算承包终止时的残值，在发包人补偿残值金额给承包人后，设施设备归属发包人所有。

（5）事先约定企业印章处理

用印文件对外代表企业行为，印章移交通常也是发包人将企业经营权移交给承包人的标志之一。但是，在企业承包中，特别是此前已正常经营的企业，如果不能正确区分用印行为的时间节点，则可能会因哪方应当对所涉用印行为的后果承担责任产生争议。

有的读者可能说，只要看用印时落款的日期不就可以确定了吗？但实践中，即使有落款日期，但不排除落款日期可能与实际行为日期不一致的情形，也就是通常所说的倒签问题；也存在虽然用印但没有落款日期的情况。

所以，为了准确识别用印责任方，可以在移交经营时，双方共同监督将旧印章销毁作废，由发包人授权承包人重新刻制新的印章。这样，因为旧印章所产生的责任，毫无疑问由发包人承担，而新印章产生相关责任，则由承包人承担。在承包终止交还企业时，重新将承包人管理使用的印章销毁作废，发包人再刻制更新的印章。可以使用下面的条款：

双方同意，在发包人将标的企业移交承包人时，标的企业原公章、财务章、合同章、法定代表人印鉴、其他银行账户预留印鉴等，由双方财务人员共同监督，销毁作废，并由发包人授权承包人重新刻制印章，因原印章发生的债务由发包人承担，因新印章发生的债务由承包人承担。在承包终止时，由双方共同监督销毁承包人管理使用的印章，并由发包人再刻制新的印章用于承包终止后的经营。

（6）约定明确的承包期限及提前解除事由

承包期限是承包经营的基本条款，本应清晰无误不易发生争议。但是，实践中确实出现过争议案例：液化气站租赁经营合同中载明的期限为“2010 年 1 月 1 日 ~ 无限期”，且年租金不变,在6年后发包人要求解除合同由自己经营时,法院审理认为该“无限期”为长期租赁,而不是发包人主张的不定期租赁,驳回了发包人提前解除的诉讼请求,相信发包人对当初这样描述承包期限追悔莫及。也有其他案例,承包人提前解除合同,而被判决按照合同约定向发包人支付未履行期间的全部承包费。

可见,承包期限是基本的商务条款,应当用词准确,清晰体现双方的本意。同时,要考虑履行期间可能发生变化的不确定性和灵活性,规定一方有权以一定的承包费为代价提前解除合同,避免被套牢而无法退出;也要将非当事人原因导致承包合同无法继续履行的情况纳入考虑,列入合同提前终止情形中。可参考如下条款:

承包期限:自2018年1月1日起至2022年12月31日,为期五年。

在承包期限内,任何一方若提前解除合同,应当提前三个月书面通知另一方,并且向另一方支付相当于因提前解除而不再履行期限所对应承包费的30%作为补偿金,在该补偿金支付至另一方之日起满三个月时,合同解除即生效。明确起见,满足该条件的提前解除合同不属于违约。

在承包期限内,若标的企业主要经营场所被政府拆迁或者征收的,则承包合同提前到期终止,双方互不承担违约责任,因拆迁或者征收获得的经济补偿归发包人享有,但承包人投资添置设施设备所对应的经济补偿,由承包人享有。

(7)承包费相关条款

合同双方不会遗漏承包费这一基本条款,在实践中发生的承包费相关争议,多数是发包人起诉追索承包人拖欠的承包费。这样,承包费条款不仅要规定承包费的标准和调整机制,也应规定逾期付款的违约责任,以及发包人由此而享有的合同解除权利，发包人可参考下面的条款。当然，从承包人角度，为避免发包人直接行使合同解除权而导致被动，可以增加以下波浪线内容，保留一定的宽限整改期以便资金周转。

就本合同规定的承包经营事项，承包人应当在每年的12月31日前向发包人支付下一年度的承包费，承包费标准为每年××万元。

承包人逾期付款，应当按照年息24%的标准向发包人支付逾期违约金，承包人逾期付款达到2个月时，经发包人书面要求纠正、承包人在收到发包人要求纠正的书面通知后45天内仍未付清所欠付的承包费本息的，发包人有权选择单方解除合同。发包人选择单方解除合同的，承包人除应支付已到期的承包费及逾期付款违约金外，还应向发包人支付已到期承包费之外尚未履行的承包经营期限所对应承包费的50%，以赔偿发包人的损失。

(8)既有员工待遇及管理条款

对于有在职员工的标的企业，承包经营只是改变经营方式，并不影响与既有员工的劳动关系。由于经营权由发包人变更至承包人，且劳动关系的处理也影响经营成本，故建议双方在合同中事先约定劳动报酬等事项，避免因此发生争议。可参考下面的条款：

承包标的企业现有员工姓名、岗位、劳动合同期限及薪酬待遇等见附件3。在承包期限内，除非员工违反劳动纪律并符合解除劳动合同的法定条件，承包人不得解除与现有员工的劳动合同或者降低员工的薪酬待遇。

12.3 发包人有何特别风险注意事项？如何防控？

将标的企业或者标的经营部门的实物资产及经营权均让渡给承包人经营后，发包人除面临承包费收取风险外，也会面临承包经营产生的债务风险、承包人恶意处置资产的风险以及承包人解除合同的风险等。

（1）承包费及资产安全与债务风险

在固定承包费模式下，通常承包人按年度向发包人支付承包费。在经营效益不错的情况下，承包人通常会按约支付承包费。而在经营效益不佳时，由于承包人掌握所承包企业的经营权，承包人轻则会放弃经营不再缴纳承包费，重则会擅自处置发包人的实物资产甚至以发包人的企业举债套取现金后“跑路”。

为降低前述风险，发包人可采取以下防控措施：

①要求承包人提供连带责任保证人，特别是将承包人的配偶纳入连带责任保证人或者共同债务人，以避免承包人违约或跑路时，通过离婚等方式逃废债务。

增加保证人或者共同债务人的具体细节，可参考本书第14.1小节中第（3）与第（4）点相关论述。

②对于标的企业名下有房地产等大额资产的，除在承包合同中明确承包人对该资产仅享有使用权而无权抵押、出售等，为防范承包人越权处置资产，还应在企业印章及架构上采取防范措施。

例如，甲公司的股东意图将甲公司发包给乙承包经营，甲公司的主要资产为名下所属的3座加油站包括对应的3处房地产，乙公司以甲公司的名义进行经营，需要掌管甲公司的印章。

为避免乙利用掌握甲公司印章的机会对外抵押或处置该3处房地产，甲公司的股东可以为甲公司开办分公司，办理分公司营业执照并刻制分公司印章，改由甲公司作为发包人，将发包的标的企业确定为分公司，并将该3座加油站纳入分公司经营范围内，移交乙的印章也限于分公司印章。这样，因为3处房地产并未登记在分公司名下，故乙即使掌握了分公司的印章，也无法通过产权过户或者抵押等方式处置该房地产资产。

③为降低承包人利用承包企业名义举债并且套取现金后跑路的风险，建议采取如下措施：

a. 在承包合同中明确规定，承包人承担经营期间承包企业的债务，发包人有权就亏损和债务向承包人追偿；

b. 对承包人做好背景和资信审查，避免发包给有不良资信记录的承包人，具体可参考第13.1小节第(1)点，并可要求承包人提供其在中国人民银行的资信报告；

c. 要求承包人提供连带责任保证人，保证范围不限于承包费缴纳义务，而是由承包经营合同所产生的一切承包人债务；

d. 在承包合同中明确规定，对于企业经营所需的流动资金，由承包人自行解决，承包人不得以所承包企业的名义对外借贷或者举债。

e. 如果因为经营实际需要允许承包人以所承包企业名义举债的，则应明确规定所融资金归属为承包标的企业的财产，承包人仅得用于承包标的企业的日常经营，而不得侵占或者挪作他用，否则发包人及承包企业有权以职务侵占或者挪用资金罪追究承包人的刑事责任。

虽然上述措施不能完全杜绝承包人以承包企业名义举债并套现资金，但多数承包人在知悉承包合同有关刑事责任的约定后，不会轻易以身试法。而且，在承包合同中规定举债所得资金属于标的企业财产后，若承包人卷款潜逃，该条款也有利于确定职务侵占行为侵犯了标的企业的财产权利。若没有此条款约定,则会就该资金是承包人的财产还是标的企业的财产发生争议,进而争议是否存在职务侵占对象,导致刑事立案都存在很大的不确定性。

(2)与经营条件、证照及资质相关的合同解除风险

在经营效益不佳的情况下,承包人会寻找理由选择提前解除合同,以避免继续缴纳承包费。承包人通常援引的理由是标的企业并不具备经营所需的证照和资质,导致难以经营,以此为由解除合同并要求发包人退还承包费。

为了降低此风险,发包人应当在承包经营合同中明确列明标的企业已经具备的证照,由承包人确认该证照满足其经营需要,并规定承包人负责确保承包期间证照的持续有效。示范条款如下:

双方确认,承包标的企业已经取得的经营相关经营证照和资质如附件1所列。承包人确认,该等证照和资质已满足承包人的生产经营需要,承包人并负责承包经营期间该等证照的年检等手续以确保其持续有效;若法律法规政策等要求取得新的证照、资质以维持承包标的企业的持续经营,该等新的证照、资质由承包人负责,承包人不得以证照、资质问题为由要求提前解除合同。

同理,有的标的企业为生产型企业,除经营证照、资质要求外,还需要基础的水、电、气、污水处理等配套设施,以满足日常生产经营。而随着生产经营的扩大,可能原有设施无法满足要求,为避免承包人以此为借口提前解除合同,发包人也应就此提前作出合同约定,示范条款如下:

双方确认,承包标的企业现有的水、电、气、污水处理等配套设施及供应、处理能力如附件2所列。承包人确认,该等配套设施已满足承包人的生产经营需要,承包人并负责承包经营期间

该等配套设施的正常维护、维修以维持其生产配套能力；若因生产规模扩大或者法律法规政策等要求提升配套设施以维持承包标的企业的持续生产经营，该等配套设施的增建由承包人负责，在承包经营期满时按照×年折旧期折算，计入资产结算由发包人补偿给承包人。在承包经营期内，承包人不得以配套设施问题为由要求提前解除合同。

12.4 承包人有何特别风险注意事项？如何防控？

与发包人的风险相对应，除了第12.2小节中需要双方界定的事项外，承包人面临的风险还包括：

(1)发包人许诺的经营条件未能满足而无法生产经营；

(2)发包人提前解除合同；

(3)因标的企业原有债务导致经营受阻或者承包人自有财产被执行等风险。

为防范前述风险(1)，建议承包人在合同中设立后置条件或者合同解除机制，在明确发包人义务的同时，规定发包人未能履行该义务的后果。可参考下面的条款：

为满足承包人的正常生产经营需要，发包人承诺，在将标的企业移交承包人之日起〔30〕日内，由发包人自行承担费用，按照附件4的标准完成对相关设施设备改善和升级，并按照附件5的标准取得相关的排污许可。若发包人未能在前述期限内完成附件4和附件5规定的义务，则承包人有权解除合同；承包人选择解除合同的，发包人除应退还承包人已经支付的承包费外，还应当向承包人支付违约金××万元，以赔偿承包人的投入和损失。

对于承包人投入较大的经营项目，为防范前述风险（2），建议承包人在合同中写清己方的投入，明确发包人无故提前解除合同时，应当赔偿由此给承包人造成的损失。可参考下面的条款：

发包人理解并确认，为满足正常生产经营需要，基于对发包人承诺不会在本合同约定的承包期限内提前解除合同的信赖，承包人将在承包经营伊始即投入资金改造和提升现有设施设备，投资金额约为人民币××万元。发包人承诺，除非承包人逾期支付承包费超过两个月且经过发包人书面要求纠正在45日内仍未纠正的，发包人不得以其他任何理由提前解除合同。若发包人提前解除合同，除应返还承包人全部已付的承包费外，还应当赔偿承包人改造和提升现有设施设备的资金投入人民币××万元，并且按照尚未履行承包经营期限所对应承包费的三倍向承包人支付赔偿金，以赔偿承包人的预期可得利益损失。

为了防范前述风险（3），除了在合同中由发包人承诺所涉资产没有抵押、质押及查封、冻结外，也要明确由承包人添置的设施设备所有权归属于承包人所有，并设立合同解除机制，明确规定因发包人及标的企业债务原因导致所涉资产或者银行账户被查封、冻结的，由发包人承担责任并负责在一定时限内解除查封冻结，否则视为发包人根本违约。可参考下面的条款：

（1）承包经营过程中，由承包人添置的设施设备所有权归属于承包人所有；在发包人或者标的企业将添置资金足额补偿给承包人后，该等由承包人添置的设施设备的所有权方转归发包人或者标的企业所有。

（2）发包人陈述并保证，本合同及附件所列的承包经营资产没有任何抵押、质押、查封、冻结等法律负担。若在承包经营期限内，因发包人及标的企业之前债务等原因导致所涉资产或者银行账户被查封、冻结的，由发包人承担责任并负责在7日内解除相应的查封、冻结措施，否则视为发包人根本违约。

（3）若发包人未能履行上述承诺的，则承包人有权解除合同；承包人选择解除合同的，发包人除应退还承包人已经支付的承包费外，还应当向承包人支付违约金××万元，以赔偿承包人的投入和损失。

为了确认第12.3小节及本小节违约、解除及赔偿责任条款属于双方的真实意思表示，降低该类赔偿责任条款因一方主张超出预期要求法院调整而落空的风险，建议在承包合同中加入下面的条款：

双方确认，本合同所约定的违约及解除合同的相关赔偿责任及计算方法，是双方根据实际情况对由此所造成损失的真实合理预期估算，是双方的真实意思表示；就该等事项，双方均无权在各条款约定违约金和赔偿之外主张其他损失赔偿，双方亦不可撤销地放弃《中华人民共和国合同法》第一百一十四条所规定的请求增加或者减少违约金的权利，不得主张调整违约金、赔偿金或其计算方法。

12.5　员工与公司签署的承包经营合同是否受法律保护？

公司对员工和生产经营部门的绩效考核，通常在每年下半年由公司制定下达下一年度的经营计划，相应的生产、采购、销售等部门据此制定本部门的经营业绩目标。考虑到市场、成本等变化，年度经营计划不可避免地会有调整，最终公司根据年度经营计划的实现情况，对相应的部门业绩进行评定和考核，并最终以奖金多寡的方式落实考核结果。

除了上述传统的绩效考核方式,更为开放的方法是采取承包经营制以提高效率降低成本。例如,甲公司某个生产车间进行产品组装,在不增加生产员工与新增设备的情况下通过管理提高产量和良品率,将提高生产效率降低生产成本。这时,若该车间负责人A与公司签订承包经营合同,以上年的各项指标为基础,若在不增加设备和人工成本的情况下实现产品良率从95%提高到98%,产量提高至去年的1.2倍,则甲公司向A支付相应的经营收益50万元。在年度结束A实现经营目标后,如果甲公司拒绝兑现,A是否有权向公司主张该50万元经营收益呢?

通常来说,奖金属于劳动报酬的范畴,由公司根据考评结果结果确定和分配,即使就奖金发生争议,也应当按照《劳动法》和《劳动争议调解仲裁法》先行申请劳动争议仲裁委员会仲裁。但是,在前述案例中,若双方签署的承包经营合同明确规定该承包经营并非劳动合同的组成部分,A在承包经营期间虽然由公司缴纳社保保险,但并不领取固定的劳动报酬,而是根据经营目标实现情况,以该约定经营收益作为A的报酬,则双方的承包经营合同属于平等民事主体之间的合同,在甲公司拒绝兑现该经营收益时,A有权以民事争议直接起诉至法院。同理,若A在承包经营过程中造成甲公司的财产损失,或者经营管理过错导致甲公司受到行政处罚,甲公司也有权要求A赔偿由此造成的损失。

简言之,内部承包经营合同受《合同法》的约束,无论承包方式是承包人向发包人支付承包费,还是发包人在承包人达成业绩目标后向承包人支付经营收益,依法成立的内部承包经营合同都受法律保护。

相关法条：

《中华人民共和国合同法》（1999年通过）

第八条　依法成立的合同，对当事人具有法律约束力。当事人应当按照约定履行自己的义务，不得擅自变更或者解除合同。依法成立的合同，受法律保护。

第一百二十四条　本法分则或者其他法律没有明文规定的合同，适用本法总则的规定，并可以参照本法分则或者其他法律最相类似的规定。

12.6　典型案例：发包人因未能延续证照有效期而被承包人起诉并败诉

下面的案例中，承包人刘×承包经营恒丰公司木材加工厂，承包合同规定恒丰公司应保证承包人正常合法生产。该厂在承包开始时持有有效的木材经营加工许可证，期满后未能及时延续有效期，承包人以此为由解除合同并撤离工厂，虽然在承包人撤离工厂后该木材经营加工许可证完成续期恢复有效，但承包人解除合同并退还承包费的主张，仍然获得了一审、二审及再审法院的支持。

通过该案例，可以明确，经营证照的有效性可以成为承包经营合同的解除理由，且根据合同约定来确定由哪方负责维持经营证照的有效性。本案中，合同约定发包人负责保证正常合法生产，故由发包人承担未能正常延续证照有效性的风险和责任。

在该案再审过程中，抗诉机关提出该案属于出租营业执照，故合同应属无效。但再审法院认为，我国法律允许企业租赁经营，发包方提供证照是企业租赁经营合同的主要法律特征之一，本案并非单纯的证照出租，而是同时租用恒丰公司的场地、设备，故承包人使用恒丰公司的合法证照与单纯的出租、出借证照行为不一样，合同有效。此裁判理由，也体现了司法实践中对挂靠与承包经营的区分要点。

若本案合同约定由承包人负责承包经营期间的证照有效性，则承包人将无法以证照有效性问题要求解除合同，发包人恒丰公司将不会败诉。这也体现出在合同中清晰约定由哪方负责维持证照有效性的重要性。

审理法院(再审法院)：广西壮族自治区高级人民法院

民事判决书编号：(2015)桂民提字第95号

案情简介：

2010年8月25日，刘×与恒丰公司签订承包合同，约定恒丰公司将其所有的机器设备及相关的证件承包给刘×用于生产细木工板，租赁期为5年，从2010年9月1日至2015年8月31日止。承包金每年58万元，每半年给付一次。承包保证金5万元。合同第五条约定："在合同承包期间，甲方(恒丰公司)应保证乙方(刘×)正常合法生产……"合同签订后，恒丰公司依约向刘×交付了厂房、机械设备及相关证件，刘×于2010年8月25日向恒丰公司交纳5万元保证金，并于同年9月1日开始承包该厂。同年10月1日，刘×付给恒丰公司2010年10月1日至2011年3月30日的承包金29万元；2011年4月20日，刘×付给恒丰公司2011年4月1日至同年9月30日的承包金29万元。刘×在承包期间，桂林市林业局核发的桂市灵林木许可证字第145号"木材经营加工许可证"于2011年3月31日到期，恒丰公司未能办理延续手续，致使该"木材经营加工许可证"在有效期满后自动失效。为此，刘×多次向恒丰公司催索，但恒丰公司均以正在办理中为由拖延。2011年4月1日至2011年11月8日期间，刘×继续占用、使用恒丰公司的厂房、机械设备。2011 年 11 月 8 日，刘×从恒丰公司撤出，将自己的设备、库存的原材料及半成品运回柳州。恒丰公司于 2011 年 4 月向灵川县定江镇林业站提交了延期申请；2012 年，桂林市林业局在桂市灵林木许可证字第 145 号上加盖有效期到 2013 年 3 月 31 日的印章。

原告刘×起诉至一审法院，要求判令解除双方签订的承包合同，由恒丰公司返还刘×保证金 5 万元及 2011 年 4 月至 2011 年 9 月的承包费 29 万元，并赔偿刘×违约损失 18 万元。

一审裁判要旨：

一法院审认为，双方签订的企业租赁经营合同，系真实意思表示，内容没有违反法律规定，属有效合同，双方应按合同约定履行各自义务。恒丰公司收取承包金后，因恒丰公司未办理涉桂市灵林木许可证字第 145 号“木材经营加工许可证”延续手续自动失效，导致刘×无法合法经营生产，无法实现合同目的。期间，刘×虽占有、使用恒丰公司的厂房、机械设备，但主要是等待恒丰公司办理“木材经营加工许可证”的延续手续及处置库存的原材料、半成品，是为了避免自己损失扩大，故刘×要求解除双方合同，退还5 万元保证金的诉讼请求，予以支持。关于刘×要求退还 2011 年 4 月 1 日至 2011 年 9 月 30 日承包金 29 万元的请求，因刘×仍实际占有使用恒丰公司的厂房、设备，根据公平合理的原则，双方应各自承担一半的租金损失。因恒丰公司违约，致使合同无法履行，应当解除合同。对刘×请求恒丰公司赔偿经济损失 18 万元的请求，不予支持。

二审过程：

恒丰公司不服一审判决，提起上诉称，所涉木材加工许可证在到期前已向主管单位申请延续，由于广西当时在整顿木材加工市场，所以暂时未办理延续手续，但该证并未自动失效，2012 年重新办理时，有效期已经延续至 2013 年 3 月 31 日，并未另发新证,说明该证自2010年5月17日至2013年3月31日是完全有效的。请求二审撤销一审判决,驳回刘×的诉讼请求。

刘×答辩称,恒丰公司是否于2011年3月前申请年检手续,一审时没有提供证据证明。办理了年检,也只能证明恒丰公司在长达一年的时间里没有办理证件,导致刘×的木业销售受到影响。

二审裁判要旨:

二审法院认为,双方签订的企业租赁经营合同合法有效。恒丰公司需要延续依法取得的行政许可的有效期的,应当在有效期届满三十日前向作出行政许可决定的行政机关提出申请。恒丰公司未提供证据证明其向主管部门提交了申请延续经营许可证时效的手续,导致刘×无法正常营业,构成违约,判决驳回上诉,维持原判。

再审过程:

广西壮族自治区人民检察院抗诉认为:1.该承包合同涉及租赁恒丰公司的营业执照和木材经营加工许可证,而营业执照按规定是不可出租,该合同应当认定无效。2.恒丰公司的木材经营加工许可证到期后,有关部门没有作出是否延期的决定,没有证据证实因此影响刘×的正常经营。恒丰公司的木材经营加工许可证于2011年3月31日到期,恒丰公司已于2011年4月提出延期的申请,定江镇林业站也出具证据证实在2011年4月收到恒丰公司的申请材料,事后,林业部门也在恒丰公司原有证件上加盖了印章,将有效期延续于2013年3月,可见,行政机关并未否定该证件的持续有效性。

恒丰公司称除合同效力外,同意检察院的意见,认为本案合同是有效的,恒丰公司自始至终没有因许可证的问题被行政机关查处,刘×承包合同的目的得以实现,请求撤销二审判决,驳回刘×的诉讼请求。

刘×辩称,1.本案承包合同是合法有效的,恒丰公司的经营场地、范围、设备人员都没有改变,不是租赁许可证关系。2.木材加工许可证到期后刘×虽然处理剩下的原材料,但这些经营是违法的。3.恒丰公司未在法律规定的一个月前提出延续申请,构成根本违约。请求驳回恒丰公司的申诉请求。

再审裁判要旨:

再审法院将案件争议焦点归纳为:1.双方签订的承包合同是否有效;2.恒丰公司没有及时办理许可证延续是否构成违约。

就第1点,再审法院认为,我国法律允许企业租赁经营,发包方提供证照是企业租赁经营合同的主要法律特征之一,刘×租用恒丰公司的场地、设备,使用恒丰公司的合法证照与单纯的出租、出借证照行为不一样,恒丰公司与刘×之间的承包合同没有违反法律法规的强制性规定,是双方当事人真实意思表示,合法有效。

就第2点,再审法院认为,双方合同明确约定,恒丰公司需保障刘×的合法经营,提供合法有效的证照,就此双方并未约定免责事由。2011年4月1日至9月30日期间,恒丰公司持有的桂林市林业局核发的桂市灵林木许可证字第145号"木材经营加工许可证"没有如期取得延续许可,客观上已经违反了合同约定。恒丰公司虽然提交证据证明其已于2011年4月向灵川县定江镇林业站提交了延续申请的材料,事后也取得了延续到2013年3月31日的木材加工许可证,但在取得许可证之前,是否能顺利取得延续许可,什么时候取得,是否会被林业部门查处尚不可知,刘×确实是在没有合法证照的情况下进行生产经营,承担了经营风险,恒丰公司仍应按合同约定承担违约责任,故对恒丰公司主张其不应承担违约责任的理由,本院不予支持。至于恒丰公司应如何承担违约责任的问题,因双方均同意解除合同，故对刘×解除合同并返还5万元保证金的请求予以支持。刘×同时请求返还承包金及赔偿损失，因刘×在2011年4月至9月期间仍继续占用恒丰公司的场地、机械设备进行生产，原判按公平原则，判决双方各承担一半的租金损失并无不当，最终判决维持一审、二审判决。

第四编　业务合同相关法律风险与实务攻略

投资做生意过程中，最常用也是最重要的文件就是合同、协议，几乎所有的商业交易都需要通过签署及执行合同、协议进行。那合同与协议是否有本质区别呢？虽然在实践中很多人把具有约束力和实际履行内容的称之为合同，对于表达意向、没有具体履行内容的称之为协议，但在法律上看两者并没有区别，无论文件名称为何，只要是当事人的意思表示一致且具有相应的权利义务内容，则一经成立，就对当事人产生法律约束力。

合同贯穿业务始终，包括股东间发起设立公司时的股东协议、为注册公司租赁办公经营场所而订立的房屋租赁协议、为采购原材料和生产设备而订立的采购合同、为销售产品而订立的销售合同、为进行市场推广而签署的广告合同等，合同无处不在。

合同就是当事人之间的法律，除非存在法定的无效或者可撤销情形，合同条款将得到司法机关的认可和保护，当事人签署的合同是确定双方权利、义务和责任的准则与依据。简言之，就是按合同处理。这样，做生意时如果忽视合同条款风险，不能准确判断合同条款的含义与后果，不掌握合同条款的谈判与起草技巧，轻则被动，重则遭受损失。可以说，合同风险管控的好坏，直接影响业务发展。

本编将通过四章的内容，归纳和提示业务合同中相关法律风险与实务攻略，其中第十三章介绍与合同类型无关的通用风险事项，第十四章从供方角度介绍销售与承揽类合同的风险事项，第十五章从需方角度介绍采购与发包类合同的风险事项，第十六章介绍借贷与担保合同相关的风险注意事项。

第十三章

无关合同类型的通用法律风险与实务攻略

合同的重要性无须赘言,但并不是所有的合同从签订到履行都一帆风顺。在合同的签署与履行过程中,会产生很多问题,例如,沉默不作回复是否成立合同?被强迫签署的合同如何救济?在签订合同时,规定了很高的违约金又反悔,是否可以改变?对于类似疑问,在不同类型的合同中都可能会遇到,本章将通过问答的方式予以阐述。

13.1 如何了解和确定你的交易对手?

在实践中,不乏不法分子冒用他人名义签署合同进行诈骗的情况,也存在交易对手资信状况不佳、后续合同履行能力差而造成损失的情况。所以,了解和确定你的交易对手对防控合同风险至关重要。

(1)必要的身份审查

为降低遭遇诈骗的概率以及对交易对手履行合同的资信和能力有所了解,在正式签订合同之前,应当采取适当措施审查对方主体身份，个人应当审查身份证，企业应当审查营业执照，业务员应当有书面授权文件、介绍信。对上述文件复印件，应当有对方承办人员的签字并存档备查，以免诈骗事件发生时毫无线索。

除了要求对方提供前述资料文件外，读者也可登陆全国企业信用信息公示系统或者天眼查系统，核对对方提供的基本信息是否属实，并逐层了解其最终实际控股股东情况，前者网址链接为：http://gsxt. saic. gov. cn/，后者网址链接为：https://www. tianyancha. com/。

交易对手之前所涉诉讼及执行情况，也可作为判断其资信情况的重要参考，可登录最高人民法院的下述三个网站，按其企业名称进行检索查询。失信被执行人名单查询：http://shixin. court. gov. cn/，全国法院被执行人信息查询网：http://zhixing. court. gov. cn/search/，中国裁判文书网：http://wenshu. court. gov. cn/。

如果在这些网站上看到交易对手的涉诉案件很多，要更小心一些。

（2）务必写明住所地及联系方式

合同的履行需要当事人进行联系沟通，而涉及行使合同权利的重大事项例如解除合同等，需要向合同对方发出正式书面通知。如果合同没有写明联系方式导致难以通知的，会为行使合同权利造成障碍。而且，住所地也是确定诉讼管辖法院的重要因素。

通常讲来，交易对手不会反对在合同中写明住所及联系方式，故还是应当写明，避免上述风险。如果交易对手连自己的地址、电子邮箱、电话也不愿意写入合同，会产生很大的疑问，更容易联想到皮包公司或者诈骗嫌疑。

(3)交易对手是公司的,应既有盖章也要签字

在诉讼中,一方提出合同所加盖的印章属于伪造而拒绝承担责任的案例并不鲜见。伪造印章属于刑事案件,但并不是所有的案件都能确定伪造者是谁并追究伪造者刑事责任。由于伪造签字的难度远远高于伪造印章,虽然不能完全避免伪造印章,但若要求合同对方在加盖公章的同时由负责人亲笔签字,将便于确定伪造者及责任人,从而起到一定的保护作用。所以,在合同签署中,应该避免只加盖印章而没有对方负责人的签字,且重大合同签字应该面签,避免他人代签而无法确认签字的真实性。

还应注意,对于超出一页的合同,应当加盖骑缝章,以防范对方更换变造部分页码而无法确定真伪。

13.2　沉默是否成立合同?

对于有常年供求关系且价格会随行就市发生变化的业务,通常双方的框架协议会规定付款方式、规格、质量、包装、违约责任等事项,对于可能发生变化的价格、数量、送货地点等商务条款,则通过订单逐单确认。若客户发出的订单上,载明供应商在10天内未予回复的,视作供应商接受该订单,在供应商确实未按期回复的情况下,是否订单合同真的已经成立了呢?

情形1:若双方已经在框架协议中约定供应商应当在10天内回复、10天内未回复的视为接受,则该约定有效,订单合同成立。

情形2:双方虽未在框架协议中约定供应商应当在10天内回复、10天内未回复的视为接受,但从双方长达2年的合作中,确实形成了惯例,供应商只对不认可的订单在10天内给出回

复,对于接受的订单则并不作回复而是直接履行。这类情形下,订单合同也成立。

情形3:双方既没有在框架协议中事先作出未按期回复即视作接受的约定,也未形成这样的惯例,则该订单合同并不成立。

如果在框架协议中约定未按期回复订单即视作接受,而订单涉及价格、数量等基本商务条款,执行业务的人员难以避免有疏漏,若有一次订单价格出现较大偏离而未作回复,造成的损失也将巨大。所以,作者并不推荐在框架协议中作这样的约定,还是踏踏实实地按照未作回复则订单合同不成立的规则处理更安全一些。

除约定的沉默会成立合同外,还有一种法定的沉默也会成立合同,即试用买卖。这是生产型企业中常见的交易方式,通常是设备供应商提供其新开发的生产设备,若试用满意则购买,试用不满意则退回。按照法律规定,若试用期间届满,买受人对是否购买标的物未作表示的,视为购买,而试用期间没有约定或者约定不明的,由出卖人确定。《合同法》给试用买受人挖的这个坑不算小,买受人面临很大的风险,本意不想购买,但因为试用期满沉默不语或者试用期间的一些动作,按法律规定被视作购买而不得不买。

为防控该风险,建议实务中注意以下事项:

(1)在签署此类合同时,避免使用买卖合同的名称,而是改为试用合同,也避免使用买方卖方的称谓,而是改为试用方与提供方,突出试用的性质。

(2)在试用合同中约定明确的试用期间,并且在试用期间届满前,明确以书面方式通知提供方是否购买。

(3)在决定购买前,应避免支付任何价款,也不得对试用的设备实施出卖、出租、抵押等行为,否则将被认定为同意购买。

相关法条：

1.**《中华人民共和国民法总则》**(2017 年通过)

第一百四十条　行为人可以明示或者默示作出意思表示。

沉默只有在有法律规定、当事人约定或者符合当事人之间的交易习惯时，才可以视为意思表示。

2.**《中华人民共和国合同法》**(1999 年通过)

第一百七十条　试用买卖的当事人可以约定标的物的试用期间。对试用期间没有约定或者约定不明确，依照本法第六十一条的规定仍不能确定的，由出卖人确定。

第一百七十一条　试用买卖的买受人在试用期内可以购买标的物，也可以拒绝购买。试用期间届满，买受人对是否购买标的物未作表示的，视为购买。

3.**《最高人民法院关于审理买卖合同纠纷案件适用法律问题的解释》**(法释〔2012〕8 号)

第四十一条　试用买卖的买受人在试用期内已经支付一部分价款的，人民法院应当认定买受人同意购买，但合同另有约定的除外。

在试用期内，买受人对标的物实施了出卖、出租、设定担保物权等非试用行为的，人民法院应当认定买受人同意购买。

第四十二条　买卖合同存在下列约定内容之一的，不属于试用买卖。买受人主张属于试用买卖的，人民法院不予支持：

(一)约定标的物经过试用或者检验符合一定要求时，买受人应当购买标的物；

(二)约定第三人经试验对标的物认可时，买受人应当购买标的物；

(三)约定买受人在一定期间内可以调换标的物；

(四)约定买受人在一定期间内可以退还标的物。

第四十三条　试用买卖的当事人没有约定使用费或者约定

不明确,出卖人主张买受人支付使用费的,人民法院不予支持。

13.3　被胁迫或受欺诈而签署合同,如何挽救?

合同当事人地位平等与合同自由原则是合同法的基石,所以,对于违反当事人自由意志的合同,例如因受到欺诈或者胁迫而签署的合同,因为其本质并不是当事人的真实意思,故在当事人及时行使救济权利时,法律对此类合同的效力并非完全认可。

例如,张三是某处商业网点的业主,在招租过程中,李四前来询价,希望承租该网点经营超市,张三本不同意,但李四再次洽谈时带着五个文身壮汉一同到张三住处,携带的长条状包裹物类似砍刀。在双方洽谈过程中,虽然该五个文身壮汉未发一言也未展示砍刀,但张三因担心自己和家人受到伤害,遂同意将该网点出租给李四。双方签署的房屋租赁合同约定,张三应在合同签署5天内将该网点交付给李四,并规定了租金及逾期交付的违约责任等事项。在合同签署后,张三通过四处打听,得知李四属于正当商人,没有暴力犯罪前科,五个文身壮汉属于李四其他超市员工装扮而成,张三遂不同意将该商业网点交付李四,李四遂在一个月内起诉至法院,要求张三履行合同交付该网点。

在这种情况下,张三有什么方法可以维护自己的权益呢?很明显,张三是担心自己和家人受到伤害而同意签署合同,虽然李四并未实际实施暴力,但是也构成胁迫。在李四起诉要求履行合同时,张三应当提起反诉,以受到胁迫为由,行使合同撤销权,申请人民法院撤销合同取消交易。

若李四当时并未在一个月内起诉要求张三交付房屋,而是在一年半后起诉,要求张三承担未按期交房的违约责任,如何处理呢?

这时,对张三已变得非常被动和不利,因为张三已经错过了在一年内行使撤销权的机会,双方的租赁合同已经离开原来可撤销的效力不确定状态,变为确定有效,故张三应当向李四承担赔偿责任。

归纳起来,若读者因受到欺诈、胁迫而签署合同,或者存在重大误解、显失公平的合同,必须在一年内主动采取诉讼行动请求法院或者仲裁机构变更或者撤销合同,若一年内没有行使撤销权,那可真是回天乏术,只能自认倒霉。要主动维权,不要消极等待!

相关法条:

《**中华人民共和国合同法**》(1999 年通过)

第五十四条　下列合同,当事人一方有权请求人民法院或者仲裁机构变更或者撤销:

(一)因重大误解订立的;

(二)在订立合同时显失公平的。

一方以欺诈、胁迫的手段或者乘人之危,使对方在违背真实意思的情况下订立的合同,受损害方有权请求人民法院或者仲裁机构变更或者撤销。

当事人请求变更的,人民法院或者仲裁机构不得撤销。

第五十五条　有下列情形之一的,撤销权消灭:

(一)具有撤销权的当事人自知道或者应当知道撤销事由之日起一年内没有行使撤销权;

(二)具有撤销权的当事人知道撤销事由后明确表示或者以自己的行为放弃撤销权。

13.4 缺乏价款或质量条款的合同是否必然不成立?

价款是合同最重要的条款,而质量标准条款也非常重要,通常当事人在洽谈与签署合同时并不会遗漏此类基本条款。该类条款发生遗漏,要么是双方认为该条款内容众所周知无须写入,要么是一方心存侥幸认为不写入该条款则合同不成立,希望以此否认合同义务。

那么,缺乏价款条款是否就一定不成立合同呢?这要区分情形,对于定制化的产品或者服务,例如委托开发具有某项功能的护肤品,因并没有市场价或者政府定价与指导价,则确实合同不成立。但是,对于有市场价格或者政府定价与指导价的,则合同并不因为缺乏价款条款而不成立,而是依照法律默认规定来确定。例如,某小区业委会与某建筑公司签署施工合同,约定由建筑公司新建500米围墙,虽然未约定价款,但该工程量完全可以通过审计确定,也能够按照当地的建筑定额标准计算出工程款,故该施工合同仍然成立。

从另一角度看,签署合同的重要功能之一是为合同后续履行及责任承担提供清晰的准据。但是,实践中经常存在合同条款约定不清晰、不具体而导致纠纷或者风险的情况。虽然《合同法》默认规定了合同某些条款未作约定或者约定不清晰时的处理原则(详见如下相关法律规定),但从避免争议的角度出发,还是应当避免约定不明的情况。否则,在发生争议时寻求律师或者司法救济所花费的成本,将远远高于事先进行清晰约定的成本。例如,虽然卖方意图是销售残次品,但若合同没有清晰写明残次品及质量瑕疵,买方将有权按照正常产品要求卖方承担质量保证责任。

相关法条：

《中华人民共和国合同法》(1999年通过)

第六十一条　合同生效后，当事人就质量、价款或者报酬、履行地点等内容没有约定或者约定不明确的，可以协议补充；不能达成补充协议的，按照合同有关条款或者交易习惯确定。

第六十二条　当事人就有关合同内容约定不明确，依照本法第六十一条的规定仍不能确定的，适用下列规定：

(一)质量要求不明确的，按照国家标准、行业标准履行；没有国家标准、行业标准的，按照通常标准或者符合合同目的的特定标准履行。

(二)价款或者报酬不明确的，按照订立合同时履行地的市场价格履行；依法应当执行政府定价或者政府指导价的，按照规定履行。

(三)履行地点不明确，给付货币的，在接受货币一方所在地履行；交付不动产的，在不动产所在地履行；其他标的，在履行义务一方所在地履行。

(四)履行期限不明确的，债务人可以随时履行，债权人也可以随时要求履行，但应当给对方必要的准备时间。

(五)履行方式不明确的，按照有利于实现合同目的的方式履行。

(六)履行费用的负担不明确的，由履行义务一方负担。

13.5　为何应在合同中写明收款银行账户？

公司业务通常由具体业务员所承办。实践中，曾出现经办业务员收到现金或者支票后转为私用而拒不交回公司的情况。

由此导致的纠纷，通常是付款公司主张款项已经付出，而收款企业认为款项支付并未到位。虽然此类案件多以业务员构成职务侵占刑事犯罪或者诈骗犯罪结案，但却会直接给当事企业造成损失，甚至难以挽回。

要减少此类纠纷及损失，应当在合同中清晰约定款项支付方式及银行账户信息。作为付款企业而言，以电汇方式将款项汇入该明确规定的收款银行账户，或者在支票支付时清晰写明收款人全称，可以控制付款不到位的风险。而对于收款企业而言，明确写明收款方式及银行账户信息，可有效地降低经办业务员侵占款项的风险。

13.6 违约金是否写得越高越好？如何降低违约金被调整的风险？

通俗的认识中，之所以签署合同，就是担心一方会违约，所以，合同违约金要定的高一些，例如，总价200万元的合同，可能会约定若卖方逾期交付货物达到10天的，应当向买方支付违约金100万元，以显示合同的严肃性。

但是，这么高的违约金是否受法律保护呢？对方支付违约金后，是否还要继续履行合同呢？或者买方是否还有权主张其他损失呢？例如因货物晚到导致的工地窝工损失等。若合同中并未写明，则后面争议不断。

通常说来，过高的违约金不受法律保护，违约方有权请求调整。为强化违约金条款的效力，一方面违约金应当合理，另一方面可以约定违约金与其他损失的关系。作者推荐使用如下示范条款，该示范条款从内容上看对卖方更有利些，若读者是买方，可以根据实际情况予以调整，但第(3)款还是有必要保留，以体现该条款是双方的真实意思。

（1）买方逾期付款，应以逾期未付款金额为基数按照年利率24%的标准向卖方支付逾期付款违约金。若买方预付款、发货款或之前批次到货款逾期达14天以上，经卖方催告后7天内仍未纠正的，卖方有权选择部分或者全部解除合同并取消后续交货。卖方行使合同解除权取消后续交货的，买方还应向卖方支付所取消交货货值的10%作为违约金以补偿对卖方的损失。已交付货物所产生的逾期付款违约金继续累积计算，不受取消交货的影响。

（2）卖方逾期交货，应以逾期未交货的货值为基数按照年利率24%的标准向买方支付逾期交货违约金。任何一方有权在逾期交货违约金达到逾期未交货货值10%上限的情况下选择取消后续交货而不承担其他责任。买方明确放弃要求卖方继续履行合同的权利，并确认该10%上限违约金是买方对逾期交货或者取消交货的唯一和排他的救济措施。若本条款与其他条款之间存在冲突，则以本条款为准。

（3）双方确认，本合同所约定的逾期付款违约金及逾期交货违约金及其计算方法，是双方根据实际情况对因迟延履行债务（逾期付款及逾期交付货物）所产生损失的真实合理预期估算，是双方的真实意思表示；就该违约事项，各方无权在本合同约定违约金之外主张其他损失赔偿，双方亦在此不可撤销地放弃《中华人民共和国合同法》第一百一十四条所规定的请求增加或者减少违约金的权利，不得主张调整违约金或其计算方法。

相关法条：

1.**《中华人民共和国合同法》**（1999年通过）

第一百一十四条　当事人可以约定一方违约时应当根据违约情况向对方支付一定数额的违约金，也可以约定因违约产生的损失赔偿额的计算方法。

约定的违约金低于造成的损失的，当事人可以请求人民法院或者仲裁机构予以增加；约定的违约金过分高于造成的损失的，当事人可以请求人民法院或者仲裁机构予以适当减少。

当事人就迟延履行约定违约金的，违约方支付违约金后，还应当履行债务。

2.**《最高人民法院关于适用〈中华人民共和国合同法〉若干问题的解释（二）》**（法释〔2009〕5号）

第二十七条 当事人通过反诉或者抗辩的方式，请求人民法院依照合同法第一百一十四条第二款的规定调整违约金的，人民法院应予支持。

第二十八条 当事人依照合同法第一百一十四条第二款的规定，请求人民法院增加违约金的，增加后的违约金数额以不超过实际损失额为限。增加违约金以后，当事人又请求对方赔偿损失的，人民法院不予支持。

第二十九条 当事人主张约定的违约金过高请求予以适当减少的，人民法院应当以实际损失为基础，兼顾合同的履行情况、当事人的过错程度以及预期利益等综合因素，根据公平原则和诚实信用原则予以衡量，并作出裁决。

当事人约定的违约金超过造成损失的百分之三十的，一般可以认定为合同法第一百一十四条第二款规定的“过分高于造成的损失”。

3.**《最高人民法院关于审理买卖合同纠纷案件适用法律问题的解释》**（法释〔2012〕8号）

第二十四条第四款 买卖合同没有约定逾期付款违约金或者该违约金的计算方法，出卖人以买受人违约为由主张赔偿逾期付款损失的，人民法院可以中国人民银行同期同类人民币贷款基准利率为基础，参照逾期罚息利率标准计算。

4.《**最高人民法院关于审理民间借贷案件适用法律若干问题的规定**》(法释〔2015〕18号)

第二十六条　借贷双方约定的利率未超过年利率24%,出借人请求借款人按照约定的利率支付利息的,人民法院应予支持。

借贷双方约定的利率超过年利率36%,超过部分的利息约定无效。借款人请求出借人返还已支付的超过年利率36%部分的利息的,人民法院应予支持。

13.7　为何合同应写明签署日期?

作者见到过很多合同没有记载签署日期,现实中很多业务人员也不重视合同的签署日期,这个看似微小的细节却存在很大的风险。

若合同没有记载签署日期,也无法通过其他证据确定签署日期,将导致无法确定合同生效日期,而除非有特殊约定,合同通常自签署之日起生效。

缺乏签署日期也会导致某些条款的执行产生争议,例如合同正文规定在合同签署后5日内支付预付款,缺乏签署日期将无法判断是否按期支付。

而就同一事项存在几份有冲突的合同文件,通常是以签署日期较晚的为准,缺乏签署日期将无法确定哪份文件效力优先。

合同签署日期也直接关系到诉讼时效、除斥期间等权利时间限制的起算日期(详见本章第13.14小节)。

所以,合同签署日期真的非常重要,合同中必须写明签署日期,而且要写明完整的年、月、日而不仅仅是月份,除非有不写明签署日期的特殊考量与原因。

13.8　如何确定对己方有利的诉讼仲裁条款?

类似于违约条款,诉讼仲裁也是为预防双方发生争议时无法通过协商解决而预留的备用选项。在确定诉讼仲裁条款时,管辖地在哪一方,该方将占有地利因素,诉讼成本也更低。所以,在合同中约定将管辖权放在己方,将在争议解决中更为主动。在作为买方时,可使用示范条款如下:

因本合同发生的争议,双方应协商解决;协商不成的,由买方住所地的人民法院管辖,诉讼解决。

需要注意的是,并非所有合同的诉讼管辖都可以通过合同条款约定确定,对于有诉讼专属管辖规定的,无法将诉讼管辖权约定在己方,但可以通过约定己方所在地具体的仲裁委员会仲裁的方式,将管辖权放在己方。例如,总部在常州的某公司作为发包人在青岛市市北区有工程发包,根据《民事诉讼法》,工程施工合同纳入诉讼专属管辖,即只能由工程施工地的人民法院青岛市市北区人民法院管辖,但发包人可以通过约定仲裁条款将管辖改为在常州仲裁,示范条款如下:

因本合同发生的争议或者与本合同相关的争议,由双方协商解决;协商不成的,由常州仲裁委员会按照仲裁时该会现行有效的仲裁规则进行仲裁,仲裁裁决是终局的。

对于双方谈判及议价能力相当的合同,可以约定不同类型的争议在各自住所地法院管辖,例如买卖合同可以约定:

因货款追索所发生的争议,由卖方住所地的人民法院管辖,因货物交付及质量所发生的争议,由买方住所地的人民法院管辖,诉讼解决。

也可以约定：

因本合同发生的争议，由原告方住所地的人民法院管辖，诉讼解决。

在做上述约定的情况下，可能会发生合同双方均向自己所在地法院提起诉讼的情况，那怎么处理呢？

按照最高人民法院相关规定，如果两个案件均未审结，则后立案的人民法院应当将案件移送至先立案的人民法院合并审理，以节省诉讼成本并避免互相矛盾的裁判。先下手为强原则，在确定诉讼管辖权方面确实如此。

如果交易对手是外国公司、具有外籍身份或者有海外永久居留权的个人，则应选择国际仲裁，可参考本书第2.13小节。

相关法条：

1.**《中华人民共和国民事诉讼法》**（1991年通过，2017年修正）

第三十三条　下列案件，由本条规定的人民法院专属管辖：

（一）因不动产纠纷提起的诉讼，由不动产所在地人民法院管辖；

（二）因港口作业中发生纠纷提起的诉讼，由港口所在地人民法院管辖；

（三）因继承遗产纠纷提起的诉讼，由被继承人死亡时住所地或者主要遗产所在地人民法院管辖。

第三十四条　合同或者其他财产权益纠纷的当事人可以书面协议选择被告住所地、合同履行地、合同签订地、原告住所地、标的物所在地等与争议有实际联系的地点的人民法院管辖，但不得违反本法对级别管辖和专属管辖的规定。

2.**《最高人民法院关于适用〈中华人民共和国民事诉讼法〉的解释》**（法释〔2015〕5号）

第二十八条　民事诉讼法第三十三条第一项规定的不动产

纠纷是指因不动产的权利确认、分割、相邻关系等引起的物权纠纷。

农村土地承包经营合同纠纷、房屋租赁合同纠纷、建设工程施工合同纠纷、政策性房屋买卖合同纠纷，按照不动产纠纷确定管辖。

不动产已登记的，以不动产登记簿记载的所在地为不动产所在地；不动产未登记的，以不动产实际所在地为不动产所在地。

3.**《最高人民法院关于在经济审判工作中严格执行〈中华人民共和国民事诉讼法〉的若干规定》**（法发〔1994〕29号）

当事人基于同一法律关系或者同一法律事实而发生纠纷，以不同诉讼请求分别向有管辖权的不同法院起诉的，后立案的法院在得知有关法院先立案的情况后，应当在七日内裁定将案件移送先立案的法院合并审理。

13.9 在合同页眉加入自己公司Logo有何风险？

很多规模较大的公司都会有自己的企业标志，也就是常说的Logo。在对外合同中加入公司Logo，特别是使用己方的模板合同，既能体现自己对合同的主导力，又能有一定的广告或者宣传效用，很多公司乐此不疲，甚至要求必须在所有的合同页眉中加入公司标识Logo。

但这样做并非没有风险，在合同中加入己方Logo后，若因合同争议发生诉讼或者仲裁，而对方主张这个合同是格式合同时，除非合同Logo的一方有证据证明该合同并非己方的格式合同，则法院或者仲裁机构会很容易以Logo为依据，将合同解释为有Logo一方的格式合同。格式合同有何坏处呢？按照

《合同法》规定，对格式条款的理解发生争议的，应当按照通常理解予以解释。对格式条款有两种以上解释的，应当作出不利于提供格式条款一方的解释。Logo的存在将被对方用作主张格式条款的证据，这个风险足够引起重视了吧！

所以，建议不要在合同中加入公司Logo，若一定要加入，则同时加入双方Logo，以降低因Logo导致的格式合同不利解释风险。

相关法条：

《**中华人民共和国合同法**》（1999年通过）

第四十一条　对格式条款的理解发生争议的，应当按照通常理解予以解释。对格式条款有两种以上解释的，应当作出不利于提供格式条款一方的解释。格式条款和非格式条款不一致的，应当采用非格式条款。

13.10　意向书、战略合作协议有何风险注意事项？

在业务实践中，若两个公司就某业务已有合作意向和方向，但尚未敲定具体合作细节，双方会考虑签署合作意向书；有的公司，为了与在某个业务领域的合作伙伴确定合作关系，或者提升双方之间的合作水平与层级，会提出签署战略合作协议，通过该协议确定双方的合作领域、合作意向及日常联络机构，但是并不会在该战略合作协议中涉及具体项目。

通常在签署此类意向书、战略合作协议时，双方并没有意图依据此类文件去起诉对方主张权利，但是，若后面合作不顺畅，或者一方已经信赖该合作意向进行了巨额投资和准备，而另一方中途放弃合作，则很有可能会引发争议和诉讼，受损失的一方会以违约责任或者缔约过失责任要求对方承担赔偿，而另一方会无辜地认为，当时签署的就是意向书，并没承诺一定要做，为何要我承担责任？有时也会出现一方将战略合作协议公之于众、四处宣传而对另一方产生不利影响的情况。

在实务中，为防范因意向书、战略合作协议引发的风险和争议，建议采取以下措施：

（1）在内容章节安排上，将商务意向条款与法律条款分为两部分，作为合同的两个章节，并在法律条款中界定文件的性质和效力。

（2）为避免误解和因信赖意向性文件投资产生的争议，在法律条款部分明确文件的性质和效力，阐明一方不得根据该文件向另一方主张权利。示范条款如下：

本协议仅是双方对未来交易事项基本原则的初步共识，双方将在此基础上进一步协商，双方权利义务以此后达成并签署的最终正式交易文件为准。本协议除本第二部分法律条款具有法律约束力外，第一部分商务意向条款对双方并不具有法律约束力，也不产生具体民事权利义务，一方不得依据本协议第一部分商务意向条款向另一方主张权利。

双方应自行承担其为谈判、准备及执行此后相关协议所发生的费用及支出。如双方未达成任何未来交易事项，任何一方均不应就此对另一方承担任何责任。

（3）为了避免一方滥用双方的合作意向或者战略合作协议进行不当宣传，也有必要界定双方的保密义务，并特别强调该文件自身也属于保密信息，并将此列入法律条款章节。示范条款如下：

一方应对另一方于合作期间向其披露的资料（保密信息）负责保密。资料收取方不得在未经披露方事先书面同意下，使用或授权第三方使用、刊登、披露或散播上述资料。资料收取方亦应促使其董事、雇员及代理遵守本条项下的保密条款。

除为合作之目的或应遵守有关法律、法规规定及上市公司监管要求的需要外，一方不得使用或向任何第三方披露保密信息。

为明确起见，本协议的签署及其内容也属于保密信息，一方未经另一方事先书面同意，不得对外披露。

(4)在有的合作意向书和战略合作协议中，掌握项目资源的一方会提出进行独家合作，不允许另一方在签署协议后与其他公司合作，也不允许绕开项目资源方而与项目资源方的其他合作伙伴如银行、投资商等在其他项目中合作。接受这样的条款，将极大限制己方的业务开拓能力，必须引起警惕和重视。特别是反规避条款并不合理，因为项目资源方介绍的其他合作伙伴例如银行、投资商等，可能并非该项目必需，而且在所涉项目之外与接受方进行合作本属正常，但这样的条款却限制接受方就其他项目与之合作的空间，明显是在埋地雷。

所以，接受方也就是项目资源方的交易对手，务必要谨慎对待独家合作和反规避条款。即使业务实际确实需要独家合作和反规避安排，也应当明确界定特定项目的地理位置和时间范畴，将相关限制界定为该项目自身，避免独家合作条款被滥用而影响到接受方的其他项目。示范条款如下：

双方同意，在本协议签署之日起三个月内，就位于××地址(经度：×，纬度：×)的××项目(以下简称本项目)，双方不得绕开对方与其他方进行合作；即使三个月期满后，作为本项目资源接受方的乙方，也不得绕开作为项目资源提供方的甲方，使用从甲方获得的信息及业务伙伴，就本项目与其他方进行合作；为明确起见，本独家合作与反规避限制仅适用于本项目，而不影响、不限制乙方自行或者与其他方合作开发本项目之外的其他项目。

若在意向书、战略合作协议中落实前述四点措施建议，则即使商务意向条款中规定的合作内容不是特别严谨和准确，风险也相对可控。

相关法条：

《最高人民法院关于审理买卖合同纠纷案件适用法律问题的解释》（法释〔2012〕8号）

第二条 当事人签订认购书、订购书、预订书、意向书、备忘录等预约合同，约定在将来一定期限内订立买卖合同，一方不履行订立买卖合同的义务，对方请求其承担预约合同违约责任或者要求解除预约合同并主张损害赔偿的，人民法院应予支持。

13.11 多轮谈判未能签署合同，是否一定不会产生任何责任？

在实践中，经过多轮洽谈仍未达成合同的情况并不罕见。买卖不成仁义在，或许双方后面还有后续合作的机会，故多数情况并不会产生争议。但是，也存在供应商为承揽业务，在谈判过程中主动为客户提供非常好的食宿安排，或者一方从开始就没有签署合同的意向、完全是为了打探对方的一些业务信息，或者客户在谈判过程中多次强调非你不用、要求供应商扩产招工但最后在类似条件下却选择其他供应商的情况。

在前述情况下，虽然双方没有签署合同，但确实一方在合同谈判过程中获得收益，或者另一方遭受了损失。受损失的一方是否有权主张另一方承担赔偿责任呢？因未签合同，故没有合同上的索赔依据，但是否有其他索赔依据呢？

《合同法》确实考虑到前述情况，按照诚信原则和缔约过失赔偿理论,在第四十二条中规定,当事人在订立合同过程中有下列情形之一,给对方造成损失的,应当承担损害赔偿责任:(1)假借订立合同,恶意进行磋商;(2)故意隐瞒与订立合同有关的重要事实或者提供虚假情况;(3)有其他违背诚实信用原则的行为。

所以,即使最终未能签订合同,但因合同磋商过程中一方违背诚信原则的行为导致损失的,受损害方也有权要求其承担赔偿责任,在民法理论上属于先契约责任。

13.12　在合同履行时才发现对方资信不佳,有何救济方法?

因意识和方法的限制,试图在合同签署前就完全确定交易对手的资信情况,并不现实。很多时候会出现在合同履行时才发现对方资信不佳,或者对方原来资信状况不错,但合同履行中发生变化,资信变差等。例如,作为供应商乙,根据合同洽谈时的情况,在合同中已同意在100万元的额度内给予客户甲三个月的赊销账期,即甲先提货后付款。但是,在履行过程中,发现甲已经开始拖欠其他供应商的货款,存在资金链断裂的风险,乙若拒绝继续向甲赊销发货,是否构成违约呢?

如果严格依照合同条款,乙似乎找不出拒绝向甲发货的依据,甚至甲可以要求乙承担违约责任。但是,《合同法》充分考虑到合同履行中当事人资信发生动态变化的情形,根据民法理论中的不安抗辩权,允许先履行债务的一方在特定情况下中止履行并要求对方提供担保,以避免明知是火坑仍被迫往里跳的风险。

在前述案例中,乙有权行使不安抗辩权中止发货并要求甲提供担保,若甲在合理期限如1个月内仍未提供担保的,则乙有权解除合同。

当然,为了维护合同的拘束力与严肃性,行使不安抗辩权的一方必须有确切证据证明对方资信变差;若没有证据只是道听途说,或者完全是为自己的违约行为找借口,则法律并不保护,需要向另一方承担违约责任。

而且,在行使不安抗辩权中止履行时,必须要通知对方。若当时并未通知对方,而是在对方要求自己承担违约责任时才提出不安抗辩权的理由,则很可能会被认定是为自己的违约行为找借口而已。

相关法条:

《中华人民共和国合同法》(1999年通过)

第六十八条　应当先履行债务的当事人,有确切证据证明对方有下列情形之一的,可以中止履行:

(一)经营状况严重恶化;

(二)转移财产、抽逃资金,以逃避债务;

(三)丧失商业信誉;

(四)有丧失或者可能丧失履行债务能力的其他情形。

当事人没有确切证据中止履行的,应当承担违约责任。

第六十九条　当事人依照本法第六十八条的规定中止履行的,应当及时通知对方。对方提供适当担保时,应当恢复履行。中止履行后,对方在合理期限内未恢复履行能力并且未提供适当担保的,中止履行的一方可以解除合同。

13.13　强势一方在合同中规定免责条款，是否有效？

在做业务的过程中难免会出现店大欺客的情况，例如生产厂家甲的某款产品十分畅销，经销商纷至沓来，甲就在自己的合同模板中规定免责条款，甲有权随时解除合同，而无论什么原因解除合同，无论解除合同是否给经销商造成损失，甲对经销商均不承担赔偿责任。而经销商考虑到产品畅销，故也接受了这样的不公平合同条款。

经销商乙在获得甲在某地区的独家经销商资格后，扩大门店面积重新装修并扩招人员，投入二百万元，在合同履行半年后，甲在乙没有任何违约行为的情况下，毫无理由地单方解除乙的经销商资格，在同一区域另行安排其他经销商，乙若向甲索赔前期投入损失，甲是否有权以合同中的免责条款予以抗辩呢？

按照《合同法》第五十三条的规定，这样的免责条款属于无效条款，故甲方无法援引该免责条款免除自己的赔偿责任。

有读者会问，这样的法律规定对弱势的乙方是好事。但若自己是强势一方，怎样设计合同条款才能利用强势地位来为自己谋取更大的利益呢？

确实有这样的方法。请注意，《合同法》规定的是免责条款无效，并没有规定限制责任的条款无效。这时，可以考虑用违约责任限制条款来取代免责条款，在合同中作如下规定，既避开免责条款，又给对方以一定的补偿，以最大限度地保留己方的权利，限制己方的责任。

甲方在经销合同到期前无故解除合同取消乙方经销商资格

的，应向乙方支付相当于乙方为经销甲方产品进行店面装修费用金额（以原始装修费发票为准，后补无效）的50%作为违约赔偿金，此违约赔偿金是乙方因甲方违约解除合同而可以获得的全部且最终赔偿，乙方不得因此再向甲方提出任何其他索赔或者要求继续履行合同，乙方亦在此不可撤销地放弃《中华人民共和国合同法》第一百一十四条所规定的请求增加或者减少违约金的权利，不得主张调整违约金或其计算方法。其他条款与本条规定不一致的，以本条规定为准。

相关法条：

《**中华人民共和国合同法**》（1999年通过）

第五十三条　合同中的下列免责条款无效：

（一）造成对方人身伤害的；

（二）因故意或者重大过失造成对方财产损失的。

13.14　合同权利多久不行使就会丧失法律保护？

国家通过司法机关保护当事人的权利都有一定的成本和代价，也就是通常所说的诉讼成本。时间越久远，案件相关的证据就越容易湮灭，司法机关查明事实作出公正裁判的难度也将更大。而作为当事人，越是关心和重视自己的权利，则越会在短时间内向法院与仲裁机构请求保护自己的权利，若当事人长时间未主张权利，漠视自己的权利，则国家也没有必要付出更多的成本予以保护。所以，在世界各国的立法中，无论普通法系或大陆法系国家，均有对民事权利保护的时间限制规定。

在我国，《合同法》及《民法总则》也规定了对合同权利保护的时间限制，包括诉讼时效和除斥期间两种类型。

按照《民法总则》规定，普通诉讼时效期间为三年，按照《合同法》规定，国际货物买卖合同和技术进出口合同争议的诉讼时效期限为四年，均是自当事人知道或者应当知道其权利受到侵害之日起计算。

例如，在国内买卖合同中，合同约定买方应在收到货物后1个月内付清货款，买方在2016年4月15日签收货物，则其付款义务在2016年5月14日成就，若买方并未按期付款，则三年的诉讼时效期间自2016年5月15日起计算，至2019年5月14日届满。若卖方在三年的诉讼时效期间内从未向买方主张过货款，买方在该三年内也从未向卖方支付过部分货款，也未承诺过要偿还货款，则该三年诉讼时效期间届满后，例如在2019年6月1日，卖方向法院提起诉讼要求买方支付货款，即使买卖合同与欠款事实清晰，只要买方抗辩诉讼时效期间已经届满、不同意支付货款，法院也只得驳回卖方的诉讼请求。

但是，若买方并未援引诉讼时效期间届满这一事由作为抗辩，而是主张自己没钱支付，则法院不会主动援引诉讼时效期间届满这一理由来驳回卖方的诉讼请求，相反会判决买方付款。

虽然权利人在诉讼时效期间内主张权利或者义务人同意履行义务会中断诉讼时效并重新计算，但并不意味着会永无休止地循环下去，法律设定了20年的最长诉讼时效期间。也就是说，即使每年都有中断诉讼时效的事件发生，但从权利受到损害之日起超过20年的，无论义务人是否援引诉讼时效抗辩，法院都将不再给予保护。20年的最长诉讼时效期间足够长了，若20年之内权利人还没起诉到法院主张公权力保护，只能视作权利人放弃国家对权利的保护。

司法实践中，经常出现权利人虽然在诉讼时效期间内确实行使过权利以中断时效，但却因缺乏书面证据，最终无法证明曾经主张权利的事实，被认定诉讼时效期间届满而丧失法律保

护。为此,权利人在向义务人主张权利以中断诉讼时效时,应注意以下事项:

(1)对于义务人愿意配合签署文件的,由义务人签署文件,证明诉讼时效中断,可用收件回执的或者承诺函的方式,内容示例如下:

“今收到××催款函,督促本人支付××款××元”,义务人签字并且写明日期;

或者:

“本人××,因××原因拖欠××人民币××元,因经济困难暂时难以偿还,承诺于×日期前偿还”,义务人签字并且写明日期。

(2)对于义务人下落不明无法联系的,建议在诉讼时效期间届满之前的6个月提起诉讼或者仲裁,不要拖到最后一天,避免预留的时间不足以准备诉讼仲裁所需的文件材料。

(3)对于义务人因经济困难只能暂时部分履行的,接受其部分履行,也产生时效中断的效果。对于义务人以现金支付的,出具收据时应一式两份,义务人也签名确认,以避免义务人不承认曾部分履行过。

(4)对于义务人有明确通信地址但不愿意签署文件的,可以通过邮政EMS特快专递的方式寄送书面催款函,同时要求邮政提供收件回执确认。为避免义务人只承认收到EMS信封而否认信函内容,在EMS“内件品名”栏目,应写明主张权利的内容,例如:

贵司拖欠××公司货款××元,请立即付清。

对于确实已经超过诉讼时效的,则不应立即起诉,而应采取一定策略,即使在利息、本金方面作出适当让步,也说服义务人重新出具还款承诺、还款协议,重新达成新的债权债务确认文件。

除了前面所述的诉讼时效对权利保护的时间限制，另一时间限制为除斥期间。除斥期间与诉讼时效最根本的区别是，诉讼时效期间届满后，权利人的权利虽然无法通过法院获得保护，但基础权利仍在，义务人自愿履行义务后，是无法通过诉讼要求权利人返还的。除斥期间则不同，在除斥期间届满后，权利自身已经不复存在，而且除斥期间是固定的，不存在中断或者延长问题，通常除斥期间也比较短。

依据《合同法》，下列合同相关的撤销权利涉及除斥期间，应当在除斥期间届满前行使，以避免除斥期间届满而权利消灭。

(1)《合同法》第五十四条：可撤销的合同，详见本章第13.3小节的论述。

(2)《合同法》第七十四条：债权人对债务人损害债权行为的撤销权，详见本书第7.7小节的论述。

(3)《合同法》第一百九十二条：赠与人对赠与的法定撤销权。按照该条规定，即使已经签署合同，受赠人有下列情形之一的，赠与人仍然可以撤销赠与：①严重侵害赠与人或者赠与人的近亲属；②对赠与人有扶养义务而不履行的；③不履行赠与合同约定的义务。赠与人的撤销权，自知道或者应当知道撤销原因之日起一年内行使。

(4)《合同法》第一百九十三条：赠与人的继承人或法定代理人对赠与的撤销权。按照该条规定，因受赠人的违法行为致使赠与人死亡或者丧失民事行为能力的，赠与人的继承人或者法定代理人可以撤销赠与。赠与人的继承人或者法定代理人的撤销权，自知道或者应当知道撤销原因之日起六个月内行使。

对于诉讼时效与除斥期间，法律已经规定明确期间的，并不允许当事人自行通过合同条款予以改变或者放弃。也就是说，合同自由也是有限度的。

但是,对于国家法律并未规定明确权利行使期限的,例如合同的约定解除权,当事人可以在合同中约定行使该权利的时间限制,若在该约定时间内没有行使的,则该权利消灭。若合同中并未规定相应的时间限制,则经对方催告后在合理期限内不行使的,该权利消灭。问题又来了,多久算是合理期限呢?通常认为,合理期限不应少于30日。

读完本小节,读者是不是对“时间就是金钱”这句谚语有了更深刻的理解?

相关法条:

1.**《中华人民共和国民法总则》**(2017年通过)

第一百八十八条　向人民法院请求保护民事权利的诉讼时效期间为三年。法律另有规定的,依照其规定。

诉讼时效期间自权利人知道或者应当知道权利受到损害以及义务人之日起计算。法律另有规定的,依照其规定。但是自权利受到损害之日起超过二十年的,人民法院不予保护;有特殊情况的,人民法院可以根据权利人的申请决定延长。

第一百九十二条　诉讼时效期间届满的,义务人可以提出不履行义务的抗辩。

诉讼时效期间届满后,义务人同意履行的,不得以诉讼时效期间届满为由抗辩;义务人已自愿履行的,不得请求返还。

第一百九十三条　人民法院不得主动适用诉讼时效的规定。

第一百九十五条　有下列情形之一的,诉讼时效中断,从中断、有关程序终结时起,诉讼时效期间重新计算:

(一)权利人向义务人提出履行请求;

(二)义务人同意履行义务;

(三)权利人提起诉讼或者申请仲裁;

(四)与提起诉讼或者申请仲裁具有同等效力的其他情形。

第一百九十七条　诉讼时效的期间、计算方法以及中止、中断的事由由法律规定,当事人约定无效。

当事人对诉讼时效利益的预先放弃无效。

第一百九十九条　法律规定或者当事人约定的撤销权、解除权等权利的存续期间,除法律另有规定外,自权利人知道或者应当知道权利产生之日起计算,不适用有关诉讼时效中止、中断和延长的规定。存续期间届满,撤销权、解除权等权利消灭。

2.**《中华人民共和国合同法》**(1999 年通过)

第一百二十九条　因国际货物买卖合同和技术进出口合同争议提起诉讼或者申请仲裁的期限为四年,自当事人知道或者应当知道其权利受到侵害之日起计算。因其他合同争议提起诉讼或者申请仲裁的期限,依照有关法律的规定。

第九十五条　法律规定或者当事人约定解除权行使期限,期限届满当事人不行使的,该权利消灭。

法律没有规定或者当事人没有约定解除权行使期限,经对方催告后在合理期限内不行使的,该权利消灭。

3.**《最高人民法院关于超过诉讼时效期间当事人达成的还款协议是否应当受法律保护问题的批复》**(法复〔1997〕4 号)

四川省高级人民法院:

你院川高法〔1996〕116 号《关于超过诉讼时效期间达成的还款协议是否应受法律保护问题的请示》收悉。经研究,答复如下:

根据《中华人民共和国民法通则》第九十条规定的精神,超过诉讼时效期间,当事人双方就原债务达成还款协议的,应当依法予以保护。

此复。

13.15 如何解除合同？收到解除合同通知书该怎么办？

依照《合同法》第八条的规定，合同成立后，当事人应当按照约定履行自己的义务，不得擅自变更或者解除合同。但是，在现实生活中，在合同成立后的履行过程中，会出现一方没有完全履行合同，而另一方经过催促无效后，决定另外寻求其他合作伙伴而解除现有合同的情况。那么，如何才能解除合同呢？若自己收到对方的解除合同通知书，应该怎么办？

解除合同包括三种情形，即双方协商一致解除、达到约定解除条件的解除和符合法定解除条件的解除。

双方协商一致解除合同最容易理解，即合同双方通过补充协议的方式，确认合同此前的履行情况，决定解除合同尚未履行的部分，并对遗留事项处理及如何清理债权债务作出约定，属于双方同意的和平分手。

达到约定条件的合同解除，是指双方事先在合同中约定合同解除的条件，在该条件成就时，合同自动解除或者一方可行使解除权来解除合同。例如，在某临街商业网点出租合同中，双方可约定，若该商业网点所在路段修路导致车辆无法进入该网点停车场连续超过 10 天的，承租人有权在该情形出现后的 30 天内选择解除租赁合同。

满足法定条件的解除，是指双方虽然未约定合同解除的条件，或者虽然并未达到双方在合同中约定的解除条件，但在出现法律规定的情形时，一方仍有权解除合同。按照《合同法》第九十四条的规定，这些情形主要包括：(1)因不可抗力致使不能实现合同目的；(2)在履行期限届满之前，当事人一方明确表示或者以自己的行为表明不履行主要债务;(3)当事人一方迟延履行主要债务,经催告后在合理期限内仍未履行;(4)当事人一方迟延履行债务或者有其他违约行为致使不能实现合同目的;(5)法律规定的其他情形。

例如,承租人在租赁某商业网点时,在租赁合同中明确写明目的是开办 KTV 练歌房,且需要出租人提供该网点满足此类娱乐场所消防验收要求的证明。若在合同履行中,出租人并未提供满足消防验收的证明,导致不能通过消防审批而无法实现开办练歌房的目的,则承租人可以援引前述情形(4)行使解除权,并要求出租人赔偿损失。

需要强调的是,并非满足了约定或者法定的合同解除条件,合同就自动解除,而是必须由享有解除权的一方行使解除权并通知对方后,合同方真正解除。如果一方虽然享有合同解除权,但在约定期限或者合理期限内放弃行使,或者经对方提示催告后仍然不行使的,则该解除权消灭。例如,在发生前述修路导致的营业影响情形下,承租人并未在30天内行使解除权,而是在60天后才要求解除合同,则该解除权因为合同约定的解除权期限届满而不再受法律保护。

那么,作为合同一方,在收到解除合同通知后,认为对方解除合同的理由并不成立,是不是回函表示反对并否认合同解除就万事大吉了呢?按照《合同法》及相关司法解释的规定,对解除合同的异议,仅通过回函提出异议并没有法律效果,如果不同意解除,应当在合同约定的异议期限内,通过诉讼或仲裁的方式确认解除合同的效力;如果合同没有约定异议期间,则应当在收到解除通知之日起三个月内提起诉讼或仲裁,逾期则人民法院不予支持。

相关法条:

1.《**中华人民共和国合同法**》(1999 年通过)

第九十三条　当事人协商一致,可以解除合同。

当事人可以约定一方解除合同的条件。解除合同的条件成就时,解除权人可以解除合同。

第九十五条 法律规定或者当事人约定解除权行使期限,期限届满当事人不行使的,该权利消灭。

法律没有规定或者当事人没有约定解除权行使期限,经对方催告后在合理期限内不行使的,该权利消灭。

第九十六条 当事人一方依照本法第九十三条第二款、第九十四条的规定主张解除合同的,应当通知对方。合同自通知到达对方时解除。对方有异议的,可以请求人民法院或者仲裁机构确认解除合同的效力。

法律、行政法规规定解除合同应当办理批准、登记等手续的,依照其规定。

2.**《最高人民法院关于适用〈中华人民共和国合同法〉若干问题的解释(二)》**(法释〔2009〕5号)

第二十四条 当事人对合同法第九十六条、第九十九条规定的合同解除或者债务抵销虽有异议,但在约定的异议期限届满后才提出异议并向人民法院起诉的,人民法院不予支持;当事人没有约定异议期间,在解除合同或者债务抵销通知到达之日起三个月以后才向人民法院起诉的,人民法院不予支持。

第十四章

销售及承揽类合同法律风险与实务攻略

销售合同与承揽合同都是有价合同，和采购合同及发包定作合同的本质相同，只是因为角度不同而称谓不同，通常在业务中习惯把自己作为卖方/供方的称为销售合同，把交易对手称为客户；自己作为买方/需方的则称为采购合同，把交易对手称为供应商。为了结合业务实际方便理解，本书分别站在卖方/供方和买方/需方的不同角度，分两章从不同角度介绍对应的不同风险与实务攻略。

就销售合同与承揽类合同而言，最简单的理解就是提供货物或服务并收回货款或加工费、工程款，作为卖方/承揽人所面对的主要法律风险包括收款风险、质量风险、交付风险，以及相应的违约与赔偿责任风险。

14.1 哪些措施可帮助卖方降低收款风险？

对于卖方而言，最大的悲剧莫过于货物已交付，财务也已确认收入，但赊销的货款却打了水漂没能收回，最终形成坏账吃掉公司利润甚至造成亏损。销售工作不仅要把销售合同签下来、把货物交付给客户，还要按时收回货款。

从货款风险角度，收到100%预付货款后再发货最为安全和理想，多见于供不应求或价格优惠较大的货物销售中。在多数货物销售中，客户会担心自己预付货款的安全，通常要求在验收货物后再支付大部分货款；也有的客户为了资金周转需要，会要求验收货物后再给予一定的付款账期，如60天、90天甚至180天；有的货物是用于工程项目建设，客户可能会要求工程竣工验收后才付款。

既然赊销及提供账期不可避免，那从实务角度可采取哪些措施以利于货款回收呢？

(1)要求买方提供信用证、银行保函等银行信用

信用证在国际贸易中应用较多，在国内贸易中也有应用，属于较为可靠的银行信用。信用证的价值在于双方借助银行信用交易，在收到信用证后，对卖方而言，只要提供满足信用证要求的货物提单、检验证明、发票等票据，收款就会有保障；即使银行以单证不符为由拒不兑付信用证，因银行还需退回提单等货物单证，故通常不会出现货、款两空的损失。对于买方而言，申请开立银行信用证后，银行会以收到信用证要求的货物单证作为付款的前提条件，故通常不会出现付出货款但收不到货物的情况，对买方也相对安全和公平，在进出口贸易中应用较为广泛。

但需要提醒卖方的是，信用证交易并非绝对安全。例如，在通过空运进行的出口贸易中，由于空运运单并不具备类似海运提单的物权凭证属性，故买方可以凭记名的空运运单副本和自己的身份证明到航空公司提取货物，而无须通过银行付款赎单后再提货。所以，在通过空运进行的出口贸易中，即使已收到买方申请银行开立的信用证，卖方在将货物交付空运后，也不

应把空运运单副本提供给买方，而只能提供给银行，由银行按照信用证承兑付款并通知买方。

在通过海运进行的国际贸易中，通常说来提单是货物的所有权凭证，若承运人无单放货即在未收回提单正本的情况下释放货物，则正本提单的持有人有权向承运人索赔，这也是保障正常国际贸易安全的制度措施之一，特别是在银行以单证不符为由拒绝兑付信用证时，银行有义务退回提单正本，作为卖方通常不会损失货物，因为卖方依然有权依据提单正本从承运人处取回货物。

但是，卖方应注意记名提单的风险，有的国家法律如美国《1916 年提单法》及《1936 年海上货物运输法》规定，买方有权依据记名提单副本从承运人处提取货物，而承运人并不承担责任，故即使卖方仍然持有正本记名提单，也无权从承运人处获得赔偿，此前中国卖家由此而遭受损失的案例并不鲜见。所以，在出口贸易中，即使采取信用证交易，卖方也不应接受要求必须是记名提单的信用证，而是应修改为指示提单，以最大限度确保提单的物权属性从而降低货款两空的风险。

对于买方提供银行保函作为付款保障措施的，要明确银行保函的属性是无条件、见索即付、不可撤销的独立保函。如果银行保函负有先决条件例如需要买方签发的货物验收证明等，则该类银行保函兑付与否的控制权不在银行而在于买方，故并不构成可以信赖的银行信用，本质还是买方的商业信用，对于降低收款风险并无实质帮助。

（2）投保出口信用保险

出口信用保险是促进外贸发展、降低出口商收款风险的政策性保险。作为中国公司，在出口贸易中，可以申请和购买出口信用保险，以覆盖买方违约、货款不能回收的风险，在买方出现付款违约包括破产时，卖方应及时向保险公司报案，在保险额度内获得保险公司的理赔,具体可以参考中国出口信用保险公司的网站 http://www.sinosure.com.cn。

考虑到买方的资信会发生变化,故即使已经取得保险公司授予的信用额度进行赊销,也要在合同条款中写清,买方在保险公司的信用额度不足时,卖方有权降低发货数量,避免因额度不足降低发货数量而需要向买方承担违约责任。示范条款如下:

The actual shipping quantity indicated in this Agreement shall be subject to the approval made by the credit insurer designated by Seller. Seller is entitled to refuse any shipment if by the time of such shipment under this Agreement Buyer's credit as granted by China Export and Credit Insurance Company or other credit insurance company is insufficient to cover the value of the Goods.

(3)要求买方提供保证人等付款担保

对于交易所涉项目本身没有问题、客户确实需要赊销以进行短期资金周转的,若卖方认为该笔交易价格和利润都较为可观,只是因客户自身支付能力不高而犹豫的,可以考虑由客户提供保证人等担保,以降低收款风险。

经审核确认买方母公司或其他关联公司、自然人股东等资信可靠、可以作为保证人的,可通过在合同中加入保证条款或由保证人单独出具保函的方式承担保证责任。保证条款的表述决定了保证人的责任形式、范围、保证期限以及争议管辖权等。建议采取下列示范条款,并且在保证条款规定的期限内向保证人主张权利,以维持保证的有效性。

特别提醒,若没有写明保证期限,法律规定的保证期限仅为6个月,非常容易过期而造成保证人免除保证责任。要注意,保证期间属于除斥期间,不因任何事由中断、中止、延长,若作为债权人的卖方未能在保证期间内行使权利向保证人主张偿付,则将因保证期间届满而不受法律保护，保证人将不再承担保证责任。

保证人××自愿作为买方的保证人，为买方在本合同项下的付款义务及违约责任向卖方提供无条件的不可撤销的连带责任保证，在买方未履行债务时向卖方承担连带清偿责任，保证期间为每笔债务履行期届满之日起三年；卖方与买方协议变更本合同所约定货物交付数量、付款日期或者价格等条款的，无须经过保证人同意，保证人仍应当承担连带保证责任；有关本保证条款的执行或其他任何争议均提交至卖方住所地的人民法院，诉讼解决。

还应注意，保证方式不应写成一般保证。一般保证本质是补充责任，只有在就主债务通过诉讼仲裁及强制执行后债权人仍未得到清偿的，保证人才承担保证责任。对卖方而言，一般保证的效果远远逊于连带责任保证。

对于保证人是自然人的，若保证人的配偶并没有以保证人身份签署保证协议，则其配偶并不对因保证而产生的债务承担责任，故卖方需要事先落实清楚保证人及其配偶谁的财产及清偿能力更大，准确选择有清偿能力的保证人。根据相关司法解释，若意图为由夫妻二人共同承担保证责任，那就需要夫妻二人均签署保证协议方为有效，否则债权人无权向未签字的保证人配偶主张权利。

除了连带责任保证之外，卖方还可以要求买方提供其他担保例如股权质押、不动产抵押等。需要澄清的是，抵押、质押等仅赋予债权人优先受偿权，就拍卖、变卖该抵押物、出质权利所得的价款优先受偿，但并不意味着在债务人逾期还款时抵押物及出质的权利自动转归债权人所有，即使有此类流质的约定，因为违反法律规定，也是无效的。而且，对于出质人、质押人而言，其责任范围仅限于出质、质押的财产，对于超出该财产价值的债务金额，出质人、质押人并不承担责任，除非该出质人、质押人又同时作为保证人签署了保证协议。所以，若作为债权人的卖方既希望担保人对买方的整体付款义务承担连带保证责任，又希望就担保人所有的某项特定财产享有优先受偿的权利，则需要同时签署保证协议并办理该特定财产的抵押、质押手续。

很多担保人并不愿意以保证人的身份承担连带保证责任，而是希望用自己在某公司的股权出质提供担保。需要提示的是，股权出质对债权人的保护力度比较有限，原因是股权出质并不限制股东日常行使股东权利，质权人也无权参与所出质股权公司的日常经营。股权出质虽然限制股权转让，但若其他股东以增资方式稀释出质股权甚至改变公司的实际控制权，会实际降低股权出质的效果。当然，若出质的为上市公司流通股份，则因易于变现，另当别论。

相关法条：

1.《**中华人民共和国物权法**》(2007 年通过)

第一百八十六条　抵押权人在债务履行期届满前，不得与抵押人约定债务人不履行到期债务时抵押财产归债权人所有。

第二百一十一条　质权人在债务履行期届满前，不得与出质人约定债务人不履行到期债务时质押财产归债权人所有。

2.《**中华人民共和国担保法**》(1995 年通过)

第十七条　当事人在保证合同中约定，债务人不能履行债务时，由保证人承担保证责任的，为一般保证。

一般保证的保证人在主合同纠纷未经审判或者仲裁，并就债务人财产依法强制执行仍不能履行债务前，对债权人可以拒绝承担保证责任。

有下列情形之一的，保证人不得行使前款规定的权利：

(一)债务人住所变更，致使债权人要求其履行债务发生重大困难的；

（二）人民法院受理债务人破产案件，中止执行程序的；

（三）保证人以书面形式放弃前款规定的权利的。

第二十五条 一般保证的保证人与债权人未约定保证期间的，保证期间为主债务履行期届满之日起六个月。

在合同约定的保证期间和前款规定的保证期间，债权人未对债务人提起诉讼或者申请仲裁的，保证人免除保证责任；债权人已提起诉讼或者申请仲裁的，保证期间适用诉讼时效中断的规定。

第二十六条 连带责任保证的保证人与债权人未约定保证期间的，债权人有权自主债务履行期届满之日起六个月内要求保证人承担保证责任。

在合同约定的保证期间和前款规定的保证期间，债权人未要求保证人承担保证责任的，保证人免除保证责任。

3.**《最高人民法院民一庭关于夫妻一方对外担保之债能否认定为夫妻共同债务的复函》**（［2015］民一他字第9号）

福建省高级人民法院：

你院（2014）闽民申字第1715号《关于再审申请人宋某、叶某与被申请人叶某某及一审被告陈某、李某民间借贷纠纷一案的请示》收悉。经研究答复如下：

同意你院审判委员会多数意见，即夫妻一方对外担保之债不应当适用《最高人民法院关于适用〈中华人民共和国婚姻法〉若干问题的解释（二）》第二十四条的规定认定为夫妻共同债务。

（4）增加买方共同债务人

对有的买方而言，即使买方自身愿意要求其母公司作为保证人向卖方提供担保以换取账期，但由于其母公司章程等对外担保的限制及复杂的内部批准流程，可能很难实现。这时，卖方可以尝试要求买方将其母公司列为共同债务人同时签署合同,或者由其母公司出具债务加入确认函,与买方承担连带付款责任,可以与保证协议同样达到降低收款风险的担保效果。这样的共同债务函件,由于实质是确认共同买方,属于正常业务范畴,大部分公司章程并不会对此作出过多限制性规定,内部审批和出具流程相较于公司担保更为简便。共同债务确认函件样本如下:

××有限公司(卖方全称):

就我公司所属子公司××有限公司(买方全称)与贵公司签署采购合同从贵公司购买××货物,货款××元,我公司特确认加入该货款债务,自愿对该采购合同项下所有货款,作为共同债务人与××有限公司(买方全称)共同向贵公司承担连带付款责任。有关本确认函的执行或其他任何争议,均提交至贵公司住所地的人民法院,诉讼解决。

特此确认。

××有限公司(共同债务人全称并签字盖章)

二〇××年××月××日

虽然《合同法》、《民法通则》及《民法总则》并未对债务加入进行专章规定,但债务加入无论在民法理论还是在司法实践中均得到认可和保护。作为卖方,理想状态是在与买方签署销售合同前就拿到共同债务人出具的共同债务确认函,但若在货款追收过程中,能够通过还款协议以债务加入的方式增加共同债务人,也可实质增加收款保障。

例如,2002 年第 4 期《最高人民法院公报》公布的天津中远公司诉香港美通公司、天津美通公司拖欠海运费、港杂费纠纷案中,香港美通公司拖欠天津中远公司海运费及港杂费,其向天津中远公司出具《还款计划》载明:“我公司所欠集装箱公司的全部海运费,争取在 1995 年 6 月 31 日之前对清、还清。平均每个月还美元10万元左右……”该《还款计划》未加盖香港美通公司的印章，但有香港美通公司法定代表人张明坤的签名，还有刘彬的签名。刘彬既是香港美通公司天津办事处雇员又是天津美通公司法定代表人，香港美通公司天津办事处首席代表为苏子奇。

一审法院认为，香港美通公司出具的《还款计划》上虽有被告天津美通公司法定代表人刘彬签名，但是由此让天津美通公司承担连带偿还债务的责任理由不充足，判决仅由被告香港美通公司承担还款责任，天津中远公司提起上诉要求改判天津美通公司承担连带责任。

二审法院认为，该《还款计划》上刘彬签名时，并未注明其签名所代表的身份，而香港美通公司天津办事处首席代表是苏子奇，刘彬既不能代表香港美通公司天津办事处更不能代表香港美通公司，故在香港美通公司法定代表人已亲自签名情况下，如果刘彬再以香港美通公司天津办事处雇员身份签名，既不符合商事活动惯例，也不具有任何意义，因此应认定刘彬在《还款计划》上的签名，是以天津美通公司法定代表人身份。刘彬以天津美通公司法定代表人身份在《还款计划》上签名，代表着天津美通公司对《还款计划》的确认。该签名确认行为不存在胁迫、欺诈或重大误解等情节，是天津美通公司自愿加入到香港美通公司与原集装箱公司的债权债务关系、连带偿还此笔债务的真实意思表示，并援引《民法通则》第五十四条“民事法律行为是公民或者法人设立、变更、终止民事权利和民事义务的合法行为”，认定天津美通公司是以第三人身份加入到香港美通公司与天津中远公司的债权债务关系中，改判天津美通公司与香港美通公司就《还款计划》记载的海运费共同承担连带清偿责任。

（5）就货款债权办理具有强制执行效力的公证债权文书

通常讲来，由货物买卖产生的债权，付款的金额及日期均相当清晰。作为卖方,虽然同意给予买方一定的赊销账期,但为避免货款到期后买方拖延支付而产生诉讼,可以在销售合同中规定,对于货物验收单记载的货款金额,买方有义务与卖方共同到公证机关,办理具有强制执行效力的公证债权文书,到期后若买方未履行付款义务,无须经过起诉及开庭,可直接持该公证债权文书及公证机关出具的执行证书,申请被执行人住所地或者被执行的财产所在地人民法院强制执行。可以使用下面的示范条款:

就本合同项下卖方交付的货物,买方应在验收七日内,按照货物验收单记载的货款金额,与卖方共同到××公证处,办理具有强制执行效力的公证债权文书,确保货款到期后若买方未履行付款义务,卖方可直接持该公证债权文书及公证机关出具的执行证书,申请人民法院对买方强制执行。若买方未能在七日内完成办理该公证债权文书,则买方的货款支付义务立即全部提前到期,其他条款规定的赊销账期随之失效。

相关法条:

1.**《中华人民共和国公证法》**(2005年通过,2017年修正)

第三十七条　对经公证的以给付为内容并载明债务人愿意接受强制执行承诺的债权文书,债务人不履行或者履行不适当的,债权人可以依法向有管辖权的人民法院申请执行。

前款规定的债权文书确有错误的,人民法院裁定不予执行,并将裁定书送达双方当事人和公证机构。

2.**《中华人民共和国民事诉讼法》**(1991年通过,2017年修正)

第二百三十八条　对公证机关依法赋予强制执行效力的债权文书,一方当事人不履行的,对方当事人可以向有管辖权的人民法院申请执行,受申请的人民法院应当执行。

公证债权文书确有错误的,人民法院裁定不予执行,并将裁定书送达双方当事人和公证机关。

3.**《最高人民法院、司法部关于公证机关赋予强制执行效力的债权文书执行有关问题的联合通知》**(司发通〔2000〕107号)

三、公证机关在办理符合赋予强制执行的条件和范围的合同、协议、借据、欠单等债权文书公证时,应当依法赋予该债权文书具有强制执行效力。

未经公证的符合本通知第二条规定的合同、协议、借据、欠单等债权文书,在履行过程中,债权人申请公证机关赋予强制执行效力的,公证机关必须征求债务人的意见;如债务人同意公证并愿意接受强制执行的,公证机关可以依法赋予该债权文书强制执行效力。

四、债务人不履行或不完全履行公证机关赋予强制执行效力的债权文书的,债权人可以向原公证机关申请执行证书。

七、债权人凭原公证书及执行证书可以向有管辖权的人民法院申请执行。

(6)所有权保留

所有权保留是指货物的所有权并不随着货物的物理交付立即转移给买方,而是只有在买方付清大部分货款后才转移给买方。在具备所有权保留条款的情况下,除非买方支付的价款已达到总价款的75%,卖方将有权行使所有权以取回货物从而减少损失。

如果合同中没有所有权保留条款,则按照法律的默认规定,货物所有权在交付时就转移给买方,而与买方是否已付清货款无关。在实践中,会出现货物刚刚交付尚未收回货款,但买方却被宣告破产的情况,这时,卖方并无权追回赊销给买方的货物,而只能以债权人的身份申报债权。而一般说来,这种无担保的普通债权,在破产清算中获得清偿的几率极低。而若合同约定了所有权保留条款,则即使买方进入破产程序,卖方也有权以所有权人的身份行使对货物的取回权，避免损失。

所有权保留条款一方面可以有效防控因买方破产而遭受损失，另一方面即使买方没有进入破产但拖延付款，若卖方威胁行使所有权要求取回货物，也能引起买方的足够重视而积极付款，特别是在拆除和取回货物会产生较大费用和损失的情况下，买方通常会尽快付款。所有权保留示范条款如下：

卖方在收到全部货款之前保留对本合同项下货物的所有权。若买方逾期付款达到××天，卖方有权行使取回权，将已经交付的货物取回，无论该货物处于仓储或者已被安装。若货物已被安装，卖方有权将货物拆下取回。因卖方行使所有权及取回权所发生的一切费用和损失，均由买方承担。卖方保留货物所有权不影响货物风险自交付之日起转移至买方承担。

需要说明的是，所有权保留条款并非无所不能，若卖方已以合理价格将货物转让给善意第三人，则该所有权保留条款无法对抗善意第三人；该条款也不适合已改变性状的货物或者难以区分的种类物，例如水泥已被做成混凝土浇筑到建筑物中，则水泥的所有权保留条款将难以实现。该条款运用于定制、难以被轻易转让的货物或者易于拆除的货物交易时，降低货款风险的效果会更好。

相关法条：

《最高人民法院关于审理买卖合同纠纷案件适用法律问题的解释》（法释〔2012〕8号）

第三十五条　当事人约定所有权保留，在标的物所有权转移前，买受人有下列情形之一，对出卖人造成损害，出卖人主张取回标的物的，人民法院应予支持：

（一）未按约定支付价款的；

（二）未按约定完成特定条件的；

（三）将标的物出卖、出质或者作出其他不当处分的。取回的标的物价值显著减少，出卖人要求买受人赔偿损失的，人民法院应予支持。

第三十六条　买受人已经支付标的物总价款的百分之七十五以上，出卖人主张取回标的物的，人民法院不予支持。在本解释第三十五条第一款第(三)项情形下，第三人依据物权法第一百零六条的规定已经善意取得标的物所有权或者其他物权，出卖人主张取回标的物的，人民法院不予支持。

(7)中止质保及取消质保条款

在有的买卖合同中，除了物理属性的货物外，货物所附随的售后技术与质保服务不可或缺，且质保费用在定价成本中占比相当高，甚至有的货物若没有质保将无法用于后续转让及融资，例如新能源领域中，若光伏电站的主要设备光伏电池组件没有质保，则该项目将难以取得金融机构的融资，或者难以对外转让。

对于此类货物，卖方为增加货款回收保障，可在合同条款中将后续质保与货款支付情况挂钩，以促使买方及时付款。示范条款如下：

买方理解并承认，买方付清货款是享受质量保证与质保服务的前提。买方未按期支付本合同项下的任何批次货款且经卖方书面催告后仍未支付的，卖方及制造商有权在买方延迟付款的期间内中止质保责任；质保责任中止的期间应计算在质保总期限内，不予延长。若买方逾期付款超过××天仍未纠正违约行为的，卖方及制造商有权永久取消对应批次产品的质保而不承担任何责任，该质保取消并不影响买方继续承担货款支付义务及逾期付款违约责任。

(8)避免买方拖延验收并把货物质量问题作为付款前提条件

在实践中，把货物验收作为货款支付的前提条件属于合理条款。但是,有的买方会故意拖延验收,从而导致拖延支付货款。若货物内在质量难以在交付时进行检验,通常货物交接时的验收仅限于数量、规格、型号、外观等。在买方拖欠货款时,买方常用的借口与理由是发现货物存在内在质量问题。

在卖方为货物提供质量保证的情况下,为避免买方以质量问题为借口拖延付款,可以在合同的货物验收与质量保证条款中作如下规定:

卖方将货物交付买方后,买方应对货物规格、数量、外观等进行验收,若买方在到货后3个工作日内未提出异议或未进行验收,则视为所交付的货物规格、数量、外观符合合同约定。如质量保证期限内双方就质量问题发生争议的,双方应当共同将争议货物提交××机构按照本合同约定质量标准进行检验,并以其检验结果作为确认货物是否存在质量问题的依据。对于经检验确实存在质量问题的,由卖方或者生产商按照该货物对应的《质量保证书》提供售后和质保服务。买方不得以货物存在质量问题为由延迟或拒绝支付货款。

(9)将后续货物交付与之前货款相关联

在常年客户中,可能会出现之前合同货款尚未付清又有新的合同;也存在几个客户属于同一集团公司,但分别签订合同,有的客户存在逾期付款但同一集团其他客户希望继续购买的情况。

在此类情况下,买方通常会承诺,在新发货前付清之前的货款。但若此安排未明确写入合同条款,则根据合同的相对性,卖方无权因之前欠款而对新的合同拒绝发货。

为控制此风险,实务中可在合同内加入下列条款,把付清之前的货款作为新发货的前提条件:

为明确起见,若买方未在本合同约定货物交付日期前付清此前其他合同项下买方或买方关联公司拖欠的全部货款(无论是否到期），则卖方有权暂停本合同项下货物交付而不承担违约责任，直至买方付清该前合同款项，由此产生的费用和损失由买方承担。若买方在本合同约定货物交付日期到期后30天仍未付清该前合同款项的，则卖方有权解除本合同取消交货，买方并应向卖方支付相当于本合同货款金额20%的违约金。其他条款与本条规定不一致的，以本条规定为准。

（10）为买方单方转让合同设限

在实践中，特别是有融资需求的大型建设项目中，可能会由业主暂时作为买方，但之后在确定承包商后则由承包商出面购买，买方会要求在合同中加入合同转让条款，一方面不允许卖方未经买方同意转让合同，另一方面规定买方转让合同无须经过卖方同意即生效。

转让合同的实质是更换交易主体，若准许买方自由转让合同，将实质改变合同买方，卖方原来根据买方资信审查情况所做的判断及措施均将落空，所以卖方通常不应接受买方有权单方转让合同的条款。但是，有时这种单方转让的条款又确实是项目所需要的，那这时可作折中处理，即在货款付清或者原买方作为共同债务人继续承担付款责任的情况下，允许买方单方转让合同。示范条款如下：

未经合同一方事先书面同意，另一方不得单方将本合同项下的权利义务转让给第三方。但是，在买方已经付清全部货款的情况下，买方有权单方转让合同而无需卖方事先书面同意。若买方尚未付清全部货款，在买方作为共同债务人继续就买方受让人的货款支付义务承担连带责任的前提下，买方亦有权单方将其权利义务转让给其所指定的受让人，该合同转让自买方与受让人就此签署补充协议且书面通知卖方之日起生效，合同转让后由买方作为受让人的共同债务人继续就货款义务向卖方承担连带清偿责任。

(11)规定较高的逾期付款违约金

在有逾期付款违约金压力的情况下，特别是逾期付款违约金高于银行融资成本时，买方会更有动力按期支付货款；而若逾期付款违约金标准低于同期银行贷款利率，则会鼓励买方故意拖延付款。为避免买方故意以较低的违约金代价拖延付款，逾期付款违约金的标准应当高于银行同期贷款利息的两倍为宜。

同时，也要考虑《合同法》对过高的违约金并非完全保护，确定违约金比例时不宜过高，推荐不超过年息24%。考虑逾期付款的情形既可能发生在赊销货款中，也可能发生在为锁定货物而应支付的预付款中，故在规定违约金时，建议同时规定卖方的解除合同权利，以避免业务久拖不决造成损失。示范条款如下：

买方逾期付款，应以逾期未付款金额为基数按照年利率〔24〕%的标准向卖方支付逾期付款违约金；若买方支付预付款、发货款或之前批次到货款逾期达〔14〕天以上，经卖方催告后〔7〕天内仍未纠正的，卖方有权选择部分或者全部解除合同并取消后续交货；卖方行使合同解除权取消后续交货的，买方还应向卖方支付所取消交货货值的〔10〕%作为违约金以补偿卖方可能由此遭受的损失；已交付货物所产生的逾期付款违约金继续累积计算，不受取消交货的影响。

(12)行使分期付款的合同解除权

卖方授予买方分期付款且账期分期不少于3次、在交付货物后分期付款仍不少于两次的，属于《合同法》第一百六十七条规定的分期付款买卖，即使双方未在合同中约定合同解除条款，在买方逾期付款金额达到全部价款的1/5时，卖方有权选择要求买方支付全部价款或者解除合同，而卖方选择解除合同时，还可以要求买方支付该货物的使用费。

若卖方选择行使解除权，则其后果为收回货物并且将已收货款扣除货物使用费后返还买方。所以，卖方在援引该条款行使解除权时，首先要评估判断一下货物是否还在、能否收回。若货物已经不复存在，则建议还是选择要求买方支付全部价款更为现实和易于执行。

需要澄清的是，分期付款买卖中卖方所享有的法定合同解除权，并不适用于股权转让。在最高人民法院 2016 年 9 月 19 日发布的指导案例汤长龙诉周士海股权转让纠纷案中，汤长龙与周士海签署《股权转让协议》及《股权转让资金分期付款协议》约定周士海将其持有的青岛变压器集团成都双星电器有限公司 6.35% 股权转让给汤长龙，股权合计 710 万元，分四期付清。汤长龙于 2013 年 4 月 3 日依约向周士海支付第一期股权转让款 150 万元。在汤长龙逾期未支付约定的第二期股权转让款后，周士海于同年 10 月 11 日以公证方式向汤长龙送达了《关于解除协议的通知》，以汤长龙根本违约为由，提出解除双方签订的《股权转让资金分期付款协议》。次日，汤长龙即向周士海转账支付了第二期 150 万元股权转让款，并按照约定的时间和数额支付了后续第三、四期股权转让款。周士海以其已经解除合同为由，如数退回汤长龙支付的 4 笔股权转让款。汤长龙遂向人民法院提起诉讼，要求确认周士海发出的解除协议通知无效，并责令其继续履行合同。2013 年 11 月 7 日该公司变更（备案）登记中，周士海所持有的 6.35% 股权已变更登记至汤长龙名下。

该案一审法院驳回汤长龙的诉讼请求，意味着周士海所发的解除协议通知有效，二审改判，确认周士海要求解除双方签订的《股权转让资金分期付款协议》行为无效。周士海申请最高人民法院再审，最高人民法院认为，尽管本案股权转让形式是分期付款，但股权交易具有与以消费为目的的一般买卖不同的特点：一是汤长龙受让股权是为参与公司经营管理并获取经济利益，并非满足生活消费；二是周士海作为有限责任公司的股权出让人，基于其所持股权一直存在于目标公司中的特点，其因分期回收股权转让款而承担的风险，与一般以消费为目的分期付款买卖中出卖人收回价款的风险并不同等；三是双方解除股权转让合同，也不存在向受让人要求支付标的物使用费的情况，故认为《股权转让资金分期付款协议》不宜简单适用《合同法》第一百六十七条规定的合同解除权，也考虑汤长龙后续付款行为已实现周士海股权转让目的，且该汤长龙受让股权后已实际参与公司经营管理，股权也已过户登记到其名下，如果不是汤长龙有根本违约行为，动辄撤销合同可能对公司经营管理的稳定产生不利影响，最终于 2015 年 10 月 26 日作出(2015)民申字第 2532 号民事裁定，驳回周士海的再审申请。

相关法条：

1.《**中华人民共和国合同法**》(1999 年通过)

第一百六十七条　分期付款的买受人未支付到期价款的金额达到全部价款的五分之一的，出卖人可以要求买受人支付全部价款或者解除合同。出卖人解除合同的，可以向买受人要求支付该标的物的使用费。

2.《**最高人民法院关于审理买卖合同纠纷案件适用法律问题的解释**》(法释〔2012〕8 号)

第三十八条　合同法第一百六十七条第一款规定的“分期付款”，系指买受人将应付的总价款在一定期间内至少分三次向出卖人支付。

分期付款买卖合同的约定违反合同法第一百六十七条第一款的规定，损害买受人利益，买受人主张该约定无效的，人民法院应予支持。

第三十九条　分期付款买卖合同约定出卖人在解除合同时

可以扣留已受领价金，出卖人扣留的金额超过标的物使用费以及标的物受损赔偿额，买受人请求返还超过部分的，人民法院应予支持。

当事人对标的物的使用费没有约定的，人民法院可以参照当地同类标的物的租金标准确定。

(13)选择对卖方有利的诉讼管辖条款

如前面第13.8小节所述，选择在己方住所地法院管辖，有利于节省外地诉讼的成本，也有利于向对方施加压力促成和解。作为卖方，应该努力获得整个合同在己方住所地法院管辖；若确实难以将整个管辖权放在己方住所地法院，也要设法将追索货款的诉讼管辖权放在己方住所地法院。如果己方登记住所地与实际经营地不一致，由于实际经营地需要证据证明且容易引发争议，可通过约定合同签订地法院管辖的方式，避免由此带来的争议。

若不能将收款的诉讼管辖地约定在己方所在地，而是由买方所在地或者货物交付地法院管辖，则通过诉讼行动收款所面临的困难会更多，包括异地差旅和遴选律师的不便，以及可能的地方保护。作者曾经看到案例，卖方到买方所在地法院起诉并申请财产保全措施冻结了买方的银行账户后，买方提供其名下的几辆轿车的登记手续由法院查封后，置换解除了银行账户冻结，导致财产保全的效果大打折扣。司法实践中的地方保护还是难以完全杜绝。

推荐卖方在销售合同中选择使用下面的诉讼管辖条款：

①因本合同所发生的争议，双方应协商解决，协商不成的，由卖方住所地的人民法院管辖，诉讼解决。

②因本合同所发生的争议，双方应协商解决，协商不成的，由本合同签订地××市××区(卖方实际经营地)的人民法院管辖，诉讼解决。

③因本合同货款追索所发生的争议，由卖方住所地的人民法院管辖，诉讼解决；因货物交付及质量所发生的争议，由买方住所地的人民法院管辖，诉讼解决。

14.2 他人替客户付款，卖方应提防什么风险？

在业务实际中，因三角债或者集团公司、附属公司间资金调度的原因，会出现买方声称第三人替代其支付货款的情况，而卖方的收款账户也确实收到了该第三人支付的款项。读者会问，既然货款已经收回，对卖方还会有什么风险呢？

按照《合同法》第六十五条规定，确实允许买卖双方约定由第三人向卖方履行货款支付义务，若该第三人没有付款的，仍旧由买方承担付款义务。若仅仅是买卖双方约定由第三人代买方履行付款义务，但该第三人汇款给卖方时的电汇水单并没有写明款项用途，卖方可否将该款视作买卖合同项下的货款呢？不可以。在此情况下，若付款人后来以不当得利为由要求卖方返还该款项，卖方有责任提供证据证明收受并享有该款项的依据，但即使卖方提供买卖双方由第三人付款的合同约定，或者买方也声称该第三人系代其付款，但根据合同的相对性，并不能约束该付款第三人，故卖方仍旧面临因不当得利而返还款项的风险。

为防控该不当得利风险，作为卖方，在买方委托第三人支付货款时，应具备买方和实际付款人共同出具的书面说明，至少必须有实际付款人出具的书面说明，或者由该实际付款人在银行汇款中的款项用途写明类似内容。若没有实际付款人的书面说明或者银行汇款的类似用途说明，则该实际付款人即使完成付款，之后也有权以不当得利为由随时主张卖方返还该款项。

概括地讲，若具备实际付款人的付款用途说明，则属于正常代付，卖方收款是安全的；而缺乏该实际付款人的付款用途说明，则卖方将面临因不当得利被要求返还款项的风险。实际付款人的付款说明样本如下：

致××有限公司(卖方全称)：

本公司受买方××公司(买方全称)委托，已于×年×月×日将其应付贵公司货款人民币××元支付至贵公司在××银行的账户，代其履行付款义务，请贵公司查收。

特此说明。

付款公司全称(印章)：

负责人(签字)：

日期：××××年××月××日

相关法条：

1.**《中华人民共和国合同法》**(1999年通过)

第六十四条　当事人约定由债务人向第三人履行债务的，债务人未向第三人履行债务或者履行债务不符合约定，应当向债权人承担违约责任。

2.**《中华人民共和国民法通则》**(1986年通过，2009年修正)

第九十二条　没有合法根据，取得不当利益，造成他人损失的，应当将取得的不当利益返还受损失的人。

14.3　卖方应如何与客户对账？

在有赊销的销售合同履行过程中，经常性的定期对账例如按季度或者半年对账，是确认债权、厘清账目的有效手段。在业务实际中，不能杜绝有的合同、送货单、验收单等凭证因为文件保管或者人员更换等原因丢失，若双方有经常性的定期对账，则即使送货单丢失，也可通过对账单来固定证据，确认和保护债权。同时，定期对账也体现出作为债权人的卖方对权利的行使，可以达到中断诉讼时效、避免权利过期不受法律保护的效果。

对账虽然属于日常财务工作，但其中也有相应的法律风险，处理得好可以给卖方增值，保留向买方追索逾期付款违约金的权利，而处理得不好则会造成损失。

按照《合同法》相关司法解释，若卖方不愿放弃追究逾期付款违约金，但为了获得买方签署对账单，可以在对账单中只写本金金额而不涉及利息及违约金金额，从而实质保留该追究违约金的权利。但如果写明卖方放弃违约金、利息或者对账后的金额是双方经清算确认后的一次性付款金额，则意味着卖方此后无权再向买方主张违约金或利息。

下面是倾向于卖方的对账单样本，供读者参考。

货款对账单

编号：××

××公司（买方全称）：

就合同编号为××的（合同准确全称）合同，截至××××年××月××日，我公司作为卖方，账目记载对贵公司应收货款余额为人民币××元（大写：人民币××圆），望贵公司收到对账单后给予核对将回执填好后加盖财务章，回复我公司财务部，并按合同规定尽快安排付款，谢谢合作。

此对账事宜我公司财务部联系人：××，电话：××，回执邮寄地址：××，邮编：××。

××公司(卖方全称)
(财务专用章)
××××年××月××日

货款对账单回执

××公司：

贵公司落款于________年____月____日、编号为________的财务对账单收悉。经核对账目，截至×年×月×日，我方作为买方，对贵公司应付货款余额为人民币__________元，我方将根据双方合同规定安排支付。

特此回执。若有疑问，可联系我方财务同事________，联系电话：______________。

××公司(买方全称)
(买方财务专用章)
××××年××月××日

相关法条：

《最高人民法院关于审理买卖合同纠纷案件适用法律问题的解释》(法释〔2012〕8号)

第二十四条　买卖合同对付款期限作出的变更，不影响当事人关于逾期付款违约金的约定，但该违约金的起算点应当随之变更。

买卖合同约定逾期付款违约金，买受人以出卖人接受价款时未主张逾期付款违约金为由拒绝支付该违约金的，人民法院不予支持。

买卖合同约定逾期付款违约金，但对账单、还款协议等未涉及逾期付款责任，出卖人根据对账单、还款协议等主张欠款时请求买受人依约支付逾期付款违约金的，人民法院应予支持，但对账单、还款协议等明确载有本金及逾期付款利息数额或者已经变更买卖合同中关于本金、利息等约定内容的除外。

买卖合同没有约定逾期付款违约金或者该违约金的计算方法，出卖人以买受人违约为由主张赔偿逾期付款损失的，人民法院可以中国人民银行同期同类人民币贷款基准利率为基础，参照逾期罚息利率标准计算。

14.4 承揽人、工程承包人在收款方面有何可利用的法律特权？

有别于普通的销售合同，承揽合同中的承揽人与建设工程合同中的承包人，在其所完成的物化工作成果中既包括物料投入又包括人工投入，国家立法为了保障承揽人、承包人的收款权益，特别规定就所完成的物化工作成果，承揽人、承包人享有某些法定的收款保障权利，主要包括承揽人的留置权及承包人的工程价款优先受偿权，该权利优先于其他权利。

例如，乙作为承揽人承揽维修甲委托的某台设备，该设备在维修之前已被抵押给丙银行；该设备维修后的价值为 100 万元，产生的维修费为 30 万元，丙银行作为抵押权人对甲享有的债权为 85 万元；该设备完成维修后因甲未能支付维修费，仍然存放在乙处。若甲进入破产清算流程，对处置该设备所得的价款，应当优先清偿所欠乙的维修费 30 万元，剩余的款项 70 万元再用于实现丙银行的抵押权，虽然银行的抵押权产生在先，但还是劣后于法定的留置权。

需要提醒的是，此法定留置权的前提是承揽人仍然合法占有标的物，而且承揽人和定作人没有通过协议排除留置权。在上述案例中，若该设备已经返还给甲，则乙不再就该设备享有留置权，该维修费债权成为普通债权，处置该设备所得的价款应优先用于实现银行丙的抵押权，即使清偿丙债权后所余的15万元，乙也不享有优先权，而是与其他普通债权人一样，按照债权的比例平等参与受偿。所以，对承揽人而言，为维持法定的留置权，不要通过协议方式事先放弃对工作成果的留置权，且在承揽费用获得清偿前，应维持对工作成果的占用。

建设工程施工合同本质仍属于承揽合同，与其他承揽合同的区别是工作成果固化为不动产，为维护承包人特别是农民工的合法权益，国家法律特别规定承包人享有建设工程价款优先受偿权，该权利优先于抵押权和其他债权，但该权利行使有六个月的除斥期间限制，自建设工程竣工之日或者建设工程合同约定的竣工之日起计算，且难以对抗已经支付全部或者大部分购房款的商品房购买人。

例如，房地产公司甲开发花样年华商品房住宅楼，建筑公司乙承建该工程产生工程价款 9600 万元，银行丙为甲提供项目贷款 8000 万元，甲于 2017 年 3 月 20 日将该在建工程抵押给银行丙，该项目于 2017 年 4 月 28 日取得销售许可，其中的 1 栋 302 户于 2017 年 8 月 5 日出售给购房人丁并在房地产登记机关办理了商品房预登记手续，丁已经付清全部购房款 50 万元。该项目于 2017 年 9 月 30 日完成竣工验收，但尚未交付购房者。甲公司因为项目过多，资金链断裂，无力支付工程款并偿还银行贷款。这时，如果乙在 2018 年 3 月 29 日之前起诉要求甲支付工程款并确认享有工程价款优先受偿权，则该工程项目拍卖变卖后所得的款项，工程款债权将优先于银行的抵押权，优先用于清偿工程款9600万元，银行的抵押权将实际落空，但购房人丁因为已经付清全部价款，故丁对其所购买房屋的权利不受乙工程价款优先受偿权的影响。但是，若乙公司在2018年4月1日之后才起诉主张行使建设工程价款优先受偿权，则会因为超过六个月的期限而不受法律保护，该工程款债权将成为普通债权，在优先清偿银行贷款8000万元后仍有剩余且其他债权人也未采取财产保全措施时，该工程款才会和其他债权一样，按比例参与受偿。这样，对乙而言，及时在6个月内行使工程价款优先受偿权，几乎不会遭受损失；而若逾期行使，则该优先权灭失，几乎难以全部受偿，不同结果可谓天壤之别。

所以，作为建设工程的承包人，为充分行使国家法律规定的该特权，避免因过期导致权利灭失，务必要在建设工程竣工之日或者建设工程合同约定的竣工之日起6个月内通过诉讼或者仲裁方式行使该工程价款优先受偿权。保险起见，即使在6个月内看不到发包人破产的可能，也还是要通过诉讼或者仲裁行使该优先权，在法律上确认享有该权利，因为很难预见后面发包人是否会破产。

需要补充的是，建设工程价款优先受偿权不仅优先于银行就该工程享有的抵押权，在所涉工程如高速公路等已有第三人就该工程收费权设定质押权时，同样优先于该质押权，故保护力度极大。但也要注意，该优先权范围限于工程价款本身，并不包括工程价款迟延付款产生的违约金等。

相关法条：

1.**《中华人民共和国合同法》**（1999年通过）

第二百六十四条　定作人未向承揽人支付报酬或者材料费等价款的，承揽人对完成的工作成果享有留置权，但当事人另有约定的除外。

第二百八十六条　发包人未按照约定支付价款的，承包人可以催告发包人在合理期限内支付价款。发包人逾期不支付的，除按照建设工程的性质不宜折价、拍卖的以外，承包人可以与发包人协议将该工程折价，也可以申请人民法院将该工程依法拍卖。建设工程的价款就该工程折价或者拍卖的价款优先受偿。

2.《**中华人民共和国担保法**》(1995 年通过)

第八十四条 因保管合同、运输合同、加工承揽合同发生的债权，债务人不履行债务的，债权人有留置权。

法律规定可以留置的其他合同，适用前款规定。

当事人可以在合同中约定不得留置的物。

3.《**最高人民法院关于建设工程价款优先受偿权问题的批复**》(法释〔2002〕16 号)

上海市高级人民法院：

你院沪高法〔2001〕14 号《关于合同法第 286 条理解与适用问题的请示》收悉。经研究，答复如下：

一、人民法院在审理房地产纠纷案件和办理执行案件中，应当依照《中华人民共和国合同法》第二百八十六条的规定，认定建筑工程的承包人的优先受偿权优于抵押权和其他债权。

二、消费者交付购买商品房的全部或者大部分款项后，承包人就该商品房享有的工程价款优先受偿权不得对抗买受人。

三、建筑工程价款包括承包人为建设工程应当支付的工作人员报酬、材料款等实际支出的费用，不包括承包人因发包人违约所造成的损失。

四、建设工程承包人行使优先权的期限为六个月，自建设工程竣工之日或者建设工程合同约定的竣工之日起计算。

五、本批复第一条至第三条自公布之日起施行，第四条自公布之日起六个月后施行。

此复。

4.《最高人民法院关于公路建设单位对公路收费权是否享有建设工程价款优先受偿权以及建设工程价款优先权是否优于质权的请示的答复》(〔2005〕执他字第31号)

江西省高级人民法院：

你院《关于公路建设单位对公路收费权是否享有建设工程价款优先受偿权以及建设工程价款优先权是否优先于质权的请示》收悉。经研究，答复如下：

原则同意你院审委会多数人的意见。《合同法》第286条规定的建设工程的折价或者拍卖虽原则上指工程所有权的转让，但对收费公路这类特殊工程的可转让的经营权，也应适用。因此，申请执行人作为公路施工单位，有权通过对被执行人享有的公路工程经营权的执行优先受偿。车辆通行收费权是公路经营权中的主要内容，执行中可以转让收费权或者直接从所收费中提取款项。施工单位的优先受偿权应及于该收费权，可以从提取的款项中优先受偿。根据《担保法》及最高人民法院有关司法解释的精神，工程款优先受偿权应优先于异议人就公路收费设定的质押权。

5.《最高人民法院执行工作办公室关于〈最高人民法院关于建设工程价款优先受偿权问题的批复〉中有关消费者权利应优先保护的规定应如何理解的答复》(〔2005〕执他字第16号)

广东省高级人民法院：

你院〔2004〕粤高法执督字第384号《关于康永贤等13人执行异议请示案》收悉，经研究，现答复如下：

《最高人民法院关于建设工程价款优先受偿权问题的批复》(法释〔2002〕16号)第二条关于已交付购买商品房的全部或者大部分款项的消费者权利应优先保护的规定，是为了保护个人消费者的居住权而设置的，即购房应是直接用于满足其生活居住需要，而不是用于经营，不应作扩大解释。

特此函复。

14.5 销售合同质量条款有哪些风险？如何防控？

除了收款风险外，卖方还可能面临因质量问题导致的索赔风险，通常包括如下几类：

(1)合同未写明质量标准和检验期所导致的风险

有的读者认为，若合同没有写明货物质量标准和检验期的，对买方会更为不利，因为这意味着是按照现状买卖，交货后卖方概不负责。但按照《合同法》之默认法律规定，结果却恰恰相反，卖方有质量瑕疵担保义务，对没有规定货物质量标准的，按照国家标准、行业标准履行；没有国家标准、行业标准的，按照通常标准或者符合合同目的的特定标准履行；而对于没有规定检验期的，则认为有两年的质保期。

所以，在所出售的具体货物质量标准低于国家标准、行业标准时，卖方务必应在合同写明该较低的质量标准，以免因默认适用国家标准、行业标准而产生质量违约责任。而在所售货物本身不提供质量保证期的，则应当写明现场检验或者规定几天的检验期，以免默认适用两年的检验期而产生后续索赔。特别是对于产品区分等级但并不适用国家强制质量标准的，在销售等外品也就是存在质量瑕疵的产品时，应当写明货物存在质量瑕疵以及买方了解并接受质量瑕疵的情况，否则按照法律默认规定的卖方质量瑕疵担保义务，买方有权向卖方索赔。对此类等外品销售，建议在合同中使用下面的质量条款：

双方买卖按货物现状交易，买方明知所购买的货物为等外品且存在导致基本效用显著降低的质量瑕疵但仍愿意购买，买方应自行在提货前对货物质量进行检验，对于买方已提取的货

物，卖方不承担瑕疵担保责任或质量保证责任。

而对于存在国家强制安全标准的产品如家用电器等，如果所销售的产品并不能满足该强制标准，则应当按照废品处置，确保买方营业执照经营范围涵盖废旧物资回收，并在销售合同中写明为废品，且不得进入市场流通，以免产生危及安全的质量事故，示范条款如下：

买方明知本合同项下货物为报废物品，买方承诺按照废旧物资对本合同项下货物进行处置与回收，并不得转卖或者进入市场流通。

相关法条：

1.《**中华人民共和国合同法**》(1999 年通过)

第一百五十八条　当事人约定检验期间的，买受人应当在检验期间内将标的物的数量或者质量不符合约定的情形通知出卖人。买受人怠于通知的，视为标的物的数量或者质量符合约定。

当事人没有约定检验期间的，买受人应当在发现或者应当发现标的物的数量或者质量不符合约定的合理期间内通知出卖人。买受人在合理期间内未通知或者自标的物收到之日起两年内未通知出卖人的，视为标的物的数量或者质量符合约定，但对标的物有质量保证期的，适用质量保证期，不适用该两年的规定。

出卖人知道或者应当知道提供的标的物不符合约定的，买受人不受前两款规定的通知时间的限制。

2.《**最高人民法院关于审理买卖合同纠纷案件适用法律问题的解释**》(法释〔2012〕8 号)

第三十二条　合同约定减轻或者免除出卖人对标的物的瑕疵担保责任，但出卖人故意或者因重大过失不告知买受人标的物的瑕疵，出卖人主张依约减轻或者免除瑕疵担保责任的，人民法院不予支持。

第三十三条 买受人在缔约时知道或者应当知道标的物质量存在瑕疵,主张出卖人承担瑕疵担保责任的,人民法院不予支持,但买受人在缔约时不知道该瑕疵会导致标的物的基本效用显著降低的除外。

(2)质量标准不清晰导致的质量索赔风险

质量标准模糊,包括情形1合同条款仅阐明货物使用目的但没有援引具体的质量标准,以及情形2合同虽然有质量条款但约定的质量标准模糊、卖方实际并不清楚其具体内容。

在情形1下,由于没有具体的质量标准,故货物是否合格只能根据货物的使用目的来解释。例如,甲公司作为生产商向乙公司出售电焊机产品,合同未写明质量条款,但在前言中写明,乙公司购买该批电焊机的目的是为其在澳大利亚昆士兰州的某工程项目施工。若这批电焊机在出口至澳大利亚时,被当地监管机构以不能满足当地的强制标准为由,要求停止使用,乙公司以此为由要求向甲公司退货,因为该电焊机的质量未达到与合同目的相符的质量标准,甲方应当退货。

在情形2下,虽然质量标准模糊,即使合同并没有以附件方式确定其具体内容,或者卖方自己也并不清楚其具体内容,但最终是可以确定的质量标准,仍然对卖方具有约束力。若货物并不满足该质量标准,则卖方应承担质量违约责任。在情形1的案例中,假若合同写明的质量条款为该电焊机应满足澳大利亚昆士兰州建筑行业的标准,即使该标准不是强制标准,若到货后确认该电焊机并不能满足该标准,甲公司作为卖方还是应承担质量违约责任。

上述两种情形,归根结底是确认哪方有责任确保产品的适用性。一般而言,买方最清楚产品的使用目的和所面临的限制,通常会在选择产品前已经过评估与判断,但很多买方并不愿意自己承担该风险,还是会通过合同目的条款或者模糊的质量标准条款,要求卖方兜底。

为防控该风险,若卖方并不清楚买方质量条款所援引的模糊质量标准的具体内容,不能确定能否满足该标准,则应当拒绝此类模糊条款,并在合同质量条款中加入下列内容:

本合同项下产品的质量标准以附件1产品说明书为准,除该附件1的明示记载之外,卖方并不对产品的使用目的和适用性作任何其他保证。对于买方购买该产品有特殊使用目的、要求或需要满足附件1记载之外的其他产品认证与质量标准的,相关责任和风险由买方自行承担。

(3)质量违约赔偿范围不清或者过大的风险

质量是企业的生命,提供满足合同质量条款要求的货物是卖方的基本义务。但是,质量管控再好的公司,通常也难以做到100%的产品良率,或者即使出厂时做到100%合格,但在较长的质量保证期内,难免会出现质量索赔。在出现质量问题时,买方通常会索赔一切损失,包括直接损失与间接损失,而卖方通常希望把索赔范围限定在直接损失,而不承担间接损失的赔偿责任。

那么,作为卖方,是不是在合同中写明质量赔偿以直接损失为限就可以有效控制风险了呢?其实不然,因为双方可能对哪些损失属于直接损失、哪些损失属于间接损失产生争议。例如,某地铁工程的承包商甲公司从电缆生产商乙公司采购电缆,用于地铁工程施工。在5年的质量保证期内,某批次价值5万元的电缆发生不符合质量标准的绝缘层脱落而导致短路,造成地铁站内的电器报废重新购置需要花费4万元,甲公司重新购置电缆需要花费6万元,更换电缆产生人工费用3万元。甲公司因此还被地铁公司按照施工合同要求承担违约金3万元,并直接从剩余的工程质保金中扣除。

那问题来了,即使乙公司在销售合同中规定出现质量问题只承担直接损失，那在上面的费用和损失中，哪些属于直接损失哪些属于间接损失呢？在司法实践中对此争议不断，一直没有定论。就上面的案例而言，有很大可能所有的电器损失费用、电缆重新购置费用、人工费用及违约金均被认定为直接损失。

但是，双方若通过合同条款对哪些在赔偿范围内、哪些不在赔偿范围内事先作出约定，则法院及仲裁机构通常会尊重双方的意思。作为卖方，可以在合同中作下列约定，以适当限制质量赔偿责任，并且将该责任限制与价格挂钩，强调现有合同价格并不足以支撑卖方承担更多的赔偿责任。

双方确认，基于与本合同价格相称的质量责任范畴，在本合同项下产品经确认存在质量问题的，卖方质量保证责任限于对产品进行维修或者更换，所产生的拆除与安装相关人工费用由买方自行承担，且卖方不对买方的停工、停产、收入、利润、第三方索赔等损失承担责任。除非违反法律与行政法规的强制性规定，卖方在本合同下承担的质量赔偿责任限额，仅以直接引发该质量索赔的具体产品的自身价值为限；但因产品存在《产品质量法》第四十六条规定的产品缺陷而导致的人身和财产损害赔偿责任，不受本质量赔偿责任限额的约束。

在上述案例中，若双方合同中有上述约定，则除非能够证明该质量问题属于产品缺陷，作为卖方乙公司仅需承担5万元的电缆费用，而不需承担其他损失。

相关法条：

1.**《中华人民共和国合同法》**（1999年通过）

第一百一十一条　质量不符合约定的，应当按照当事人的约定承担违约责任。对违约责任没有约定或者约定不明确，依照本法第六十一条的规定仍不能确定的，受损害方根据标的的性质以及损失的大小，可以合理选择要求对方承担修理、更换、重作、退货、减少价款或者报酬等违约责任。

第一百五十五条 出卖人交付的标的物不符合质量要求的，买受人可以依照本法第一百一十一条的规定要求承担违约责任。

2.**《中华人民共和国侵权责任法》**(2009 年通过)

第四十一条 因产品存在缺陷造成他人损害的，生产者应当承担侵权责任。

第四十二条 因销售者的过错使产品存在缺陷，造成他人损害的，销售者应当承担侵权责任。

销售者不能指明缺陷产品的生产者也不能指明缺陷产品的供货者的，销售者应当承担侵权责任。

第四十三条 因产品存在缺陷造成损害的，被侵权人可以向产品的生产者请求赔偿，也可以向产品的销售者请求赔偿。

产品缺陷由生产者造成的，销售者赔偿后，有权向生产者追偿。

因销售者的过错使产品存在缺陷的，生产者赔偿后，有权向销售者追偿。

3.**《中华人民共和国产品质量法》**(1993 年通过，2009 年修正)

第四十六条 本法所称缺陷，是指产品存在危及人身、他人财产安全的不合理的危险；产品有保障人体健康和人身、财产安全的国家标准、行业标准的，是指不符合该标准。

14.6 承揽人应如何防控承揽合同质量风险？

与销售合同不同，虽然同为有价合同，但承揽加工合同中的承揽人提供的主要是加工服务而不是货物自身，由承揽人对定作人提供的原材料进行加工处理，并收取加工费。在所加工的成品出现质量问题时，虽然按照通常的逻辑，因加工工艺问题导致的质量责任由承揽人承担，因定作人所提供的原材料导致的质量责任由定作人承担，但由哪一方承担举证责任并不明确，特别有时加工工艺也由定作人指定甚至派人现场监造。

这时，作为承揽人，为防控由此导致的风险，一方面应尽量缩短质保期，另一方面，也应明确由定作人承担举证责任，示范条款如下：

定作人应当对承揽人交付的加工成品进行检验，如有质量问题，定作方应在加工成品检验合格出厂后30日内提出；逾期未提出的，视为承揽方加工的产品质量合格，无质量问题。承揽人对定作人来料仅进行数量及外观检验，但不对来料的内在质量负责，来料的内在质量责任由定作人承担，定作方并委派现场质量管控人员进行全程现场监造。对于定作人有证据证明系因承揽人加工过程背离定作人工艺文件要求所导致的加工成品质量问题，方由承揽人承担责任；对于与来料质量与工艺要求相关的加工成品质量问题，与承揽人无关，由定作人自行承担责任。

14.7 卖方如何防控迟延交货的违约与赔偿责任风险？

按照约定期限交付货物是卖方的基本义务。但是，即使留足了时间，有时也难以完全避免逾期交货，例如，需要通过运输在异地交付货物的，不排除因为交通事故或者天气等原因，造成难以完全按照约定的交期交付货物。类似于第14.5小节第（3）点提到的质量违约赔偿责任范围问题，那么如何确定逾期交货的违约和赔偿责任范围呢？

如果合同没有约定违约责任条款，则卖方应当赔偿由此违约给买方造成的损失，按照《合同法》第一百三十一条之规定，损失赔偿额应当相当于因违约所造成的损失，包括合同履行后可以获得的利益，但不得超过违反合同一方订立合同时预见到或者应当预见到的因违反合同可能造成的损失。例如，在风力发电站建设项目中，关键设备风力发电机组逾期到货，不仅会造成现场工地窝工的损失，也会导致电站逾期并网，产生电费收入的损失，这些都在可预见的赔偿范围之内。如果不对赔偿范围加以限定，显然卖方会承担较大的责任风险，远远超过买方逾期付款应承担的责任。

如果合同约定了迟延交货的按日违约金责任，是否卖方就可以完全控制逾期交付的责任风险呢？由于《合同法》第一百一十四条规定约定的违约金低于造成的损失的，当事人可以请求人民法院或者仲裁机构予以增加，故在买方损失高于约定的逾期交货按日违约金时，买方仍有权要求增加赔偿。

作为卖方，可以在合同中使用下面的示范条款，以与买方逾期付款违约金计算方法相对等的安排，在约定按日违约金的同时，明确该按日违约金是唯一的救济和赔偿，以适当控制由逾期交货所产生的违约与赔偿责任风险。

逾期付款与逾期交付货物的违约责任：

(1)买方逾期付款，应以逾期未付款金额为基数按照年利率24%的标准向卖方支付逾期付款违约金。若买方预付款、发货款或之前批次到货款逾期达14天以上，经卖方催告后7天内仍未纠正的，卖方有权选择部分或者全部解除合同并取消后续交货。卖方行使合同解除权取消后续交货的，买方还应向卖方支付所取消交货货值的10%作为违约金以补偿对卖方损失。已交付货物所产生的逾期付款违约金继续累积计算，不受取消交货的影响。

(2)卖方逾期交货，应以逾期未交货的货值为基数按照年利率

24%的标准向买方支付逾期交货违约金。任何一方均有权在逾期交货违约金达到逾期未交货货值10%上限的情况下选择取消后续交货而不承担其他责任。买方明确放弃要求卖方继续履行合同的权利,并确认该10%上限违约金是买方对逾期交货或者取消交货的唯一和排他的救济措施。若本条款与其他条款之间存在冲突,则以本条款为准。

(3)双方确认,本合同所约定的逾期付款违约金及逾期交货违约金及其计算方法,是双方根据实际情况对因迟延履行债务(逾期付款及逾期交付货物)所产生损失的真实合理预期估算,是各方的真实意思表示和合同定价的重要考量因素;就该迟延履行债务违约事项,双方均无权在本合同约定违约金之外主张其他损失赔偿,双方亦在此不可撤销地放弃《中华人民共和国合同法》第一百一十四条所规定的请求增加或者减少违约金的权利,不得主张调整违约金或其计算方法。

相关法条:

1.**《中华人民共和国合同法》**(1999年通过)

第一百一十三条　当事人一方不履行合同义务或者履行合同义务不符合约定,给对方造成损失的,损失赔偿额应当相当于因违约所造成的损失,包括合同履行后可以获得的利益,但不得超过违反合同一方订立合同时预见到或者应当预见到的因违反合同可能造成的损失。

经营者对消费者提供商品或者服务有欺诈行为的,依照《中华人民共和国消费者权益保护法》的规定承担损害赔偿责任。

第一百一十四条　当事人可以约定一方违约时应当根据违约情况向对方支付一定数额的违约金,也可以约定因违约产生的损失赔偿额的计算方法。

约定的违约金低于造成的损失的,当事人可以请求人民法院或者仲裁机构予以增加;约定的违约金过分高于造成的损失的,当事人可以请求人民法院或者仲裁机构予以适当减少。

当事人就迟延履行约定违约金的,违约方支付违约金后,还应当履行债务。

2.**《最高人民法院关于适用〈中华人民共和国合同法〉若干问题的解释(二)》**(法释〔2009〕5号)

第二十七条　当事人通过反诉或者抗辩的方式,请求人民法院依照合同法第一百一十四条第二款的规定调整违约金的,人民法院应予支持。

第二十八条　当事人依照合同法第一百一十四条第二款的规定,请求人民法院增加违约金的,增加后的违约金数额以不超过实际损失额为限。增加违约金以后,当事人又请求对方赔偿损失的,人民法院不予支持。

第二十九条　当事人主张约定的违约金过高请求予以适当减少的,人民法院应当以实际损失为基础,兼顾合同的履行情况、当事人的过错程度以及预期利益等综合因素,根据公平原则和诚实信用原则予以衡量,并作出裁决。

当事人约定的违约金超过造成损失的百分之三十的,一般可以认定为合同法第一百一十四条第二款规定的"过分高于造成的损失"。

14.8　如何约定有利于卖方的货损风险条款?

货物存在因为天灾人祸毁损灭失的风险,故价值较高的货物,无论在运输、存储或者安装使用环节,货主通常都会投保财产保险,以便在发生货损时获得保险理赔。虽然会有保险安排,但实践中区分货物风险何时从卖方转移到买方还是相当重要的，一方面是为明确在没有购买保险的情况下，出现货损由谁承担损失，另一方面即使有保险也通常会有一定的免赔金额。按照《合同法》的默认规定，标的物毁损、灭失的风险，在标的物交付之前由出卖人承担，交付之后由买受人承担。所以，如何确定交付的时间和地点对于分配买卖双方的货损风险责任至关重要。

在合同已明确约定交付地点的情况下，在卖方将货物置于该约定交付地点交由买方收取时，就已完成交付，若买方没有按照约定收取，货物毁损、灭失的风险也已转由买方承担。例如，卖方在甲城市，买方在乙城市，合同约定卖方送货到门、车板交货、买方自行卸货，则在卖方将货物运输至买方地址时，即使货物仍在车上，只要该货物已经交由买方卸货处置，则货物毁损灭失的风险已经转移至买方。买方拒不卸货的，并不影响货物毁损灭失风险转移给买方。

在前述案例中，若合同并没有写明交付地点，而货款中又不包含运费的，则卖方将货物办理托运交付给承运人运输后，货物的毁损灭失风险即转移给买方。

所以，对卖方而言，为降低货物在途运输与仓储过程中的毁损灭失风险，可以通过将交付地点设置在卖方所在地、为外地买方代办托运的方式，转由买方承担该运输与仓储过程中的货物毁损灭失风险。可使用下面的示范条款：

货物交付地点为卖方营业地，卖方代办托运，由买方自担运费并购买货物运输保险，买方收货地址为××。

对于买方坚持由卖方负责运输并且交货地点约定为买方营业地的，即使卖方委托承运人运输，也不意味着货物交付承运人后毁损灭失风险转移给买方，相反，该风险还是由卖方承担，直至在买方营业地交付买方后，风险才转移给买方。这时，卖方应当自行购买货物运输保险，以覆盖可能的货物损失。

如果双方买卖的货物已经在途运输，除非卖方在签合同时已经知道或者应当知道货物已经毁损灭失，或者双方另外约定货物毁损灭失风险只有在买方实际收到货物后才转移给买方，则该风险自合同成立时就转由买方承担。

再次强调一下，虽然《合同法》默认规定货物所有权及毁损灭失风险在交付时由卖方转移至买方，但若双方另有其他约定，法律也予以保护。这既是本章第14.1小节第(6)点中所有权保留的基础，也是卖方可以通过约定提前将货物风险转移给买方的依据。例如，对于已在第三方仓库特定仓位的货物，虽然卖方还没有通过转让仓单的方式将货物交付给买方，也可以通过合同约定提前将货物毁损灭失的风险转移给买方。例如，可以使用下面的约定：

双方确认，本合同项下的货物现存放于××仓库××仓位，卖方将在收到买方的100%预付款后3日内通过仓单转让的方式将货物交付给买方，由买方直接持仓单从仓库提货，但该货物的毁损灭失风险自本合同签署之日起即转移至买方承担。

相关法条：

1.《**中华人民共和国合同法**》(1999年通过)

第一百四十四条　出卖人出卖交由承运人运输的在途标的物，除当事人另有约定的以外，毁损、灭失的风险自合同成立时起由买受人承担。

第一百四十五条　当事人没有约定交付地点或者约定不明确，依照本法第一百四十一条第二款第一项的规定标的物需要运输的，出卖人将标的物交付给第一承运人后，标的物毁损、灭失的风险由买受人承担。

第一百四十六条　出卖人按照约定或者依照本法第一百四十一条第二款第二项的规定将标的物置于交付地点，买受人违反约定没有收取的，标的物毁损、灭失的风险自违反约定之日起由买受人承担。

第一百四十七条　出卖人按照约定未交付有关标的物的单证和资料的，不影响标的物毁损、灭失风险的转移。

2.《**最高人民法院关于审理买卖合同纠纷案件适用法律问题的解释**》（法释〔2012〕8号）

第十一条　合同法第一百四十一条第二款第（一）项规定的“标的物需要运输的”，是指标的物由出卖人负责办理托运，承运人系独立于买卖合同当事人之外的运输业者的情形。标的物毁损、灭失的风险负担，按照合同法第一百四十五条的规定处理。

第十二条　出卖人根据合同约定将标的物运送至买受人指定地点并交付给承运人后，标的物毁损、灭失的风险由买受人负担，但当事人另有约定的除外。

第十三条　出卖人出卖交由承运人运输的在途标的物，在合同成立时知道或者应当知道标的物已经毁损、灭失却未告知买受人，买受人主张出卖人负担标的物毁损、灭失的风险的，人民法院应予支持。

第十四条　当事人对风险负担没有约定，标的物为种类物，出卖人未以装运单据、加盖标记、通知买受人等可识别的方式清楚地将标的物特定于买卖合同，买受人主张不负担标的物毁损、灭失的风险的，人民法院应予支持。

14.9　卖方如何设计合同条款以覆盖价格与成本波动风险？

正常的销售合同中，买卖双方都希望价格是固定的、确定的。但是，在涉及履行期限较长、原材料成本波动较大的买卖合同中，双方会考虑一定的定价公式，例如基础原材料铝锭的单价加上一定的加工费，作为铝边框的销售价格。这时，只要在合同价格条款中写清具体的定价公式即可。

还有的情况是，双方货物买卖交易的交付期间跨度较大，期限较长，而与该货物定价相关的生产成本、汇率等因素复杂，无法通过具体的公式予以反映，但双方确实也认可某些不可预料的成本因素会导致卖方亏损，从而愿意设立一定的机制对此予以规范，平衡双方的风险。

这样，在货物不是定做而能够方便转售其他客户的情况下，作为卖方可以使用下面的条款，保持调价的谈判权和主动权，而对于买方而言也可通过与现货市场的比价，决定是否接受卖方涨价，对双方均属于公平与合理。

双方同意，若在合同约定的各批次货物交付日前两个月内，用于生产该货物的任一主要原材料包括××其市场价格涨幅超过×%的，卖方有权与买方重新商谈调高本合同货物的价格，在双方就调高价格达成补充协议之前，卖方有权暂停发货而不承担违约责任；若双方未能在××日内就调整价格达成补充协议，则卖方有权取消后续发货而不承担违约责任。

14.10 卖方如何满足客户的最低价格承诺要求？

很多大公司的采购合同模板中会有最低价格承诺条款，要求卖方承诺其所提供的产品价格最低，否则卖方应当向买方承担赔偿责任，并规定相应的查验账目权利。对于此类条款，作为卖方如果无法拒绝，则应当要求加上限制及澄清条件，在向客户澄清该最低价格承诺的范围与条件的前提下，满足客户的该要求。需要澄清的具体内容包括：

(1)价格高低的对比对象为卖方自身客户，不与该买方的其他供应商进行对比；

(2)明确是同等质量标准、同等付款条件下的对比；

(3)限定地域及时间范围，避免扩大化对比而导致被认定违约。

可以参考如下示范条款：

卖方承诺，就本合同所约定的同等型号产品，在同等质量标准和同等付款条件下，卖方出售给买方的产品价格，在本合同约定的货物交付目的地所处的省级行政区地理范围内及实际交付日所属的自然月时间范围内，不高于卖方出售给其他客户的价格。

14.11　买方拒不受领货物，卖方该怎么办？

虽然比较罕见，但现实中确实存在买方已付清货款但因种种原因无正当理由不受领货物的情况，或者因为自己的仓库已没有库位，或者施工现场不具备接收能力，或者因为特殊原因无法联系到买方等。虽然按照第14.8小节，卖方将货物运抵交付地点交由买方处置即完成交付，之后的货物毁损灭失风险由买方承担，但若果真产生损失，必然就损失的承担发生争议，通常也不是卖方所希望看到的；而且，有的卖方属于较大企业，按照公司财务会计准则，即使收到货款但是没有看到买方的货物签收单，财务也无法确认收入。

为了解决这一窘境，在买方无正当理由拒不受领货物时，卖方可以考虑将货物提存至公证处，以此方式完成交付，相关的费用由买方承担。这样，既可以降低货物毁损灭失的风险，又可以实现确认销售收入的目标。

同时,也可以在销售合同中加入下列条款,保留在买方拒不受领货物时卖方单方解除合同并追究买方违约金的权利,以此促使买方受领货物。

若买方逾期支付预付款、发货款或之前批次到货款,或无正当理由拒绝受领货物达到××天,经卖方催告后××天内仍未纠正的,卖方有权部分或者全部解除合同并取消后续发货,买方并应当向卖方支付由此取消发货货值的20%作为违约金,以补偿卖方因取消发货可能遭受的合理损失。双方亦在此不可撤销地放弃《中华人民共和国合同法》第一百一十四条所规定的请求增加或者减少违约金的权利,不得主张调整违约金或其计算方法。

相关法条:

1.《**中华人民共和国合同法**》(1999 年通过)

第一百零一条　有下列情形之一,难以履行债务的,债务人可以将标的物提存:

(一)债权人无正当理由拒绝受领;

(二)债权人下落不明;

(三)债权人死亡未确定继承人或者丧失民事行为能力未确定监护人;

(四)法律规定的其他情形。

标的物不适于提存或者提存费用过高的,债务人依法可以拍卖或者变卖标的物,提存所得的价款。

第一百零二条　标的物提存后,除债权人下落不明的以外,债务人应当及时通知债权人或者债权人的继承人、监护人。

第一百零三条　标的物提存后,毁损、灭失的风险由债权人承担。提存期间,标的物的孳息归债权人所有。提存费用由债权人负担。

第一百零四条　债权人可以随时领取提存物,但债权人对债务人负有到期债务的，在债权人未履行债务或者提供担保之前，提存部门根据债务人的要求应当拒绝其领取提存物。

债权人领取提存物的权利，自提存之日起五年内不行使而消灭，提存物扣除提存费用后归国家所有。

2.《**最高人民法院关于适用〈中华人民共和国合同法〉若干问题的解释（二）**》（法释〔2009〕5 号）

第二十五条　依照合同法第一百零一条的规定，债务人将合同标的物或者标的物拍卖、变卖所得价款交付提存部门时，人民法院应当认定提存成立。

提存成立的，视为债务人在其提存范围内已经履行债务。

3.《**中华人民共和国公证法**》（2005 年通过，2017 年修正）

第十二条　根据自然人、法人或者其他组织的申请，公证机构可以办理下列事务：

（二）提存。

14.12　典型案例：巨款虽已到账，最终却因不当得利被判返还

下面的案例中，特变电工从群灿经营部收到款项 2033 万元，虽然群灿经营部要求特变电工返还该款时并未充分证明支付该款的真实原因，特变电工主张该款是群灿经营部代替中宝公司支付其工矿产品销售合同价款，但因为作为付款人的群灿经营部对此并不认可，最终一审、二审法院均以不当得利为由，判决特变电工返还该款。

通过该案例可以明确，即使买方声称由第三人代为付款，卖方也确实从该第三人收到了相应款项，但如果付款人反悔，则还是由作为收款人的卖方对所收款项的用途与性质承担举证

责任,来证明收取该款有合法根据。在卖方没有证据证明时,则面临被付款人以不当得利为由主张返还款项的风险。卖方因第三人代为付款所面临的不当得利风险和返还责任,在该案中得到了充分体现。

如果该案中的特变电工收款时按照本书第14.2小节的指引,获得了群灿经营部的付款说明,说明款项用途是为中宝公司支付货款,或者群灿经营部的银行汇款备注中写明该用途,则可证明特变电工收取该款有合法依据,属于正当利益,法院就不会以不当得利为由判决特变电工将该2033万元款项返还给群灿经营部。

审理法院(二审法院):最高人民法院

民事判决书编号:(2016)最高法民终223号

案情简介:

2012年3月5日、2012年3月6日、2012年4月10日,群灿经营部以电子转账形式分别向特变电工转款600万元、1400万元、33万元,共计为2033万元。群灿经营部称该笔款项系因收购煤矿向特变电工融资而汇入该公司的手续费用。后因特别电工未履行融资义务,群灿经营部通过第三方或直接向特变电工要求返还款项未果,诉至一审法院要求特变电工返还该款。庭审中,特变电工以该笔款系群灿经营部代中宝公司支付其工矿产品销售合同价款为由,不同意退还。

一审裁判要旨:

一审法院认为,对于群灿经营部向特变电工账户汇入2033万元事实,双方均不持异议。群灿经营部陈述称,汇款系向特变电工支付的融资保证金和手续费。特变电工应按口头约定,签订钢材买卖合同并办理汇票。由于特变电工未与其签订合同,上述款项应予返还。特变电工否认其与群灿经营部之间具有合同关系。为证明取得该款具有合法依据,其提供了郑玉平的证言及公证文书和两份《委托汇款说明书》。对于上述证据，一审法院认为，(一)关于郑玉平的证言。郑玉平作为中宝公司实际控制人，系特变电工的合同相对人和债务人，与特变电工有利害关系，且郑玉平称群灿经营部的汇款，其已向陈圣松出具借条。因此，该证言不能证明特变电工的抗辩理由成立。(二)特变电工提供《委托汇款说明书》欲证明委托事实。虽然委托合同无须采用书面形式，但是既然特变电工提供了书面委托汇款书，说明双方愿意采用书面形式订立委托合同。经审查，三份《委托汇款说明书》均未经群灿经营部签字盖章，且落款没有载明时间。因此，该委托汇款说明书仅是单方要约，未经群灿经营部承诺，中宝公司与群灿经营部之间并未成立委托合同关系，不产生代为履行的法律后果。故特变电工提供的证据不足以证明其取得群灿经营部的款项具有合法根据。因此，该款特变电工应当予以返还，并判决特变电工于判决生效后30日内向群灿经营部返还2033万元及利息(2014年2月15日至判决生效之日止，按照中国人民银行发布的同期同类银行贷款利率计算)。

二审过程：

一审判决后，特变电工提起上诉，要求驳回群灿经营部全部诉讼请求，主要理由包括：1. 群灿经营部应当承担本案举证责任，有义务证明双方当事人之间不当得利法律关系的存在及不当得利的全部构成要件，一审判决认定“特变电工提供的证据不足以证明其取得群灿经营部的款项具有合法根据。因此，该款特变电工应当予以返还”，实质上是将群灿经营部承担的举证责任倒置给特变电工承担，而本案并不符合法定的举证责任倒置规定，一审判决适用法律明显错误。2. 群灿经营部就付款事由的陈述缺乏证据证明，也存在多种说法，包括为了购买煤矿，为了钢材买卖，喝醉酒打错款。这表明群灿经营部主张的事实并不存在，根本谈不上达到高度可能性的证明标准。3. 特变电工所提供的证据足以证明，群灿经营部支付该是为代中宝公司履行《工矿产品销售合同》的合同价款，且中宝公司的实际经营人郑玉平作出证言并出庭作证，足以使一名普通的理性人相信委托付款的事实具有高度可能性。

二审裁判要旨：

二审法院认为，民事诉讼法第六十四条规定：当事人对自己提出的主张，有责任提供证据。依照上述法律规定，群灿经营部应就特变电工取得其诉争2033万元款项构成不当得利的主张提供证据。《中华人民共和国民法通则》第九十二条规定：没有合法根据，取得不当利益，造成他人损失的，应当将取得的不当利益返还受损失的人。依照上述法律规定，不当得利的构成要件为：一方获利，他方受损，一方受利与他方受损具有因果关系，获利无合法根据。诉讼中，双方当事人认可群灿经营部打入特变电工2033万元。因此，判断特变电工是否构成不当得利，关键是认定其取得诉争款项是否具有合法依据。群灿经营部关于特变电工获利无合法依据的主张，系对消极事实的主张，从举证责任角度分析，对于消极事实通常无法直接予以证明，而需要从相关事实中予以推导判断。这其中，对主张消极事实的抗辩，则会成为认定消极事实主张是否成立的直接证据。最高人民法院《关于民事诉讼证据的若干规定》(以下简称民事诉讼证据的规定)第二条规定：当事人对自己提出的诉讼请求所依据的事实或者反驳对方诉讼请求所依据的事实有责任提供证据加以证明。没有证据或者证据不足以证明当事人的事实主张的，由负有举证责任的当事人承担不利后果。依照上述司法解释规定原旨，对于特变电工取得诉争款项是否具有合法依据，群灿经营部需就其主张提供证据，特变电工亦需就其抗辩主张提供证据，并由本院在审核认定双方提交证据的证明力基础上作出认定。从群灿经营部提供的证据分析，该部提供的天富电力公司于2011年11月1日给陈圣松的《关于贵公司收购我公司南山煤矿红沟分矿的函》内容及陈圣松于2011年12月28日至2012年1月6日支付天富电力公司共计3000万元的证据，可以认定群灿经营部向特变电工转款期间，因收购煤矿需要巨额资金。群灿经营部所称其是为解决收购煤矿资金问题，向特变电工缴纳保证金手续费，特变电工与其签订购销合同，并以购销合同办理汇票方式帮助其融资的主张具有可能性。特变电工针对此问题提出的抗辩理由是，群灿经营部向其转款，是替案外人中宝公司偿还采购款。特变电工提供了中宝公司《委托汇款说明》，该说明中仅记载中宝公司就诉争款项为群灿经营部代该公司支付的采购款，其中没有群灿经营部就款项用途的表述，特变电工亦未提供其他证据证明群灿经营部具有代中宝公司偿还特变电工采购款的意思表示，无法仅从《委托汇款说明》推断出诉争款项为群灿经营部代特变电工支付的采购款。中宝公司系特变电工的债务人，与本案处理有利害关系，故该公司实际经营人郑玉平作出的证言，在无相关证据佐证情形下，亦不足以采信。特变电工认为诉争款项系群灿经营部代中宝公司偿还采购款的主张，缺乏证据佐证，本院不予支持。

综合群灿经营部与特变电工提供的证据分析，群灿经营部主张的付款原因具有可能性，按照该种付款原因，群灿经营部付款目的未实现。特变电工并未举证推翻群灿经营部有关付款原因的主张，亦未提供证据表明其取得案涉款项具有合法依据或者使案件事实真伪不明，故一审判决认定特变电工构成不当得利，适用法律正确。

二审法院并认为，由于并未查明双方当事人针对诉争款项存在其他法律关系或者基础法律关系，一审判决以不当得利作为本案案由，适用法律正确，最终判决驳回上诉，维持原判。

第十五章

采购及发包类合同法律风险与实务攻略

与卖方/供方角度所称的销售与承揽类合同相对应，从采购方/需方角度，货物、服务需求方习惯把己方付款购买货物或者服务的合同称作采购合同，把交易对手称作供应商。简言之，采购合同就是付出一定的款项，换取自己所需的货物或者服务等工作成果。作为采购方，所面对的主要法律风险包括供应商信用风险、质量风险、交期风险、被供应商要挟的风险等。

通常说来，大部分货物和服务供过于求，采购方有较大的自由在市场上选择合适供应商及替代产品或服务，且在合同谈判中占据主动。但是，也不排除有的业务，在签署合同前采购方占据主动地位，但合同签署后在履行过程中供应商更为强势，甚至会出现供应商要挟采购方的情况。所以，作为采购方，如何在合同谈判签署前就识别出可被供应商利用的己方弱点并提前在合同条款中作出防控，对于降低风险并持续掌握主动权至关重要。若采购方与供应商谈判合同时，供应商已清晰了解自己所面临的合同风险并将相应的防范措施融入合同，而采购方却并不清楚自己的风险所在，将面临被动与不利后果。

在合同中布雷有违诚信原则，但是事先清晰了解己方的潜在合同风险并做好排雷工作，却是必需的基本功。

15.1 如何防控供应商信用与履约能力风险？

供应商的信用风险主要是指供应商履行合同能力的风险，这里的履行合同，既包括货物的交付，也包括货物出现质量问题后的赔偿能力，以及预付款安全等风险。

之所以要注意供应商的信用风险，是因为很多规模较大的生产型公司，会成立专门的销售公司负责产品销售，借此隔离因销售行为引发的合同责任。例如，甲公司生产某种化工原料，该产品性状和使用价值与产品运输与保存条件密切相关，其设立的乙公司从甲公司采购后对外销售。丙公司从乙公司采购该原料，乙公司负责运输并在丙公司处交付，但因运输与保管问题导致交期延误且使用价值降低，产生巨大损失。这时，基于合同的相对性，丙公司只能向乙公司索赔，而无权向甲公司索赔。若乙公司无力赔偿而进入破产，则丙只能承担该损失风险。

在实务中，为防范类似上述案例中的供应商信用风险，作为采购方，对于供应商是贸易公司而非生产经营实体公司的，建议在合同谈判与签署中落实下列条款措施：

(1)对于供应商收取预付款且金额较大的，在合同中约定供应商提供预付款银行保函后再支付预付款，以避免供应商最终无力供货又无法返还预付款的风险。这里的银行保函应当是独立的、无条件的、见索即付的银行保函。

(2)对于所采购货物有质量保证期的，为确保供应商后续质保服务，在合同中约定供应商提供银行质量保函作为支付最后一批货款的前提条件。

(3)对于货物迟延交付或者质量问题将导致重大损失,且损失可能会超出供应商自身承担能力的,或者质量保证期较长例如10年而无法获得长达10年的银行质量保函的,则要求供应商提供其生产经营实体公司作为保证人或者共同债务人,由资信更好的生产经营实体承担连带责任,避免其通过中间贸易商金蝉脱壳。涉及保证人的保证条款和共同债务人条款的具体描述,可以参考本书第14.1小节第(3)点和第(4)点中的示范条款。

(4)对于签署合同时供应商资信尚可,但在合同履行过程中有证据证明供应商资信变差而可能给自己造成损失的,即使合同约定采购方付款在先,采购方也可以援引《合同法》第六十八条有关不安抗辩权的规定,暂时中止付款并要求供应商提供担保。具体参考本书第13.12小节的论述。

(5)对于采购方提供物料的承揽合同,则在承揽合同中明确规定,定作人所提供的物料及由此物料所加工的产成品,其所有权均定作人所有,且承揽人不可撤销地放弃对定作人所提供的物料及加工产成品的留置权,在定作人要求时即应交付定作人,以此降低承揽人因其他债务导致财产被查封或者破产而给定作人/采购方带来的风险。

(6)对于预付货款但供应商无法提供预付款银行保函或者履约保函,但货物可以特定化的,为防范付款后提货前供应商破产的风险,可以约定提前转移货物所有权,但明确货物毁损灭失的风险仍旧由供应商承担。可以使用下面的条款:

双方确认,本合同项下货物现存放于××仓库第×号库位,在本合同第×条约定的买方预付款付至卖方银行账户时,该货物所有权即从卖方转移至买方享有,卖方并应协助买方提取货物;该货物损毁灭失的风险在买方实际提取货物前仍旧由卖方承担,直至买方实际提取货物后方从卖方转移至买方承担。

15.2　如何防控供应商责任限制风险？

如本书第14.5小节与第14.7小节所述，有的供应商为了防控赔偿责任过高的风险，会在质量和交付违约条款中作出责任限定，排除由此导致的停工、利润、第三人索赔等损失的赔偿责任，且将最高赔偿金额限定在货款自身，甚至有的技术服务、设计合同中，将服务方、设计方的责任限定在不超过所收取的服务费、设计费。

此类供应商责任限制条款对采购方带来的风险显而易见，采购方的索赔能力将受到极大限制，即使遭受再大的损失，也难以向供应商全部索赔。所以，除非是供应商处于垄断地位，没有其他供应商可以选择，通常不应接受此类供应商责任限制条款。

从谈判策略上看，对于因质量、交付等违约行为导致的赔偿责任，由于《合同法》第一百一十三条默认规定的赔偿范围已经包括可得利益损失，故通常只要删除供应商责任限制条款而对此赔偿范围不作界定即可满足采购方的需求。如果作为采购方对于交付时间或者质量有特殊要求，供应商未能做到将导致超出通常可预见的损失，则需要在合同条款中明确提示供应商，以避免供应商以该损失并不在签署合同时所能预见的损失范围内为由拒绝承担责任，可以使用下面的示范条款：

卖方明知，买方购买本合同项下产品系用于××工程项目施工，若卖方未能按照约定的时间交付产品，将导致该工程项目工期延误，会给买方造成工程窝工、项目业主对买方的索赔等损失，该等损失应当由卖方赔偿给买方。

若供应商具有市场垄断地位别无其他选择，作为采购方被迫接受此类不公平的责任限制条款时，可以要求加上除外条款，即若损失是由于供应商故意或者重大过失所导致的，则不适用责任限制条款。

若经过努力还是无法加上前述除外条款，在实际发生由供应商故意或者重大过失所导致的损失时，采购方可以考虑援引《合同法》有关格式条款及免责条款的规定，要求法院或者仲裁机构确认该责任限制条款无效，或者请求人民法院以实际损失为标准增加违约金。按照《合同法》第四十条规定，供应商以格式条款免除其责任或排除采购方主要权利的，该条款无效。

相关法条：

1.《**中华人民共和国合同法**》(1999 年通过)

第三十九条　采用格式条款订立合同的，提供格式条款的一方应当遵循公平原则确定当事人之间的权利和义务，并采取合理的方式提请对方注意免除或者限制其责任的条款，按照对方的要求，对该条款予以说明。

格式条款是当事人为了重复使用而预先拟定，并在订立合同时未与对方协商的条款。

第四十条　格式条款具有本法第五十二条和第五十三条规定情形的，或者提供格式条款一方免除其责任、加重对方责任、排除对方主要权利的，该条款无效。

第五十三条　合同中的下列免责条款无效：

(一)造成对方人身伤害的；

(二)因故意或者重大过失造成对方财产损失的。

第一百一十三条　当事人一方不履行合同义务或者履行合同义务不符合约定，给对方造成损失的，损失赔偿额应当相当于因违约所造成的损失，包括合同履行后可以获得的利益，但不得超过违反合同一方订立合同时预见到或者应当预见到的因违反合同可能造成的损失。

经营者对消费者提供商品或者服务有欺诈行为的，依照《中华人民共和国消费者权益保护法》的规定承担损害赔偿责任。

第一百一十四条　当事人可以约定一方违约时应当根据违约情况向对方支付一定数额的违约金，也可以约定因违约产生的损失赔偿额的计算方法。

约定的违约金低于造成的损失的，当事人可以请求人民法院或者仲裁机构予以增加；约定的违约金过分高于造成的损失的，当事人可以请求人民法院或者仲裁机构予以适当减少。

当事人就迟延履行约定违约金的，违约方支付违约金后，还应当履行债务。

2.《**最高人民法院关于适用〈中华人民共和国合同法〉若干问题的解释**（**二**）》（法释〔2009〕5号）

第二十七条　当事人通过反诉或者抗辩的方式，请求人民法院依照合同法第一百一十四条第二款的规定调整违约金的，人民法院应予支持。

第二十八条　当事人依照合同法第一百一十四条第二款的规定，请求人民法院增加违约金的，增加后的违约金数额以不超过实际损失额为限。增加违约金以后，当事人又请求对方赔偿损失的，人民法院不予支持。

第二十九条　当事人主张约定的违约金过高请求予以适当减少的，人民法院应当以实际损失为基础，兼顾合同的履行情况、当事人的过错程度以及预期利益等综合因素，根据公平原则和诚实信用原则予以衡量，并作出裁决。

当事人约定的违约金超过造成损失的百分之三十的，一般可以认定为合同法第一百一十四条第二款规定的“过分高于造成的损失”。

15.3 如何防控被特定类别供应商要挟的风险?

在某些类别的采购合同中,法律默认规定供应商享有特别的权利(详见本书第14.4小节论述),例如承揽合同中承揽人对工作成果、运输合同中承运人对承运的货物享有法定的留置权,而在建设工程合同履行中,也经常看到因为工程款争议,即使发包人已经解除合同,但承包人还是占据工地拒不撤离施工现场。这时,采购方不可避免地要面对供应商的要挟,例如,承运人扣押托运人急需的货物或者单据,要求结清之前已经承诺折让的运费等,这时作为采购方会被迫答应而遭受损失。

为降低被供应商要挟的风险,建议在承揽合同、运输合同中明确排除承揽人和承运人的留置权,在建设工程合同中明确规定合同解除时承包人撤离工地的义务。

排除承揽人和承运人留置权的示范条款如下:

定作人所提供的物料及由此物料所加工的产成品,所有权均归属定作人,承揽人且在此不可撤销地放弃对定作人所提供的物料及加工产成品的留置权,并承诺不得以任何原因或者理由扣押定作人的物料或者加工产成品,且在定作人要求时,即应按照定作人的指示向定作人或定作人指定的第三人交付物料或者加工产成品。

承运人在此不可撤销地放弃对托运人所托运货物的留置权,并承诺不得以任何原因或者理由扣押托运人的货物或者运输单证、文件,且在托运人要求时,即应按照托运人的指示向托运人或托运人指定的第三人交付货物及运输单证、文件。

发包人可在建设工程施工合同中约定下面条款,在合同解除时促使承包人尽快撤离场地,以便新的承包人进场施工:

承包人确认，作为发包人将本工程项目发包给承包人施工的不可分离的前提，承包人承诺，在合同履行过程中，若双方发生争议而发包人决定解除本合同的，无论承包人对合同解除或者工程价款结算是否有异议，承包人均应在收到合同解除通知之日起三日内，配合发包人完成对已完工内容的测量、拍照及录像工作，并且在收到合同解除通知之日起五日内，无条件将承包人自有物料、施工机具及人员全部撤离项目工地。若承包人逾期仍有物料、施工机具遗留在项目工地的，具视作承包人放弃所遗留的物料、施工机的所有权，任由发包人处置且发包人不承担任何责任；对于承包人逾期仍有人员未撤离项目工地的，视作非法侵入发包人工地，发包人有权采取措施强制驱离，由此导致的费用和损失均由承包人承担。

相关法条：

同第 14.4 小节。

15.4　如何防控建设工程中的黑白合同风险？

黑白合同是因施工合同备案要求而在建设工程领域的常见问题。依照原建设部颁布的部门规章《房屋建筑和市政基础设施工程施工招标投标管理办法》（建设部令第 89 号）规定，施工单项合同估算价在 200 万元人民币以上或者项目总投资在 3000 万元人民币以上的，必须进行招标，而且应当在订立书面合同后 7 日内将合同送县级以上工程所在地的建设行政主管部门备案，很多地方性法规也将施工合同备案列为办理施工许可证的前置条件。

在业务实践中，有的承包人和发包人虽然通过正常的招投标或者商业谈判签署了施工合同，但在建设行政主管部门备案时,却因为没有使用建设部或者地方建委与工商机关制定的示范合同文本而无法备案,导致不得不按照备案机关的要求使用其格式文本重签一份合同进行备案。这时,未备案的合同称为黑合同,备案的合同就称为白合同。

2018 年 5 月 14 日,国务院办公厅颁布《国务院办公厅关于开展工程建设项目审批制度改革试点的通知》(国办发〔2018〕33 号),在北京市、天津市、上海市、重庆市和浙江省等 16 个试点省市取消施工合同备案,该 16 个试点省市已没有产生黑白合同的需求与土壤,将大大减少因黑白合同而导致的争议和诉讼。但对于其他不在试点范围的省市而言,仍应注意因黑白合同导致的风险。

通常说来,白合同使用的文本是建设部门制定的格式合同,其中对施工方有利的条款更多一些。在工程完工结算时,承包人会主张以备案的白合同为准进行结算,而发包人会主张按照未备案的黑合同处理。

司法实践中,对于黑白合同效力的处理,区分两种情况:对于通过协商谈判而不是招标投标方式确定合同的,如果双方没有约定两份合同的效力层级,在两份合同存在冲突时,以落款日期在后的合同规定为准;而对于按照《招标投标法》通过招标投标方式确定承包合同的,由于《招标投标法》考虑到对其他投标者的公允对待,通常并不允许在中标合同之后另行签订协议,改变工期、工程价款、工程项目结果等变更中标合同实质性内容。

为了维护中标合同的稳定性,按照相关司法解释,当事人就同一建设工程另行订立的建设工程施工合同与经过备案的中标合同实质性内容不一致的,应当以备案的中标合同作为结算工程价款的根据。也就是说,以备案的白合同作为结算工程款的依据。

看到这里，作为采购方、发包人的读者就郁闷了，纯粹是为了办理备案手续的白合同，并不符合自己的真实意思，最终却还要按此承担不利后果。那如何能降低这一风险呢？为解决这一问题，需要有充分的证据证明所谓的备案合同并非双方的真实意思，而完全是为了办理备案手续、违背真实意思的文件。建议在实务中做好下列具体的证明措施：

（1）明确在未备案合同中写明其与备案合同的效力层级关系，规定以未备案合同为准来确认双方权利义务。示范条款如下：

本合同是双方根据招投标结果所确认的双方真实意思表示，其他为办理备案而签署的施工合同、文件，其内容与本合同不一致的，以本合同为准确定双方的权利义务。

（2）确保备案合同中的工期、工程价款、工程项目等基本条款与未备案的合同条款保持一致，并同时在备案合同中加入下面的条款，写明该备案合同的效力劣后于此前双方按照真实意思签署的未备案施工合同。

本合同系为办理备案手续，按照备案机关要求而使用国家建设行政主管部门制定的示范合同文本而签署，仅供完成备案手续使用。在确定双方权利义务时，若本备案合同内容与双方此前签署的未备案施工合同条款规定不一致的，以未备案合同规定为准。

（3）若备案机关不允许在备案合同中加入前述第（2）的降低备案合同效力的条款，或者虽已加入但为了更加明确黑白合同的效力，双方在签署备案合同的同时应签署确认书，以明确备案合同并非双方的真实意思表示，澄清签署备案合同的背景原因及无奈，确认以此前签署的非备案合同为准。确认书示范文本如下：

确 认 书

就××工程项目,双方就有关事项确认如下:

1. 根据招投标结果,双方于2018年3月20日签署了《建设工程施工合同》,该合同为双方的真实意思表示,双方均同意按此合同为准确定双方的权利义务。

2. 但是,在建设行政主管部门办理施工合同备案手续时,备案机关拒不接受体现双方真实意思表示的前述2018年3月20日合同,并要求双方使用备案机关提供的示范合同签署,否则不予备案。为完成备案,双方被迫于2018年3月26日使用备案机关提供的示范合同重新签署合同。

3. 双方谨此确认,落款日期为2018年3月26日的备案合同并非双方真实意思表示,完全系为迁就备案机关的要求完成备案手续而签署,仅供备案使用,对双方不具有约束力,一方不得以任何理由援引该仅供备案的、并非双方真实意思表示的2018年3月26日备案合同向另一方主张权利。

4. 双方并确认,就××工程项目,双方于2018年3月20日签署的《建设工程施工合同》及本确认书系双方的真实意思表示,双方的权利义务以2018年3月20日签署的《建设工程施工合同》及本确认书规定为准。

特此确认。

发包人(签字盖章):　　　　承包人(签字盖章):

2018年3月26日

(4)也要注意两份合同及确认书的落款日期。通常而言,除非另有约定,不同合同条款间发生冲突的,以之后的合同条款为准。同时,又要考虑维护事实的本来面貌,故在签署未备案合同、备案合同及确认书时，应当注意三者的落款日期关系，即未备案合同日期在先，备案合同在后，确认书落款日期与备案合同相同或者更晚。

在落实前述4点注意事项后，特别是未备案合同与备案合同工程价款结算条款保持一致时，可以降低承包人援引备案合同主张更多权利的风险。

相关法条：

《最高人民法院关于审理建设工程施工合同纠纷案件适用法律问题的解释》（法释〔2004〕14号）

第二十一条　当事人就同一建设工程另行订立的建设工程施工合同与经过备案的中标合同实质性内容不一致的，应当以备案的中标合同作为结算工程价款的根据。

15.5　如何防控工程量与价款结算条款风险？

建设工程属于诉讼案件常发领域，而因工程量核定、工程款结算导致的纠纷占比极高。在诉讼中，就工程量与工程款争议，承包人经常会援引原建设部示范合同《建设工程施工合同》中通用条款或者专用条款的规定，以发包人未按期对其报送的工程量与结算文件提出异议为由，要求以其报送的工程量和结算款为准结算，相关司法解释也认可按照合同约定处理。若合同约定发包人未按期对其报送的工程量与结算文件提出异议则视为认可，这对发包人确实非常被动。

为了防控这一风险，作为发包人的采购方，在使用《建设工程施工合同》示范文本时，一方面应当通过专用条款的约定，彻底删除和取消通用条款中有关发包人在约定期限内不予答复则视为认可的规定，另一方面，要坚决拒绝在专用条款中重复通用条款中的类似规定。这样做的原因，是因为最高人民法院已经以复函的方式，明确指出若仅通用条款规定在约定期限内不予答复则视为认可竣工结算文件的，法院不应支持，其言外之意是若在专用条款有此规定的，则应当予以支持。

所以，作为发包人的采购方，务必在合同尚未签署、自己尚有选择自由和主动权的情况下，删除合同文本中类似在约定期限内不予答复则视为认可工程量或竣工结算文件的条款。

相关法条：

1.**《最高人民法院关于审理建设工程施工合同纠纷案件适用法律问题的解释》**（法释〔2004〕14 号）

第二十条　当事人约定，发包人收到竣工结算文件后，在约定期限内不予答复，视为认可竣工结算文件的，按照约定处理。承包人请求按照竣工结算文件结算工程价款的，应予支持。

2.**《最高人民法院关于如何理解和适用最高人民法院〈关于审理建设工程施工合同纠纷案件适用法律问题的解释第二十条〉的复函》**（〔2005〕民一他字第 23 号）

重庆市高级人民法院：

你院渝高法〔2005〕154 号《关于如何理解和适用最高人民法院〈关于审理建设工程施工合同纠纷案件适用法律问题的解释〉第二十条的请示》收悉。经研究，答复如下：

同意你院审委会的第二种意见，即：适用该司法解释第二十条的前提条件是当事人之间约定了发包人收到竣工结算文件后，在约定期限内不予答复，则视为认可竣工结算文件。承包人提交的竣工结算文件可以作为工程款结算的依据。建设部制定的建设工程施工合同格式文本中的通用条款第 33 条第 3 款的规定，不能简单地推论出，双方当事人具有发包人收到竣工结算文件一定期限内不予答复，则视为认可承包人提交的竣工结算文件的一致意思表示，承包人提交的竣工结算文件不能作为工程款结算的依据。

15.6　采购方如何防控货损风险过早转移给己方？

如本书第14.8小节所述，货物毁损灭失的风险通常在交付时转移给采购方，作为采购方，为防止该风险过早转移给己方，应当注意以下几点：

(1)明确价格包括运费，在合同中明确货物交付的具体地点；

(2)不接受卖方代办托运的合同条款；

(3)无论签署合同时货物是否在运输途中，均单列货物毁损与灭失风险转移条款，明确规定只有采购方实际收到货物、经初步验收合格且签发货物验收单后，货物毁损灭失的风险才从供应商转移给采购方。示范条款如下：

本合同项下货物只有在采购方实际收到货物、经采购方初步验收合格且签发货物验收单后，货物毁损灭失的风险方从供应商转移给采购方，在采购方初步验收合格并签发货物验收单之前，即使货物已经交付运输或者运抵采购方，货物毁损灭失的风险仍然由供应商承担。

具体论述和相关法律规定详见本书第14.8小节。

15.7　如何防控供应商基于框架协议索赔的风险？

在长期合作的采购和承揽业务中，特别在通过框架协议约定大致的年度需求数量后，供应商综合考虑到所有客户的需求，会安排投资新建产能。这时，若采购方实际采购数量不足，或者因为质量、价格等原因不再从该供应商采购时，供应商已经为扩产进行的投资将难以收回，很可能会起诉要求客户赔偿损失。

可能有的读者会说，作为采购方，已经在框架协议中明确采购数量只是意向性规定，具体还是以每个月所确认的订单数量为准，这样即使采购数量达不到意向数量，应该不需要承担责任吧？该理解不无道理，但在实践中，若供应商起诉至法院，则不排除法院会把框架协议视为基础合同，把单个订单视为具体合同，认定供应商基于框架协议而进行扩产投资属于合理信赖，在采购方订单量不足时，应当依据缔约过失责任赔偿由此给供应商造成的损失。

为避免此类风险，建议采购方在框架协议中加入如下条款：

明确起见，本框架协议所规定的数量仅为意向性数量，具体采购数量以双方另行签署确认的订单为准。无论最终实际采购量为何，供应商均应自行承担其工厂、设施、设备、人工等投资和成本风险，并无权就此向采购方主张损失赔偿或者补偿。

15.8 采购方如何防控质量风险？

采购业务的目的是付出一定的价款以获取所需要的合格货物或服务，故质量满足需求至关重要。建议采购方采取以下措施，强化质量管理。

（1）在合同中约定明确的质量标准；对于所引用的质量标准之上还有特殊使用目的的，也要写入合同，且明确规定货物或者服务应在满足所引用的质量标准同时，也应满足合同规定的特殊使用目的，示范条款如下：

供应商明知，采购方购买该货物的目的系用于××的生产，供应商应当确保货物质量除了满足本合同第×条约定的质量标准外，还应满足采购方××生产的目的。

(2)分期付款，把货物初步验收合格作为支付到货款的前提条件之一；对于需要专业检测机构检验的货物，约定明确的检测机构及抽样规范，并将该检测机构出具的检验合格证明作为支付到货款的前提条件之一。

(3)对于货物内在质量问题无法在短时间内检验，而货物又有较长质量保证期的，在出具验收证明时，应写明仅是对货物外观、数量及规格的检验，以确保采购方在质量保证期内对内在质量提出异议的权利。合同中并应写明，初步验收不影响采购方在质量保证期内提出质量异议和索赔的权利，也不影响供应商应当承担的质量保证责任。

(4)注意区分投产期与质量保证期，对于某些化工类原材料例如粘合剂，会要求在出厂后较短时间内例如3个月内使用完毕，但按期使用后供应商保证的有效期即质量保证期会较长，达到几年甚至十几年。这时，要提防投产期与质保期混淆及无法证明投产日期的风险。为防控该风险，在采购合同的质量条款中除了写清投产期及质保期的不同概念外，还应写明原材料的使用目的及投产期的确认依据。这样，即使后续发生争议，作为采购方也较容易举证。示范条款如下：

供应商确认，产品使用说明书标称的××天为投产期概念；在采购方在投产期内将货物投入生产的情况下，卖方承诺该货物的有效期即质保期为××年。双方对投产时间产生争议的，以采购方的生产运营记录为准。

(5)对于所购买的货物存在几个质量文件的，例如既有国家标准，双方又约定了特殊标准，供应商的产品说明书也有具体的规格描述，为避免可能的条款不一致引发争议，可以作如下规定：

双方所签订合同中质量条款、质量协议、产品说明书等就产品质量规定存在条款规定不一致的，则以质量要求更高更严格、对采购方更有利的条款为准，作为确定供应商所供货物质量是否合格的依据。

（6）对于涉及生产的重要原材料，特别是投产后物理化学性状均发生变化的，作为采购方则不应过于依赖合同规定，而是应当做好原材料的到厂入库及投入使用前的质量检验工作，通过检验工作避免有质量问题的原材料投入生产，这才是预防质量事故和损失的基础。

若过于依赖合同规定而忽视日常的质量检验管理，在产生损失后，即使通过诉讼等手段向供应商索赔，也难以完全弥补己方的损失。

相关法条：

同第14.5小节。

15.9　采购方如何利用优势地位落实最惠价格？

在采购方采购量较大或者供应商刚开始开拓市场为吸引大客户的情况下，供应商通常愿意承诺最低或者最惠价格，对于此类承诺，应当写入合同，并建立核查与落实机制，以避免无法执行而产生争议。

示范条款如下：

（1）供应商承诺，在规格、质量标准相同或者相近的情况下，在全球范围内以最低价格向采购方供应产品，确保采购方享受最惠价格待遇，即：在以下第（2）款界定的时间和地域范围内，供应商承诺其对采购方的销售价格不高于供应商对任何其他客户的销售价格。明确起见，在判断最惠价格与否时，将货款账期纳入考量，进行比对时按照同期银行贷款利率考虑账期因素。

(2)每笔具体交易最惠价格判断的时间、地域标准：时间标准为具体每笔交易货物交付当月，地域标准为货物交付地所属国家范围内。

(3)若供应商下调产品价格，供应商应确保采购方即时享受下调后的最低价格，在第(2)款规定标准下，若出现采购方未及时下调产品价格，导致采购方产品价格未享受最低价的，供应商应将该时间段内采购方已支付的价格与最低价的差价在×日内返还给采购方，或经供应商同意，由采购方在后续货款中直接扣除。

(4)若供应商违反第(1)款承诺，应当在发现之日起×日内按照双倍差价补偿采购方。

(5)采购方有权通过各种途径，定期核查供应商销售价格，供应商应予以配合，并提供相关证据。若供应商拒绝配合，则视为供应商违反第(1)、(3)款的承诺，供应商应当按照不低于当年度双方实际交易货款〔10〕%的标准向采购方支付违约金。

15.10 采购方如何与供应商对账？

在某服装加工承揽案件中，定作人供料，承揽人负责加工为成衣，双方签署的加工合同规定了单件服装的加工费率，在几年的合作中，对经双方检验确认因加工质量不合格产生的料工损失索赔，由定作人在付款时直接从加工费中扣除，但双方并未签署赔偿确认书或者对账单。几年的合作终止后，双方发生争议,承揽人把所有的服装签收单提交法院,要求定作人支付尚欠的加工费。虽然定作人主张未付的加工费是经过承揽人认可后直接抵扣不合格服装的索赔费用,但因承揽人矢口否认而定作人并无证据证实,最终法院还是判决定作人全额支付加工费,定作人因忽视经常性对账而吃亏不小。

在该案例中,若正常合作过程中定作人已和承揽人签署索赔或者对账文件,书面确认以具体的加工费金额抵充不合格品的索赔金额,则不会遭受损失。

实践中,也不乏采购方未按期支付货款,供应商为维持业务关系而没有主张逾期付款违约金,但在采购方取消其供应商资格后,供应商会旧账重提,起诉采购方要求支付逾期付款违约金。若采购方之前并没有通过对账等方式明确逾期违约金的处理,则按照法律默认规定,供应商确实有权利继续追索该违约金。

所以,作为采购方,应善于利用在正常合作过程中的优势地位,通过对账文件确认己方质量索赔及供应商放弃索赔逾期付款违约金的事实,以防控合作关系终止后被供应商索赔的风险。

在实务中,采购方可使用下面倾向于采购方的对账单样本:

货款对账单

对账日期	
采购方	
供应商	
本对账单覆盖的送货单期间	
供应商已交付货物、数量及货值	

续表

采购方已支付货款金额	
采购方本期尚欠货款金额	
采购方之前所欠货款金额	
双方确认：本对账单为双方核实确认的该期间交易记录，并取代送货单、验收单等凭证。对于本对账单之前的其他交易，除本对账单所记录的尚欠货款外，其余均已货款两清，供应商不得再就之前的交易向采购方主张其他货款、逾期付款违约金、利息、滞纳金等款项。对于本对账单覆盖期间的尚欠货款及之前尚欠货款，若采购方在××日期前支付货款本金，则供应商豁免并放弃追索全部的逾期付款违约金、利息等。	

供应商（签署）　　　　　　　　采购方（签署）

相关法条：

同第14.3小节。

第十六章

借贷及担保合同法律风险与实务攻略

资金是企业经营的血液，而资金链断裂也是很多企业破产倒闭的原因。投资做生意过程中，难免要以借款人的身份通过借贷融通资金，或者资金充裕时将资金以民间借贷的方式出借给其他企业使用，或者为他人或自己企业的借款提供担保等，通常会涉及借款合同和担保合同。参与到借贷与担保合同中，会涉及三个不同身份，分别为出借人、借款人及担保人，三者的风险注意事项各不相同。

在实践中，特别是在银行的合同版本中，会将出借人称作贷款人，为方便理解避免歧义，本书与相关司法解释的用语保持一致，将出借和提供资金的一方称为出借人，而不使用贷款人这一术语。

16.1　有欠条就能胜诉吗？出借人如何降低借款回收风险？

按照国务院《非法金融机构和非法金融业务活动取缔办法》及中国银行保险监督管理委员会《关于规范民间借贷行为维护经济金融秩序有关事项的通知》（银保监发〔2018〕10号）

的规定,普通企业若未经有权机关依法批准,不得设立从事或者主要从事发放贷款业务的机构或以发放贷款为日常业务活动。同时,根据自2015年9月1日起施行的《最高人民法院关于审理民间借贷案件适用法律若干问题的规定》,出借人的资金必须是其合法收入的自有资金,并非套取的银行贷款,且禁止吸收或变相吸收他人资金用于借贷。

按照前述司法解释,民间借贷的年利率在24%以内的,受法律保护;对于年利率在24%~36%的,若借款人已经实际支付给出借人,则法律不予干涉;对于年利率高于36%的,即使借款人已经支付给出借人,借款人仍然可以起诉出借人要求返还。

所以,若出借人并非以发放贷款为日常业务,而仅是以合法收入的自有资金融通出借给其他个人、企业用于合法用途而不是违法犯罪活动,该民间借贷受法律保护。但是,受法律保护并不意味着一定能够实际收回所出借的款项。有什么措施可以帮助出借人降低回款风险呢?

(1)签署借款合同,取得欠条,并且通过银行转账方式提供借款

在很多民间借贷诉讼中,在出借人持欠条起诉后,借款人会抗辩,虽然借款合同和欠条是本人签字,但是并未实际收到借款,故原告要求还款的请求不成立。在所涉款项巨大的时候,法院并不是单纯依赖欠条来认定案件事实,而是会审查出借人是否有能力提供这么大的资金、是否真实提供了资金,若出借人缺乏证据证明确实存在已提供借款的事实,将面临虽然持有欠条却败诉的风险。

所以,作为出借人除了要有借款人签署的欠条或者借款合同外,还应通过银行转账方式将借款实际支付至借款人,并留存转账的书面凭证或者回执,以避免就是否存在借贷事实发生

争议时难以举证。

再次强调,在司法实践中,并不是提供欠条就足以证明借款事实的发生,很多借款人会抗辩仅写了欠条但并未实际收到借款,这个风险必须引起出借人重视,而提供与欠条相印证的银行转账记录,可以反驳借款人并未实际收到借款的抗辩。

(2)要求借款人提供保证人等担保,或者以加入债务的方式增加共同债务人

若借款人是企业的,建议增加企业的法定代表人、控股股东及其配偶、有清偿能力的关联公司作为连带责任保证人;若借款人是自然人个人的,建议增加借款人配偶以及借款人作为股东或实际控制的企业作为连带责任保证人。可以使用下面的示范条款:

保证人××自愿作为借款人××的保证人,为借款人××的借款××元向出借人××提供无条件的不可撤销的连带责任保证,在借款人未履行还款义务时向出借人承担连带清偿责任,保证期间为借款到期之日起三年;出借人与借款人协议变更所借款项的还款日期或者其他条款的,无须经过保证人同意,保证人仍应当承担连带保证责任;有关本保证条款的执行或其他任何争议均提交至出借人住所地的人民法院,诉讼解决。

在设立保证等担保时,除了本书第14.1小节第(3)点提到的注意事项外,还应注意,为确保保证人的签字真实可靠,应当要求保证人当面签署保证合同或者包含保证条款的借款合同,而不要由借款人自行找保证人签署。否则,若保证人本人并未签字,在借款人起诉保证人时,保证人通过笔迹鉴定证明并非其本人签字的,保证人将不承担责任,借款人将遭受损失。魔鬼藏在细节中!

若以债务加入的方式获得担保,可在借条的落款处写明共

同债务人栏目，直接由共同债务人签字，或者由共同债务人以出具函件的方式加入债务，可使用下面的示范函件。

就借款人××从出借人××处借款人民币××元，我特确认加入该民间借贷债务，并自愿对该借款作为借款人××的共同债务人向出借人承担连带还款责任。

特此确认。

××（共同债务人全称并签字）

二〇××年××月××日

（3）办理具有强制执行效力的公证债权文书

通常讲来，由民间借贷产生的债权，还款的金额及日期均相当清晰。作为出借人，为避免借款到期后借款人拖延还款而产生讼累，可以在出借款项时，与借款人共同到公证机关，办理具有强制执行效力的公证债权文书，到期后若借款人未履行还款义务，无须经过起诉及开庭，可直接持该公证债权文书及公证机关出具的执行证书，申请被执行人住所地或者被执行的财产所在地人民法院强制执行，具体可参考本书第14.1小节第（5）点。

（4）准确区分民间借贷与债权、债务清理结果

有的业务合作结束后，合作双方会进行债权、债务清理。例如，甲和乙合伙经营某个服装商场，在合伙期满后，该商场改由乙继续经营，甲完全退出。双方经过账目和财产的清理清算，乙应当向甲支付325万元，以了结双方的合作关系。因乙并没有足够现金支付，遂由乙向甲出具欠条，载明乙欠甲人民币325万元，6个月内支付，按照年息9%计算利息。在6个月期满后，乙并没有按期付款，甲遂持欠条将乙起诉至法院。

这时，若甲以民间借贷起诉，而乙抗辩并不存在民间借贷的事实即甲并没有实际将该款项出借给乙，则很可能甲会败诉，因为确实不存在民间借贷的事实。而若甲以该欠款是双方合

伙清理结果为由要求支付,则乙很可能会抗辩该欠条只是最终清理前的临时现金支付安排,并不包括合伙期间的其他债权、债务清理,要求对合伙彻底清算后再予以处理。这时,原本简单的欠款追索就转成了复杂的合伙清算纠纷。

所以,作为债权人,若债权系基于真实的民间借贷,则应严格按照本小节第(1)点的提示,以银行转账记录证明借贷事实的存在;若债务人出具的欠条是基于其他债权、债务的清理结果,并不是民间借贷,则应由双方签署债权、债务清理结果确认书,以此作为欠款的基础事实和依据,避免另一方反悔而导致案件变得复杂。

在前述商场合伙案例中,若双方签署了下面的确认书,则甲持该确认书起诉主张乙清偿欠款,就可以避免案件定性和事实方面的争议。

合伙清算结果确认书

就双方自 2016 年 5 月 1 日起至 2018 年 4 月 30 日期间合伙经营××服装商场,经双方清算,确认如下事项:

1. 甲初始合伙资金投入金额××元,占比×%;乙初始合伙资金投入金额××元,占比×%;

2. 合伙经营截至 2018 年 4 月 30 日,经过双方最终清算,一致确认合伙累计资产为××元,对外债务××元,合伙人净权益累计为××元,其中甲占 325 万元,乙占××元;

3. 双方同意该合伙自 2018 年 4 月 30 日解散,乙自 2018 年 5 月 1 日起已实际承接该合伙的全部资产和负债,甲已退出合伙经营,故乙应当退还甲的净权益包括甲初始合伙资金投入××元及甲应得分红××元,合计人民币 325 万元。

4. 双方确认,根据本清算结果确认书,该325万元属于乙对甲所负的金钱债务,乙不得以任何理由拒付,乙应当在2018年10月30日前向甲方付清该款,并按照年息9%的标准向甲支付自2018年5月1日起至2018年10月30日止的利息。

相关法条:

《最高人民法院关于审理民间借贷案件适用法律若干问题的规定》(法释〔2015〕18号)

第十六条 原告仅依据借据、收据、欠条等债权凭证提起民间借贷诉讼,被告抗辩已经偿还借款,被告应当对其主张提供证据证明。被告提供相应证据证明其主张后,原告仍应就借贷关系的成立承担举证证明责任。

被告抗辩借贷行为尚未实际发生并能作出合理说明,人民法院应当结合借贷金额、款项交付、当事人的经济能力、当地或者当事人之间的交易方式、交易习惯、当事人财产变动情况以及证人证言等事实和因素,综合判断查证借贷事实是否发生。

16.2 借款人有哪些风险注意事项?

对于借款人而言,主要面临三个风险:(1)出具了欠条但未收到借款,却被起诉至法院要求还款;(2)本意是为公司借款,最后却自己个人承担了债务;(3)本意是个人借款,却连累配偶也承担还款责任。

就风险(1),借款人应如何书写欠条或借据呢?通常而言,相较于出借人,借款人在谈判及借款办理中处于弱势,很多出借人都会要求借款人先出具欠条或者借据之后再支付借款。在此情况下,不排除有的借款人在没有实际支付借款的情况下就持欠条或者借据要求借款人还款。为控制此风险,借款人在书写欠条或者借据时应当避免使用“借到”这样的字眼，并且写上接收借款的银行账户，这样在就是否实际支付借款发生争议时，就会以银行记录为准。可以使用如下示范条款：

本人××，现因为××用途，需从出借人××借取人民币××元，借款期限××年，借款年息×%，请出借人将该借款付至借款人下列银行账户（户名：××，开户行：××，账号：×××××）。特立此据。

当然，若在出具借据时已经实际收到借款，则可使用“借到”的字眼。若实际以现金方式收到的，应当写明现金；若以银行转账方式收到的，也应写明已通过××银行账户收到借款，以避免因书写不明确而被出借人凭银行转账记录再次主张还款，出现借一次还两次的窘境。

为防控风险（2），若读者作为公司借款的经办人出具欠条或者办理借款手续，无论是法定代表人或者控股股东，除非自愿以共同债务人或者保证人身份向出借人承担连带责任，则应当在书写欠条及合同时清晰隔离风险，避免个人为公司的借款承担连带清偿责任。注意事项如下：

（1）欠条或借款合同中，应清晰写明借款的用途是公司使用，如公司××项目建设，或者为公司补充流动资金等。

（2）欠条及合同中落款时，在公司盖章之外若还需要个人署名签字，则应当写明公司全称并注明法定代表人或者经办人字眼，这样署名行为将被认为是代表公司的职务行为，而不是个人借款行为。

（3）借款的收取应当使用公司账户，避免使用个人账户。

（4）避免将该借款用于个人消费，专项用于公司生产经营。

在落实上述4点措施的情况下，出借人即使主张是企业主个人债务要求企业主承担连带清偿责任，通常也难以得到支持。出具欠条时的示范条款如下：

借款人××有限公司，现因为〔企业购置生产设备〕用途，需从出借人××借取人民币××元，借款期限××年，借款年息%，请出借人将该借款付至借款人下列银行账户（户名：××有限公司，开户行：××，账号：××××）。特立此据。

××有限公司（盖章）　法定代表人（签字）　××年×月×日

就风险（3），对于借款人是自然人的，不能排除债权人同时起诉其配偶要求承担还款责任以获得最大清偿的可能。在自然人借款人及保证人没有清偿能力，而配偶具有一定财产的情况下，若配偶也被确认承担责任，可能使最后的安全港湾也难以安全。所以，如何隔离配偶责任，对于个人相当重要。

在此情况下，为隔离配偶责任，借款人应当在借款合同或欠条中明确写明借款用途，且写明属于个人债务，以避免配偶承担责任。示范条款如下：

出借人明知并确认，借款人借用此款系用于××事项，并未用于夫妻家庭共同生活，属于借款人之个人债务，与借款人配偶无关。

这样，在具备上述条款的情况下，因为已通过该条款确认属于个人债务，即使出借人主张借款人配偶承担责任，除非有其他证据证明该款被用于借款人夫妻家庭生活，出借人通常难以主张将该借款认定为借款人配偶的共同债务。

相关法条：

《最高人民法院关于审理民间借贷案件适用法律若干问题的规定》（法释〔2015〕18号）

第二十三条　企业法定代表人或负责人以企业名义与出借人签订民间借贷合同，出借人、企业或者其股东能够证明所借款项用于企业法定代表人或负责人个人使用，出借人请求将企业法定代表人或负责人列为共同被告或者第三人的，人民法院应予准许。

企业法定代表人或负责人以个人名义与出借人签订民间借贷合同，所借款项用于企业生产经营，出借人请求企业与个人共同承担责任的，人民法院应予支持。

16.3　保证人有哪些风险注意事项？

虽然《担保法》与《物权法》规定了保证、抵押、质押等担保方式，但实践中较常见的是保证这一简便易行的担保方式。在投资做生意中，以保证人的身份为合作伙伴或者自己的企业提供担保，则意味着自愿为被担保的债务承担责任，但保证人若能够注意以下事项，可把自身风险和保证责任控制在合理预期之内而避免失控。

（1）明示提供一般保证而不是连带保证，由主债务人借款人先行承担还款责任。

一般保证的实质是补充责任，即债权人只有在通过司法程序强制执行债务人后仍然无法获得清偿的，方由保证人承担责任，而连带责任保证则意味着债权人可直接要求保证人承担责任，即使债务人有清偿能力。

虽然出借人都希望提供保证人提供连带责任保证，但若借款人本身偿还能力较强，且保证人与出借人也相互了解，明确仅是在借款人确实不能还款时方承担补充还款的责任，则还是有很大的可能仅提供一般保证而不是连带责任保证。

需要提醒的是，在没有写明保证性质时，按照法律默认规定将被推定为连带责任保证，故若保证人意图是提供一般保证，则务必要写明一般保证，不能模糊处理。

（2）在保证合同或者保证条款中明确限定所担保借款的用途。

借款的用途与还款风险的高低有直接关系。例如，把借款用于高风险的养殖业，与用于风险较低的加工承揽经营，对保证人意味着不同的保证风险。所以，保证人为保护自己，务必要在保证条款中写明借款的用途，并明确规定若出借人明知借款人改变用途仍继续出借或者未提前追偿的，则免除保证人的保证责任。

（3）在保证合同或者保证条款中明确所担保的借款金额上限、期限，禁止任意延期、修改。

借款的金额上限及期限直接关系到债务人自身的清偿能力，从而也影响到保证人是否承担保证责任。有了明确的金额上限及期限，且写明非经保证人事先书面同意的延期、修改无效，有助于保证人将保证责任控制在预先设定的范围之内。

（4）在保证合同或者保证条款中明确禁止债权转让。

一般说来，保证人为债务人提供保证，不仅考虑债务人自身的清偿能力，也考虑债权人的情况。有的债权人在债务人逾期清偿债务时可能愿意给予宽限期或者分期还款安排，而有的债权人会直接诉讼仲裁。

所以，如果保证人在提供保证时特别看重特定债权人，若换了债权人就不会提供保证，则需要在保证条款中明确写明禁止债权转让。

综合上述几点，有利于保证人适当合理控制风险的保证示范条款如下：

（1）保证人×× 就债务人××的还款义务向出借人××提供一般保证，在借款人不能履行还款义务时，由保证人承担保证责任。

（2）保证人提供保证的前提之一为该借款仅用于××用途，若出借人明知用途改变仍发放借款，或者在发放借款后发现用途改变而未立即催收的，则免除保证人的保证责任。

（3）保证人承担保证责任的上限为人民币××元，出借人和借款人未经保证人事先书面同意，不得增加借款金额或者延长借款期限。

(4)出借人不得转让该债权，若转让债权，则自动免除保证人之保证义务，保证人不再承担保证责任。

相关法条：

1.《**中华人民共和国担保法**》(1995年通过)

第二十四条 债权人与债务人协议变更主合同的，应当取得保证人书面同意，未经保证人书面同意的，保证人不再承担保证责任。保证合同另有约定的，按照约定。

2.《**最高人民法院关于适用〈中华人民共和国担保法〉若干问题的解释**》(法释〔2000〕44号)

第二十八条 保证期间，债权人依法将主债权转让给第三人的，保证债权同时转让，保证人在原保证担保的范围内对受让人承担保证责任。但是保证人与债权人事先约定仅对特定的债权人承担保证责任或者禁止债权转让的，保证人不再承担保证责任。

16.4 未经依法登记的抵押或出质，其合同是否没有任何价值或责任？

在借贷实务中，为降低回款风险，很多出借人除了要求借款人提供保证人外，也会要求借款人提供抵押、出质等担保。在借款人没有可供抵押、出质的财产或者权利时，借款人可能会请其他人提供抵押、出质担保，可供用作担保的财产及权利包括不动产、存货、专利权、应收账款等。在签订抵押、出质合同并依法在登记机关等办理抵押或出质登记后，出借人就担保财产依法享有优先受偿的权利，即使借款人或者抵押人、出质人破产也不受影响，是保障借款债权安全的有效方法。

但是，在实践中，也确实经常出现因抵押人不配合或者登记机关以出借人不是金融机构为由而不予办理担保登记的情况，导致虽然签署了抵押、出质合同，但未在相应的主管机关完成登记。依照《物权法》相关规定，不动产抵押权自登记时设立，动产的抵押权虽然在抵押合同签署时成立，但未经登记不得对抗善意第三人，而类似专利权、应收账款的权利出质，质权自有关主管部门办理出质登记时设立。这样，即使已经签署不动产抵押合同与出质合同，但若没办理登记，抵押权人和质权人实际并不能对约定的担保财产即抵押不动产、出质权利享有抵押权和质权，无法就担保财产享有优先受偿权。

例如，若乙从甲处借款 300 万元，为担保乙按期还款，丙提供不动产抵押担保，并与甲签订抵押合同约定将丙名下的价值 280 万元的 100 平方米 A 商铺抵押给甲，但并没有在房地产登记机关办理将 A 商铺抵押给甲的登记手续。这时，虽然有抵押合同，但因没有抵押登记，甲对该 A 商铺并不享有抵押权。丙拖欠丁 200 万元，丁先于甲起诉丙并且申请法院查封了 A 商铺，则甲并不能以对 A 商铺享有抵押权或优先受偿权为由，排除丁对 A 商铺的查封及后续执行行为。

既然没有依法登记的不动产抵押与权利出质不会设立抵押权与质权，是否意味着抵押合同与出质合同没有任何价值呢？抵押人与出质人对所担保的债务是否还应承担责任？

按照最高人民法院的相关判决案例及《合同法》《物权法》的规定，此类情况下，虽然约定用作抵押的不动产和用作出质的权利上不会设立物权法意义上的抵押权和质权，但根据《合同法》违约责任相关规定，仍产生合同法意义上的清偿责任，由担保人即合同中的抵押人与出质人，在抵押物与出质权利价值的范围内，就所担保的债务向债权人承担有限的连带清偿责任。

例如,在最高人民法院审理的(2009)民二终字第112号案件即建设银行满洲里分行与中欧化工有限公司、伊尔库科贸有限公司信用证纠纷一案中,虽然满洲里建行与伊尔库公司订立抵押合同后未对抵押物房产及土地办理抵押物登记,但抵押合同第十条第一款第(三)项规定:"如果因甲方(伊尔库公司)原因导致抵押权未有效设立,或者导致抵押财产价值减少,或者导致乙方(满洲里建行)未及时或者未充分实现抵押权,且甲方(伊尔库公司)与债务人不是同一人,乙方(满洲里建行)有权要求甲方(伊尔库公司)在本合同约定的担保范围内对担保的债务与债务人承担连带责任。"法院认为,根据《物权法》第十五条的规定,物权变动的原因行为独立于物权变动的结果行为,未办理抵押物登记不影响合同的效力,该抵押合同属有效合同;而从双方在《最高额抵押合同》第三条的约定可见,办理抵押登记手续的主要义务应由抵押人伊尔库公司承担,故未及时办理抵押登记手续,导致抵押权未有效设立,伊尔库公司应当按照合同第十条违约责任(三)的约定,根据《合同法》第一百零七条的规定,承担违约责任,判决伊尔库公司按合同约定的担保范围内对担保的债务与债务人承担连带责任。

在最高人民法院(2015)民申字第3299号民事裁定中,该院更进一步,支持了河北省高级人民法院(2015)冀民一终字第260号判决的认定,即:在确认众邦公司与出借人侯×阳达成了以众邦公司土地使用权作为借款抵押担保的合意后,援引《物权法》第十五条的规定,认定当事人之间签订的抵押合同已经成立并生效,因未办理抵押登记,债权人侯×阳不能就土地使用权主张优先受偿,但众邦公司在其担保的土地使用权范围内对案涉债务承担连带清偿责任。该案中,虽然并无类似前述信用证纠纷案件中抵押合同第十条第一款第(三)项的约定,法院仍判令众邦公司在其抵押担保的80,004平方米土地使用权范围内，对债务人韩×全、李×华的511.5万元债务向债权人侯×阳承担连带清偿责任，没有办理不动产抵押登记并没解除众邦公司的清偿责任。

可见，没有依法登记的不动产抵押与权利出质不会产生抵押权与质权，债权人虽不能就约定的担保财产主张优先受偿权，但仍有权要求抵押人或出质人在约定担保财产价值的范围内就所担保的债务承担有限连带责任。当然，抵押人、出质人在承担责任后，有权向被担保人即债务人进行追偿。

再回到前面的A商铺案例中，虽然债权人甲对A商铺没有优先受偿权，但还是有权要求抵押人丁在A商铺价值即280万元范围内就债务人乙的债务承担有限连带清偿责任。

作为出借人和债权人，为确保抵押人、出质人拒不办理登记时有权追究其责任，除了在诉讼中援引相关案例及法律规定作为依据外，最好事先在抵押合同或出质合同中加入类似前述信用证纠纷案件中抵押合同第十条第一款第（三）项的约定，做到依据更加充分。示范条款如下：

抵押人应当负责办理抵押登记手续，确保抵押权有效设立，若因抵押人原因导致抵押权未有效设立，或者导致抵押财产价值减少，或者导致抵押权人未及时或者未充分实现抵押权，则由抵押人在本合同约定的抵押资产价值范围内对担保的债务与债务人向抵押权人承担连带责任。

出质人应当负责办理出质登记手续，确保质权有效设立，若因出质人原因导致质权未有效设立，或者导致出质权利价值减少，或者导致质权人未及时或者未充分实现质权，则由出质人在本合同约定的出质权利价值范围内对担保的债务与债务人向质权人承担连带责任。

若读者要作为抵押人或者出质人以自己的不动产或权利为

他人债务提供担保,也应清晰了解该行为所产生的责任和风险,即使未办理抵押和出质的登记手续,但只要签署合同,也需要向债权人承担清偿责任。

相关法条:

1.《**中华人民共和国物权法**》(2007 年通过)

第九条 不动产物权的设立、变更、转让和消灭,经依法登记,发生效力;未经登记,不发生效力,但法律另有规定的除外。

第十五条 当事人之间订立有关设立、变更、转让和消灭不动产物权的合同,除法律另有规定或者合同另有约定外,自合同成立时生效;未办理物权登记的,不影响合同效力。

第一百七十九条 为担保债务的履行,债务人或者第三人不转移财产的占有,将该财产抵押给债权人的,债务人不履行到期债务或者发生当事人约定的实现抵押权的情形,债权人有权就该财产优先受偿。

前款规定的债务人或者第三人为抵押人,债权人为抵押权人,提供担保的财产为抵押财产。

第一百八十七条 以本法第一百八十条第一款第一项至第三项规定的财产或者第五项规定的正在建造的建筑物抵押的,应当办理抵押登记。抵押权自登记时设立。

第一百八十八条 以本法第一百八十条第一款第四项、第六项规定的财产或者第五项规定的正在建造的船舶、航空器抵押的,抵押权自抵押合同生效时设立;未经登记,不得对抗善意第三人。

第一百八十九条 企业、个体工商户、农业生产经营者以本法第一百八十一条规定的动产抵押的,应当向抵押人住所地的工商行政管理部门办理登记。抵押权自抵押合同生效时设立;未经登记,不得对抗善意第三人。

依照本法第一百八十一条规定抵押的,不得对抗正常经营活动中已支付合理价款并取得抵押财产的买受人。

第二百二十四条　以汇票、支票、本票、债券、存款单、仓单、提单出质的，当事人应当订立书面合同。质权自权利凭证交付质权人时设立；没有权利凭证的，质权自有关部门办理出质登记时设立。

第二百二十七条　以注册商标专用权、专利权、著作权等知识产权中的财产权出质的，当事人应当订立书面合同。质权自有关主管部门办理出质登记时设立。

知识产权中的财产权出质后，出质人不得转让或者许可他人使用，但经出质人与质权人协商同意的除外。出质人转让或者许可他人使用出质的知识产权中的财产权所得的价款，应当向质权人提前清偿债务或者提存。

第二百二十八条　以应收账款出质的，当事人应当订立书面合同。质权自信贷征信机构办理出质登记时设立。

应收账款出质后，不得转让，但经出质人与质权人协商同意的除外。出质人转让应收账款所得的价款，应当向质权人提前清偿债务或者提存。

2.《**中华人民共和国合同法**》(1999 年通过)

第一百零七条　当事人一方不履行合同义务或者履行合同义务不符合约定的，应当承担继续履行、采取补救措施或者赔偿损失等违约责任。

16.5　同时存在保证与抵押，责任承担有无先后顺序？担保人可否内部追偿？

保证责任属于人的担保，抵押、质押属于物的担保。在实践中，同一债权会既有保证人又有房地产等物的抵押担保。有时,债权人和保证人关系一般,但与抵押人关系特别好,且保证人的清偿能力足以实现自己的债权,这时债权人会考虑放抵押人一马,放弃行使抵押权而仅要求保证人承担保证责任。这样是否可行?有何风险?若一个担保人承担了全部责任,是否有权向其他担保人追偿?

例如,债权人张三对债务人李四享有200万元的债权,该债权担保措施包括:(1)李四之弟李武将其价值50万元的门面房抵押给张三,抵押担保该债权中的50万元;(2)李四之同学王五作为保证人就该全部债权200万元提供连带责任保证;(3)李四之妻弟周八也为该债权200万元提供连带责任保证。在李四逾期未能还款时,区分以下情形处理:

(1)张三有权对李武的门面房行使抵押权,并同时要求保证人王五及周八承担连带保证责任清偿欠款,抵押权和保证责任没有先后顺序,债权人可同时行使;

(2)若张三行使权利时,保证人王五资金充裕,法院直接执行扣划王五的银行存款200万元,张三200万元债权全部受偿,根据相关司法解释,已经承担代偿责任的王五除有权向被保证人李四追偿该200万元外,也有权向抵押人李武追偿其抵押担保的50万元,并向另一个保证人周八追偿其应当分担的100万元,当然最终实现的金额不能超出王五实际代偿的200万元;

(3)若张三明确放弃对李武门面房的抵押权,则保证人王五和周八在该50万元的抵押担保范围内免除保证责任,即王五和周八的保证责任降低为150万元。

这样,从债权人角度,即使与抵押人关系良好,也不建议放弃物的担保,否则会同时降低保证人的保证责任,而最终影响债权的实现;从保证人角度,即使自身已经承担全部代偿责任,也不应放弃向债务人及其他担保人追偿,以最大限度挽回自己的损失。

相关法条：

1.**《中华人民共和国担保法》**(1995 年通过)

第二十八条　同一债权既有保证又有物的担保的，保证人对物的担保以外的债权承担保证责任。

债权人放弃物的担保的，保证人在债权人放弃权利的范围内免除保证责任。

2.**《最高人民法院关于适用〈中华人民共和国担保法〉若干问题的解释》**(法释〔2000〕44 号)

第二十条　连带共同保证的债务人在主合同规定的债务履行期届满没有履行债务的，债权人可以要求债务人履行债务，也可以要求任何一个保证人承担全部保证责任。

连带共同保证的保证人承担保证责任后，向债务人不能追偿的部分，由各连带保证人按其内部约定的比例分担。没有约定的，平均分担。

第三十八条　同一债权既有保证又有第三人提供物的担保的，债权人可以请求保证人或者物的担保人承担担保责任。当事人对保证担保的范围或者物的担保的范围没有约定或者约定不明的，承担了担保责任的担保人，可以向债务人追偿，也可以要求其他担保人清偿其应当分担的份额。

同一债权既有保证又有物的担保的，物的担保合同被确认无效或者被撤销，或者担保物因不可抗力的原因灭失而没有代位物的，保证人仍应当按合同的约定或者法律的规定承担保证责任。

债权人在主合同履行期届满后怠于行使担保物权，致使担保物的价值减少或者毁损、灭失的，视为债权人放弃部分或者全部物的担保。保证人在债权人放弃权利的范围内减轻或者免除保证责任。

3.《中华人民共和国物权法》(2007 年通过)

第一百七十六条 被担保的债权既有物的担保又有人的担保的,债务人不履行到期债务或者发生当事人约定的实现担保物权的情形,债权人应当按照约定实现债权;没有约定或者约定不明确,债务人自己提供物的担保的,债权人应当先就该物的担保实现债权;第三人提供物的担保的,债权人可以就物的担保实现债权,也可以要求保证人承担保证责任。提供担保的第三人承担担保责任后,有权向债务人追偿。

16.6 典型案例:原告虽持有被告出具的欠条,但仍因未能证明借贷事实而败诉

在下面的案例中,原告应×峰与被告李×涛之间存在合伙关系,在合伙经营过程中李×涛向应×峰出具欠条,载明李×涛欠应×峰 2,071,000 元。在合伙未能完成清算的情况下,应×峰持李×涛出具的欠条,以民间借贷为由,起诉李×涛还款。虽然一审法院判决应×峰胜诉,但在李×涛上诉后,二审法院依照《最高人民法院关于审理民间借贷案件适用法律若干问题的规定》第十六条的规定,以虽然有欠条但应×峰并未证明实际出借款项为由,最终驳回了应×峰的诉讼请求。该案的处理结果再次说明,在民间借贷中,出借人在依据借条、欠条起诉主张还款时,若被告不认可借款事实,则出借人要承担举证责任,证明确实已实际支付出借款项给借款人。如果未能证明,则要承担败诉的风险。所以,作为出借人,务必要重视本书第 16.1 小节的提示。

本案也涉及合伙关系的处理。如果应×峰在要求李×涛出具欠条时,按照本书第 16.1 小节第(4)点的提示,以合伙清算

结果确认书的方式确认李×涛支付2,071,000元的义务,在起诉时不是主张民间借贷债权而是以合伙清算结果的债权要求李×涛履行付款责任,则会避免在合伙清算及民间借贷两个案件中皆败诉的后果。

审理法院(二审法院):新疆维吾尔自治区高级人民法院

民事判决书编号:(2017)新民终66号

案情简介:

2011年11月15日,李×涛(甲方)与应×峰(乙方)签订合作协议,约定:“甲、乙双方共同筹建陶粒厂。1.甲、乙双方各投资75万元整,共计建厂投资150万元整。另,乙方向甲方借款125万元整(见甲方向乙方出具的借条为证)。2.甲方向乙方所借款(125万元)应以甲、乙双方共同筹建的陶粒厂所产生应分配给甲方的红利予以归还,直至归还完毕,且甲、乙双方红利分配为五五分成。3.甲方应将其享有的‘采矿许可证’所开采的砖瓦用页岩全部出售给甲乙双方共同筹建的陶粒厂,不得另外出售给其他人,且甲方不得与其他人合作或独自建厂。4.甲方将其在乙方借125万元人民币未还清前,甲方的矿产品应无偿向甲、乙双方共同筹建的陶粒厂进行提供,偿还完毕后,甲、乙双方筹建的陶粒厂影响甲方所提供的矿产品支付费用,即20元/吨(单价保持不变)。5.乙方所投资的75万元,及给甲方所借款125万元,必须保证在2012年2月10日钱全部到位……”李×涛、应×峰分别在甲方、乙方签字处签名并按指印。

2012年8月12日,李×涛向应×峰出具欠条,载明:“今借应×峰建明陶粒厂所需资金2,071,000元,还款按李×涛和应×峰所欠的合作合同办事。”

2012年8月12日,应×峰、李×涛共同确认说明一份,载明:“1.为了履行2011年底应×峰和李×涛合作办建明陶粒厂前共同签订下的合同，建明陶粒厂全部资金由应×峰提供的3,642,000元和由应×峰借给李×涛砖瓦用页矿开支所用的50万元已经全部到位，总建厂共投资人民币4,142,000元整。2.建明陶粒厂为应×峰和李×涛共同拥有各自占50%，李×涛以明涛砖瓦用页岩矿(矿证号为068821)作为投资，应×峰向李×涛提供的建建明陶粒厂所需50%的现金人民币，以李×涛向应×峰出具欠条为凭证，所还款方式依照2011年底应×峰和李×涛共同所欠的合同条款依据而还。"应×峰、李×涛在该份说明上签名确认并捺指印。

自2012年1月10日至2012年8月21日，应×峰名下账户×××向李×涛名下账户×××、××××共计汇入176.5万元。

2014年7月16日，李×涛已将建明陶粒厂注销。

应×峰起诉至一审法院，要求李×涛偿还借款本金2,071,000元并支付利息。

一审裁判要旨：

一审法院认为，本案争议焦点是李×涛向应×峰出具的欠条系双方合伙中应进行的清算行为还是李×涛应向应×峰偿还的借款。本案虽双方之间存在合伙关系，但对前期投资行为双方有明确约定，对于李×涛的投资系由应×峰先行出借给李×涛，且应×峰提供的证据亦证明其按协议及说明，履行了投资及向李×涛出借合伙资金的义务。目前双方的合伙厂已注销，对于合伙厂的清算系另一法律关系，对此本院不做处理，当事人可另行主张权益。但涉及本案李×涛前期合伙投资款系向应×峰借款行为，理应与合伙投资清算不具有同一法律关系，应属自然人之间的民间借贷法律关系。应×峰提供的欠条、投资记账凭据及银行打款记录证实，应×峰方除履行自身的投资义务外，且向李×涛支付了由李×涛应当先行交付的投资款。李×涛并没有客观证据证实，对全部到位资金有其投资或者对应×峰的借款存在偿还的事实。因此，对于应×峰要求李×涛偿还用于建厂的投资借款2,071,000元，判决予以支持。

二审过程：

一审判决后，李×涛提起上述，要求驳回应×峰的诉讼请求，其主要理由包括：1. 双方系合伙关系，并不存在民间借贷事实，其未收到2 071 000元。2. 原审混淆了投资款与借款的事实。3.《合作协议》约定的借款125万元并未实际履行；《说明》是对合作协议的借款进一步说明，并非实际借款，应×峰系全额投资，李×涛以采矿权出资。如果认定李×涛借款，不符合双方《合作协议》的目的。即：李×涛既存在借款，又以页岩矿无偿提供，且陶粒厂利润先返还应×峰的投资款，这不符合常理，也违反《合作协议》的目的；《欠条》是对《合作协议》及《说明》的补充约定，并非实际意义的欠条；应×峰提交的凭据和收条等证据已在合伙纠纷案中以投资款进行了举证，应×峰不应在本案中再次以借款举证。

应×峰答辩称，双方之间的合伙关系，并不影响民间借贷关系，合伙协议明确约定，李×涛投资款由我方提供，出具2,071,000元欠条事实清楚。应×峰向原审法院提供的借款证明、欠条、打款凭证和李×涛收取款项的证据，足以认定本案的基本事实。故应依法驳回李×涛的上诉请求。

二审裁判要旨：

二审法院为，本案争议焦点为：一、本案是合伙关系还是民间借贷的法律关系；二、如构成民间借贷关系，李×涛应否返还。

一、关于本案双方当事人的法律关系问题。根据《最高人民法院关于适用〈中华人民共和国民事诉讼法〉的解释》第九十一条“人民法院应当依照下列原则确定举证证明责任的承担，但法律另有规定的除外：（一）主张法律关系存在的当事人，应当对产生该法律关系的基本事实承担举证证明责任；（二）主张法律关系变更、消灭或者权利受到妨害的当事人，应当对该法律关系变更、消灭或者权利受到妨害的基本事实承担举证证明责任”之规定，应×峰主张双方之间为民间借贷关系，在一审中提交了《合作协议》《说明》、李×涛出具的《欠条》及银行汇款凭证，上述证据足以证明双方之间存在合伙关系和民间借贷法律关系。两个不同的法律关系并不发生相互排斥的法律后果。故本案依应×峰的主张，原审认定为民间借贷关系，并无不当。

二、关于李×涛是否应当返还款项的问题。基于合伙关系，在合伙期间，合伙人之间发生借款，在民事活动中并不鲜见。由于合伙人之间对合伙投资具有共享利润，共担风险的法律特征，如在合伙中即有投资款又有借款，应当就合伙人之间在合伙期间的款项往来为合伙投资款或合伙人之间借款加以区分，避免合伙人以借款为由，将投资款转化为借款，规避投资风险，损害其他合伙人的利益。根据《中华人民共和国合同法》第二百一十条“自然人之间的借款合同，自贷款人提供借款时生效”之规定，本案中，应×峰以民间借贷为由提起诉讼，李×涛不予认可借款事实，并以合伙基础法律关系予以抗辩。根据应×峰除提交双方成立民间借贷法律关系成立的证据外，仍应承担向李×涛交付借款的举证证明责任。《最高人民法院关于民间借贷案件适用法律若干问题的规定》第十六条：“原告仅依据借据、收据、欠条等债权凭证提起民间借贷诉讼，被告抗辩已经偿还借款，被告应当对其主张提供证据证明。被告提供相应证据证明其主张，原告仍应就借贷关系的成立承担举证证明责任。被告抗辩借贷行为尚未实际发生并能作出合理说明，人民法院应当结合借贷金额、款项交付、当事人的经济能力、当地或者当事人之间的交易方式、交易习惯、当事人财产变动情况以及证人证言等事实和因素,综合判断查证借贷事实是否发生。”本案中,李×涛抗辩称其出具欠条系根据应×峰的要求,按应×峰提供的内容照抄而形成,涉案的借款实际是应×峰的投资款,并不存在真实的借贷关系,而且,双方之间约定合伙投资为应×峰现金投资,其以矿产品投资。根据上述司法解释和李×涛抗辩,本院对应×峰的借款事实予以审查。应×峰称,仅就投资款其中的四项:即银行转账176.5万元、李×涛出具的现金收条185万元、购买合伙机械设备106万元及2012年3月至2012年8月流水账111.3774万元,投资已达578.8774万元。但该投资款中是否为银行转账的款项并重复计算,现金收条是否为李×涛收取银行转账款出具,购买合伙机械设备支付款项是否真实,对此应×峰未作出合理解释,亦未提交其他证据进一步佐证。对该借款事实,不能排除上述合理的怀疑。由于应×峰在合伙清算的诉讼中,乌鲁木齐市新市区人民法院以应×峰举证不能为由,驳回其诉讼请求,合伙关系未予实际清算。在此条件下,应×峰的陈述及其提交的证据不足以证明其出借款项的事实。另从《说明》的内容和应×辉在沙湾县金沟河乡派出所的陈述中,双方合伙形式为应×峰以现金出资,李×涛以矿产出资,各占陶粒厂资产50%。因此如果依据欠条判令李×涛偿还借款,那么李×涛除矿产投资之外,仍承担207万元投资款项,则不符合双方合伙各出资50%,按各自50%分配利润的约定。依照《最高人民法院关于适用〈中华人民共和国民事诉讼法〉的解释》第九十条第二款“在作出判决前,当事人未能提供证据或者证据不足以证明其事实主张的,由负有举证证明责任的当事人承担不利的后果”之规定,应×峰应承担举证不能的后果。

二审法院最终以应×峰未能证明其出借款项的事实为由,驳回了应×峰以民间借贷要求李×涛偿还2,071,000元的诉讼请求。

免责声明

本书作为投资做生意相关法律风险与防控实务的一般指引，并不构成作者就读者的某一具体个案所给出的法律意见。若读者就具体案件需要法律意见，请寻求所聘请的律师或者法律顾问进行事实与证据的个案分析后给予帮助。